검찰직 | 법원직 | 군무원 | 경찰채용·승진 시험대비

박문각 경찰

박문각

최신판

이준영
형법각론

핵심 기출문제집

이준영 편저 · **김용채** 감수

동영상강의 www.pmg.co.kr

단원별 최신 기출문제&
풍부하고 알찬 해설

박문각

PREFACE

이 책의 머리말

안녕하세요.

이준영입니다.

형법의 공부방법은 기존에 해오던 형법총론을 공부하고, 형법각론을 하는 것이 아니고, 형법각론을 먼저 공부하고 형법총론을 공부해야 합니다. 같이 한번 해보시죠.

처음엔 힘들지만 조금 하다 보면 재미가 붙습니다.

형법각론에서 각 죄명을 공부해 가면서, 고의·과실·미수·결과적가중범·부작위 등 등을 가볍게 써치(Search)한 후, 형법총론을 공부해 보셔요. 아주 쉽게 형법총론을 끝낼 수 있습니다.

요즈음 시험의 트렌드는 "판례", 이 책은 판결문의 많은 부분들이 다 탑재되어 있습니다. 그만큼 쉽게 공부할 수 있다는 겁니다.

만약 〈문제〉 중 〈보기〉를 잘 모르면 이 책에 나와 있는 그 판례를 가볍게 몇 번 읽습니다. 그러면 해결됩니다. 그리고 이 책은 어디에서든 공부할 수 있습니다. 아름다운 거리를 볼 수 있는 카페, 쇼파에 앉아서 그냥 가볍게 이 책의 판례를 읽어보세요.

그렇게 형법각론에 쉽게 접근할 수 있도록 만들어진 책이 바로 이 책입니다. 이 책은 여러분들에게 아주 좋은 친구입니다.

이 책을 활용하는 방법은 7회독을 하는 건데, 가볍게 7회독해서 두뇌에 저장하는 방법을 가르쳐드리겠습니다.

맨 처음 1회독 할 때는 문제와 답만 봅니다. 다른 보기는 보지 말고, 문제와 답만 보고, 그 답의 판례만 읽습니다. 왜냐하면 형법각론의 모든 부분을 처음부터 알 수가 없습니다. 그런데 3회독을 하고 나면 형법각론의 용어가 차츰 익숙해집니다.
그다음 4, 5, 6회독 때는 보기의 〈지문〉들을 전부 다 봅니다. 이제부터 중요합니다. 4, 5, 6회독 때는 문제를 풀다가 틀린 것이 있으면 문제번호에 표시를 해야 됩니다. 그렇게 4, 5, 6회독을 하고, 마지막 7회독 때는 표시한 문제, 틀린 문제들만 다시 보는 겁니다. 그러면 쉽게 형법각론을 7회독 할 수 있습니다.

저도 경찰 간부후보생 시험 볼 때 이런 식으로 공부했습니다.
점점 책 넘어가는 속도가 빨라지는 이상한 경험을 하게 될 겁니다.

우리가 공부하는 목적은 시험에 합격하기 위해서입니다. 학설이나 학설의 논쟁은 우리하고 아무 상관이 없습니다. 학설의 논쟁에 빠져들면 안 됩니다.

이 책을 읽는 모든 독자분들 감사합니다.
잘 됩니다.
여러분들은 항상 잘 됩니다.

2024년 3월 새로운 봄을 맞이하며

이준영

CONTENTS

이 책의 **차례**

제1편 개인적 법익에 관한 죄

제2편 사회적 법익

제3편 국가적 법익

이준영 형법각론
핵심 기출문제집

단원별 최신 기출문제&
풍부하고 알찬 해설

PART 01

개인적 법익에 관한 죄

PART

01 개인적 법익에 관한 죄

제1장 생명과 신체에 관한 죄

제1절 살인에 관한 죄

01 생명과 신체에 대한 죄에 관한 설명으로 가장 적절하지 않은 것은? (다툼이 있는 경우 판례에 의함) 〈24. 경찰승진〉

① 산부인과 의사 甲의 업무상 과실로 임신 32주의 임산부 A의 배 속에 있는 태아를 사망에 이르게 한 경우, 甲에게 A에 대한 업무상과실치상죄가 성립할 수 없다.

② 甲이 인터넷 사이트 내 자살 관련 카페 게시판에 청산염 등 자살용 유독물의 판매공고를 하였더라도 그것이 단지 금원 편취목적의 사기 행각의 일환으로 이루어졌고, 변사자들이 다른 경로로 입수한 청산염을 이용하여 자살하였다면, 甲의 행위는 자살방조죄에 해당하지 않는다.

③ 甲이 A를 살해하기 위하여 사람들을 고용하면서 그들에게 대가지급을 약속한 행위는 살인죄의 실현을 위한 준비행위에 이르렀다고 볼 수 있으므로, 甲에게 살인예비죄가 성립할 수 있다.

④ 甲이 7세, 3세 남짓한 어린 자식들에게 함께 죽자고 권유하여 물속에 따라 들어오게 해 결국 죽음에 이르게 했다 하더라도 甲이 자식들을 물속에 직접 밀어서 빠뜨리지 않은 이상, 甲에게 살인죄를 인정할 수 없다.

해설 > ① ○ 대판 2009도1025 판결 ★★

태아를 사망에 이르게 하는 행위가 '임산부'에 대한 상해에 해당하는지 여부(소극) ...태아를 사망에 이르게 하는 행위가 임산부 신체의 일부를 훼손하는 것이라거나 태아의 사망으로 인하여 그 태아를 양육, 출산하는 임산부의 생리적 기능이 침해되어 임산부에 대한 상해가 된다고 볼 수는 없다(대법원 2007.6.29. 선고 2005도3832 판결 참조). 이러한 법리에 비추어 보면, 이 사건에서 비록 피고인들의 과실로 인하여 태아가 사망에 이르렀다고 하더라도, 그러한 사정만으로는 산모인 피해자에 대한 상해가 된다고 할 수 없다. 그럼에도 불구하고 태아의 사망이 산모인 피해자에 대한 상해가 된다고 보아 이 사건 공소사실을 유죄로 인정한 원심판결에는 태아와 모체의 관계 또는 상해의 개념 등에 관한 법리를 오해한 위법이 있고, 이는 판결에 영향을 미쳤음이 분명하다.

② ○ 아래 판례 참조

판례

〈대판 2005도1373 판결〉

[1] 형법 제252조 제2항의 자살방조죄는 자살하려는 사람의 자살행위를 도와주어 용이하게 실행하도록 함으로써 성립되는 것으로서, 그 방법에는 자살도구인 총, 칼 등을 빌려주거나 독약을 만들어 주거나 조언 또는 격려를 한다거나 기타 적극적, 소극적, 물질적, 정신적 방법이 모두 포함된다 할 것이나, 이러한 자살방조죄가 성립하기 위해서는 그 방조 상대방의 구체적인 자살의 실행을 원조하여 이를 용이하게 하는 행위의 존재 및 그 점에 대한 행위자의 인식이 요구된다.

[2] 피고인이 인터넷 사이트 내 자살 관련 카페 게시판에 청산염 등 자살용 유독물의 판매광고를 한 행위가 단지 금원 편취 목적의 사기행각의 일환으로 이루어졌고, 변사자들이 다른 경로로 입수한 청산염을 이용하여 자살한 사정 등에 비추어, 피고인의 행위는 자살방조에 해당하지 않는다고 한 사례.

③ ○ 대판 2009도7150 판결

甲이 乙을 살해하기 위하여 丙, 丁 등을 고용하면서 그들에게 대가의 지급을 약속한 경우, 甲에게는 살인죄를 범할 목적 및 살인의 준비에 관한 고의뿐만 아니라 살인죄의 실현을 위한 준비행위를 하였음을 인정할 수 있다는 이유로 살인예비죄의 성립을 인정한 사례.

④ × 대판 86도2395 판결 ★★

피고인이 7세, 3세 남짓된 어린자식들에 대하여 함께 죽자고 권유하여 물속에 따라 들어오게 하여 결국 익사하게 하였다면 비록 피해자들을 물속에 직접 밀어서 빠뜨리지는 않았다고 하더라도 자살의 의미를 이해할 능력이 없고 피고인의 말이라면 무엇이나 복종하는 어린 자식들을 권유하여 익사하게 한 이상 살인죄의 범의는 있었음이 분명하다.

정답 ④

02 살인의 죄에 대한 설명 중 가장 적절한 것은? (다툼이 있는 경우 판례에 의함)

〈23. 경찰승진〉

① 사람의 시기(始期)는 규칙적인 진통을 동반하면서 분만이 개시된 때를 말하는데, 제왕절개 수술의 경우에는 '의학적으로 제왕절개 수술이 가능하였고 규범적으로 수술이 필요하였던 시기'를 분만의 시기로 볼 수 있다.

② 살인죄의 고의는 살해의 목적이나 계획적인 의도가 있어야만 인정되고, 사망의 결과에 대한 예견 또는 인식이 불확정적인 경우에는 살인의 범의가 인정될 수 없다.

③ 혼인 외의 출생자와 생모 간에는 생모의 인지나 출생신고를 기다리지 않고 당연히 법률상의 친족관계가 성립하므로 혼인 외의 자가 생모를 살해한 때에는 존속살해죄가 성립한다.

④ 살인예비죄가 성립하기 위해서는 살인죄의 실현을 위한 준비행위가 있어야 하는데, 이때 준비행위는 객관적으로 보아 살인죄의 실현에 실질적으로 기여할 수 있는 외적 행위일 필요는 없고, 단순한 범행의 의사 또는 계획이면 족하다.

해설 > ① × 대판 2005도3832 판결 ★★★ 중요판례

제왕절개 수술의 경우 '의학적으로 제왕절개 수술이 가능하였고 규범적으로 수술이 필요하였던 시기(始期)'는 판단하는 사람 및 상황에 따라 다를 수 있어, 분만개시 시점 즉, 사람의 시기(始期)도 불명확하게 되므로 이 시점을 분만의 시기로 볼 수는 없다.

② × 대판 2002도4089 판결

살인죄의 범의(고의) 반드시 살해목적이나 계획적인 살해 의도가 있어야만 인정되는 것은 아니고 자기의 행위로 인하여 사망의 결과를 발생시킬 만한 가능 또는 위험이 있음을 인식하거나 예견하면 족하고 그 인식·예견은 확정적인 것은 물론 불확정적인 이른바 미필적 고의로도 인정되는 것이다.

③ ○ 대판 80도1731 판결 ★★★ 중요판례

출생으로 법률상 친자관계가 당연히 성립함.(단 친모와 친부에서 주의)

④ × 대판 2009도7150 판결

살인예비가 성립하기 위해서는 살인죄를 범할 목적 외에도 살인의 준비에 관한 고의가 있어야 하고, 나아가 실행의 착수에 이르지 아니하는 살인죄의 실현을 위한 준비행위가 있어야 한다. 다만, 여기에서 준비행위란 물적인 것에 한정되지 아니하며 특별한 정형이 있는 것도 아니지만, 단순히 범행의 의사 또는 범행의 계획만으로는 부족하고 객관적으로 보아 살인죄의 실현에 실질적으로 기여할 수 있는 외적행위를 필요로 한다.

정답 ③

03 다음 중 가장 옳지 않은 것은? (다툼이 있는 경우 판례에 의함) 〈22. 해경[경장]〉

① 「형법」 제251조 영아살해죄의 객체는 분만 중 또는 분만 직후의 영아(嬰兒)이다.

② 소란을 피우는 피해자를 말리다가 피해자가 욕하는데 격분하여 예리한 칼로 피해자의 왼쪽 가슴부분에 길이 6cm, 깊이 17cm의 상처 등이 나도록 찔러 곧바로 좌측심낭까지 절단된 경우 피고인에게 살인의 고의가 인정된다.

③ 자살방조죄가 성립하기 위해서는 그 방조 상대방의 구체적인 자살의 실행을 원조하여 이를 용이하게 하는 행위의 존재 및 그 점에 대한 행위자의 인식이 요구된다.

④ 살인죄에 있어 고의는 반드시 살해의 목적이나 계획적인 의도가 있어야 하며, 사망의 결과에 대한 예견 또는 인식이 불확정적이라면 살인의 범의를 인정할 수 없다.

해설 > ① ○ 영아살해죄는 직계존속이 치욕을 은폐하기 위하거나 양육할 수 없음을 예상하거나 특히 참작할 만한 동기로 인하여 분만 중 또는 분만 직후의 영아를 살해함으로써 성립하는 범죄. 제251조 삭제 [2023.8.8] [시행일 2024.2.9.][1)]

② ○ 대판 91도2174 판결
예리한 칼로 피해자의 팔꿈치 부분에 길이 13센티미터, 허리 부분에 길이 3센티미터, 왼쪽 가슴 부분에 길이 6센티미터의 상처가 나도록 찔렀고 그 가슴의 상처깊이가 무려 17센티미터나 되어 곧 바로 좌측심낭까지 절단된 사실을 인정한 다음 피고인에게 살인의 고의가 있었다.

③ ○ 대판 2010도2328 판결
피고인이 이 사건 당시 피해자에게 휘발유를 사다주면 이를 이용하여 자살할 수도 있다는 것을 충분히 예상할 수 있었음에도 피해자에게 휘발유를 사다주어 피해자가 자살하도록 방조한 것이다.

④ × 대판 2002도4089 판결
살인죄의 범의(고의) 반드시 살해목적이나 계획적인 살해 의도가 있어야만 인정되는 것은 아니고 자기의 행위로 인하여 사망의 결과를 발생시킬 만한 가능 또는 위험이 있음을 인식하거나 예견하면 족하고 그 인식·예견은 확정적인 것은 물론 불확정적인 이른바 미필적 고의로도 인정되는 것이다.

정답 ④

1) 영아살해죄 폐기 – 2023년 7월 18일 영아유기죄 폐지안과 함께 국회 통과하여, 2024년 2월 9일 폐지되었다.

04 살인의 죄에 대한 설명으로 가장 적절한 것은? (다툼이 있는 경우 판례에 의함)

〈22. 경찰승진〉

① 살인예비죄가 성립하기 위하여는 살인죄를 범할 목적이 있으면 족하고, 살인의 준비에 관한 고의까지 있어야 하는 것은 아니다.

② 자살의 의미를 모르는 4세 유아에게 '함께 죽자'고 권유하여 익사하게 하였다면 위계에 의한 살인죄가 성립한다.

③ 혼인 외의 자(子)가 자신의 생모인 것을 알면서 그녀를 살해한 경우에는 존속살해죄가 성립하지 않는다.

④ 위계 또는 위력으로써 자신의 직계존속의 승낙을 받아 그를 살해한 때에는 존속살해죄의 예에 의해 처벌한다.

해설 ① × 대판 2009도7150 판결

살인예비가 성립하기 위해서는 살인죄를 범할 목적 외에도 살인의 준비에 관한 고의가 있어야 하고, 나아가 실행의 착수에 이르지 아니하는 살인죄의 실현을 위한 준비행위가 있어야 한다.

② × 대판 86도2395 판결

③ × 대판 80도1731 판결

혼인 외의 출생자와 생모 간에는 생모의 인지나 출생신고를 기다리지 않고 자의 출생으로 당연히 법률상의 친족관계가 생기는 것이다.

④ ○

제253조(위계등에 의한 촉탁살인등) ★★★ 전조의 경우에 위계 또는 위력으로써 촉탁 또는 승낙하게 하거나 자살을 결의하게 한 때에는 제250조의 예에 의한다.

정답 ④

제2절 상해와 폭행에 관한 죄

01 상해와 폭행의 죄에 관한 설명으로 가장 적절하지 않은 것은? (다툼이 있는 경우 판례에 의함) 〈24. 경찰승진〉

① 거리상 멀리 떨어져 있는 사람에게 전화기를 이용하여 전화하면서 고성을 내거나 그 전화 대화를 녹음 후 듣게 하더라도 수화자의 청각기관을 자극하여 그 수화자로 하여금 고통스럽게 느끼게 할 정도의 음향이 아닌 경우에는 신체에 대한 유형력의 행사를 한 것으로 보기 어렵다.

② 상해를 입힌 행위가 동일한 일시, 장소에서 동일한 목적으로 저질러진 것이라 하더라도 피해자를 달리하고 있으면 피해자별로 각각 별개의 상해죄가 성립된다.

③ 오랜 시간 동안의 협박과 폭행을 이기지 못하고 실신하여 범인들이 불러온 구급차 안에서야 정신을 차리게 되었다면 외부적으로 어떤 상처가 발생하지 않아도 상해가 인정된다.

④ 산부인과 의사가 난소가 이미 제거되어 임신불능 상태에 있는 피해자의 자궁을 적출했다 하더라도 자궁을 제거한 것이 신체의 완전성을 해한 것이거나 생활기능에 아무런 장애를 주는 것이 아니고 건강 상태를 불량하게 변경한 것도 아니라고 할 것이므로, 업무상 과실치상죄에 있어서의 상해에 해당하지 않는다.

해설 〉 ① ○ 아래 판례 참조 ★★★ 중요판례

판례

〈대판 2000도5716 판결〉

(형법 제260조에 규정된 폭행죄는 사람의 신체에 대한 유형력의 행사를 가리키며, 그 유형력의 행사는 신체적 고통을 주는 물리력의 작용을 의미하므로 신체의 청각기관을 직접적으로 자극하는 음향도 경우에 따라서는 유형력에 포함될 수 있다)....거리상 멀리 떨어져 있는 사람에게 전화기를 이용하여 전화하면서 고성을 내거나 그 전화 대화를 녹음 후 듣게 하는 경우에는 특수한 방법으로 수화자의 청각기관을 자극하여 그 수화자로 하여금 고통스럽게 느끼게 할 정도의 음향을 이용하였다는 등의 특별한 사정이 없는 한 신체에 대한 유형력의 행사를 한 것으로 보기 어렵다.

② ○ 대판 83도524 판결
상해를 입힌 행위가 동일한 일시, 장소에서 동일한 목적으로 저질러진 것이라 하더라도 피해자를 달리하고 있으면 피해자별로 각각 별개의 상해죄를 구성한다고 보아야 할 것이고 1개의 행위가 수개의 죄에 해당하는 경우라고 볼 수 없다.

③ ○ 대판 96도2529 판결 ★
오랜 시간 동안의 협박과 폭행을 이기지 못하고 실신하여 범인들이 불러온 구급차 안에서야 정신을 차리게 되었다면, 외부적으로 어떤 상처가 발생하지 않았다고 하더라도 생리적 기능에 훼손을 입어 신체에 대한 상해가 있었다고 본 사례.
④ × 대판 92도2345 판결 ★★
난소의 제거로 이미 임신불능 상태에 있는 피해자의 자궁을 적출했다 하더라도 그 경우 자궁을 제거한 것이 신체의 완전성을 해한 것이 아니라거나 생활기능에 아무런 장애를 주는 것이 아니라거나 건강상태를 불량하게 변경한 것이 아니라고 할 수 없고 이는 업무상 과실치상죄에 있어서의 상해에 해당한다.

정답 ④

02 상해와 폭행의 죄에 관한 설명으로 가장 적절하지 않은 것은? (다툼이 있는 경우 판례에 의함)

〈22. 경찰공채 1차〉

① 형법은 태아를 임산부 신체의 일부로 보거나, 낙태행위가 임산부의 태아양육, 출산 기능의 침해라는 측면에서 임산부에 대한 상해죄를 구성하는 것으로 보지는 않는다고 해석된다.

② 다방 종업원 숙소에 이르러 종업원들 중 1인이 자신을 만나주지 않는다는 이유로 시정된 탁구장문과 주방문을 부수고 주방으로 들어가 방문을 열어주지 않으면 모두 죽여버린다고 폭언하면서 시정된 방문을 단순히 수회 발로 찬 甲의 행위도 종업원들의 신체에 대한 유형력의 행사로 볼 수 있어 폭행죄에 해당한다.

③ 식당의 운영자인 甲이 식당 밖에서 당겨 열도록 표시되어 있는 출입문을 열고 음식 배달차 밖으로 나가던 중 이웃 가게 손님으로 마침 위 식당 출입문 앞쪽 길가에 서 있던 A의 오른발 뒤꿈치 부위를 위 출입문 모서리 부분으로 충격하여 상해를 입게 한 행위는 업무상과실치상죄의 성립을 인정할 수 없다.

④ 甲이 상습으로 A를 폭행하고, 어머니 B를 존속폭행하였다는 내용으로 기소된 사안에서, 甲에게 폭행 범행을 반복하여 저지르는 습벽이 있고 이러한 습벽에 의하여 단순폭행, 존속 폭행 범행을 저지른 사실이 인정된다면 단순폭행, 존속폭행의 각 죄별로 상습성을 판단할 것이 아니라 포괄하여 그 중 법정형이 가장 중한 상습존속폭행죄만 성립할 여지가 있다.

해설 > ① ○ 대판 2005도3832 판결 ★★

우리 형법은 태아를 임산부 신체의 일부로 보지는 않는다고 해석된다. 따라서 태아를 사망에 이르게 하는 행위가 임산부 신체의 일부를 훼손하는 것이라거나 태아의 사망으로 인하여 그 태아를 양육, 출산하는 임산부의 생리적 기능이 침해되어 임산부에 대한 상해가 된다고 볼 수는 없다.

② × 대판 83도3186,83감도535 판결 ★★

공소외인이 피고인을 만나주지 않는다는 이유로 시정된 탁구장문과 주방문을 부수고 주방으로 들어가 방문을 열어주지 않으면 모두 죽여버린다고 폭언하면서 시정된 방문을 수회 발로 찬 피고인의 행위는 재물손괴죄 또는 숙소 안의 자에게 해악을 고지하여 외포케 하는 단순 협박죄에 해당함은 별론으로 하고, 단순히 방문을 발로 몇 번 찼다고 하여 그것이 피해자들의 신체에 대한 유형력의 행사로는 볼 수 없어 폭행죄에 해당한다 할 수 없다.

③ ○ 대판 2009도5753 판결 ★

음식 배달을 위하여 식당의 여닫이 출입문을 밀다가 출입문 밖에 서있던 피해자의 발뒤꿈치를 충격하여 상해를 입힌 경우 업무상과실치상죄에 해당하는지 여부(소극)

④ ○ 아래 판례 참조 ★★★ 중요판례

판례

〈대판 2017도10956 판결〉

[1] 폭행죄의 '상습성'의 의미 및 상습성 유무를 판단하는 방법 / 단순폭행, 존속폭행의 범행이 동일한 폭행 습벽의 발현에 의한 것으로 인정되는 경우, 그 죄수(=상습존속폭행죄의 포괄일죄) / 상습존속폭행죄로 처벌되는 경우, 피해자의 명시한 의사에 반하여 공소를 제기할 수 있는지 여부(적극)

[2] 피고인이 상습으로 갑을 폭행하고, 어머니 을을 존속폭행하였다는 내용으로 기소된 사안에서, 피고인에게 폭행 범행을 반복하여 저지르는 습벽이 있고 이러한 습벽에 의하여 단순폭행, 존속폭행 범행을 저지른 사실이 인정된다면 단순폭행, 존속폭행의 각 죄별로 상습성을 판단할 것이 아니라 포괄하여 그중 법정형이 가장 중한 상습존속폭행죄만 성립할 여지가 있는데도, 이와 달리 보아 일부 공소사실에 대하여 공소기각을 선고한 원심판결에 형법 제264조, 폭행죄의 상습성, 죄수 등에 관한 법리오해의 잘못이 있다.

정답 ②

03 **상해와 폭행의 죄에 대한 설명으로 가장 적절하지 않은 것은? (다툼이 있는 경우 판례에 의함)** 〈21. 경찰공채 1차〉

① 태아를 사망에 이르게 하는 행위가 곧바로 임산부에 대한 상해죄를 구성하는 것은 아니다.

② 甲이 길이 140cm, 지름 4cm의 대나무로 A의 머리를 여러 차례 때려 그 대나무가 부러지고, A의 두피에 표재성 손상을 입혀 사건 당일 병원에서 봉합술을 받은 경우, 甲이 사용한 대나무는 특수상해죄에서의 '위험한 물건'에 해당한다.

③ 상해에 관한 동시범 규정은 가해행위를 한 것 자체가 분명하지 않은 사람에게도 적용되므로 상해에 대한 인과관계를 개별적으로 판단할 필요는 없다.

④ 어떤 물건이 구 「폭력행위 등 처벌에 관한 법률」 제3조 제1항에 정한 '위험한 물건'에 해당하는지 여부는 구체적인 사안에서 사회통념에 비추어 그 물건을 사용하면 상대방이나 제3자가 생명 또는 신체에 위험을 느낄 수 있는지 여부에 따라 판단하여야 한다.

해설 > ① ○ 대판 2005도3832 판결
우리 형법은 태아를 임산부 신체의 일부로 보지는 않는다고 해석된다. 따라서 태아를 사망에 이르게 하는 행위가 임산부 신체의 일부를 훼손하는 것이라거나 태아의 사망으로 인하여 그 태아를 양육, 출산하는 임산부의 생리적 기능이 침해되어 임산부에 대한 상해가 된다고 볼 수는 없다.
② ○ 대판 2015도5854 판결
③ × 대판 84도488 판결 ★★★ 중요판례
상해죄에 있어서의 동시범은 두사람 이상이 가해행위를 하여 상해의 결과를 가져올 경우에 그 상해가 어느 사람의 가해행위로 인한 것인지가 분명치 않다면 가해자 모두를 공동정범으로 본다는 것이므로 가해행위를 한 것 자체가 분명치 않은 사람에 대하여는 동시범으로 다스릴 수 없다.
④ ○ 대판 2010도930 판결

정답 ③

04 **상해와 폭행의 죄에 대한 설명으로 가장 적절하지 않은 것은? (다툼이 있는 경우 판례에 의함)** 〈22. 경찰승진〉

① 甲과 乙이 의사연락 없이 우연히 A를 각각 폭행하여 상해의 결과가 발생한 경우, 상해가 甲의 폭행에 의한 것으로 밝혀졌다면 乙을 공동정범의 예에 의하여 처벌할 수는 없다.

② 상해죄 및 폭행죄의 상습범에 관한 「형법」 제264조에서 말하는 '상습'이란 동 규정에 열거된 상해 내지 폭행행위의 습벽을 말하고, 동 규정에 열거되지 아니한 다른 유형의 범죄까지 고려하여 상습성의 유무를 결정하여서는 안 된다.

③ 甲에게 폭행 범행을 반복하여 저지르는 습벽이 있고 이러한 습벽에 의하여 단순폭행, 존속폭행 범행을 저지른 사실이 인정된다면 그중 법정형이 가장 경한 단순폭행의 상습범만 성립한다.

④ 범행 현장에서 범행에 사용하려는 의도로 위험한 물건을 소지 하거나 몸에 지닌 경우, 피해자가 이를 인식하지 못하였거나 실제 범행에 사용하지 아니하더라도 특수폭행죄의 '휴대'에 해당한다.

해설 > ① ○ 대판 85도1892 판결 ★★

2인 이상이 상호의사의 연락없이 동시에 범죄구성요건에 해당하는 행위를 하였을 때에는 원칙적으로 각인에 대하여 그 죄를 논하여야 하나, 그 결과 발생의 원인이 된 행위가 분명하지 아니한 때에는 각 행위자를 미수범으로 처벌하고(독립행위의 경합), 이 독립행위가 경합하여 특히 상해의 결과를 발생하게 하고 그 결과발생의 원인이 된 행위가 밝혀지지 아니한 경우에는 공동정범의 예에 따라 처단(동시범)하는 것이므로 공범관계에 있어 공동가공의 의사가 있었다면 이에는 동시범등의 문제는 제기될 여지가 없다.

② ○ 대판 2017도21663 판결

상해죄 및 폭행죄의 상습범에 관한 형법 제264조는 "상습으로 제257조, 제258조, 제258조의2, 제260조 또는 제261조의 죄를 범한 때에는 그 죄에 정한 형의 2분의1까지 가중한다."라고 규정하고 있다. 형법 제264조에서 말하는 '상습'이란 위 규정에 열거된 상해 내지 폭행행위의 습벽을 말하는 것이므로, 위 규정에 열거되지 아니한 다른 유형의 범죄까지 고려하여 상습성의 유무를 결정하여서는 아니 된다.

③ × 대판 2017도10956 판결

단순폭행, 존속폭행의 범행이 동일한 폭행 습벽의 발현에 의한 것으로 인정되는 경우, 그중 법정형이 더 중한 상습존속폭행죄에 나머지 행위를 포괄하여 하나의 죄만이 성립한다.

④ ○ 대판 2007도914 판결

범행 현장에서 범행에 사용하려는 의도 아래 흉기 등 위험한 물건을 소지하거나 몸에 지닌 이상 그 사실을 피해자가 인식하거나 실제로 범행에 사용하였을 것까지 요구되는 것은 아니다.

정답 ③

05 **살인 및 폭행 · 상해의 죄에 관한 설명 중 가장 적절하지 않은 것은? (다툼이 있는 경우 판례에 의함)** 〈23. 경찰공채 1차〉

① 살인예비죄가 성립하기 위하여는 살인죄를 범할 목적 외에도 살인의 준비에 관한 고의가 있어야 한다.

② 자살의 의미를 이해할 능력이 없고 자신의 말은 무엇이나 복종하는 어린 자식을 권유하여 익사하게 하였다면, 물속에 직접 밀어서 빠뜨린 것이 아니더라도 「형법」 제253조의 위계에 의한 살인죄가 성립한다.

③ 시간적 차이가 있는 2인 이상의 독립된 상해행위가 경합하여 사망의 결과가 일어난 경우에 그 원인된 행위가 판명되지 아니한 때에는 공동정범의 예에 의하여야 한다.

④ 단순폭행, 존속폭행의 범행이 동일한 폭행 습벽의 발현에 의한 것으로 인정되어 상습존속폭행죄로 처벌되는 경우 피해자의 명시한 의사에 반하여도 공소를 제기할 수 있다.

해설 > ① ○ 대판 2009도7150 판결

② × 대판 86도2395 판결

자살의 의미를 이해할 능력이 없고 피고인의 말이라면 무엇이나 복종하는 어린 자식들을 권유하여 익사하게 한 이상 살인죄의 범의는 있었음이 분명하다.

③ ○ 대판 2000도2466 판결 ★★★ 중요판례

시간적 차이가 있는 독립된 상해행위나 폭행행위가 경합하여 사망의 결과가 일어나고 그 사망의 원인된 행위가 판명되지 않은 경우에는 공동정범의 예에 의하여 처벌할 것이므로(대법원 1985.5.14. 선고 84도2118 판결 참조), 2시간 남짓한 시간적 간격을 두고 피고인이 두번째의 가해행위인 이 사건 범행을 한 후, 피해자가 사망하였고 그 사망의 원인을 알 수 없다고 보아 피고인을 폭행치사죄의 동시범으로 처벌한 원심판단은 옳고 거기에 동시범의 법리나 상당인과 관계에 관한 법리를 오해한 위법도 없다.

그리고 징역 10년보다 가벼운 형이 선고된 이 사건에서 그 형이 과중하다고 다투는 것은 적법한 상고사유가 되지 않는다. 상고이유 중의 주장들을 받아들이지 아니한다.

④ ○ 대판 2017도10956 판결

상습존속폭행죄로 처벌되는 경우에는 형법 제260조 제3항이 적용되지 않으므로 피해자의 명시한 의사에 반하여도 공소를 제기할 수 있다.

제260조(폭행, 존속폭행)

① 사람의 신체에 대하여 폭행을 가한 자는 2년 이하의 징역, 500만원 이하의 벌금, 구류 또는 과료에 처한다.

② 자기 또는 배우자의 직계존속에 대하여 제1항의 죄를 범한 때에는 5년 이하의 징역 또는 700만원 이하의 벌금에 처한다.

③ 제1항 및 제2항의 죄는 피해자의 명시한 의사에 반하여 공소를 제기할 수 없다.

정답 ②

06 다음의 설명 중 옳은 것은 모두 몇 개인가? (다툼이 있는 경우 판례에 의함)

〈22. 경찰간후〉

가. 사람의 시기는 규칙적인 진통을 동반하면서 분만이 개시된 때를 의미하며, 제왕절개의 경우에는 '의학적으로 제왕절개 수술이 가능하였고 규범적으로 수술이 필요하던 시기'로 본다.

나. 「형법」 제337조의 강도상해죄는 강도범인이 그 강도의 기회에 상해행위를 함으로써 성립하는 것이므로 강도범행의 실행 중이거나 그 실행 직후 또는 실행의 범의를 포기한 직후로서 사회 통념상 범죄행위가 완료되지 아니하였다고 볼 수 있는 단계에서 상해가 행하여짐을 요건으로 하기 때문에, 강도범행의 수단으로 한 폭행에 의하여 상해가 발생되어야 하고 그 상해행위는 강도가 기수에 이르기 전에 행해져야 한다.

다. 수면제와 같은 약물을 투약하여 피해자를 일시적으로 수면 또는 의식불명 상태에 이르게 한 것은 강간치상죄나 강제 추행치상죄에서 말하는 상해에 해당한다.

라. 「폭력행위등 처벌에 관한 법률」 제7조에서 말하는 위험한 물건의 '휴대'는 범죄 현장에서 사용할 의도 아래 위험한 물건을 몸 또는 몸 가까이에 소지하는 것을 의미하므로, 자기가 기거 하는 장소에 위험한 물건을 보관하였다는 것만으로는 위 법조에서 말하는 위험한 물건의 '휴대'라고 할 수 없다.

마. 시간적 차이가 있는 독립된 상해행위나 폭행행위가 경합하여 사망의 결과가 일어나고 그 사망의 원인된 행위가 판명되지 않은 경우에는 공동정범의 예에 의하여 처벌된다.

① 2개 ② 3개 ③ 4개 ④ 5개

해설 > 가. × 대판 2005도3832 판결 ★★★

제왕절개 수술의 경우 '의학적으로 제왕절개 수술이 가능하였고 규범적으로 수술이 필요하였던 시기(時期)'는 판단하는 사람 및 상황에 따라 다를 수 있어, 분만개시 시점 즉, 사람의 시기(始期)도 불명확하게 되므로 이 시점을 분만의 시기(始期)로 볼 수는 없다.

나. × 대판 2014도9567 판결 ★★

강도상해죄는 반드시 강도범행의 수단으로 한 폭행에 의하여 상해를 입힐 것을 요하는 것은 아니고 상해행위가 강도가 기수에 이르기 전에 행하여져야만 하는 것은 아니므로, 강도범행 이후에도 피해자를 계속 끌고 다니거나 차량에 태우고 함께 이동하는 등으로 강도범행으로 인한 피해자의 심리적 저항불능 상태가 해소되지 않은 상태에서 강도범인의 상해행위가 있었다면 강취행위와 상해행위 사이에 다소의 시간적·공간적 간격이 있었다는 것만으로는 강도상해죄의 성립에 영향이 없다.

다. ○ 대판 2017도3196 판결
수면제와 같은 약물을 투약하여 피해자를 일시적으로 수면 또는 의식불명 상태에 이르게 한 경우에도 약물로 인하여 피해자의 건강상태가 불량하게 변경되고 생활기능에 장애가 초래되었다면 자연적으로 의식을 회복하거나 외부적으로 드러난 상처가 없더라도 이는 강간치상죄나 강제추행치상죄에서 말하는 상해에 해당한다.
라. ○ 대판 92도381 판결
마. ○ 대판 2000도2466 판결

정답 ②

07 다음 중 상해와 폭행의 죄에 관한 설명으로 가장 옳지 않은 것은? (다툼이 있는 경우 판례에 의함)

〈22. 해경(경장]〉

① 피해자에게 근접하여 욕설을 하면서 때릴 듯이 손발이나 물건을 휘두르거나 던지는 행위를 한 경우 직접 피해자의 신체에 접촉하지 않았다고 하여도 피해자에 대한 유형력의 행사로서 폭행에 해당한다.

② 1~2개월간 입원할 정도로 다리가 부러진 상해 또는 3주간의 치료를 요하는 우측흉부자상은 중상해에 해당하지 않는다.

③ 甲이 "방문을 열어주지 않으면 죽여버린다"고 방안에 있는 A에게 폭언을 하면서 잠긴 방문을 발로 차는 경우 폭행죄가 성립한다.

④ 「형법」 제260조에 규정된 폭행죄의 폭행이란 소위 사람의 신체에 대한 유형력의 행사를 가리키며, 그 유형력의 행사는 신체적 고통을 주는 물리력의 작용을 의미하므로 신체의 청각기관을 직접적으로 자극하는 음향도 경우에 따라서는 유형력에 포함될 수 있다.

해설 > ① ○ 대판 89도1406 판결
폭행죄에 있어서의 폭행이라 함은 사람의 신체에 대하여 물리적 유형력을 행사함을 뜻하는 것으로서 반드시 피해자의 신체에 접촉함을 필요로 하는 것은 아니므로 피해자에게 근접하여 욕설을 하면서 때릴 듯이 손발이나 물건을 휘두르거나 던지는 행위를 한 경우에 직접 피해자의 신체에 접촉하지 않았다고 하여도 피해자에 대한 불법한 유형력의 행사로서 폭행에 해당한다.
② ○ 대판 2005도7527 판결
칼로 피해자의 우측가슴을 찔러 피해자에게 약 3주간의 치료를 요하는 우측흉부자상 등을 가하였다는 것인데, 1 ~ 2개월간 입원할 정도로 다리가 부러지는 상해 또는 3주간의 치료를 요하는 우측흉부자상은 그로 인하여 생명에 대한 위험을 발생하게 한 경우라거나 불구 또는 불치나 난치의 질병에 이르게 한 경우에 해당한다고 보기 어렵고, 달리 피고인이 교사한 상해가 중상해에 해당한다거나 피해자가 입은 상해가 중상해에 해당한다고 단정할 자료도 없어 보인다.

③ × 대판 83도3186 판결
피고인을 만나주지 않는다는 이유로 시정된 탁구장문과 주방문을 부수고 주방으로 들어가 방문을 열어 주지 않으면 모두 죽여버린다고 폭언하면서 시정된 방문을 수회 발로 찬 피고인의 행위는 재물손괴죄 또는 숙소 안의 자에게 해악을 고지하여 외포케 하는 단순 협박죄에 해당함은 별론으로 하고, 단순히 방문을 발로 몇 번 찼다고 하여 그것이 피해자들의 신체에 대한 유형력의 행사로는 볼 수 없어 폭행죄에 해당한다 할 수 없다.
④ ○ 대판 2000도5716 판결 ★★★ ⇒ 상해 · 폭행 문제1번의 ①과 함께 비교

정답 ③

08 범죄구성요건상 '위험한 물건'의 의미에 대한 설명으로 옳지 않은 것은? (다툼이 있는 경우 판례에 의함)

〈22. 7급공채〉

① 회의진행을 막기 위하여 의장석 앞 발언대 뒤에서 최루탄을 터뜨리고 최루탄 몸체에 남아있는 최루 분말을 회의 진행을 하던 의장에게 뿌린 경우, 위 최루탄과 최루 분말은 사회통념에 비추어 '위험한 물건'에 해당한다.

② 이혼 분쟁 과정에서 아내가 자기 아들을 승낙 없이 자동차에 태우고 떠나려고 하는 남편을 급하게 제지하는 과정에서 소형승용차로 중형승용차를 충격한 경우, 충격할 당시 두 차량 모두 정차하여 있다가 막 출발하는 상태로서 차량 속도가 빠르지 않아서 차량의 손괴 정도가 그다지 심하지 아니하고 피해자들이 입은 상해의 정도가 비교적 경미하더라도 위 소형승용차는 '위험한 물건'에 해당한다.

③ 피해자에게 실탄이 장전되지 않은 공기총을 들이대며 협박한 경우, 범행 현장에서 공기총과 함께 실탄을 소지하고 있었고, 언제든지 실탄을 장전하여 발사할 수 있었다면 위 공기총은 '위험한 물건'에 해당한다.

④ 당구장에서 피해자가 시끄럽게 떠든다는 이유로, 주먹으로 피해자의 얼굴 부위를 1회 때리고 그곳 당구대 위에 놓여있던 당구공으로 피해자의 머리 부위를 수회 때려 피해자에게 치료일수 불상의 입술 부위가 터지고 머리 부위가 부어오르는 상해를 가한 경우, 주먹으로 가격하여 생긴 상처가 주된 상처로 보이고 당구공으로는 피해자의 머리를 툭툭 건드린 정도에 불과하다면 위 당구공은 '위험한 물건'에 해당하지 않는다.

해설 > ① ○ 대판 2014도1894 판결

국회의원인 피고인이 한미 자유무역협정 비준동의안의 국회 본회의 심리를 막기 위하여 의장석 앞 발언대 뒤에서 CS최루분말 비산형 최루탄 1개를 터뜨리고 최루탄 몸체에 남아있는 최루분말을 국회부의장 甲에게 뿌려 甲과 국회의원 등을 폭행하였다는 내용으로 기소된 사안에서, 위 최루탄과 최루분말이 폭력행위 등 처벌에 관한 법률 제3조 제1항의 '위험한 물건'에 해당한다.

② × 대판 2007도3520 판결

자동차를 이용하여 다른 자동차를 충격한 사안에서, 위 자동차가 폭력행위 등 처벌에 관한 법률 제3조 제1항에 정한 '위험한 물건'에 해당하지 않는다.

③ ○ 대판 2002도4586 판결

실탄이 장전되지 아니한 공기총이 '위험한 물건'에 해당한다.

④ ○ 대판 2007도9624 판결

피고인이 2006.12.21. 02:00경 당구장에서 피해자가 시끄럽게 떠든다는 이유로, 주먹으로 피해자의 얼굴 부위를 1회 때리고 그곳 당구대 위에 놓여있던 당구공으로 피해자의 머리 부위를 수회 때려, 피해자에게 치료일수 불상의 입술 부위가 터지고 머리부위가 부어오르는 상해를 가하였다는 이 사건 공소사실에 대하여, 피고인이 피해자의 얼굴을 주먹으로 가격하여 생긴 상처가 주된 상처로 보이고, 당구공으로는 피해자의 머리를 툭툭 건드린 정도에 불과한 것으로 보이는 사실을 인정한 다음, 위와 같은 사정 아래에서는 피고인이 당구공으로 피해자의 머리를 때린 행위로 인하여 사회통념상 피해자나 제3자에게 생명 또는 신체에 위험을 느끼게 하였으리라고 보여지지 아니하므로 위 당구공은 폭력행위 등 처벌에 관한 법률 제3조 제1항의 '위험한 물건'에는 해당하지 아니한다.

정답 ②

제3절 과실치사상에 관한 죄

01 과실치사상의 죄에 관한 설명으로 가장 적절하지 않은 것은? (다툼이 있는 경우 판례에 의함) 〈23. 경찰공채 2차〉

① 4층 건물의 2층 내부 벽면에 설치된 분전반을 통해 3층과 4층으로 가설된 전선이 합선으로 단락되어 화재가 나 상해가 발생한 사안에서, 단지 4층 건물의 소유자로서 위 건물 2층을 임대하였다는 사정만으로는 업무상과실치상죄에 있어서의 '업무'로 보기 어렵다.

② 고속도로를 무단횡단하는 보행자를 충격하여 사고를 발생시킨 경우라도 운전자가 상당한 거리에서 보행자의 무단횡단을 미리 예상할 수 있는 사정이 있었고, 그에 따라 즉시 감속하거나 급제동하는 등의 조치를 취하였다면 보행자와의 충돌을 피할 수 있었다는 등의 특별한 사정이 인정되는 경우에는 자동차 운전자의 과실을 인정할 수 있다.

③ 야간 당직간호사가 담당 환자의 심근경색 증상을 당직의사에게 제대로 보고하지 않음으로써 당직의사가 필요한 조치를 취하지 못한 채 환자가 사망하였다면 병원의 야간당직 운영체계상 당직의사에게도 업무상 과실이 있다.

④ 의사가 환자에 대하여 주된 의사의 지위에서 진료하는 경우라도, 자신은 환자의 수술이나 시술에 전념하고 마취과 의사로 하여금 마취와 환자 감시 등을 담당토록 하는 경우처럼 서로 대등한 지위에서 각자의 의료영역을 나누어 환자 진료의 일부를 분담하였다면, 진료를 분담받은 다른 의사의 전적인 과실로 환자에게 발생한 결과에 대하여는 주된 의사의 책임을 인정할 수 없다.

해설 > ① ○ 대판 2009도1040 판결

업무상과실치상죄에 있어서의 '업무'란 사람의 사회생활면에서 하나의 지위로서 계속적으로 종사하는 사무를 말하고, 여기에는 수행하는 직무 자체가 위험성을 갖기 때문에 안전배려를 의무의 내용으로 하는 경우는 물론 사람의 생명·신체의 위험을 방지하는 것을 의무내용으로 하는 업무도 포함되는데, 안전배려 내지 안전관리 사무에 계속적으로 종사하여 위와 같은 지위로서의 계속성을 가지지 아니한 채 단지 건물의 소유자로서 건물을 비정기적으로 수리하거나 건물의 일부분을 임대하였다는 사정만으로는 업무상과실치상죄에 있어서의 '업무'로 보기 어렵다.

② ○ 대판 2000도2671 판결
고속도로를 운행하는 자동차의 운전자로서는 일반적인 경우에 고속도로를 횡단하는 보행자가 있을 것까지 예견하여 보행자와의 충돌사고를 예방하기 위하여 급정차 등의 조치를 취할 수 있도록 대비하면서 운전할 주의의무가 없고, 다만 고속도로를 무단횡단하는 보행자를 충격하여 사고를 발생시킨 경우라도 운전자가 상당한 거리에서 보행자의 무단횡단을 미리 예상할 수 있는 사정이 있었고, 그에 따라 즉시 감속하거나 급제동하는 등의 조치를 취하였다면 보행자와의 충돌을 피할 수 있었다는 등의 특별한 사정이 인정되는 경우에만 자동차 운전자의 과실이 인정될 수 있다. – 야간에 고속도로를 무단횡단하는 보행자를 충격하여 사망에 이르게 한 운전자의 과실과 사고 사이의 상당인과관계를 인정한 원심을 파기한 사례.

③ × 대판 2006도294 판결 ★★
야간 당직간호사가 담당 환자의 심근경색 증상을 당직의사에게 제대로 보고하지 않음으로써 당직의사가 필요한 조치를 취하지 못한 채 환자가 사망한 경우, 병원의 야간당직 운영체계상 당직간호사에게 환자의 사망을 예견하거나 회피하지 못한 업무상 과실이 있고, 당직의사에게는 업무상 과실을 인정하기 어렵다.

④ ○ 대판 2022도1499 판결 ★★
따라서 의사가 환자에 대하여 주된 의사의 지위에서 진료하는 경우라도, 자신은 환자의 수술이나 시술에 전념하고 마취과 의사로 하여금 마취와 환자 감시 등을 담당토록 하거나, 특정 의료영역에 관한 진료 도중 환자에게 나타난 문제점이 자신이 맡은 의료영역 내지 전공과목에 관한 것이 아니라 그에 선행하거나 병행하여 이루어진 다른 의사의 의료영역 내지 전공과목에 속하는 등의 사유로 다른 의사에게 그 관련된 협의진료를 의뢰한 경우처럼 서로 대등한 지위에서 각자의 의료영역을 나누어 환자 진료의 일부를 분담하였다면, 진료를 분담받은 다른 의사의 전적인 과실로 환자에게 발생한 결과에 대하여는 책임을 인정할 수 없다.

정답 ③

02 **다음 중 업무상 과실치사상죄에 관한 설명으로 가장 옳은 것은? (다툼이 있는 경우 판례에 의함)** 〈22. 해경[수사]〉

① 수술 도중에 수술 메스가 부러지자 담당의사가 부러진 메스조각을 찾아 제거하려고 노력을 다하였으나 찾지 못하자 메스조각의 정확한 위치와 이동상황을 파악한 후 재수술을 할 생각으로 수술 부위를 봉합한 경우에 담당의사의 업무상 과실을 인정할 수 없다.

② 교사가 징계목적으로 학생들의 손바닥을 때리기 위해 회초리를 들어 올리는 순간 이를 구경하기 위해 옆으로 고개를 돌려 일어나는 다른 학생의 눈을 찔러 그로 하여금 우안 실명의 상해를 입게 한 경우 업무상 과실치상죄에 해당한다.

③ 내과의사가 신경과 전문의에 대한 협의진료 결과와 환자에 대한 진료경과 등을 신뢰하여 뇌혈관계통 질환의 가능성을 염두에 두지 않고 내과 영역의 진료행위를 계속하다가 환자의 뇌지주막하출혈을 발견하지 못하여 식물인간 상태에 이르게 한 경우 내과의사의 업무상 과실이 인정된다.

④ 건설회사가 건설공사 중 타워크레인의 설치작업을 전문업자에게 도급주어 타워크레인 설치 작업을 하던 중 발생한 사고에 대하여 건설회사의 현장대리인에게 업무상 과실이 인정된다.

해설> ① ○ 대판 99도3711 판결

피고인이 피해자에 대하여 시행한 수술은 1회용 제품인 메스를 사용하여 척추에 붙어 있는 후종인대의 일부도 제거해야 하기 때문에 딱딱한 척추체에 메스 끝이 부러지는 일이 흔히 있을 수 있는데 그 경우 통상 쉽게 발견되어 제거할 수 있으나 쉽게 발견되지 않는 경우에는 수술과정에서 무리하게 제거하려고 하면 메스가 이동하여 신경이나 혈관계통에 부가적인 손상을 줄 수 있기 때문에 일단 부러진 메스조각을 그대로 둔 채 수술부위를 봉합하였다가 나중에 엑스레이촬영 등을 통하여 메스의 정확한 위치와 이동상황 그로 인한 위험성 등을 종합적으로 고려하여 재수술을 통하여 제거하거나 그대로 두는 경우도 있는 사실, 피고인은 수술도중에 메스가 부러지자 부러진 메스조각을 찾아 제거하기 위한 최선의 노력을 다하였으나 찾지 못하자 부러진 메스조각을 계속 찾는데 따른 위험성을 고려한 의학적 판단에 따라 일단 수술부위를 봉합한 뒤 메스조각의 위치와 이동추이를 보아 재수술을 통한 제거방법을 택하기로 하여 부러진 메스조각을 그대로 둔 채 수술부위를 봉합한 사실을 알 수 있는바, 위와 같이 피해자가 받은 수술과정에서 수술부위의 상태 등에 따라 수술용 메스가 부러지는 일이 발생할 수 있는 점에 비추어 그것이 특별히 피고인의 과실로 인하여 발생한 것이라고 볼 수는 없고, 또 부러진 메스조각을 그대로 둔 채 수술부위를 봉합한 것도 피고인이 수술용 메스가 부러진 사실을 모른 채 수술부위를 봉합한 경우와는 달리 위와 같이 무리하게 제거하는 경우의 위험성을 고려한 의학적 판단에 따른 것이고, 그와 같은 판단이 일반적인 의학 수준에서 합당한 판단이라고 보이는 점에 비추어 피고인에게 어떠한 과실이 있다고는 볼 수 없다.

② × 대판 84도822 판결

교사가 징계의 목적으로 회초리로 학생들의 손바닥을 때리기 위해 회초리를 들어 올리는 순간 이를 구경하기 위해 옆으로 고개를 돌려 일어나는 다른 학생의 눈을 찔러 그로 하여금 우안실명의 상해를 입게 한 경우, 직접 징계당하는 학생의 옆에 있는 다른 학생이 징계당하는 것을 구경하기 위하여 고개를 돌려 뒤에서 다가선다던가 옆자리에서 일어나는 것까지 예견할 수는 없다고 할 것이고 교사가 교육의 목적으로 학생을 징계하기 위하여 매질하는 경우에 반드시 한 사람씩 불러내어서 해야 할 주의의무가 있다고도 할 수 없어 위 교사의 행위를 업무상 과실치상죄에 문의할 수는 없다.

③ × 대판 2001도3292 판결 ★★

내과의사가 신경과 전문의에 대한 협의진료 결과 피해자의 증세와 관련하여 신경과 영역에서 이상이 없다는 회신을 받았고, 그 회신 전후의 진료 경과에 비추어 그 회신 내용에 의문을 품을 만한 사정이 있다고 보이지 않자 그 회신을 신뢰하여 뇌혈관계통 질환의 가능성을 염두에 두지 않고 내과 영역의 진료 행위를 계속하다가 피해자의 증세가 호전되기에 이르자 퇴원하도록 조치한 경우, 피해자의 지주막하출혈을 발견하지 못한 데 대하여 내과의사의 업무상과실을 부정한 사례.

④ × 대판2005도3108 판결 ★★

피고인이 이 사건 타워크레인의 설치작업을 관리하고 통제할 실질적인 지휘, 감독권한이 있었던 것으로는 보이지 아니하므로, 결국 피고인에게 위와 같은 지휘, 감독관계가 있음을 전제로 이에 따라 부과되는 업무상 주의의무를 위반한 과실이 있다고 할 수 없다.

정답 ①

제2장 자유에 대한 죄

제1절 협박 · 강요

01 다음 설명 중 가장 옳지 않은 것은? (다툼이 있는 경우 판례에 의함) 〈23. 법원9급〉

① 협박죄는 사람의 의사결정의 자유를 보호법익으로 하는 위험범이라 봄이 상당하고, 협박죄의 미수범 처벌조항은 해악의 고지가 현실적으로 상대방에게 도달하지 아니한 경우나, 도달은 하였으나 상대방이 이를 지각하지 못하였거나 고지된 해악의 의미를 인식하지 못한 경우 등에 적용될 뿐이다.

② 협박죄는 일반적으로 사람으로 하여금 공포심을 일으킬 수 있는 정도의 해악의 고지가 상대방에게 도달하여 상대방이 그 의미를 인식하고 나아가 현실적으로 공포심을 일으켰을 때에 비로소 기수에 이르는 것으로 보아야 한다.

③ 정보보안과 소속 경찰관이 자신의 지위를 내세우면서 타인의 민사분쟁에 개입하여 빨리 채무를 변제하지 않으면 상부에 보고하여 문제를 삼겠다고 말한 사안에서, 상대방이 채무를 변제하고 피해 변상을 하는지 여부에 따라 직무집행여부를 결정하겠다는 취지이더라도 정당한 직무집행이라거나 목적 달성을 위한 상당한 수단으로 인정할 수 없어 정당행위에 해당하지 않는다.

④ 재산상 이익의 취득으로 인한 공갈죄가 성립하려면 폭행 또는 협박과 같은 공갈행위로 인하여 피공갈자가 재산상 이익을 공여하는 처분행위가 있어야 하고, 그러한 처분행위는 반드시 작위에 한하지 아니하고 부작위로도 족하여서, 피공갈자가 외포심을 일으켜 묵인하고 있는 동안에 공갈자가 직접 재산상의 이익을 탈취한 경우에도 공갈죄가 성립할 수 있다.

해설 > ① ○ 대판 2007도606 전원합의체 판결: ★★ 이 판례는 주의를 요함.
협박죄는 사람의 의사결정의 자유를 보호법익으로 하는 위험범이라 봄이 상당하고, 협박죄의 미수범 처벌조항은 해악의 고지가 현실적으로 상대방에게 도달하지 아니한 경우나, 도달은 하였으나 상대방이 이를 지각하지 못하였거나 고지된 해악의 의미를 인식하지 못한 경우 등에 적용될 뿐이다.
② × 대판 2007도606 전원합의체 판결 ★★★ 중요판례
정보보안과 소속 경찰관이 타인의 민사분쟁에 개입, 빨리 채무를 변제하지 않으면 상부에 보고하여 문제를 삼겠다고 말한 사안에서, 객관적으로 상대방이 공포심을 일으키기에 충분한 정도의 해악의 고지에 해당하므로 <u>현실적으로 피해자가 공포심을 일으키지 않았다 하더라도 협박죄의 기수에 이르렀다</u>고 본 사례.

③ ○ 대판 2007도606 전원합의체 판결 ★★
위 정보보안과 소속 경찰관 사안에서 채무를 변제하지 않으면 상부에 보고하여 문제를 삼겠다고 말한 사안에서, 상대방이 채무를 변제하고 피해 변상을 하는지 여부에 따라 직무집행 여부를 결정하겠다는 취지이더라도 정당한 직무집행이라거나 목적 달성을 위한 상당한 수단으로 인정할 수 없어 정당행위에 해당하지 않는다.
④ ○ 공갈죄에 관한 지문

정답 ②

02 협박과 강요의 죄에 관한 설명으로 가장 적절한 것은? (다툼이 있는 경우 판례에 의함)

〈23. 경찰간후〉

① 甲이 A에게 공포심을 일으키게 하기에 충분한 해악을 고지하였으나, A가 현실적으로 공포심을 일으키지 않았어도, 그 의미를 인식한 이상 甲의 행위는 협박미수죄에 해당한다.

② 강요죄에서의 폭행은 사람에 대한 직접적인 유형력의 행사를 의미하고 사람의 신체에 대한 것이어야 한다.

③ 甲이 A를 폭행하였으나 그의 권리행사를 방해함이 없이 법률상 의무 있는 일을 하게 한 경우에는 강요죄가 성립할 여지가 없다.

④ 공무원 甲이 자신의 직무와 관련한 상대방 A에게 자신을 위하여 재산적 이익을 제공할 것을 요구하고 A는 甲의 지위에 따른 직무에 관하여 어떠한 이익을 기대하며 그에 대한 대가로서 요구에 응하였다면, 비록 甲의 요구 행위를 해악의 고지로 인정될 수 없다 하더라도 강요죄의 성립에는 아무런 지장을 주지 않는다.

해설 ① × 아래 판례 참조 ★★★ 중요판례

판례

〈대판 2007도606 전원합의체 판결〉

[다수의견]

(가) 협박죄가 성립하려면 고지된 해악의 내용이 행위자와 상대방의 성향, 고지 당시의 주변 상황, 행위자와 상대방 사이의 친숙의 정도 및 지위 등의 상호관계, 제3자에 의한 해악을 고지한 경우에는 그에 포함되거나 암시된 제3자와 행위자 사이의 관계 등 행위 전후의 여러 사정을 종합하여 볼 때에 일반적으로 사람으로 하여금 공포심을 일으키게 하기에 충분한 것이어야 하지만, 상대방이 그에 의하여 현실적으로 공포심을 일으킬 것까지 요구하는 것은 아니며, 그와 같은 정도의 해악을 고지함으로써 상대방이 그 의미를 인식한 이상, 상대방이 현실적으로 공포심을 일으켰는지 여부와 관계없이 그로써 구성요건은 충족되어 협박죄의 기수에 이르는 것으로 해석하여야 한다.

(나) 결국, 협박죄는 사람의 의사결정의 자유를 보호법익으로 하는 위험범이라 봄이 상당하고, 협박죄의 미수범 처벌조항은 해악의 고지가 현실적으로 상대방에게 도달하지 아니한 경우나, 도달은 하였으나 상대방이 이를 지각하지 못하였거나 고지된 해악의 의미를 인식하지 못한 경우 등에 적용될 뿐이다.

[대법관 김영란, 박일환의 반대의견]

현행 형법의 협박죄는 침해범으로서 일반적으로 사람으로 하여금 공포심을 일으킬 수 있는 정도의 해악의 고지가 상대방에게 도달하여 상대방이 그 의미를 인식하고 나아가 현실적으로 공포심을 일으켰을 때에 비로소 기수에 이르는 것으로 보아야 한다.

② × 대판 2018도1346 판결

강요죄는 폭행 또는 협박으로 사람의 권리행사를 방해하거나 의무 없는 일을 하게 하는 범죄이다(형법 제324조 제1항). 여기에서 폭행은 사람에 대한 직접적인 유형력의 행사뿐만 아니라 간접적인 유형력의 행사도 포함하며, 반드시 사람의 신체에 대한 것에 한정되지 않는다. 사람에 대한 간접적인 유형력의 행사를 강요죄의 폭행으로 평가하기 위해서는 피고인이 유형력을 행사한 의도와 방법, 피고인의 행위와 피해자의 근접성, 유형력이 행사된 객체와 피해자의 관계 등을 종합적으로 고려해야 한다.

③ ○ 대판 2010도1233 판결

강요죄는 폭행 또는 협박으로 사람의 권리행사를 방해하거나 의무 없는 일을 하게 하는 것을 말하고, 여기에서 '의무 없는 일'이란 법령, 계약 등에 기하여 발생하는 법률상 의무 없는 일을 말하므로, 법률상 의무 있는 일을 하게 한 경우에는 강요죄가 성립할 여지가 없다.

④ × 대판 2018도13792 판결

특히 공무원이 자신의 직무와 관련한 상대방에게 공무원 자신 또는 자신이 지정한 제3자를 위하여 재산적 이익 또는 일체의 유·무형의 이익 등을 제공할 것을 요구하고 상대방은 공무원의 지위에 따른 직무에 관하여 어떠한 이익을 기대하며 그에 대한 대가로서 요구에 응하였다면, 다른 사정이 없는 한 공무원의 위 요구 행위를 객관적으로 사람의 의사결정의 자유를 제한하거나 의사실행의 자유를 방해할 정도로 겁을 먹게 할 만한 해악의 고지라고 단정하기는 어렵다.

정답 ③

제2절 체포 · 감금 · 약취 · 유인

01 약취와 유인의 죄에 관한 설명으로 옳고 그름의 표시(○, ×)가 바르게 된 것은? (다툼이 있는 경우 판례에 의함) 〈24. 경찰승진〉

㉠ 미성년자 혼자 머무는 주거에 침입하여 강도 범행을 하는 과정에서 미성년자와 그 부모에게 폭행·협박을 가하여 일시적으로 부모와의 보호관계가 사실상 침해·배제되었더라도, 미성년자가 기존의 생활관계로부터 완전히 이탈되었다거나 새로운 생활관계가 형성되었다고 볼 수 없고 범인의 의도도 위와 같은 생활관계의 이탈이 아니라 단지 금품 강취를 위한 반항 억압에 있었다면 미성년자약취죄가 성립되지 않는다.

㉡ 미성년의 자녀를 부모가 함께 동거하면서 보호·양육하여 오던 중 부모의 일방이 어떠한 폭행, 협박이나 불법적인 사실상의 힘을 행사함이 없이 그 자녀를 데리고 종전의 거소를 벗어나 다른 곳으로 옮겨 자녀에 대한 보호·양육을 계속한 경우, 그 행위가 보호·양육권의 남용에 해당하는 등 특별한 사정이 없어도 상대방 부모의 동의가 없었다면 미성년자약취죄가 성립한다.

㉢ 甲이 미성년자인 A를 보호·감독하고 있던 그 아버지의 감호권을 침해하여 A를 자신의 사실상 지배로 옮긴 이상 甲에게 미성년자약취죄가 성립한다 할 것이고, 설령 미성년자인 A의 동의가 있었다 하더라도 마찬가지이다.

㉣ 미성년자를 약취·유인한 자가 그 미성년자를 안전한 장소로 풀어준 때에는 그 형을 감경하거나 면제할 수 있다.

① ㉠ (×) ㉡ (○) ㉢ (×) ㉣ (×)

② ㉠ (○) ㉡ (×) ㉢ (○) ㉣ (×)

③ ㉠ (○) ㉡ (×) ㉢ (○) ㉣ (○)

④ ㉠ (○) ㉡ (○) ㉢ (×) ㉣ (○)

해설 > ㉠ ○ 아래 판례 참조 ★★★ 중요판례

판례

〈대판 2007도8485 판결〉 ★★★ 주요판례

미성년자가 혼자 머무는 주거에 침입하여 그를 감금한 뒤 폭행 또는 협박에 의하여 부모의 출입을 봉쇄하거나, 미성년자와 부모가 거주하는 주거에 침입하여 부모만을 강제로 퇴거시키고 독자적인 생활관계를 형성하기에 이르렀다면 비록 장소적 이전이 없었다 할지라도 형법 제287조의 미성년자약취죄에 해당함이 명백하지만, 강도 범행을 하는 과정에서 혼자 주거에 머무르고 있는 미성년자를 체포·감금하거나 혹은 미성년자와 그의 부모를 함께 체포·감금, 또는 폭행·협박을 가하는 경우, 나아가 주거지에 침입하여 미성년자의 신체에 위해를 가할 것처럼 협박하여 부모로부터 금품을 강취하는 경우와 같이, 일시적으로 부모와의 보호관계가 사실상 침해·배제되었다 할지라도, 그 의도가 미성년자를 기존의 생활관계 및 보호관계로부터 이탈시키는 데 있었던 것이 아니라 단지 금품 강취를 위하여 반항을 제압하는 데 있었다거나 금품 강취를 위하여 고지한 해악의 대상이 그곳에 거주하는 미성년자였던 것에 불과하다면, 특별한 사정이 없는 한 미성년자를 약취한다는 범의를 인정하기 곤란할 뿐 아니라, 보통의 경우 시간적 간격이 짧아 그 주거지를 중심으로 영위되었던 기존의 생활관계로부터 완전히 이탈되었다고 평가하기도 곤란하다.

...미성년자 혼자 머무는 주거에 침입하여 강도 범행을 하는 과정에서 미성년자와 그 부모에게 폭행·협박을 가하여 일시적으로 부모와의 보호관계가 사실상 침해·배제되었더라도, 미성년자가 기존의 생활관계로부터 완전히 이탈되었다거나 새로운 생활관계가 형성되었다고 볼 수 없고 범인의 의도도 위와 같은 생활관계의 이탈이 아니라 단지 금품 강취를 위한 반항 억압에 있었으므로, 형법 제287조의 미성년자약취죄가 성립하지 않는다.

㉡ × 대판 2010도14328 전원합의체 판결 ★★★ 중요판례

베트남 국적 여성인 피고인이 남편 甲의 의사에 반하여 생후 약 13개월 된 자녀 乙을 주거지에서 데리고 나와 약취하고 베트남에 함께 입국함으로써 乙을 국외에 이송하였다고 하여 국외이송약취 및 피약취자 국외이송으로 기소된 사안에서, 제반 사정을 종합할 때 피고인의 행위를 약취행위로 볼 수 없다는 이유로, 피고인에게 무죄를 인정한 원심판단을 정당하다고 한 사례.

㉢ ○ 대판 2002도7115 판결 ★★

甲이 미성년자인 A를 보호·감독하고 있던 그 아버지의 감호권을 침해하여 A를 자신의 사실상 지배로 옮긴 이상 甲에게 미성년자약취죄가 성립한다 할 것이고, 설령 미성년자인 A의 동의가 있었다 하더라도 마찬가지이다.

㉣ ×

제295조의2(형의 감경)

제287조부터 제290조까지, 제292조와 제294조의 죄를 범한 사람이 약취, 유인, 매매 또는 이송된 사람을 안전한 장소로 풀어준 때에는 그 형을 감경할 수 있다.

정답 ②

02 체포와 감금의 죄에 대한 설명으로 옳지 않은 것은? (다툼이 있는 경우 판례에 의함)

〈23. 경찰대 편입〉

① 체포죄는 계속범으로서 체포의 행위에 확실히 사람의 신체의 자유를 구속한다고 인정할 수 있을 정도의 시간적 계속이 있어야 기수에 이르고, 신체의 자유에 대한 구속이 그와 같은 정도에 이르지 못하고 일시적인 것으로 그친 경우에는 체포죄의 미수범이 성립할 뿐이다.

② 체포·감금죄는 사람의 신체활동의 자유를 침해하는 것을 내용을 하는 범죄로서, 정신병자도 본죄의 객체가 될 수 있다.

③ 감금행위가 단순히 강도상해 범행의 수단이 되는 데 그치지 아니하고 강도상해의 범행이 끝난 뒤에도 계속된 경우에는, 1개의 행위가 감금죄와 강도상해죄에 해당하는 경우라고 볼 수 없고, 이 경우 감금죄와 강도상해죄는 실체적 경합범 관계에 있다.

④ 인신구속에 관한 직무를 보조하는 자가 피해자를 구속하기 위하여 진술조서 등을 허위로 작성한 후 이를 기록에 첨부하여 구속영장을 신청하고, 진술조서 등이 허위로 작성된 정을 모르는 검사와 영장전담판사를 기망하여 구속영장을 발부받은 후, 그 영장에 의하여 피해자를 구금하였다면 형법 제124조 제1항의 직권남용감금죄가 성립한다.

⑤ 감금죄가 성립하기 위하여 사람의 행동의 자유의 박탈이 반드시 전면적이어야 하므로, 특정구역 내부에서 일정한 생활의 자유가 허용되어 있었다면 감금죄는 성립하지 않는다.

해설 > ① ○ 대판 2016도18713 판결

체포죄는 계속범으로서 체포의 행위에 확실히 사람의 신체의 자유를 구속한다고 인정할 수 있을 정도의 시간적 계속이 있어야 기수에 이르고, 신체의 자유에 대한 구속이 그와 같은 정도에 이르지 못하고 일시적인 것으로 그친 경우에는 체포죄의 미수범이 성립할 뿐이다.

② ○

③ ○ 대판 2002도4380 판결

감금행위가 단순히 강도상해 범행의 수단이 되는 데 그치지 아니하고 강도상해의 범행이 끝난 뒤에도 계속된 경우에는 1개의 행위가 감금죄와 강도상해죄에 해당하는 경우라고 볼 수 없고, 이 경우 감금죄와 강도상해죄는 형법 제37조의 경합범 관계에 있다.

④ ○ 대판 2003도3945 판결
감금죄는 간접정범의 형태로도 행하여질 수 있는 것이므로, 인신구속에 관한 직무를 행하는 자 또는 이를 보조하는 자가 피해자를 구속하기 위하여 진술조서 등을 허위로 작성한 후 이를 기록에 첨부하여 구속영장을 신청하고, 진술조서 등이 허위로 작성된 정을 모르는 검사와 영장전담판사를 기망하여 구속영장을 발부받은 후 그 영장에 의하여 피해자를 구금하였다면 형법 제124조 제1항의 직권남용감금죄가 성립한다.
⑤ × 대판 84도655 판결
감금의 본질은 사람의 행동의 자유를 구속하는 것으로 행동의 자유를 구속하는 그 수단과 방법에는 아무런 제한이 없으므로 그 수단과 방법에는 유형적인 것이거나 무형적인 것이거나를 가리지 아니하며 감금에 있어서의 사람의 행동의 자유의 박탈은 반드시 전면적이어야 할 필요가 없으므로 감금된 특정구역 내부에서 일정한 생활의 자유가 허용되어 있었다고 하더라도 감금죄의 성립에는 아무 소장이 없다. (피해자 여관, 8일간 감금)

정답 ⑤

03 체포 · 감금 및 약취 · 유인의 죄에 관한 설명 중 가장 적절한 것은? (다툼이 있는 경우 판례에 의함)

〈23. 경찰공채 1차〉

① 미국인이 프랑스에서 일본인 미성년자를 약취한 경우, 우리 형법을 적용할 수는 없다.

② 체포 행위가 확실히 사람의 신체의 자유를 구속하는 정도로 계속되지 못하고 일시적인 것에 그쳤다고 하여도 체포죄의 미수가 아닌 기수에 이른 것으로 보아야 한다.

③ 미성년자와 부모가 함께 거주하는 주거에 침입하여 부모만을 강제로 퇴거시키고 미성년자와 독자적인 생활관계를 형성하기에 이르렀다면, 비록 장소적 이전이 없었다 할지라도 「형법」 제287조의 미성년자약취죄에 해당한다.

④ 미성년자를 유인한 자가 계속하여 미성년자를 불법하게 감금한 경우, 감금죄만 성립하고 미성년자유인죄는 이에 흡수된다.

해설 > ① ×
약취 · 유인 · 인신매매의 죄인 제296조의2는 "제287조부터 제292조까지 및 제294조는 대한민국 영역 밖에서 죄를 범한 외국인에게도 적용한다"고 규정하여 세계주의를 도입하였다.
② × 대판 2016도18713 판결
체포죄는 계속범으로서 신체의 자유에 대한 구속이 일시적이면, 체포죄의 미수범이 성립할 뿐이다.
③ ○ 대판 2007도8485 판결
④ × 대판 98도1036 판결
미성년자를 유인한 자가 계속하여 미성년자를 불법하게 감금하였을 때에는 미성년자유인죄 이외에 감금죄가 별도로 성립한다.

정답 ③

04 형법 제287조 미성년자약취죄에 관한 다음 설명 중 가장 옳지 않은 것은? (다툼이 있는 경우 판례에 의함) 〈22. 법원9급〉

① 미성년자를 보호·감독하는 사람이라고 하더라도 다른 보호감독자의 보호·양육권을 침해하거나 자신의 보호·양육권을 남용하여 미성년자 본인의 이익을 침해하는 때에는 형법 제287조 미성년자약취죄의 주체가 될 수 있다.

② 부모가 이혼하였거나 별거하는 상황에서 미성년의 자녀를 부모의 일방이 평온하게 보호·양육하고 있는데, 상대방 부모가 폭행, 협박 또는 불법적인 사실상의 힘을 행사하여 그 보호·양육 상태를 깨뜨리고 자녀를 탈취하여 자기 또는 제3자의 사실상 지배하에 옮긴 경우, 그와 같은 행위는 특별한 사정이 없는 한 미성년자에 대한 약취죄를 구성한다고 볼 수 있다.

③ 미성년의 자녀를 부모가 함께 동거하면서 보호·양육하여 오던 중 부모의 일방이 상대방 부모나 그 자녀에게 어떠한 폭행, 협박이나 불법적인 사실상의 힘을 행사함이 없이 그 자녀를 데리고 종전의 거소를 벗어나 다른 곳으로 옮겨 자녀에 대한 보호·양육을 계속하였다면, 그 행위가 보호·양육권의 남용에 해당한다는 등 특별한 사정이 없는 한 설령 이에 관하여 법원의 결정이나 상대방 부모의 동의를 얻지 아니하였다고 하더라도 그러한 행위에 대하여 곧바로 형법상 미성년자에 대한 약취죄의 성립을 인정할 수는 없다.

④ 부모가 별거하는 상황에서 비양육친이 면접교섭권을 행사하여 미성년 자녀를 데리고 갔다가 면접교섭 기간이 종료하였음에도 불구하고 자녀를 양육친에게 돌려주지 않은 경우에는 그러한 부작위를 폭행, 협박이나 불법적인 사실상의 힘을 행사한 것으로 볼 수는 없으므로, 미성년자약취죄가 성립할 수 없다.

해설> ① ○ 대판 2007도8011 판결 ★★

미성년자를 보호감독하는 자라 하더라도 다른 보호감독자의 감호권을 침해하거나 자신의 감호권을 남용하여 미성년자 본인의 이익을 침해하는 경우에는 미성년자 약취·유인죄의 주체가 될 수 있다. – 외조부가 맡아서 양육해 오던 미성년인 자(子)를 자의 의사에 반하여 사실상 자신의 지배하에 옮긴 친권자에 대하여 미성년자 약취·유인죄를 인정한 사례.

② ○, ③ ○ 대판 2010도14328 전원합의체 판결 ★★★

베트남 국적 여성인 피고인이 남편 甲의 의사에 반하여 생후 약 13개월 된 자녀 乙을 주거지에서 데리고 나와 약취하고 베트남에 함께 입국함으로써 乙을 국외에 이송하였다고 하여 국외이송약취 및 피약취자 국외이송으로 기소된 사안에서, 제반 사정을 종합할 때 피고인의 행위를 약취행위로 볼 수 없다는 이유로, 피고인에게 무죄를 인정한 원심판단을 정당하다고 한 사례.

④ × 대판 2019도16421 판결 ★★
피고인과 甲은 각각 한국과 프랑스에서 따로 살며 이혼소송 중인 부부로서 자녀인 피해아동 乙(만 5세)은 프랑스에서 甲과 함께 생활하였는데, 피고인이 乙을 면접교섭하기 위하여 그를 보호·양육하던 甲으로부터 乙을 인계받아 국내로 데려온 후 면접교섭 기간이 종료하였음에도 乙을 데려다주지 아니한 채 甲과 연락을 두절한 후 법원의 유아인도명령 등에도 불응한 사안에서, 피고인의 행위가 미성년자약취죄의 약취행위에 해당한다.(부작위로도 가능)

정답 ④

05 약취와 유인의 죄에 대한 설명으로 가장 적절한 것은? (다툼이 있는 경우 판례에 의함)

〈21. 경찰공채 2차〉

① 미성년의 자녀를 부모가 함께 동거하면서 보호·양육하여 오던 중 부모의 일방이 어떠한 폭행, 협박이나 불법적인 사실상의 힘을 행사함이 없이 그 자녀를 데리고 종전의 거소를 벗어나 양육 환경이 더 나은 곳으로 옮겨 자녀에 대한 보호·양육을 계속한 경우에 상대방 부모의 동의가 없었다면 미성년자약취죄가 성립한다.

② 미성년자 혼자 머무는 주거에 침입하여 강도 범행을 하는 과정에서 미성년자와 그 부모에게 폭행·협박을 가하여 일시적으로 부모와의 보호관계가 사실상 침해·배제된 경우에는 미성년자약취죄가 성립한다.

③ 약취행위는 피해자를 그 의사에 반하여 자유로운 생활관계 또는 보호관계로부터 범인이나 제3자의 사실상 지배하에 옮기는 행위를 말하며, 폭행 또는 협박을 수단으로 사용하는 경우에 그 폭행 또는 협박의 정도는 상대방을 실력적 지배하에 둘 수 있을 정도이면 족하고 반드시 상대방의 반항을 억압할 정도의 것임을 요하지는 아니한다.

④ 미성년자의 어머니가 교통사고로 사망하여 아버지가 미성년자의 양육을 외조부에게 맡겼으나, 교통사고 배상금 문제로 분쟁이 발생하자 아버지가 학교에서 귀가하는 미성년자를 그의 의사에 반하여 강제로 사실상 자신의 지배하에 옮긴 경우에는 미성년자약취죄가 성립하지 아니한다.

해설> ① × 대판 2010도14328 전원합의체 판결
어떠한 실력을 행사하여 乙을 평온하던 종전의 보호 양육 상태로부터 이탈시킨 것이라기보다 친권자인 모(母)로서 출생 이후 줄 곧 맡아왔던 乙에 대한 보호 ·양육을 계속 유지한 행위에 해당하여 이를 폭행, 협박 또는 불법적인 사실상의 힘을 사용하여 乙을 자기 또는 제3자의 지배하에 옮긴 약취행위로 볼 수는 없다.
② × 대판 2007도8485 판결
부모로부터 금품을 강취하는 경우와 같이, 일시적으로 부모와의 보호관계가 사실상 침해·배제되었다 할지라도, 피고인의 행위는 미성년자를 약취한다는 범의를 인정하기 곤란할 뿐 아니라, 시간적 간격이 짧아 그 주거지를 중심으로 영위되었던 기존의 생활관계로부터 완전히 이탈되었다고 평가하기도 곤란하다.
③ ○ 대판 2009도3816 판결
④ × 대판 2007도8011 판결
미성년자를 보호감독하는 자라 하더라도 다른 보호감독자의 감호권을 침해하거나 자신의 감호권을 남용하여 미성년자 본인의 이익을 침해하는 경우에는 미성년자 약취·유인죄의 주체가 될 수 있다.

정답 ③

06 다음 〈보기〉 중 약취·유인죄에 관한 설명으로 옳게 짝지어진 것을 모두 고른 것은? (다툼이 있는 경우 판례에 의함)
〈22. 해경[수사]〉

㉠ 미성년자유인죄의 범의를 인정하기 위해서는 피해자가 미성년자임을 알면서 유인한다는 인식 및 나아가 유인하는 행위가 피해자의 의사에 반한다는 인식도 필요하다.
㉡ 강도범행을 하는 과정에서 미성년자와 그의 부모를 함께 체포·감금, 또는 폭행·협박을 가하는 경우 특별한 사정이 없는 한 미성년자약취죄는 성립하지 않는다.
㉢ 미성년의 자녀를 부모가 함께 동거하면서 보호·양육하여 오던 중 공동친권자인 부모의 일방이 상대방의 동의나 가정의 결정이 없는 상태에서 유아를 데리고 공동양육의 장소를 이탈함으로써 상대방의 친권행사가 미칠 수 없도록 하였다면, 비록 그 과정에서 협박이나 불법적인 사실상의 힘을 행사한 사실이 없다고 하더라도 미성년자에 대한 약취죄가 성립한다고 보아야 한다.
㉣ 미성년자를 보호·감독하고 있던 그 아버지의 의사에 반하여 미성년자를 자신들의 사실상 지배로 옮긴 이상 미성년자약취죄가 성립한다 할 것이고, 설령 미성년자의 동의가 있었다 하더라도 마찬가지이다.

① ㉠, ㉡ ② ㉡, ㉢ ③ ㉡, ㉣ ④ ㉢, ㉣

해설> ㉠ × 대판 76도2072 판결

미성년자유인죄라 함은 기망 유혹과 같은 달콤한 말을 수단으로 하여 미성년자를 꾀어 현재의 보호상태로부터 이탈케 하여 자기 또는 제3자의 사실적 지배하에 옮기는 것으로서 사려없고 나이어린 피해자의 하자있는 의사를 이용하는데 있는 것이며 본죄의 범의는 피해자가 미성년자임을 알면서 유인행위에 대한 인식이 있으면 족하고 유인하는 행위가 피해자의 의사에 반하는 것까지 인식할 필요는 없으며 또 피해자가 하자있는 의사로 자유롭게 승락하였다 하더라도 본죄의 성립에 소장이 없다.

㉡ ○ 대판 2007도8485 판결 ★★★ 중요판례

미성년자 혼자 머무는 주거에 침입하여 강도 범행을 하는 과정에서 미성년자와 그 부모에게 폭행·협박을 가하여 일시적으로 부모와의 보호관계가 사실상 침해·배제되었더라도, 미성년자가 기존의 생활관계로부터 완전히 이탈되었다거나 새로운 생활관계가 형성되었다고 볼 수 없고 범인의 의도도 위와 같은 생활관계의 이탈이 아니라 단지 금품 강취를 위한 반항 억압에 있었으므로, 형법 제287조의 미성년자약취죄가 성립하지 않는다.

㉢ × 대판 2010도14328 전원합의체 판결 ★★★ 중요판례

미성년의 자녀를 부모가 함께 동거하면서 보호 양육하여 오던 중 부모의 일방이 상대방 부모나 그 자녀에게 어떠한 폭행, 협박이나 불법적인 사실상의 힘을 행사함이 없이 그 자녀를 데리고 종전의 거소를 벗어나 다른 곳으로 옮겨 자녀에 대한 보호·양육을 계속하였다면, 그 행위가 보호·양육권의 남용에 해당한다는 등 특별한 사정이 없는 한 설령 이에 관하여 법원의 결정이나 상대방 부모의 동의를 얻지 아니하였다고 하더라도 그러한 행위에 대하여 곧바로 형법상 미성년자에 대한 약취죄의 성립을 인정할 수는 없다.

㉣ ○ 대판 2002도7115 판결

약취행위에 미성년자의 동의가 있었다 하더라도 본죄의 성립에는 변함이 없다.

정답 ③

제3절 강간과 추행의 죄

01 **강간과 추행의 죄에 관한 설명으로 가장 적절하지 않은 것은? (다툼이 있는 경우 판례에 의함)** 〈22. 경찰공채 1차〉

① 위계에 의한 간음죄에 해당하는지 여부를 판단할 때에는 구체적인 범행 상황에 놓인 피해자의 입장과 관점이 충분히 고려되어야 하고, 일반적·평균적 판단능력을 갖춘 성인 또는 충분한 보호와 교육을 받은 또래의 시각에서 인과관계를 쉽사리 부정하여서는 안 된다.

② 강제추행죄는 상대방에 대하여 폭행 또는 협박을 가하여 항거를 곤란하게 한 뒤에 추행행위를 하는 경우뿐만 아니라 폭행행위 자체가 추행행위라고 인정되는 경우도 포함되며, 이 경우의 폭행은 반드시 상대방의 의사를 억압할 정도의 것이어야 한다.

③ 강간죄에서의 폭행·협박과 간음 사이에는 인과관계가 있어야 하나, 폭행·협박이 반드시 간음행위보다 선행되어야 하는 것은 아니다.

④ 구 「성폭력범죄의 처벌 등에 관한 특례법」 제11조의 '공중밀집 장소에서의 추행'이 기수에 이르기 위하여는 행위자의 행위로 인하여 대상자가 성적 수치심이나 혐오감을 반드시 실제로 느껴야 하는 것은 아니고, 객관적으로 일반인에게 성적 수치심이나 혐오감을 일으키게 할 만한 행위로서 선량한 성적 도덕관념에 반하는 행위를 실행하는 것으로 충분하다.

해설 ① ○ 대판 2015도9436 전원합의체 판결

② × 대판 2011도8805 판결

<u>강제추행죄는 폭행 또는 협박을 가하여 사람을 추행</u>함으로써 성립하는 것으로서 그 <u>폭행 또는 협박이 항거를 곤란하게 할 정도일 것을 요하고</u>, <u>폭행이 반드시 상대방의 의사를 억압할 정도를 요하지 않는다.</u>

③ ○ 대판 2016도16948 판결 ★★

피고인은 2016.2.7. 17:00경 피해자의 집 거실에서 텔레비전을 보다가 피해자에게 성관계를 계속 요구하였으나 피해자는 생리 중이라는 이유로 싫다며 이를 거부하였다.....피고인은 피해자의 의사에 반하여 기습적으로 자신의 성기를 피해자의 성기에 삽입하고, 피해자가 움직이지 못하도록 반항을 억압한 다음 간음행위를 계속한 사실을 알 수 있다. 이와 같은 <u>피고인의 행위는, 비록 간음행위를 시작할 때 폭행·협박이 없었다고 하더라도 간음행위와 거의 동시 또는 그 직후에 피해자를 폭행하여 간음한 것으로 볼 수 있고, 이는 강간죄를 구성한다.</u>

④ ○ 대판 2015도7102 판결

여기에서 '추행'이란 일반인을 기준으로 객관적으로 성적 수치심이나 혐오감을 일으키게 하고 선량한 성적 도덕관념에 반하는 행위로서 피해자의 성적 자기결정권을 침해하는 것을 말한다. 이에 해당하는지는 피해자의 성별, 연령, 행위자와 피해자의 관계, 그 행위에 이르게 된 경위, 구체적 행위 양태, 주위의 객관적 상황과 그 시대의 성적 도덕관념 등을 종합적으로 고려하여 신중히 결정해야 한다.

정답 ②

02 **강간과 추행의 죄에 대한 설명이다. 아래 ㉠부터 ㉣까지의 설명 중 옳고 그름의 표시 (○, ×)가 바르게 된 것은? (다툼이 있는 경우 판례에 의함)** 〈22. 경찰승진〉

> ㉠ 강제추행죄는 자수범이 아니므로 피해자를 도구로 삼아 추행 하는 간접정범의 형태로도 범할 수 있다.
> ㉡ 甲이 A가 심신상실 또는 항거불능의 상태에 있다고 인식하고 그러한 상태를 이용하여 간음할 의사로 A를 간음하였으나 A가 실제로는 심신상실 또는 항거불능의 상태에 있지 않은 경우에는 준강간죄의 장애미수가 성립한다.
> ㉢ 「형법」 제302조의 위계에 의한 간음죄에서의 '위계'는 간음 행위 그 자체에 대한 오인, 착각, 부지를 의미하고, 간음행위에 이르게 된 동기 내지 간음행위와 결부된 금전적 대가와 같은 요소는 위계의 대상이 될 수 없다.
> ㉣ 강제추행죄의 '추행'이란 일반인에게 성적 수치심이나 혐오감을 일으키고 선량한 성적 도덕관념에 반하는 행위인 것으로 족하고, 반드시 그 행위의 상대방인 피해자의 성적 자기결정의 자유를 침해할 필요까지는 없다.

① ㉠ (○) ㉡ (×) ㉢ (×) ㉣ (○)

② ㉠ (○) ㉡ (×) ㉢ (×) ㉣ (×)

③ ㉠ (○) ㉡ (×) ㉢ (○) ㉣ (×)

④ ㉠ (×) ㉡ (○) ㉢ (○) ㉣ (○)

해설 > ㉠ ○ 대판 2016도17733 판결 ★★

甲이 乙女에게 시키는 대로 하지 않으면 기존에 전송받았던 은밀한 신체 부위 사진과 개인정보 등을 유포하겠다고 협박하여 乙女로 하여금 스스로 속옷을 입고 다리를 벌린 모습의 사진, 가슴을 만지거나 성기에 볼펜을 삽입하여 자위하는 동영상 등을 촬영하도록 하여 이를 전송받은 경우, 강제추행죄는 정범 자신이 직접 범죄를 실행하여야 성립하는 자수범이라고 볼 수 없으므로, 처벌되지 아니하는 타인을 도구로 삼아 피해자를 강제로 추행하는 간접정범의 형태로도 범할 수 있다.

㉡ × 대판 2018도16002 전원합의체 판결 ★★★ 중요판례

형법 제297조는 "폭행 또는 협박으로 사람을 강간한 자는 3년 이상의 유기징역에 처한다."라고 규정하고, 제299조는 "사람의 심신상실 또는 항거불능의 상태를 이용하여 간음 또는 추행을 한 자는 제297조, 제297조의2 및 제298조의 예에 의한다."라고 규정하고 있다. 형법은 폭행 또는 협박의 방법이 아닌 심신상실 또는 항거불능의 상태를 이용하여 간음한 행위를 강간죄에 준하여 처벌하고 있으므로, 준강간의 고의는 피해자가 심신상실 또는 항거불능의 상태에 있다는 것과 그러한 상태를 이용하여 간음한다는 구성요건적 결과 발생의 가능성을 인식하고 그러한 위험을 용인하는 내심의 의사를 말한다.

…피고인이 피해자가 심신상실 또는 항거불능의 상태에 있다고 인식하고 그러한 상태를 이용하여 간음할 의사로 피해자를 간음하였으나 피해자가 실제로는 심신상실 또는 항거불능의 상태에 있지 않은 경우, 준강간죄의 불능미수다.

ⓒ × 대판 2015도9436 전원합의체 판결
피해자가 오인, 착각, 부지에 빠지게 되는 대상은 간음행위 자체일 수도 있고, 간음행위에 이르게 된 동기이거나 간음행위와 결부된 금전적·비금전적 대가와 같은 요소일 수도 있다.
ⓔ × 대판 2019도12282 판결
성적 자기결정 능력은 피해자의 나이, 성장과정, 환경 등 개인별로 차이가 있으므로 성적 자기결정권이 침해되었는지 여부를 판단함에 있어 서도 구체적인 범행 상황에 놓인 피해자의 입장과 관점이 충분히 고려되어야 한다.

정답 ②

03 다음 중 강간과 추행의 죄에 대한 설명으로 가장 옳지 않은 것은? (다툼이 있는 경우 판례에 의함) 〈22. 해경[경장]〉

① 강간죄가 성립하기 위한 가해자의 폭행·협박이 있었는지 여부는 그 폭행·협박의 내용과 정도는 물론 유형력을 행사하게 된 경위, 피해자와의 관계, 성교 당시와 그 후의 정황 등 모든 사정을 종합하여 피해자가 성교 당시 처하였던 구체적인 상황을 기준으로 판단하여야 한다.

② 수면제와 같은 약물을 투약하여 피해자를 일시적으로 수면 또는 의식불명 상태에 이르게 한 경우에도 약물로 인하여 피해자의 건강상태가 불량하게 변경되고 생활기능에 장애가 초래되었다면 자연적으로 의식을 회복하거나 외부적으로 드러난 상처가 없더라도 이는 강간치상 강제추행치상죄에서 말하는 상해에 해당한다.

③ 「형법」 제305조의 미성년자의제강제추행죄의 성립에 필요한 주관적 구성요건요소는 고의 외에 성욕을 자극·흥분·만족시키려는 주관적 동기나 목적까지 있어야 한다.

④ 여성에 대한 추행에 있어 신체 부위에 따라 본질적인 차이가 있다고 볼 수는 없다.

해설 > ① ○ 대판 2012도4031 판결

강간죄가 성립하기 위한 가해자의 폭행·협박이 있었는지 여부는 그 폭행·협박의 내용과 정도는 물론 유형력을 행사하게 된 경위, 피해자와의 관계, 성교 당시와 그 후의 정황 등 모든 사정을 종합하여 피해자가 성교 당시 처하였던 구체적인 상황을 기준으로 판단하여야 한다. 그리고 사후적으로 보아 피해자가 성교 전에 범행 현장을 벗어날 수 있었다거나 피해자가 사력을 다하여 반항하지 않았다는 사정만으로 가해자의 폭행·협박이 피해자의 항거를 현저히 곤란하게 할 정도에 이르지 않았다고 섣불리 단정하여서는 안 된다(대법원 2005.7.28. 선고 2005도3071 판결 참조).

② ○ 대판 2017도3196 판결

강간치상죄나 강제추행치상죄에 있어서의 상해는 피해자의 신체의 완전성을 훼손하거나 생리적 기능에 장애를 초래하는 것, 즉 피해자의 건강상태가 불량하게 변경되고 생활기능에 장애가 초래되는 것을 말하는 것으로, 여기서의 생리적 기능에는 육체적 기능뿐만 아니라 정신적 기능도 포함된다. 따라서 수면제와 같은 약물을 투약하여 피해자를 일시적으로 수면 또는 의식불명 상태에 이르게 한 경우에도 약물로 인하여 피해자의 건강상태가 불량하게 변경되고 생활기능에 장애가 초래되었다면 자연적으로 의식을 회복하거나 외부적으로 드러난 상처가 없더라도 이는 강간치상죄나 강제추행치상죄에서 말하는 상해에 해당한다.

③ × 대판 2005도6791 판결 ★★

미성년자의제강제추행죄는 '13세 미만의 아동이 외부로부터의 부적절한 성적 자극이나 물리력의 행사가 없는 상태에서 심리적 장애 없이 성적 정체성 및 가치관을 형성할 권익'을 보호법익으로 하는 것으로서, 그 성립에 필요한 주관적 구성요건요소는 고의만으로 충분하고, 그 외에 성욕을 자극·흥분·만족시키려는 주관적 동기나 목적까지 있어야 하는 것은 아니다.

④ ○ 대판 2004도52 판결

직장 상사가 등 뒤에서 피해자의 의사에 명백히 반하여 어깨를 주무른 경우, 여성에 대한 추행에 있어 신체 부위에 따라 본질적인 차이가 있다고 볼 수 없다는 이유로 추행에 해당한다.

정답 ③

04 다음 중 가장 적절하지 않은 것은? (다툼이 있는 경우 판례에 의함) 〈22. 경찰간후〉

① 성적 자기결정권은 스스로 선택한 인생관 등을 바탕으로 사회 공동체 안에서 각자가 독자적으로 성적 관념을 확립하고 이에 따라 사생활의 영역에서 자기 스스로 내린 성적 결정에 따라 자기책임하에 상대방을 선택하고 성관계를 가질 권리로 이해된다. 여기에는 자신이 하고자 하는 성행위를 결정할 권리라는 적극적 측면과 함께 원치 않는 성행위를 거부할 권리라는 소극적 측면이 함께 존재하는데, 위계에 의한 간음죄를 비롯한 강간과 추행의 죄는 소극적 성적 자기결정권을 침해하는 것을 내용으로 한다.

② 위계에 의한 간음죄에서 행위자가 간음의 목적으로 상대방에게 일으킨 오인, 착각, 부지는 간음행위 자체에 대한 오인, 착각, 부지를 말하는 것이지 간음행위와 불가분적 관련성이 인정되지 않는 다른 조건에 관한 오인, 착각, 부지를 가리키는 것은 아니다.

③ 위계에 의한 간음죄가 보호대상으로 삼는 아동·청소년, 미성년자, 심신미약자, 피보호자·피감독자, 장애인 등의 성적 자기결정 능력은 그 나이, 성장과정, 환경, 지능 내지 정신기능 장애의 정도 등에 따라 개인별로 차이가 있으므로 간음행위와 인과관계가 있는 위계에 해당하는지 여부를 판단할 때에는 구체적인 범행 상황에 놓인 피해자의 입장과 관점이 충분히 고려되어야 한다.

④ 위계에 의한 간음죄가 보호대상으로 규정한 미성년자, 심신미약자, 피보호자·피감독자, 장애인 등도 나이, 정신기능 등의 장애, 행위자와 피해자 사이의 종속적인 관계 등으로 인해 피해자가 행위자를 비롯한 외부의 영향으로부터 자신을 방어하기 어렵고 성적 자기결정권 행사 과정에서 내부 정신작용이 왜곡되기 쉽다는 점에서는 아동·청소년의 경우와 본질적인 차이가 없다.

해설 > ① ○ 대판 2018도16466 판결

성적 자기결정권은 스스로 선택한 인생관 등을 바탕으로 사회공동체 안에서 각자가 독자적으로 성적 관념을 확립하고 이에 따라 사생활의 영역에서 자기 스스로 내린 성적 결정에 따라 자기책임하에 상대방을 선택하고 성관계를 가질 권리로 이해된다. 여기에는 자신이 하고자 하는 성행위를 결정할 권리라는 적극적 측면과 함께 원치 않는 성행위를 거부할 권리라는 소극적 측면이 함께 존재하는데, 위계에 의한 간음죄를 비롯한 강간과 추행의 죄는 소극적 성적 자기결정권을 침해하는 것을 내용으로 한다.

② ×, ③ ○, ④ ○ ★★★ 중요판례

판례

〈대판 2015도9436 전원합의체 판결〉

피고인이 랜덤채팅 애플리케이션을 통해 알게 된 피해자(여, 15세)에게 연예기획사에서 일하는 매니저와 사진작가의 1인 2역을 하면서 거짓말을 하여 피해자로 하여금 모델이 되기 위한 연기 연습 및 사진 촬영 연습의 일환으로 성관계를 한다는 착각에 빠지게 한 후, 마치 자신이 위 매니저가 소개한 사진작가인 것처럼 행세하면서 피해자를 간음한 것을 비롯해, 같은 방법으로 10회에 걸쳐 위계로써 아동·청소년인 피해자를 간음하였다는 것이다.

위계에 의한 간음죄에 있어서는 행위자가 간음의 목적으로 피해자에게 오인, 착각, 부지를 일으키고 피해자의 그러한 심적 상태를 이용하여 간음의 목적을 달성하였다면 위계와 간음행위 사이의 인과관계를 인정할 수 있다. 왜곡된 성적 결정에 기초하여 성행위를 하였다면 왜곡이 발생한 지점이 성행위 그 자체인지성행위에 이르게 된 동기인지는 성적 자기결정권에 대한 침해가 발생한 것은 마찬가지라는 점에서 핵심적인 부분이라고 하기 어렵다. 피해자가 오인, 착각, 부지에 빠지게 되는 대상은 간음행위 자체일 수도 있고, 간음행위에 이르게 된 동기이거나 간음행위와 결부된 금전적·비금전적 대가와 같은 요소일 수도 있다. 위와 같은 인과관계를 판단함에 있어서는 피해자의 연령 및 행위자와의 관계, 범행에 이르게 된 경위, 범행 당시와 전후의 상황 등 여러 사정을 종합적으로 고려하여야 한다.

피해자는 피고인의 거짓말에 속아 피고인이 요구한 나체 촬영과 성관계 등에 응하면 피고인이 자신을 모델 등으로 만들어 줄 것으로 오인, 착각하였고, 이러한 오인, 착각은 피해자가 피고인과의 성관계를 결심하게 된 중요한 동기가 된 것으로 보인다. 이러한 성관계가 피해자의 자발적이고 진지한 성적 자기결정권의 행사에 따른 것으로 볼 수는 없다.

정답 ②

05 강간과 추행에 관한 죄에 대한 설명 중 옳고 그름의 표시(○, ×)가 바르게 된 것은? (다툼이 있는 경우 판례에 의함)

〈23. 경찰승진〉

> ㉠ 강간죄에서의 폭행·협박과 간음 사이에는 인과관계가 있어야 하나, 폭행·협박이 반드시 간음행위보다 선행되어야 하는 것은 아니다.
> ㉡ 피고인은 피해자가 심신상실 또는 항거불능의 상태에 있다고 인식하고 그러한 상태를 이용하여 간음할 의사로 피해자를 간음하였으나 실제로는 피해자가 심신상실 또는 항거불능의 상태에 있지 않은 경우에는 준강간죄의 장애미수가 성립한다.
> ㉢ 강제추행에 관한 간접정범의 의사를 실현하는 도구로서의 타인에는 피해자도 포함될 수 있으므로, 피해자를 도구로 삼아 피해자의 신체를 이용하여 추행행위를 한 경우에도 강제추행죄의 간접정범에 해당할 수 있다.
> ㉣ 피고인이 놀이터 의자에 앉아서 통화 중이던 피해자의 뒤로 몰래 접근하여 성기를 드러내고 피해자의 등 쪽에 소변을 본 경우 행위 당시에 피해자가 이를 인식하지 못하였더라도 추행에 해당할 수 있다.

① ㉠ (○) ㉡ (○) ㉢ (×) ㉣ (×)

② ㉠ (○) ㉡ (×) ㉢ (○) ㉣ (○)

③ ㉠ (○) ㉡ (×) ㉢ (○) ㉣ (×)

④ ㉠ (×) ㉡ (×) ㉢ (×) ㉣ (○)

해설 > ㉠ ○ 대판 2016도16948 판결

㉡ × 대판 2018도16002 전원합의체 판결

피고인이 준강간의 실행에 착수하였으나 범죄가 기수에 이르지 못하였으므로 준강간죄의 미수범이 성립한다. 피고인이 행위 당시에 인식한 사정을 놓고 일반인이 객관적으로 판단하여 보았을 때 준강간의 결과가 발생할 위험성이 있었으므로 <u>준강간죄의 불능미수</u>가 성립한다.

㉢ ○ 대판 2016도17733 판결

㉣ ○ 대판 2021도7538 판결 ★★★

피고인은 처음 보는 여성인 피해자의 뒤로 몰래 접근하여 성기를 드러내고 피해자를 향한 자세에서 피해자의 등 쪽에 소변을 보았다고 할 것인바, 그 행위를 앞서 본 법리에 비추어 평가하면 객관적으로 일반인에게 성적 수치심이나 혐오감을 일으키게 하고 선량한 성적 도덕관념에 반하는 행위로서 피해자의 성적 자기결정권을 침해하는 추행행위에 해당한다고 볼 여지가 있다. 피고인의 행위가 객관적으로 추행행위에 해당한다면 그로써 행위의 대상이 된 피해자의 성적 자기결정권은 침해되었다고 보아야 할 것이고, <u>행위 당시에 피해자가 이를 인식하지 못하였다고 하여 추행에 해당하지 않는다고 볼 것은 아니다.</u>

정답 ②

06 **강간과 추행의 죄에 대한 설명으로 옳지 않은 것은? (다툼이 있는 경우 판례에 의함)**

〈22. 9급공채〉

① 피고인이 아파트 엘리베이터 내에 A(여, 11세)와 단둘이 탄 다음 A를 향하여 성기를 꺼내어 잡고 여러 방향으로 움직이다가 이를 보고 놀란 A 쪽으로 가까이 다가간 경우, 피고인이 A의 신체에 직접적인 접촉을 하지 아니하였고, 엘리베이터가 멈춘 후 A가 위 상황에서 바로 벗어날 수 있었으므로 피고인의 행위는 「성폭력범죄의 처벌 등에 관한 특례법」 제7조제5항에서 정한 위력에 의한 추행에 해당하지 않는다.

② '미성년자 또는 심신미약자에 대하여 위계 또는 위력으로써 간음 또는 추행'한 자를 처벌하는 「형법」 제302조는, 미성년자나 심신미약자와 같이 판단능력이나 대처능력이 일반인에 비하여 낮은 사람은 낮은 정도의 유·무형력의 행사에 의해서도 저항을 제대로 하지 못하고 피해를 입을 가능성이 있기 때문에 범죄의 성립요건을 강간죄나 강제추행죄보다 완화된 형태로 규정한 것이다.

③ 피해자가 깊은 잠에 빠져 있거나 술·약물 등에 의해 일시적으로 의식을 잃은 상태 또는 완전히 의식을 잃지는 않았더라도 그와 같은 사유로 정상적인 판단능력과 대응·조절능력을 행사할 수 없는 상태에 있었다면 이는 준강간죄 또는 준강제추행죄에서의 심신상실 또는 항거불능 상태에 해당한다.

④ 「성폭력범죄의 처벌 등에 관한 특례법」 제10조제1항에서 정한 '업무, 고용이나 그 밖의 관계로 인하여 자기의 보호, 감독을 받는 사람'에는 직장 안에서 보호 또는 감독을 받거나 사실상 보호 또는 감독을 받는 상황에 있는 사람뿐만 아니라 채용절차에서 영향력의 범위 안에 있는 사람도 포함된다.

해설> ① × 대판 2011도7164 판결

피고인의 행위는 甲의 성적 자유의사를 제압하기에 충분한 세력에 의하여 추행행위에 나아간 것이다(대판 2011도7164).

② ○ 대판 2019도3341 판결 ★★★

형법 제32장의 죄의 기본적 구성요건은 강간죄(제297조)나 강제추행죄(제298조)인데, 이 죄는 미성년자나 심신미약자와 같이 판단능력이나 대처능력이 일반인에 비하여 낮은 사람은 낮은 정도의 유·무형력의 행사에 의해서도 저항을 제대로 하지 못하고 피해를 입을 가능성이 있기 때문에 범죄의 성립요건을 보다 완화된 형태로 규정한 것이다.

③ ○ 대판 2018도9781 판결 ★★

준강간죄에서 '심신상실'이란 정신기능의 장애로 인하여 성적 행위에 대한 정상적인 판단능력이 없는 상태를 의미하고, '항거불능'의 상태란 심신상실 이외의 원인으로 심리적 또는 물리적으로 반항이 절대적으로 불가능하거나 현저히 곤란한 경우를 의미한다. 이는 준강제추행죄의 경우에도 마찬가지이다. <u>피해자가 깊은 잠에 빠져 있거나 술·약물 등에 의해 일시적으로 의식을 잃은 상태 또는 완전히 의식을 잃지는 않았더라도 그와 같은 사유로 정상적인 판단능력과 대응·조절능력을 행사할 수 없는 상태에 있었다면 준강간죄 또는 준강제추행죄에서의 심신상실 또는 항거불능 상태에 해당한다.</u>

④ ○ 대판 2020도5646 판결

편의점 업주인 피고인이 아르바이트 구인 광고를 보고 연락한 甲을 채용을 빌미로 집으로 유인하여 甲에게 피고인의 성기를 만지게 한 경우, 피고인이 채용 권한을 가지고 있는 지위를 이용하여 甲의 자유의사를 제압하였다.

정답 ①

07 강간과 추행의 죄에 대한 설명으로 옳은 것을 모두 고른 것은? (다툼이 있는 경우 판례에 의함) 〈21. 경찰공채 2차〉

> ㉠ 성인 甲은 스마트폰 채팅을 통하여 알게 된 A(14세)에게 자신을 '고등학생 乙'이라고 속여 채팅을 통해 교제하던 중 스토킹하는 여성 때문에 힘들다며 그 여성을 떼어내려면 자신의 선배와 성관계를 하여야 한다는 취지로 A에게 이야기 하고, 甲과 헤어지는 것이 두려워 이를 승낙한 A를 마치 자신이 乙의 선배인 것처럼 행세하여 간음한 경우, A가 간음행위와 불가분적 관련성이 인정되지 않는 다른 조건에 관하여 甲에게 속았던 것이기에 甲은 아동·청소년의 성보호에 관한 법률위반죄(위계등간음)로 처벌되지 아니한다.
> ㉡ 피해자가 깊은 잠에 빠져 있거나 술·약물 등에 의해 일시적으로 의식을 잃은 상태 또는 완전히 의식을 잃지는 않았더라도 그와 같은 사유로 정상적인 판단능력과 대응·조절능력을 행사할 수 없는 상태에 있었다면 이는 준강간죄 또는 준강제추행죄에서의 심신상실 또는 항거불능 상태에 해당한다.
> ㉢ 「성폭력범죄의 처벌 등에 관한 특례법」 제10조제1항에서 정한 '업무, 고용이나 그 밖의 관계로 인하여 자기의 보호, 감독을 받는 사람'에는 직장 안에서 보호 또는 감독을 받거나 사실상 보호 또는 감독을 받는 상황에 있는 사람뿐만 아니라 채용 절차에서 영향력의 범위 안에 있는 사람도 포함된다.
> ㉣ 「형법」 제302조의 미성년자는 '13세 이상 19세 미만의 사람'을 의미하고, 심신미약자는 '정신기능의 장애로 인하여 사물을 변별하거나 의사를 결정할 능력이 미약한 사람'을 의미한다.
> ㉤ 甲이 A를 강간할 목적으로 자고 있는 A의 가슴과 엉덩이를 만지다가 A가 깨어 소리치자 도망간 경우에는 강간의 실행의 착수가 인정되지 않아 甲의 행위는 현행 「형법」상 범죄로 처벌할 수 없다.

① ㉠㉡㉢ ② ㉡㉢㉣

③ ㉡㉣㉤ ④ ㉢㉣㉤

해설 > ㉠ × 아래 판례 참조 ★★★ 중요판례

판례

〈대판 2015도9436 전원합의체 판결 [아동 · 청소년의성보호에관한법률위반(위계등간음)]〉

피고인이 스마트폰 채팅 애플리케이션을 통하여 알게 된 14세의 피해자에게 자신을 '고등학교 2학년인 갑'이라고 거짓으로 소개하고 채팅을 통해 교제하던 중 자신을 스토킹하는 여성 때문에 힘들다며 그 여성을 떼어내려면 자신의 선배와 성관계를 하여야 한다는 취지로 피해자에게 이야기하고, 피고인과 헤어지는 것이 두려워 피고인의 제안을 승낙한 피해자를 마치 자신이 갑의 선배인 것처럼 행세하여 간음한 사안에서, 피고인은 간음의 목적으로 피해자에게 오인, 착각, 부지를 일으키고 피해자의 그러한 심적 상태를 이용하여 피해자를 간음한 것이므로 피고인의 간음행위는 위계에 의한 것이라고 평가할 수 있다.

– 위계에 의한 간음죄(아동 · 청소년의 성보호에 관한 법률 제7조 제5항)

㉡ ○ 아래 판례 참조 ★★★ 중요판례

판례

〈대판 2018도9781 판결〉

[1] 의학적 개념으로서의 '알코올 블랙아웃(black out)'은 중증도 이상의 알코올 혈중농도, 특히 단기간 폭음으로 알코올 혈중농도가 급격히 올라간 경우 그 알코올 성분이 외부자극에 대하여 기록하고 해석하는 인코딩 과정(기억형성에 관여하는 뇌의 특정 기능)에 영향을 미침으로써 행위자가 일정한 시점에 진행되었던 사실에 대한 기억을 상실하는 것을 말한다. 알코올 블랙아웃은 인코딩 손상의 정도에 따라 단편적인 블랙아웃과 전면적인 블랙아웃이 모두 포함한다.

[2] 따라서 음주 후 준강간 또는 준강제추행을 당하였음을 호소한 피해자의 경우, 범행 당시 알코올이 위의 기억형성의 실패만을 야기한 알코올 블랙아웃 상태였다면 피해자는 기억장애 외에 인지기능이나 의식 상태의 장애에 이르렀다고 인정하기 어렵지만, 이에 비하여 피해자가 술에 취해 수면상태에 빠지는 등 의식을 상실한 패싱아웃 상태였다면 심신상실의 상태에 있었음을 인정할 수 있다.
또한 '준강간죄 또는 준강제추행죄에서의 심신상실 · 항거불능'의 개념에 비추어, 피해자가 의식상실 상태에 빠져 있지는 않지만 알코올의 영향으로 의사를 형성할 능력이나 성적 자기결정권 침해행위에 맞서려는 저항력이 현저하게 저하된 상태였다면 '항거불능'에 해당하여, 이러한 피해자에 대한 성적 행위 역시 준강간죄 또는 준강제추행죄를 구성할 수 있다.

[3] 그런데 법의학 분야에서는 알코올 블랙아웃이 '술을 마시는 동안에 일어난 중요한 사건에 대한 기억상실'로 정의되기도 하며, 일반인 입장에서는 '음주 후 발생한 광범위한 인지기능 장애 또는 의식상실'까지 통칭하기도 한다.

[4] 따라서 음주로 심신상실 상태에 있는 피해자에 대하여 준강간 또는 준강제추행을 하였음을 이유로 기소된 피고인이 '피해자가 범행 당시 의식상실 상태가 아니었고 그 후 기억하지 못할 뿐이다.'라는 취지에서 알코올 블랙아웃을 주장하는 경우, 법원은 피해자의 범행 당시 음주량과 음주 속도, 경과한 시간, 피해자의 평소 주량, 피해자가 평소 음주 후 기억장애를 경험하였는지 여부 등 피해자의 신체 및 의식 상태가 범행 당시 알코올 블랙아웃인지 아니면 패싱아웃 또는 행위통제능력이 현저히 저하된 상태였는지를 구분할 수 있는 사정들과 더불어 CCTV나 목격자를 통하여 확인되는 것 등을 종합하여 피해자와 성적 관계를 맺게 된 경위에 대한 피고인의 진술 내용의 합리성, 사건 이후 피고인과 피해자의 반응을 비롯한 제반사정을 면밀히 살펴 범행 당시 피해자가 심신상실 또는 항거불능 상태에 있었는지 여부를 판단해야 한다.

ⓒ ○ 대판 2020도5646 판결

성폭력범죄의 처벌 등에 관한 특례법 제10조는 '업무상 위력 등에 의한 추행'에 관한 처벌 규정인데, 제1항에서 "업무, 고용이나 그 밖의 관계로 인하여 자기의 보호, 감독을 받는 사람에 대하여 위계 또는 위력으로 추행한 사람은 3년 이하의 징역 또는 1천 500만 원 이하의 벌금에 처한다."라고 정하고 있다. '업무, 고용이나 그 밖의 관계로 인하여 자기의 보호, 감독을 받는 사람'에는 직장 안에서 보호 또는 감독을 받거나 사실상 보호 또는 감독을 받는 상황에 있는 사람뿐만 아니라 채용 절차에서 영향력의 범위 안에 있는 사람도 포함된다.

ⓔ ○ ★★

1) 제302조 미성년자・심신미약자 간음・추행죄는 미성년자 또는 심신미약자에 대하여 위계 또는 위력으로써 간음 또는 추행을 함으로써 성립하는 범죄이다.
2) 미성년자 – 302조의 객체인 미성년자는 19세 미만의 자를 가리키지만, 미성년자의제강간・강제추행죄(제305조)와의 관계를 살펴보면 13세 미만자는 제외된다.
3) 심신미약자는 정신기능의 장애로 인하여 정상적인 판단능력이 부족한 자를 말한다. 그 연령은 불문하므로 성년자도 객체가 된다.

ⓜ × 대판 90도607 판결

강간을 목적으로 피해자의 집에 침입하여 안방에서 자고 있는 피해자의 가슴과 엉덩이를 만지면서 간음을 기도하였다는 사실만으로 강간죄의 실행의 착수가 있었다고 볼 수 있는지 여부(소극)

정답 ②

08 강간과 추행의 죄에 대한 아래 ㉠부터 ㉣까지의 설명 중 옳고 그름의 표시(○, ×)가 모두 바르게 된 것은? (다툼이 있는 경우 판례에 의함) 〈21. 경찰공채 1차〉

㉠ 강간과 추행의 죄에서 말하는 '성적 자유'는 적극적으로 성행위를 할 수 있는 자유가 아니라 소극적으로 원치 않는 성행위를 하지 않을 자유를 말하고, '성적 자기결정권'은 성행위를 할 것인가 여부, 성행위를 할 때 그 상대방을 누구로 할 것인가 여부, 성행위의 방법 등을 스스로 결정할 수 있는 권리를 의미한다. ㉡ 강제추행죄는 자수범이라고 볼 수 없으므로 처벌되지 아니하는 타인을 도구로 삼아 피해자를 강제로 추행하는 간접정범의 형태로도 범할 수 있으나, 여기에서의 강제추행에 관한 간접정범의 의사를 실현하는 도구로서의 타인에는 피해자가 포함되지 않는다. ㉢ 위계에 의한 간음죄에서 행위자의 위계적 언동이 존재하였다는 사정만으로 위계에 의한 간음죄가 성립하는 것은 아니고, 위계적 언동의 내용 중에 피해자가 성행위를 결심하게 된 중요한 동기를 이룰 만한 사정이 포함되어 있어 피해자의 자발적인 성적 자기결정권의 행사가 없었다고 평가할 수 있어야 한다. ㉣ '미성년자 또는 심신미약자에 대하여 위계 또는 위력으로써 간음 또는 추행'한 자를 처벌하는 「형법」 제302조는, 미성년자나 심신미약자와 같이 판단능력이나 대처능력이 일반인에 비하여 낮은 사람은 낮은 정도의 유·무형력의 행사에 의해서도 저항을 제대로 하지 못하고 피해를 입을 가능성이 있기 때문에 그 범죄의 성립요건을 강간죄나 강제추행죄보다 완화된 형태로 규정한 것이다.

① ㉠ (○) ㉡ (×) ㉢ (○) ㉣ (○)　② ㉠ (○) ㉡ (×) ㉢ (○) ㉣ (×)

③ ㉠ (○) ㉡ (○) ㉢ (×) ㉣ (○)　④ ㉠ (×) ㉡ (○) ㉢ (×) ㉣ (×)

해설> ㉠ ○ 대판 2019도3341 판결

㉡ × 대판 2016도17733 판결 ★★

피해자를 도구로 삼아 피해자의 신체를 이용하여 추행행위를 한 경우에도 강제추행죄의 간접정범에 해당할 수 있다.

㉢ ○ 대판 2015도9436 전원합의체 판결

행위자의 위계적 언동이 존재하였다는 사정만으로 위계에 의한 간음죄가 성립하는 것은 아니므로 위계적 언동의 내용 중에 피해자가 성행위를 결심하게 된 중요한 동기를 이룰 만한 사정이 포함되어 있어 피해자의 자발적인 성적 자기결정권의 행사가 없었다고 평가할 수 있어야 한다.

㉣ ○ 대판 2015도9436 전원합의체 판결 ★★★ 중요판례
아동·청소년을 보호하고자 하는 이유는, 아동·청소년은 사회적·문화적 제약 등으로 아직 온전한 자기결정권을 행사하기 어려울 뿐만 아니라, 인지적·심리적·관계적 자원의 부족으로 타인의 성적 침해 또는 착취행위로부터 자신을 방어하기 어려운 처지에 있기 때문이다. 또한 아동·청소년은 성적 가치관을 형성하고 성 건강을 완성해가는 과정에 있으므로 아동·청소년에 대한 성적 침해 또는 착취행위는 아동·청소년이 성과 관련한 정신적·신체적 건강을 추구하고 자율적 인격을 형성·발전시키는 데에 심각하고 지속적인 부정적 영향을 미칠 수 있다. 따라서 아동·청소년이 외관상 성적 결정 또는 동의로 보이는 언동을 하였더라도, 그것이 타인의 기망이나 왜곡된 신뢰관계의 이용에 의한 것이라면, 이를 아동·청소년의 온전한 성적 자기결정권의 행사에 의한 것이라고 평가하기 어렵다.

정답 ①

09 다음 사례에 관한 설명 중 가장 적절한 것은? (다툼이 있는 경우 판례에 의함)

〈22. 경찰공채 2차〉

① 甲은 A(만 10세)를 약취한 후 강간을 목적으로 상해 등을 가하고 나아가 강간 및 살해하고자 하였으나 미수에 그친 경우, 甲에게는 약취한 미성년자에 대한 상해 등으로 인한 특정범죄 가중처벌 등에 관한 법률 위반죄와 미성년자에 대한 강간 및 살인미수행위로 인한 성폭력범죄의 처벌 등에 관한 특례법 위반죄가 성립하고, 양자는 상해의 결과가 피해자에 대한 강간 및 살인미수행위 과정에서 발생한 것이기에 상상적 경합의 관계에 있다.

② 甲이 상대방에게 성적 수치심을 일으키는 그림 등이 담겨 있는 웹페이지에 대한 인터넷 링크를 A에게 보낸 경우, A가 그 링크를 이용하여 별다른 제한 없이 이에 바로 접할 수 있는 상태가 조성되었는지 여부를 묻지 않고 甲에게는 성폭력범죄의 처벌 등에 관한 특례법 위반(통신매체이용음란)죄가 성립한다.

③ 甲이 용변을 보고 있는 사람을 촬영하기 위해 자신의 휴대전화의 카메라 기능을 켜고 A가 있는 화장실 칸 너머로 휴대전화를 든 손을 넘겼으나, A가 놀라 소리를 질러 실제 촬영은 하지 못한 경우, 甲의 행위는 성폭력범죄의 처벌 등에 관한 특례법 위반(카메라등이용촬영)죄의 실행에 착수했다고 볼 수 없다.

④ 군인 甲은 자신의 독신자 숙소에서 군인 A와 서로 키스, 구강 성교나 항문성교를 하는 방법으로 추행하고, 군인 乙은 자신의 독신자 숙소에서 동일한 방법으로 甲과 추행한 경우, 이는 독신자 숙소에서 휴일 또는 근무시간 이후에 성인 남성들의 자유로운 의사에 기초한 합의된 행위로 「군형법」 제92조의6에서 처벌대상으로 규정한 '항문성교나 그 밖의 추행'에 해당하지 아니한다.

해설 > ① × 대판 2013도12301,2013전도252,2013치도2 판결 ★★

미성년자인 피해자를 약취한 후에 강간을 목적으로 피해자에게 가혹한 행위 및 상해를 가하고 나아가 그 피해자에 대한 강간 및 살인미수를 범하였다면, 이에 대하여는 약취한 미성년자에 대한 상해 등으로 인한 특정범죄 가중처벌 등에 관한 법률 위반죄 및 미성년자인 피해자에 대한 강간 및 살인미수행위로 인한 성폭력범죄의 처벌 등에 관한 특례법 위반죄가 각 성립하고, 설령 상해의 결과가 피해자에 대한 강간 및 살인미수행위 과정에서 발생한 것이라 하더라도 위 각 죄는 서로 형법 제37조 전단의 실체적 경합범 관계에 있다.

> **제37조(경합범)**
> 판결이 확정되지 아니한 수개의 죄 또는 금고 이상의 형에 처한 판결이 확정된 죄와 그 판결확정 전에 범한 죄를 경합범으로 한다.

② × 대판 2016도21389 판결

상대방이 이러한 링크를 이용하여 별다른 제한 없이 성적 수치심을 일으키는 그림 등에 바로 접할 수 있는 상태가 실제로 조성되었다면, 그러한 행위는 전체로 보아 성적 수치심을 일으키는 그림 등을 상대방에게 도달하게 한다는 구성요건을 충족한다.

③ × 대판 2021도749 판결 ★★★ 중요판례

범인이 피해자를 촬영하기 위하여 육안 또는 캠코더의 줌 기능을 이용하여 피해자가 있는지 여부를 탐색하다가 피해자를 발견하지 못하고 촬영을 포기한 경우에는 촬영을 위한 준비행위에 불과하여 성폭력처벌법 위반(카메라등이용촬영)죄의 실행에 착수한 것으로 볼 수 없다. 이에 반하여 범인이 카메라 기능이 설치된 휴대전화를 피해자의 치마 밑으로 들이밀거나, 피해자가 용변을 보고 있는 화장실 칸 밑 공간 사이로 집어넣는 등 카메라 등 이용촬영 범행에 밀접한 행위를 개시한 경우에는 성폭력처벌법 위반(카메라등이용촬영)죄의 실행에 착수하였다고 볼 수 있다.

④ ○ 아래 판례 참조 ★★★ 중요판례

판례

〈대판 2019도3047 전원합의체 판결〉

군인인 피고인 갑은 자신의 독신자 숙소에서 군인 을과 서로 키스, 구강성교나 항문성교를 하는 방법으로 6회에 걸쳐 추행하고, 군인인 피고인 병은 자신의 독신자 숙소에서 동일한 방법으로 피고인 갑과 2회에 걸쳐 추행하였다고 하여 군형법 위반으로 기소된 사안에서, 피고인들과 을은 모두 남성 군인으로 동성애 채팅 애플리케이션을 통해 만났고 같은 부대 소속이 아니었는데, 당시 피고인들의 독신자 숙소에서 휴일 또는 근무시간 이후에 자유로운 의사를 기초로 한 합의에 따라 항문성교나 그 밖의 성행위를 하였고, 그 과정에 폭행·협박, 위계·위력은 없었으며 의사에 반하는 행위인지 여부가 문제 된 사정도 전혀 없는 점, 피고인들의 행위가 군이라는 공동체 내의 공적, 업무적 영역 또는 이에 준하는 상황에서 이루어져 군이라는 공동체의 건전한 생활과 군기를 직접적이고 구체적으로 침해한 경우에 해당한다는 사정은 증명되지 않은 점에 비추어 피고인들의 행위는 군형법 제92조의6에서 처벌대상으로 규정한 '항문성교나 그 밖의 추행'에 해당하지 않는다.

정답 ④

제4절 낙태 · 유기 · 학대의 죄

01 다음은 (구)「형법」 제269조 제1항 자기낙태죄에 대한 헌법 재판소의 입장에 대한 설명이다. 가장 적절하지 않은 것은? 〈22. 경찰간후〉

① 자기결정권에는 여성이 그의 존엄한 인격권을 바탕으로 하여 자율적으로 자신의 생활영역을 형성해 나갈 수 있는 권리가 포함되고, 여기에는 임신한 여성이 자신의 신체를 임신상태로 유지하여 출산할 것인지 여부에 대하여 결정할 수 있는 권리가 포함되어 있다.

② 자기낙태죄 조항은 태아의 생명을 보호하기 위한 것으로서 그 입법목적이 정당하고, 낙태를 방지하기 위하여 임신한 여성의 낙태를 형사처벌하는 것은 이러한 입법목적을 달성하는 데 적합한 수단이다.

③ 동일한 생명이라 할지라도 법질서가 생명의 발전과정을 일정한 단계들로 구분하고 그 각 단계에 상이한 법적 효과를 부여하는 것이 불가능하지 않다. 태아가 모체를 떠난 상태에서 독자적으로 생존할 수 있는 시점인 임신 22주 내외에 도달하기 전이면서 동시에 임신 유지와 출산 여부에 관한 자기결정권을 행사하기에 충분한 시간이 보장되는 시기까지의 낙태에 대해서는 국가가 생명보호의 수단 및 정도를 달리 정할 수 있다.

④ 자기낙태죄 조항은 입법목적을 달성하기 위하여 필요한 최소한의 정도를 넘어 임신한 여성의 자기결정권을 제한하고 있다고 볼 수는 없지만, 태아의 생명 보호와 임신한 여성의 자기결정권의 실제적 조화와 균형을 이루려는 노력을 충분히 하지 아니하여 태아의 생명보호라는 공익에 대하여만 일방적이고 절대적인 우위를 부여함으로써 공익과 사익간의 적정한 균형관계를 달성하지 못하여 법익균형성의 원칙에 위반하였다고 할 것이므로, 임신한 여성의 자기결정권을 침해하는 위헌적인 규정이다.

해설 > ① ○ 憲決 2017헌바127
② ○ 憲決 2017헌바127
③ ○ 憲決 2017헌바127
④ × 憲決 2017헌바127 ★★★ 중요결정
자기낙태죄 조항(제269조 제1항)은 입법목적을 달성하기 위하여 필요한 최소한의 정도를 넘어 임신한 여성의 자기결정권을 제한하고 있어 침해의 최소성을 갖추지 못하였고, 태아의 생명 보호라는 공익에 대하여만 일방적이고 절대적인 우위를 부여함으로써 법익균형성의 원칙도 위반하였다. 또한, 과잉금지 원칙을 위반하여 임신한 여성의 자기결정권을 침해한다. 자기낙태죄 조항과 동일한 목표를 실현하기 위하여 임신한 여성의 촉탁 또는 승낙을 받아 낙태하게 한 의사를 처벌하는 의사낙태죄 조항(제270조 제1항)도 같은 이유에서 위헌이라고 보아야 한다.

정답 ④

02 유기와 학대의 죄에 대한 설명으로 옳지 않은 것은? (다툼이 있는 경우 판례에 의함)

〈23. 경찰대 편입〉

① 유기죄는 행위자가 요부조자에 대한 보호책임의 발생원인이 된 사실이 존재한다는 것을 인식하고 이에 기한 부조의무를 해태한다는 의식이 있음을 요한다.

② 학대죄는 자기의 보호 또는 감독을 받는 사람에게 육체적으로 고통을 주거나 정신적으로 차별대우를 하는 행위가 있음과 동시에 범죄가 완성되는 상태범 또는 즉시범이다.

③ '학대'라 함은 육체적으로 고통을 주거나 정신적으로 차별대우를 하는 행위를 가리키고, 이러한 학대행위는 상대방의 인격에 대한 반인륜적 침해만으로는 부족하고 적어도 유기에 준할 정도에 이르러야 한다.

④ 甲은 자신의 승용차 조수석에 타고 있던 乙의 내려달라는 요구에 따라 감속하여 운행하던 중 乙이 문을 열고 고속도로로 뛰어내렸음에도 그대로 진행하여, 도로상에 정신을 잃고 쓰러져 있던 乙이 후행차량에 역과되어 사망하였다면, 甲은 乙의 사망에 대한 예견가능성이 없으므로 유기치사죄가 성립하지 않는다.

⑤ 유기죄의 보호의무는 법률이나 계약에 의해서만 발생하며, 사무관리 관습 조리에 의해서는 발생할 수 없다.

해설 > ① ○ 대판 2007도3952 판결

사실혼의 경우에도 유기죄의 성립에 필요한 '법률상 보호의무'의 존재가 인정되는지 여부(적극) – 단순유기죄를 범하여 사람을 사망에 이르게 하는 유기치사죄가 성립하기 위하여는 먼저 단순유기죄가 성립하여야 하므로, 행위자가 단순유기죄에 관한 형법 제271조 제1항이 정한 바에 따라 "노유, 질병 기타 사정으로 인하여 부조를 요하는 자를 보호할 법률상 또는 계약상 의무 있는 자"에 해당하여야 할 뿐만 아니라, 요부조자에 대한 보호책임의 발생원인이 된 사실이 존재한다는 것을 인식하고 이에 기한 부조의무를 해태한다는 의식이 있음을 요한다(대법원 1988.8.9. 선고 86도225 판결 참조).

② ○ 대판 84도2922 판결

학대죄는 자기의 보호 또는 감독을 받는 사람에게 육체적으로 고통을 주거나 정신적으로 차별대우를 하는 행위가 있음과 동시에 범죄가 완성되는 상태범 또는 즉시범이다.

③ ○ 대판 2000도223 판결

구 아동복지법(2000.1.12. 법률 제6151호로 전문 개정되기 전의 것) 제18조 제5호는 '아동에게 음행을 시키는' 행위를 금지행위의 하나로 규정하고 있는바... 형법 제273조 제1항에서 말하는 '학대'라 함은 육체적으로 고통을 주거나 정신적으로 차별대우를 하는 행위를 가리키고(대법원 1986.7.8. 선고 84도2922 판결 참조), 이러한 학대행위는 형법의 규정 체제상 학대와 유기의 죄가 같은 장에 위치하고 있는 점 등에 비추어 단순히 상대방의 인격에 대한 반인륜적 침해만으로는 부족하고 적어도 유기에 준할 정도에 이르러야 한다고 풀이함이 상당한바, …(후략)…

④ × 대판 2013노2492 판결 ★★★ 중요판례

피고인이 승용차 조수석에 甲을 태우고 고속도로를 주행하다가 甲이 내려달라고 요구하자 감속하여 운행하던 중 甲이 문을 열고 도로로 뛰어내렸음에도 그대로 진행함으로써 도로 상에 정신을 잃고 쓰러져 있던 甲이 그 직후 후행 차량에 역과되어 사망한 사안에서, 운전자인 피고인은 시속 약 40km로 진행하는 승용차에서 甲이 문을 열고 도로로 뛰어내리게 될 경우 甲의 머리 등 신체가 도로에 충격하여 상해를 입거나 일시 정신을 잃을 수 있으므로 신속히 정차하여 甲의 상해 여부 등을 확인하여 의료기관으로 후송할 수 있도록 하는 등의 조치를 취하여야 할 의무가 있음에도, 피고인이 고속도로 상에 정신을 잃고 쓰러져 있던 甲을 그대로 방치한 채 사고현장을 이탈한 행위는 사고 후 미조치로 인한 도로교통법 위반죄를 구성하고, 당시는 야간이고 사고지점이 자동차 전용도로 구간이어서 도로 바닥에 누워 있던 甲을 미처 발견하지 못한 후행 차량에 의한 2차 충격으로 甲이 사망할 수 있다는 점도 예견가능하므로 유기치사죄를 구성한다.

⑤ ○ 아래 판례 참조 ★★ 중요판례

판례

〈대판 2011도12302 판결〉

유기죄에 관한 형법 제271조 제1항은 그 행위의 주체를 "노유, 질병 기타 사정으로 부조를 요하는 자를 보호할 법률상 또는 계약상 의무 있는 자"라고 정하고 있다. 여기서의 '계약상 의무'는 간호사나 보모와 같이 계약에 기한 주된 급부의무가 부조를 제공하는 것인 경우에 반드시 한정되지 아니하며, 계약의 해석상 계약관계의 목적이 달성될 수 있도록 상대방의 신체 또는 생명에 대하여 주의와 배려를 한다는 부수적 의무의 한 내용으로 상대방을 부조하여야 하는 경우를 배제하는 것은 아니라고 할 것이다.

피고인이 자신이 운영하는 주점에 손님으로 와서 수일 동안 식사는 한 끼도 하지 않은 채 계속하여 술을 마시고 만취한 피해자를 주점 내에 그대로 방치하여 저체온증 등으로 사망에 이르게 하였다는 내용으로 예비적으로 기소된 사안에서, 피해자가 피고인의 지배 아래 있는 주점에서 3일 동안 과도하게 술을 마시고 추운 날씨에 난방이 제대로 되지 아니한 주점 내 소파에서 잠을 자면서 정신을 잃은 상태에 있었다면, 피고인은 주점의 운영자로서 피해자의 생명 또는 신체에 대한 위해가 발생하지 아니하도록 피해자를 주점 내실로 옮기거나 인근에 있는 여관에 데려다 주어 쉬게 하거나 피해자의 지인 또는 경찰에 연락하는 등 필요한 조치를 강구하여야 할 계약상의 부조의무를 부담한다고 판단하여 유기치사죄를 인정한 원심판결을 수긍한 사례.

정답 ④

03 학대의 죄에 관한 설명 중 가장 적절하지 않은 것은? (다툼이 있는 경우 판례에 의함)

〈22. 경찰공채 2차〉

① 「아동학대범죄의 처벌 등에 관한 특례법」(2014.1.28. 제정, 2014.9.29. 시행)은 제34조 제1항(공소시효의 정지와 효력)의 소급적용에 관하여 명시적인 경과규정을 두고 있지 않지만, 동법 시행일 당시 범죄행위가 종료되었으나 아직 공소시효가 완성되지 않은 아동학대범죄에 대해서도 적용된다.

② 「아동복지법」 제71조 제1항에 따라 처벌되는 동법 제17조 제2호 금지행위(아동에게 음란한 행위를 시키거나 이를 매개하는 행위 또는 아동에게 성적 수치심을 주는 성희롱 등의 성적 학대행위)의 처벌대상은 아동의 복지를 보장하는 동법의 취지에 비추어 성인에게만 한정된다.

③ 친아버지가 자신의 아들(만 1세)을 양육하면서 집안 내부에 먹다 남은 음식물 쓰레기, 소주병, 담배꽁초가 방치된 상태로 청소를 하지 않아 악취가 나는 비위생적인 환경에서 제대로 세탁하지 않아 음식물이 묻어있는 옷을 입히고, 목욕을 주기적으로 시키지 않아 몸에서 악취를 풍기게 하는 등의 행위를 한 경우, 생존에 필요한 최소한의 보호를 하였거나 아들에게 애정을 표현했다는 사정이 있더라도 이는 아들에 대한 방임행위에 해당한다.

④ 어린이집 보육교사가 아동(만 4세)이 창틀에 매달리는 등 위험한 행동을 한다는 이유로 그를 안아 바닥에서 약 78cm 높이의 교구장(110cm×29cm×63cm) 위에 올려둔 후 교구장을 1회 흔들고, 아동의 몸을 잡고는 교구장 뒤 창 쪽으로 흔들어 보이는 등 약 40분 동안 앉혀둔 경우, 이는 비록 안전을 위한 조치라 할지라도 아동에 대한 학대 행위에 해당한다.

해설 > ① ○ 대판 2020도8444판결

아동학대처벌법 제34조 제1항은 완성되지 아니한 공소시효의 진행을 피해아동이 성년에 달할 때까지 장래를 향하여 정지시키는 것으로 봄이 타당하다(대법원 2016.9.28. 선고 2016도7273 판결 등 참조). 따라서 위 규정 시행일인 2014.9.29. 당시 피해아동이 이미 성년에 달한 경우에는 공소시효의 진행이 정지되지 않는다고 보아야 한다.

> **제34조(공소시효의 정지와 효력)**
> ① 아동학대범죄의 공소시효는 「형사소송법」 제252조에도 불구하고 해당 아동학대범죄의 피해아동이 성년에 달한 날부터 진행한다.

② × 대판 2020도6422 판결

아동복지법은 제3조 제7호에서 '아동학대'를 '보호자를 포함한 성인이 아동의 건강 또는 복지를 해치거나 정상적 발달을 저해할 수 있는 신체적 · 정신적 · 성적 폭력이나 가혹행위를 하는 것과 아동의 보호자가 아동을 유기하거나 방임하는 것'이라고 정의하면서, 제3장 제2절에서 아동학대의 예방 및 방지에 관한 각종 규정을 두고 있다. 한편 아동복지법은 제17조에서 '누구든지 다음 각호의 어느 하나에 해당하는 행위를 하여서는 아니 된다'고 하면서, 제2호로 '아동에게 음란한 행위를 시키거나 이를 매개하는 행위 또는 아동에게 성적 수치심을 주는 성희롱 등의 성적 학대행위'를 금지행위로 규정하고, 제71조 제1항에서 '제17조를 위반한 자를 처벌한다'고 규정하고 있다. 이러한 아동복지법 규정의 각 문언과 조문의 체계 등을 종합하여 보면, 누구든지 제17조 제2호에서 정한 금지행위를 한 경우 제71조 제1항에 따라 처벌되는 것이고, 성인이 아니라고 하여 위 금지행위규정 및 처벌규정의 적용에서 배제된다고 할 수는 없다.

③ ○ 대판 2020도7625 판결

④ ○ 대판 2017도5769 판결

정답 ②

제3장 명예와 관한 죄

제1절 명예 관련 범죄(명예훼손, 모욕 등)

01 명예에 관한 죄에 대한 설명 중 가장 적절하지 않은 것은? (다툼이 있는 경우 판례에 의함) 〈23. 경찰승진〉

① 「형법」 제307조 명예훼손죄에 있어서 사실의 적시는 가치판단이나 평가를 내용으로 하는 의견표현에 대치되는 개념으로서 시간적으로나 공간적으로 구체적인 과거 또는 현재의 사실관계에 관한 보고나 진술을 뜻한다.

② 적시된 사실이 허위의 사실인 경우 행위자에게 허위성에 대한 인식이 없다면 「형법」 제307조 제1항의 명예훼손죄가 성립할 수 없다.

③ 집합적 명사를 사용한 경우 그 범위에 속하는 특정인을 가리키는 것이 명백하다면 특정된 각자의 명예를 훼손하는 행위라고 볼 수 있다.

④ 명예훼손 사실의 발언 여부를 확인하는 질문에 답하는 과정에서 타인의 명예를 훼손하는 사실을 발설하였다면 명예훼손의 범의를 인정할 수 없다.

해설 > ① ○ 대판 2016도14995 판결

명예훼손죄에서 '사실의 적시'란 가치판단이나 평가를 내용으로 하는 '의견표현'에 대치되는 개념으로서 시간적으로나 공간적으로 구체적인 과거 또는 현재의 사실관계에 관한 보고나 진술을 뜻하고, 표현 내용을 증거로 증명할 수 있는 것을 말한다.

② × 대판 2016도18024 판결

형법 제307조 제1항, 제2항, 제310조의 체계와 문언 및 내용에 의하면, 제307조 제1항의 '사실'은 제2항의 '허위의 사실'과 반대되는 '진실한 사실'을 말하는 것이 아니라 가치판단이나 평가를 내용으로 하는 '의견'에 대치되는 개념이다. 따라서 제307조 제1항의 명예훼손죄는 적시된 사실이 진실한 사실인 경우이든 허위의 사실인 경우이든 모두 성립될 수 있고, 특히 적시된 사실이 허위의 사실이라고 하더라도 행위자에게 허위성에 대한 인식이 없는 경우에는 제307조 제2항의 명예훼손죄가 아니라 제307조 제1항의 명예훼손죄가 성립될 수 있다.

③ ○ 대판 99도5407 판결

명예훼손죄는 어떤 특정한 사람 또는 인격을 보유하는 단체에 대하여 그 명예를 훼손함으로써 성립하는 것이므로 그 피해자는 특정한 것임을 요하고, 다만 서울시민 또는 경기도민이라 함과 같은 막연한 표시에 의해서는 명예훼손죄를 구성하지 아니한다 할 것이지만, 집합적 명사를 쓴 경우에도 그것에 의하여 그 범위에 속하는 특정인을 가리키는 것이 명백하면, 이를 각자의 명예를 훼손하는 행위라고 볼 수 있다.

④ ○ 대판 2010도2877 판결 ★★
명예훼손 사실을 발설한 것이 정말이냐는 질문에 대답하는 과정에서 타인의 명예를 훼손하는 사실을 발설하게 된 것이라면, 그 발설내용과 동기에 비추어 명예훼손의 범의를 인정할 수 없다(대법원 2008.10.23. 선고 2008도6515 판결 등 참조).

정답 ②

02 명예의 죄에 관한 설명으로 가장 적절하지 않은 것은? (다툼이 있는 경우 판례에 의함)

〈23. 경찰간후〉

① 甲이 제3자에게 A가 乙을 선거법 위반으로 고발하였다는 말만 하고 그 고발의 동기나 경위에 관하여는 언급하지 않았다고 하더라도, 그 자체만으로 A의 사회적 가치나 평가를 침해하기에 충분한 구체적인 사실이 적시되었다고 볼 수 있어, 甲에게는 명예훼손죄가 성립한다.

② 명예훼손죄 성립에 필요한 '사실의 적시'의 정도는 특정인의 사회적 가치 내지 평가가 침해될 가능성이 있을 정도로 구체성을 띠어야 하고, 반드시 그러한 사실이 직접적으로 명시되어 있지 않더라도, 적어도 내용 중의 특정 문구에 의하여 그러한 사실이 곧바로 유추될 수 있을 정도는 되어야 한다.

③ 정보통신망을 이용한 명예훼손의 경우에도 서적·신문 등 기존의 매체에 명예훼손적 내용의 글을 게시하는 경우와 마찬가지로 그 게시행위로써 명예훼손의 범행은 종료된다.

④ 인터넷 신문사 소속 기자 A가 인터넷 포털 사이트의 '핫이슈' 난에 제품의 안정성에 관한 논란이 되고 있는 제품을 옹호하는 기사를 게재하자, 그 기사를 읽은 상당수의 독자들이 '네티즌 댓글' 난에 A를 비판하는 댓글을 달고 있는 상황에서 甲이 "이런걸 기레기라고 하죠?"라는 댓글을 게시한 경우, 이는 모욕적 표현에 해당하나 사회상규에 위배되지 않는 행위로서 「형법」 제20조에 의하여 위법성이 조각된다.

해설 > ① × 대판 2009도6687 판결
甲이 제3자에게 乙이 丙을 선거법 위반으로 고발하였다는 말만 하고 그 고발의 동기나 경위에 관하여 언급하지 않았다면, 그 자체만으로는 乙의 사회적 가치나 평가를 침해하기에 충분한 구체적 사실이 적시되었다고 보기 어렵다.

② ○ 아래 판례 참조 ★★★ 중요판례

판례

〈대판 2011도6904 판결〉

명예훼손죄가 성립하기 위하여는 사실의 적시가 있어야 하고, 적시된 사실은 이로써 특정인의 사회적 가치 내지 평가가 침해될 가능성이 있을 정도로 구체성을 띠어야 한다. 그리고 특정인의 사회적 가치나 평가를 저하시키기에 충분한 구체적인 사실의 적시가 있다고 하기 위해서는, 반드시 그러한 구체적인 사실이 직접적으로 명시되어 있을 것을 요구하는 것은 아니지만, 적어도 적시된 내용 중의 특정 문구에 의하여 그러한 사실이 곧바로 유추될 수 있을 정도는 되어야 한다.

- 피고인이 제5회 전국동시지방선거에서 군수로 당선된 甲 후보의 운전기사 乙이 공직선거법 위반으로 구속되었다는 소문을 듣고, 마치 관할 지방검찰청 지청에서 乙에 대한 수사상황이나 피의사실을 공표하는 것처럼 甲을 비방하는 내용의 문자메시지를 기자들에게 발송하여 해당 지청장 또는 지청 구성원의 명예를 훼손하였다는 내용으로 기소된 사안에서, 공소사실 기재 문자메시지는 '관할 지청에서 乙을 구속하고 甲 군수를 조사하고 있다'는 취지의 내용으로 보일 뿐이고, 피고인이 지청장실 전화번호 끝자리를 생략한 허위 발신번호를 게재한 사정까지 함께 고려하더라도 문자메시지 내용에서 '지청장 또는 지청 구성원이 그와 같은 내용을 알린다'는 사실이 곧바로 유추될 수 있다고 보이지 않으므로, 위 문자메시지에 의하여 지청장 또는 지청 구성원의 사회적 가치나 평가를 저하시키기에 충분한 구체적인 사실의 적시가 있다고 볼 수 없는데도, 이와 달리 본 원심판단에 명예훼손죄에서 사실의 적시에 관한 법리 등을 오해한 위법이 있다고 한 사례.

③ ○ 대판 2006도346 판결

원심판결 이유에 의하면 원심은, 정보통신망을 이용한 명예훼손의 경우에도 게재행위의 종료만으로 범죄행위가 종료하는 것이 아니고 원래 게시물이 삭제되어 정보의 송수신이 불가능해지는 시점을 범죄의 종료시기로 보아서 이 때부터 공소시효를 기산하여야 한다는 검사의 주장을 배척하고, 이 경우도 게재행위 즉시 범죄가 성립하고 종료한다고 판단하였다.

④ ○ 아래 판례 참조 ★★★ 중요판례

판례

〈대판 2017도17643 판결〉

모욕죄에서 말하는 모욕이란 사실을 적시하지 아니하고 사람의 사회적 평가를 저하시킬 만한 추상적 판단이나 경멸적 감정을 표현하는 것을 의미한다.
다만 어떤 글이 모욕적 표현을 담고 있는 경우에도 그 글이 객관적으로 타당성이 있는 사실을 전제로 하여 그 사실관계나 이를 둘러싼 문제에 관한 자신의 판단과 피해자의 태도 등이 합당한가 하는 데 대한 자신의 의견을 밝히고, 자신의 판단과 의견이 타당함을 강조하는 과정에서 부분적으로 모욕적인 표현이 사용된 것에 불과하다면 사회상규에 위배되지 않는 행위로 형법 제20조에 의하여 위법성이 조각될 수 있다.

– 자동차 정보 관련 인터넷 신문사 소속 기자 甲이 작성한 기사가 인터넷 포털 사이트의 자동차 뉴스 '핫이슈' 난에 게재되자, 피고인이 "이런걸 기레기라고 하죠?"라는 댓글을 게시함으로써 공연히 甲을 모욕하였다는 내용으로 기소된 사안에서, ...위 댓글 전후로 게시된 다른 댓글의 내용과 흐름 등에 비추어 볼 때, 위 댓글은 그 전후에 게시된 다른 댓글들과 같은 견지에서 방송 내용 등을 근거로 위 기사의 제목과 내용, 이를 작성한 甲의 행위나 태도를 비판하는 의견을 강조하거나 압축하여 표현한 것이라고 평가할 수 있고, '기레기'는 기사 및 기자의 행태를 비판하는 글에서 비교적 폭넓게 사용되는 단어이며, 위 기사에 대한 다른 댓글들의 논조 및 내용과 비교할 때 댓글의 표현이 지나치게 악의적이라고 하기도 어려운 점을 종합하면, 위 댓글을 작성한 행위는 사회상규에 위배되지 않는 행위로서 형법 제20조에 의하여 위법성이 조각된다고 한 사례.

정답 ①

03 **명예에 관한 죄에 대한 아래 ㉠부터 ㉤까지의 설명 중 옳고 그름의 표시(○, ×)가 모두 바르게 된 것은? (다툼이 있는 경우 판례에 의함)** 〈22. 경찰공채 1차〉

> ㉠ 인터넷 댓글에 의하여 모욕을 당한 피해자의 인터넷 아이디(ID) 만을 알 수 있을 뿐 그 밖의 주위사정을 종합해보더라도 그와 같은 인터넷 아이디를 가진 사람이 동 피해자임을 알아차릴 수 없는 경우라면 명예훼손죄 또는 모욕죄가 성립하지 않는다.
> ㉡ 어떠한 표현이 상대방의 인격적 가치에 대한 사회적 평가를 저하시킬 만한 것이 아니라면 설령 그 표현이 다소 무례한 방법으로 표시되었다 하더라도 이를 두고 모욕죄의 구성요건에 해당한다고 볼 수 없다.
> ㉢ 모욕죄는 피해자의 외부적 명예를 저하시킬 만한 추상적 판단이나 경멸적 감정을 공연히 표시함으로써 성립하는 것으로, 피해자의 외부적 명예가 현실적으로 침해되거나 적어도 구체적·현실적으로 침해될 위험이 발생하여야 한다.
> ㉣ 「형법」 제307조 명예훼손죄에 있어서의 사실의 적시는 가치 판단이나 평가를 내용으로 하는 의견표현에 대치되는 개념으로서 시간적으로나 공간적으로 구체적인 과거 또는 현재의 사실관계에 관한 보고나 진술을 뜻한다.
> ㉤ 정보통신망을 이용한 명예훼손의 경우에는 게재행위의 종료만으로 범죄행위가 종료하는 것은 아니고 원래 게시물이 삭제되어 정보의 송·수신이 불가능해지는 시점을 범죄의 종료시기로 보아야 한다.

① ㉠ (○) ㉡ (×) ㉢ (○) ㉣ (×) ㉤ (○)

② ㉠ (○) ㉡ (○) ㉢ (×) ㉣ (○) ㉤ (×)

③ ㉠ (×) ㉡ (×) ㉢ (○) ㉣ (×) ㉤ (×)

④ ㉠ (○) ㉡ (○) ㉢ (×) ㉣ (○) ㉤ (○)

해설 ㉠ ○ 憲決 2007헌마461 결정
㉡ ○ 대판 2017도2661 판결
㉢ × 대판 2016도9674 판결
모욕죄는 피해자의 외부적 명예가 현실적으로 침해되거나 구체적·현실적으로 침해될 위험이 발생하여야 하는 것도 아니다.
㉣ ○ 대판 2016도14995 판결
㉤ × 대판 2006도346 판결
게재행위의 종료만으로 범죄행위가 종료하는 것이다.

정답 ②

04 명예훼손죄에 관한 다음 설명 중 가장 옳지 않은 것은? (다툼이 있는 경우 판례에 의함)

〈23. 법원9급〉

① 작업장의 책임자인 피고인이 甲으로부터 작업장에서 발생한 성추행 사건에 대해 보고받은 사실이 있음에도, 직원 5명이 있는 회의 자리에서 상급자로부터 경과보고를 요구받으면서 과태료 처분에 관한 책임을 추궁받자 이에 대답하는 과정에서 '甲은 성추행 사건에 대해 애초에 보고한 사실이 없다. 그런데도 이를 수사기관 등에 신고하지 않았다고 과태료 처분을 받는 것은 억울하다.'는 취지로 발언한 경우 피고인에게 명예훼손의 고의를 인정하기 어렵다.

② 동장인 피고인이 동 주민자치위원에게 전화를 걸어 '어제 열린 당산제(마을제사) 행사에 남편과 이혼한 甲도 참석을 하여, 이에 대해 행사에 참여한 사람들 사이에 안 좋게 평가하는 말이 많았다.'는 취지로 말하고, 동 주민들과 함께한 저녁식사 모임에서 '甲은 이혼했다는 사람이 왜 당산제에 왔는지 모르겠다.'는 취지로 말한 경우, 피고인의 위 발언은 甲의 사회적 가치나 평가를 침해하는 구체적인 사실의 적시에 해당한다.

③ 회사에서 징계 업무를 담당하는 직원인 피고인이 피해자에 대한 징계절차 회부 사실이 기재된 문서를 근무현장 방재실, 기계실, 관리사무실의 각 게시판에 게시한 경우, 위 행위는 회사 내부의 원활하고 능률적인 운영의 도모라는 공공의 이익에 관한 것으로 볼 수 없다.

④ 피고인이 피해자 집 뒷길에서 피고인의 남편 및 피해자의 친척이 듣는 가운데 피해자에게 '저것이 징역 살다온 전과자다.' 등으로 큰 소리로 말한 경우 공연성이 인정된다.

해설〉 ① ○ 대판 2021도17744 판결

형법 제307조의 명예훼손죄가 성립하려면 주관적 요소로서 타인의 명예를 훼손한다는 고의를 가지고, 사람의 사회적 평가를 저하시키는 데 충분한 구체적 사실을 적시하는 행위를 할 것이 요구되는데, 위와 같이 회의 자리에서 상급자로부터 책임을 추궁당하며 질문을 받게 되자 이에 대답하는 과정에서 타인의 명예를 훼손하는 듯한 사실을 발설하게 된 것이라면, 그 발설 내용과 경위 · 동기 및 상황 등에 비추어 명예훼손의 고의를 인정하기 어려울 수 있고, 또한 질문에 대하여 단순한 확인 취지의 답변을 소극적으로 한 것에 불과하다면 이를 명예훼손에서 말하는 사실의 적시라고 단정할 수도 없기 때문이다(대법원 1983.8.23. 선고 83도1017 판결, 대법원 2008.10.23. 선고 2008도6515 판결, 대법원 2010.10.28. 선고 2010도2877 판결 등 참조).

② × 대판 2020도15642 판결
동장인 피고인이 동 주민자치위원에게 전화를 걸어 '어제 열린 당산제(마을제사) 행사에 남편과 이혼한 甲도 참석을 하여, 이에 대해 행사에 참여한 사람들 사이에 안 좋게 평가하는 말이 많았다.'는 취지로 말하고, 동 주민들과 함께한 저녁식사 모임에서 '甲은 이혼했다는 사람이 왜 당산제에 왔는지 모르겠다.'는 취지로 말하여 甲의 명예를 훼손하였다는 내용으로 기소된 사안에서, 피고인의 위 발언은 甲의 사회적 가치나 평가를 침해하는 구체적인 사실의 적시에 해당하지 않고 甲의 당산제 참여에 관한 의견표현에 지나지 않는다는 이유로, 이와 달리 본 원심판결에 법리오해의 잘못이 있다.
③ ○ 대판 2021도6416 판결 ★★★
이 사건 문서는 피해자에게 징계절차 회부 사실을 통지하기 위하여 내용증명 형태의 등기우편으로 근무현장에 발송되었다. 그런데 피고인은 위 발송 후 곧바로 근무현장의 관리소장으로 하여금 피해자 앞으로 발송된 이 사건 문서를 피해자 대신 수령하여 개봉한 후 그 문서를 게시판에 게시하도록 하였다. 피해자 본인이 징계절차 회부 사실을 통지받기 전에 근무현장의 게시판에 그 사실을 게시하여 공지할 만한 긴급한 필요성을 찾아보기 어려울 뿐만 아니라 피해자 대신 이 사건 문서를 수령한 근무현장의 관리소장이 피해자에게 이를 전달하지 아니한 채 임의로 개봉하여 게시판에 게시하는 것은 그 과정에 있어서도 중대한 흠이 있다...이 사건 문서는 근무현장 방재실, 기계실, 관리사무실의 각 게시판에 게시되었는데, 그곳은 이 사건 회사의 구성원 외에 협력업체의 직원들을 비롯한 외부인들의 왕래가 빈번하게 있는 장소이다. '이 사건 회사 내부'의 공익을 위해서라고 보기에는 그 공개방식이나 게시 장소가 적절하였다고 보기 어렵다.
④ ○ 대판 2020도5813 전원합의체 판결 ★★★
피고인이 甲의 집 뒷길에서 피고인의 남편 乙 및 甲의 친척인 丙이 듣는 가운데 甲에게 '저것이 징역 살다온 전과자다' 등으로 큰 소리로 말함으로써 공연히 사실을 적시하여 甲의 명예를 훼손하였다는 내용으로 기소된 사안에서, 丙이 甲과 친척관계에 있다는 이유만으로 전파가능성이 부정된다고 볼 수 없고, 오히려 피고인은 甲과의 싸움 과정에서 단지 甲을 모욕 내지 비방하기 위하여 공개된 장소에서 큰 소리로 말하여 다른 마을 사람들이 들을 수 있을 정도였던 것으로 불특정 또는 다수인이 인식할 수 있는 상태였다고 봄이 타당하므로, 피고인의 위 발언은 공연성이 인정된다.

정답 ②

05 명예의 죄에 관한 설명으로 가장 적절하지 않은 것은? (다툼이 있는 경우 판례에 의함)

〈23. 경찰간후〉

① 甲이 제3자에게 A가 乙을 선거법 위반으로 고발하였다는 말만 하고 그 고발의 동기나 경위에 관하여는 언급하지 않았다고 하더라도, 그 자체만으로 A의 사회적 가치나 평가를 침해하기에 충분한 구체적인 사실이 적시되었다고 볼 수 있어, 甲에게는 명예훼손죄가 성립한다.

② 명예훼손죄 성립에 필요한 '사실의 적시'의 정도는 특정인의 사회적 가치 내지 평가가 침해될 가능성이 있을 정도로 구체성을 띠어야 하고, 반드시 그러한 사실이 직접적으로 명시되어 있지 않더라도, 적어도 내용 중의 특정 문구에 의하여 그러한 사실이 곧바로 유추될 수 있을 정도는 되어야 한다.

③ 정보통신망을 이용한 명예훼손의 경우에도 서적・신문 등 기존의 매체에 명예훼손적 내용의 글을 게시하는 경우와 마찬가지로 그 게시행위로써 명예훼손의 범행은 종료된다.

④ 인터넷 신문사 소속 기자 A가 인터넷 포털 사이트의 '핫이슈' 난에 제품의 안정성에 관한 논란이 되고 있는 제품을 옹호하는 기사를 게재하자, 그 기사를 읽은 상당수의 독자들이 '네티즌 댓글' 난에 A를 비판하는 댓글을 달고 있는 상황에서 甲이 "이런걸 기레기라고 하죠?"라는 댓글을 게시한 경우, 이는 모욕적 표현에 해당하나 사회상규에 위배되지 않는 행위로서 「형법」 제20조에 의하여 위법성이 조각된다.

해설> ① × 대판 2009도6687 판결 ★★

명예훼손죄가 성립하기 위해서는 사실의 적시가 있어야 하고, 적시된 사실은 이로써 특정인의 사회적 가치 내지 평가가 침해될 가능성이 있을 정도로 구체성을 띠어야 하는 것이며, 비록 허위의 사실을 적시하였더라도 그 허위의 사실이 특정인의 사회적 가치 내지 평가를 침해할 수 있는 내용이 아니라면 형법 제307조 소정의 명예훼손죄는 성립하지 않는다(대법원 2007.6.15. 선고 2004도4573 판결 참조).

한편 누구든지 범죄가 있다고 생각하는 때에는 고발할 수 있는 것이므로 어떤 사람이 범죄를 고발하였다는 사실이 주위에 알려졌다고 하여 그 고발사실 자체만으로 고발인의 사회적 가치나 평가가 침해될 가능성이 있다고 볼 수는 없고, 다만 그 고발의 동기나 경위가 불순하다거나 온당하지 못하다는 등의 사정이 함께 알려진 경우에 고발인의 명예가 침해될 가능성이 있다고 할 것이다(대법원 1994.6.28. 선고 93도696 판결 참조).

② ○ 대판 2011도6904 판결

③ ○ 대판 2006도346 판결
서적·신문 등 기존의 매체에 명예훼손적 내용의 글을 게시하는 경우에 그 게시행위로써 명예훼손의 범행은 종료하는 것이며 그 서적이나 신문을 회수하지 않는 동안 범행이 계속된다고 보지는 않는다는 점을 고려해 보면, 정보통신망을 이용한 명예훼손의 경우에, 게시행위 후에도 독자의 접근가능성이 기존의 매체에 비하여 좀 더 높다고 볼 여지가 있다 하더라도 그러한 정도의 차이만으로 정보통신망을 이용한 명예훼손의 경우에 범죄의 종료시기가 달라진다고 볼 수는 없다.
④ ○ 대판 2017도17643 ★★★ 중요판례
특정 사안에 대한 의견을 공유하는 인터넷 게시판 등의 공간에서 작성된 단문의 글에 모욕적 표현이 포함되어 있더라도 그 글을 작성한 행위가 사회상규에 위배되지 않는 행위로서 위법성이 조각되는 경우 – 인터넷 신문사 소속 기자 甲이 작성한 기사가 인터넷 포털 사이트의 '핫이슈' 난에 게재되자, 피고인이 "이런걸 기레기라고 하죠?"라는 댓글을 게시함으로써 공연히 甲을 모욕하였다는 내용으로 기소된 사안에서, '기레기'는 모욕적 표현에 해당하나, 위 댓글의 내용, 작성 시기와 위치, 위 댓글 전후로 게시된 다른 댓글의 내용과 흐름 등을 종합하면, 위 댓글을 작성한 행위는 사회상규에 위배되지 않는 행위로서 형법 제20조에 의하여 위법성이 조각된다고 한 사례.

정답 ①

06 **명예에 관한 죄에 대한 설명으로 가장 적절하지 않은 것은? (다툼이 있는 경우 판례에 의함)** 〈22. 경찰승진〉

① 지방자치단체는 명예훼손죄나 모욕죄의 피해자가 될 수 없다.

② 공연히 적시한 사실이 허위의 사실이라고 하더라도 행위자에게 허위성에 대한 인식이 없는 경우에는 「형법」 제307조 제1항의 사실적시명예훼손죄가 성립될 수 있다.

③ 전국교직원노동조합 소속 교사가 작성·배포한 보도자료의 일부에 사실과 다른 기재가 있다면 전체적으로 그 기재 내용이 진실하고 공공의 이익을 위한 것이라도, 명예훼손죄의 위법성이 조각되지 않는다.

④ 모욕죄는 피해자의 외부적 명예를 저하시킬 만한 추상적 판단이나 경멸적 감정을 공연히 표시함으로써 성립하고, 피해자의 외부적 명예가 현실적으로 침해될 필요까지는 없다.

해설 > ① ○ 대판 2014도15290 판결

국가나 지방자치단체는 기본권의 주체가 아니므로, 국민에 대한 관계에서 외부적 명예의 주체가 될 수는 없고, 따라서 명예훼손죄나 모욕죄의 피해자가 될 수 없다.

② ○ 대판 2016도18024 판결

적시된 사실이 허위의 사실이라고 하더라도 행위자에게 허위성에 대한 인식이 없는 경우에는 제307조 제2항의 명예훼손죄가 아니라 제307조 제1항의 명예훼손죄가 성립될 수 있다.

③ × 아래 판례 참조 ★★ 중요판례

판례

〈대판 2001도3594 판결 [출판물에 의한 명예훼손]〉

피고인은 시의원들이 학교에서 교사들에게 무례한 행동을 한 것을 알리고 이에 대하여 항의함으로써 교사의 권익을 지킨다는 취지에서 위와 같이 보도자료를 만들어 배포하였고, 그 보도자료에서 적시하고 있는 중요한 사실은 ① 시의원이 여교사를 아가씨라고 부르며 차를 달라고 한 것, ② 교감 책상에 앉아 있는 시의원에게 항의한 교사에게 일부 시의원이 고함을 지르는 등 무례한 행동을 한 것, ③ 해운대교육구청이 시의원의 추궁을 받고 교사들에게 경위서를 제출하도록 한 것 등인데, 이러한 사실은 모두 객관적 사실과 일치하며, 교감 책상에 앉아 있던 시의원이 누구였는가 하는 점은 그 기재 내용의 전체적인 취지에 비추어 볼 때 당시 상황을 설명하기 위한 세부 묘사에 불과할 뿐 중요한 부분이라고 보기 어렵다. 특히 보도자료의 내용과 같이 교사들에게 무례한 행동을 하고 해운대교육청에 그 교사들이 불친절하다고 항의하는 등 <u>이 사건의 발단을 제공한 사람이 공소외 1이었으므로, 보도자료에 그의 이름만이 기재됨으로써 그의 명예가 크게 훼손되었다고 하더라도, 그러한 사정만으로 피고인이 배포한 보도자료가 전체적으로 허위사실에 해당한다고 보기 어렵다. 그렇다면 피고인이 작성한 보도자료의 기재 내용은 '진실한 사실'이고, 피고인이 이를 배포한 것은 공공의 이익을 위한 것이다. – 그 보도자료의 일부에 사실과 다른 기재가 있으나 전체적으로 그 기재 내용이 진실하고 공공의 이익을 위한 것이므로 명예훼손죄의 위법성이 조각된다.</u>

④ ○ 대판 2016도9674 판결

모욕죄는 공연히 사람을 모욕하는 경우에 성립하는 범죄로서(형법 제311조), 사람의 가치에 대한 사회적 평가를 의미하는 외부적 명예를 보호법익으로 하고, 여기에서 '모욕'이란 사실을 적시하지 아니하고 사람의 사회적 평가를 저하시킬 만한 추상적 판단이나 경멸적 감정을 표현하는 것을 의미한다. 그리고 모욕죄는 피해자의 외부적 명예를 저하시킬 만한 추상적 판단이나 경멸적 감정을 공연히 표시함으로써 성립하므로, 피해자의 외부적 명예가 현실적으로 침해되거나 구체적・현실적으로 침해될 위험이 발생하여야 하는 것도 아니다.

정답 ③

07 **명예훼손의 죄에 관한 설명 중 옳지 않은 것은 모두 몇 개인가? (다툼이 있는 경우 판례에 의함)** 〈23. 경찰공채 1차〉

> ㉠ 「형법」 제307조 제1항의 '사실'은 제2항의 '허위의 사실'과 반대되는 '진실한 사실'을 말하며, 가치판단이나 평가를 내용으로 하는 '의견'에 대치되는 개념이다.
> ㉡ 공연성의 존부는 발언자와 상대방 또는 피해자 사이의 관계나 지위, 대화를 하게 된 경위와 상황, 사실적시의 내용, 적시의 방법과 장소 등 행위 당시의 객관적 제반 사정으로부터 상대방이 불특정 또는 다수인에게 전파할 가능성이 있는지 여부를 검토하여 종합적으로 판단하여야 하며, 발언 후 실제 전파 여부라는 우연한 사정은 공연성 인정 여부를 판단함에 있어 소극적 사정으로만 고려되어야 한다.
> ㉢ 「형법」 제310조의 '공공의 이익'이라 함은 널리 국가·사회 기타 일반 다수인의 이익에 관한 것뿐만 아니라 특정한 사회집단이나 그 구성원의 관심과 이익에 관한 것도 포함한다.
> ㉣ 「형법」 제309조 제1항의 '사람을 비방할 목적'은 제310조의 '공공의 이익'을 위한 것과는 행위자의 주관적 의도의 방향에 있어 서로 상반되는 관계에 있으므로, 적시한 사실이 공공의 이익에 관한 것인 경우 특별한 사정이 없는 한 비방할 목적은 부인된다.

① 1개 ② 2개 ③ 3개 ④ 4개

해설 > ㉠ × 대판 2016도18024 판결

형법 제307조 제1항, 제2항, 제310조의 체계와 문언 및 내용에 의하면, 제307조 제1항의 '사실'은 제2항의 '허위의 사실'과 반대되는 '진실한 사실'을 말하는 것이 아니라 가치판단이나 평가를 내용으로 하는 '의견'에 대치되는 개념이다.

㉡ ○ 대판 2020도5813 전원합의체 판결 ★★

공연성의 존부는 발언자와 상대방 또는 피해자 사이의 관계나 지위, 대화를 하게 된 경위와 상황, 사실적시의 내용, 적시의 방법과 장소 등 행위 당시의 객관적 제반 사정에 관하여 심리한 다음, 그로부터 상대방이 불특정 또는 다수인에게 전파할 가능성이 있는지 여부를 검토하여 종합적으로 판단하여야 한다. <u>발언 이후 실제 전파되었는지 여부는 전파가능성 유무를 판단하는 고려요소가 될 수 있으나, 발언 후 실제 전파 여부라는 우연한 사정은 공연성 인정 여부를 판단함에 있어 소극적 사정으로만 고려되어야 한다.</u> 따라서 전파가능성 법리에 따르더라도 위와 같은 객관적 기준에 따라 전파가능성을 판단할 수 있고, 행위자도 발언 당시 공연성 여부를 충분히 예견할 수 있으며, 상대방의 전파의사만으로 전파가능성을 판단하거나 실제 전파되었다는 결과를 가지고 책임을 묻는 것이 아니다.

㉢ ○ 대판 97도158 판결

형법 제310조에서 '오로지 공공의 이익에 관한 때'라 함은 적시된 사실이 객관적으로 볼 때 공공의 이익에 관한 것으로서 행위자도 주관적으로 공공의 이익을 위하여 그 사실을 적시한 것이어야 하는 것인데, 여기의 <u>공공의 이익에 관한 것에는 널리 국가·사회 기타 일반 다수인의 이익에 관한 것뿐만 아니라 특정한 사회집단이나 그 구성원 전체의 관심과 이익에 관한 것도 포함하는 것이다.</u>

ⓔ ○ 대판 97도158 판결 ★★
형법은 명예에 관한 죄에 대하여 제307조 및 제309조에서 적시한 사실이 진실인지 허위인지에 따라 법정형을 달리 규정하고 제310조에서 진실한 사실로서 오로지 공공의 이익에 관한 때에는 처벌하지 아니하다고 규정하고 있는바, 여기서 '진실한 사실'이란 그 내용 전체의 취지를 살펴볼 때 중요한 부분이 객관적 사실과 합치되는 사실이라는 의미로서 세부(細部)에 있어 진실과 약간 차이가 나거나 다소 과장된 표현이 있더라도 무방하다.

정답 ①

08 명예에 관한 죄에 대한 설명으로 옳은 것은 모두 몇 개인가? (다툼이 있는 경우 판례에 의함)

〈21. 경찰공채 2차〉

> ㉠ 甲이 명예훼손 사실을 발설한 것이 정말이냐는 A의 질문에 대답하는 과정에서 타인의 명예를 훼손하는 사실을 발설하게 된 경우, 명예훼손의 고의가 인정되지 아니한다.
> ㉡ 甲이 집 뒷길에서 자신의 남편과 A의 친척이 듣는 가운데 다른 사람들이 들을 수 있을 정도의 큰 소리로 A에게 "저것이 징역 살다온 전과자다."고 말한 경우, 자신의 남편과 A의 친척에게 말한 것이라 할지라도 명예훼손죄의 구성요건요소인 '공연성'이 인정된다.
> ㉢ 사이버대학교 학생 甲이 학과 학생들만 가입할 수 있는 네이버밴드 게시판에 A의 "총학생회장 출마자격에 관하여 조언을 구한다."는 글에 대한 댓글로 직전 회장 선거에 입후보하였다가 중도 사퇴한 친구 B의 실명을 거론하며, 객관적 사실에 부합하는 "B 학우가 학생회비도 내지 않고 총학생회장 선거에 출마하려 했다가 상대방 후보를 비방하고 이래저래 학과를 분열시키고 개인적인 감정을 표한 사례가 있다."고 언급한 다음 "그러한 부분은 지양했으면 한다."는 의견을 덧붙인 경우, 甲의 주요한 동기와 목적은 공공의 이익을 위한 것으로서 甲에게 B를 비방할 목적이 있다고 보기 어렵다.
> ㉣ 제품의 안정성에 논란이 많은 가운데 인터넷 신문사 소속 기자 A가 인터넷 포탈 사이트의 '핫이슈' 난에 제품을 옹호하는 기사를 게재하자 그 기사를 읽은 상당수의 독자들이 '네티즌 댓글' 난에 A를 비판하는 댓글을 달고 있는 상황에서 甲이 "이런 걸 기레기라고 하죠?"라는 댓글을 게시한 경우, 이는 모욕적 표현에 해당하나 사회상규에 위배되지 않는 행위로서 「형법」 제20조에 의하여 위법성이 조각된다.

① 1개　　② 2개　　③ 3개　　④ 4개

해설 > ㉠ ○ 대판 2008도6515 판결 ★★

2006.8.19., 같은 달 22., 같은 달 23.자 각 명예훼손의 점에 대하여 명예훼손사실을 발설한 것이 사실이냐는 질문에 대답하는 과정에서 타인의 명예를 훼손하는 사실을 발설하게 된 것이라면, 그 발설내용과 동기에 비추어 명예훼손의 범의를 인정할 수 없고, 질문에 대한 단순한 확인대답이 명예훼손에서 말하는 사실적시라고도 할 수 없다(대법원 1983.8.23. 선고 83도1017 판결 참조).

㉡ ○ 대판 2020도5813 전원합의체 판결 ★★★

피고인이 甲의 집 뒷길에서 피고인의 남편 乙 및 甲의 친척인 丙이 듣는 가운데 甲에게 '저것이 징역 살다온 전과자다' 등으로 큰 소리로 말함으로써 공연히 사실을 적시하여 甲의 명예를 훼손하였다는 내용으로 기소된 사안에서, 丙이 甲과 친척관계에 있다는 이유만으로 전파가능성이 부정된다고 볼 수 없고, 오히려 피고인은 甲과의 싸움 과정에서 단지 甲을 모욕 내지 비방하기 위하여 공개된 장소에서 큰 소리로 말하여 다른 마을 사람들이 들을 수 있을 정도였던 것으로 불특정 또는 다수인이 인식할 수 있는 상태였다고 봄이 타당하므로, 피고인의 위 발언은 공연성이 인정된다.

㉢ ○ 대판 2018도15868 판결 ★★

사이버대학교 법학과 학생인 피고인이, 법학과 학생들만 회원으로 가입한 네이버밴드에 甲이 총학생회장 출마자격에 관하여 조언을 구한다는 글을 게시하자 이에 대한 댓글 형식으로 직전 연도 총학생회장 선거에 입후보하였다가 중도 사퇴한 乙의 실명을 거론하며 '○○○이라는 학우가 학생회비도 내지 않고 총학생회장 선거에 출마하려 했다가 상대방 후보를 비방하고 이래저래 학과를 분열시키고 개인적인 감정을 표한 사례가 있다.'고 언급한 다음 '그러한 부분은 지양했으면 한다.'는 의견을 덧붙임으로써 乙의 명예를 훼손하였다고 하여 정보통신망 이용촉진 및 정보보호 등에 관한 법률 위반(명예훼손)으로 기소된 사안에서, 피고인의 주요한 동기와 목적은 공공의 이익을 위한 것으로서 피고인에게 乙을 비방할 목적이 있다고 보기 어렵다는 이유로, 이와 달리 본 원심판결에 법리오해의 잘못이 있다.

㉣ ○ 대판 2017도17643 판결 ★★

인터넷 신문사 소속 기자 甲이 작성한 기사가 인터넷 포털 사이트의 '핫이슈' 난에 게재되자, 피고인이 "이런걸 기레기라고 하죠?"라는 댓글을 게시함으로써 공연히 甲을 모욕하였다는 내용으로 기소된 사안에서, '기레기'는 모욕적 표현에 해당하나, 위 댓글의 내용, 작성 시기와 위치, 위 댓글 전후로 게시된 다른 댓글의 내용과 흐름 등을 종합하면, 위 댓글을 작성한 행위는 사회상규에 위배되지 않는 행위로서 형법 제20조에 의하여 위법성이 조각된다.

정답 ④

09 명예에 관한 죄에 대한 설명으로 가장 적절하지 않은 것은? (다툼이 있는 경우 판례에 의함) 〈21. 경찰공채 1차〉

① 국가나 지방자치단체는 명예훼손죄나 모욕죄의 피해자가 될 수 없다.

② 적시된 사실이 허위의 사실이라 하더라도 행위자에게 허위성에 대한 인식이 없는 경우에는 「형법」 제307조 제2항의 명예훼손죄가 아닌 「형법」 제307조 제1항의 명예훼손죄가 성립될 수 있다.

③ 평균적인 독자의 관점에서 문제된 부분이 실제로는 비평자의 주관적 의견에 해당하고, 다만 비평자가 자신의 의견을 강조하기 위한 수단으로 겉으로 보기에 증거에 의해 입증 가능한 구체적인 사실관계를 서술하는 형태의 표현을 사용한 것이라고 이해된다면 명예훼손죄에서 말하는 사실의 적시에 해당한다고 볼 수 있다.

④ 공연히 사실을 적시하여 사람의 명예를 훼손한 경우, 그것이 진실한 사실이고 행위자의 주요한 동기 내지 목적이 공공의 이익을 위한 것이라면 부수적으로 다른 사익적 목적이나 동기가 내포되어 있더라도 「형법」 제310조의 적용을 배제할 수 없다.

해설 ① ○ 대판 2014도15290 판결

② ○ 대판 2016도18024 판결

③ × 대판 2017도15628 판결 ★★

평균적인 독자의 관점에서 문제 된 부분이 실제로는 비평자의 주관적 의견에 해당하고, 다만 비평자가 자신의 의견을 강조하기 위한 수단으로 그와 같은 표현을 사용한 것이라고 이해된다면 명예훼손죄에서 말하는 사실의 적시에 해당한다고 볼 수 없다.

④ ○ 대판 99도1543 판결

정답 ③

10 **명예에 관한 죄에 대한 설명으로 옳은 것만을 모두 고르면? (다툼이 있는 경우 판례에 의함)** 〈22. 7급공채〉

> ㄱ. 정부의 업무수행과 관련된 사항을 주된 내용으로 하는 발언으로 그에 관여한 공직자에 대한 사회적 평가가 다소 저하될 수 있더라도, 그 발언 내용이 공직자 개인에 대한 악의적이거나 심히 경솔한 공격으로서 현저히 상당성을 잃은 것으로 평가되지 않는 한 공직자 개인에 대한 명예훼손이 되지 않는다.
> ㄴ. 이혼소송계속 중인 아내가 남편의 친구에게 서신을 보내면서 남편의 명예를 훼손하는 문구가 기재된 서신을 동봉한 것만으로는 공연성이 인정되지 않는다.
> ㄷ. 피해자에 대한 허위사실을 적시한 서명자료를 만들어 여러 명의 동료들에게 읽게 하고 서명을 받은 경우, 그 내용이 동료들 사이에 만연한 소문이었다면 명예훼손죄를 구성하지 않는다.
> ㄹ. 학교폭력 피해 학생의 어머니가 자신의 SNS 계정 프로필 상태메시지에 '학교폭력범은 접촉금지'라는 글과 주먹 모양의 그림말 세 개를 게시한 것은 학교폭력 가해자의 사회적 가치나 평가를 저하시키기에 충분한 구체적인 사실의 적시에 해당한다.

① ㄱ, ㄴ　　② ㄱ, ㄹ　　③ ㄴ, ㄷ　　④ ㄷ, ㄹ

해설> ㄱ. ○ 대판 2016도14995 판결 ★★★ 중요판례

피고인이 세월호 참사 국민대책회의 공동위원장이자 '4월 16일의 약속 국민연대'(이하 '4·16 연대'라 한다) 상임운영위원으로서 언론사 기자와 시민 등을 상대로 기자회견을 하던 중 '세월호 참사 당일 7시간 동안 대통령 甲이 마약이나 보톡스를 했다는 의혹이 사실인지 청와대를 압수·수색해서 확인했으면 좋겠다.'는 취지로 발언...피고인이 공적 인물과 관련된 공적 관심사항에 대한 의혹 제기 방식으로 표현행위를 한 것으로서 대통령인 甲 개인에 대한 악의적이거나 심히 경솔한 공격으로서 현저히 상당성을 잃은 것으로 평가할 수 없어 명예훼손죄로 처벌할 수 없다는 이유로, 이와 달리 본 원심판단에 형법 제307조 제2항에서 정한 명예훼손죄의 사실 적시, 전면적 공적 인물에 대한 명예훼손죄의 위법성 판단에 관한 법리오해의 잘못이 있다고 한 사례.

ㄴ. ○ 대판 99도4579 판결 ★★

이혼소송 계속 중인 처가 남편의 친구에게 서신을 보내면서 남편의 명예를 훼손하는 문구가 기재된 서신을 동봉한 경우, 공연성이 결여되었다.

ㄷ. × 대판 2015도15619 판결 ★★

명예훼손죄는 추상적 위험범으로 불특정 또는 다수인이 적시된 사실을 실제 인식하지 못하였다고 하더라도 인식할 수 있는 상태에 놓인 것으로도 명예가 훼손된 것으로 보아야 한다(위 대법원 2020도5813 전원합의체 판결 참조). 발언 상대방이 이미 알고 있는 사실을 적시하였더라도 공연성 즉 전파될 가능성이 없다고 볼 수 없다(대법원 1993.3.23. 선고 92도455 판결 등 참조).

ㄹ. × 대판 2019도12750 판결 ★★★ 중요판례
피고인이 초등학생인 딸 갑에 대한 학교폭력을 신고하여 교장이 가해학생인 을에 대하여 학교폭력대책자치위원회의 의결에 따라 '피해학생에 대한 접촉, 보복행위의 금지' 등의 조치를 하였는데, 그 후 피고인이 자신의 카카오톡 계정 프로필 상태메시지에 "학교폭력범은 접촉금지!!!"라는 글과 주먹 모양의 그림말 세 개를 게시함으로써 을의 명예를 훼손하였다고 하여 정보통신망 이용촉진 및 정보보호 등에 관한 법률 위반(명예훼손)으로 기소된 사안에서, 위 상태메시지에는 그 표현의 기초가 되는 사실관계가 드러나 있지 않고, '학교폭력범'이라는 단어는 '학교폭력을 저지른 사람'을 통칭하는 표현인데, 피고인은 '학교폭력범' 자체를 표현의 대상으로 삼았을 뿐 특정인을 '학교폭력범'으로 지칭하지 않았으며, 학교폭력이 심각한 문제로 대두되고 있는 우리 사회의 현실, 초등학생 자녀를 둔 피고인의 지위 등을 고려하면, 피고인이 '학교폭력범'이라는 단어를 사용하였다고 하여 실제 일어난 학교폭력 사건에 관해 언급한 것이라고 단정할 수 없고, '접촉금지'라는 어휘는 통상적으로 '접촉하지 말 것'이라는 의미로 이해되며, 위 의결 등을 통해 을에게 위 조치가 내려졌다는 사실이 을과 같은 반 학생들이나 그 부모들에게 알려졌음을 인정할 증거도 없으므로, 피고인이 상태메시지를 통해 을의 학교폭력 사건이나 그 사건으로 을이 받은 조치에 대해 기재함으로써 을의 사회적 가치나 평가를 저하시키기에 충분한 구체적인 사실을 드러냈다고 볼 수 없는데도, 이와 달리 본 원심판결에 법리오해 등의 잘못이 있다.

정답 ①

11 명예에 관한 죄에 대한 설명으로 옳지 않은 것은? (다툼이 있는 경우 판례에 의함)

〈22. 9급공채〉

① 甲은 A의 집 뒷길에서 자신의 남편과 A의 친척이 듣는 가운데 다른 사람들이 들을 수 있을 정도의 큰 소리로 A에게 "저것이 징역 살다온 전과자다."라고 말한 경우, 자신의 남편과 A의 친척에게 말한 것이라 할지라도 명예훼손죄의 구성요건요소인 '공연성'이 인정된다.

② 인터넷 신문사 소속 기자 甲이 작성한 기사가 인터넷 포털 사이트의 '핫이슈' 난에 게재되자, 피고인이 "이런걸 기레기라고 하죠?"라는 댓글을 게시함으로써 공연히 甲을 모욕하였다는 내용으로 기소된 사안에서, '기레기'는 모욕적 표현에 해당하나, 위 댓글의 내용, 작성 시기와 위치, 위 댓글 전후로 게시된 다른 댓글의 내용과 흐름 등을 종합하면, 위 댓글을 작성한 행위는 사회상규에 위배되지 않는 행위로서 형법 제20조에 의하여 위법성이 조각된다.

③ 글의 집필의도, 논리적 흐름, 서술체계 및 전개방식, 해당 글과 비평의 대상이 된 말 또는 글의 전체적인 내용 등을 종합하여 볼 때, 평균적인 독자의 관점에서 문제된 부분이 실제로는 비평자의 주관적 의견에 해당하고, 다만 비평자가 자신의 의견을 강조하기 위한 수단으로 그와 같은 표현을 사용한 것이라고 이해된다 하더라도 명예훼손죄에서 말하는 사실의 적시에 해당한다.

④ 공연히 사실을 적시하여 사람의 명예를 훼손한 경우, 그것이 진실한 사실이고 행위자의 주요한 동기 내지 목적이 공공의 이익을 위한 것이라면 부수적으로 다른 사익적 목적이나 동기가 내포되어 있더라도 「형법」 제310조의 적용을 배제할 수 없다.

해설 > ① ○ 대판 2020도5813 전원합의체 판결

② ○ 대판 2017도17643 판결

③ × 대판 2016도19255 판결 ★★

다른 사람의 말이나 글을 비평하면서 사용한 표현이 겉으로 보기에 증거에 의해 입증 가능한 구체적인 사실관계를 서술하는 형태를 취하고 있더라도, 글의 집필의도, 논리적 흐름, 서술체계 및 전개방식, 해당 글과 비평의 대상이 된 말 또는 글의 전체적인 내용 등을 종합하여 볼 때, 평균적인 독자의 관점에서 문제 된 부분이 실제로는 비평자의 주관적 의견에 해당하고, 다만 비평자가 자신의 의견을 강조하기 위한 수단으로 그와 같은 표현을 사용한 것이라고 이해된다면 명예훼손죄에서 말하는 사실의 적시에 해당한다고 볼 수 없다.

④ ○ 대판 2021도6416 판결

공연히 사실을 적시하여 사람의 명예를 훼손하는 행위가 진실한 사실로서 오로지 공공의 이익에 관한 때에는 형법 제310조에 따라 처벌할 수 없다. 여기서 '오로지 공공의 이익에 관한 때'라 함은 적시된 사실이 객관적으로 볼 때 공공의 이익에 관한 것으로서 행위자도 주관적으로 공공의 이익을 위하여 그 사실을 적시한 것이어야 한다. 여기의 공공의 이익에 관한 것에는 널리 국가·사회 기타 일반 다수인의 이익에 관한 것뿐만 아니라 특정한 사회집단이나 그 구성원 전체의 관심과 이익에 관한 것도 포함한다. 적시된 사실이 공공의 이익에 관한 것인지 여부는 당해 적시 사실의 내용과 성질, 당해 사실의 공표가 이루어진 상대방의 범위, 그 표현의 방법 등 그 표현 자체에 관한 제반 사정을 감안함과 동시에 그 표현에 의하여 훼손되거나 훼손될 수 있는 명예의 침해 정도 등을 비교·고려하여 결정하여야 하며, 행위자의 주요한 동기 내지 목적이 공공의 이익을 위한 것이라면 부수적으로 다른 사익적 목적이나 동기가 내포되어 있더라도 형법 제310조의 적용을 배제할 수 없다.

정답 ③

12 명예훼손죄 및 모욕죄에 관한 다음 설명 중 가장 옳지 않은 것은? (다툼이 있는 경우 판례에 의함) 〈22. 법원9급〉

① 공연성의 존부는 발언자와 상대방 또는 피해자 사이의 관계나 지위, 대화를 하게 된 경위와 상황, 사실적시의 내용, 적시의 방법과 장소 등 행위 당시의 객관적 제반 사정에 관하여 심리한 다음, 그로부터 상대방이 불특정 또는 다수인에게 전파할 가능성이 있는지 여부를 검토하여 종합적으로 판단하여야 한다. 발언 이후 실제 전파되었는지 여부는 전파가능성 유무를 판단하는 고려요소가 될 수 있으나, 발언 후 실제 전파여부라는 우연한 사정은 공연성 인정 여부를 판단함에 있어 소극적 사정으로만 고려되어야 한다.

② 사실적시의 내용이 사회일반의 일부 이익에만 관련된 사항이라도 다른 일반인과의 공동생활에 관계된 사항이라면 공익성을 지닌다고 할 것이고, 이에 나아가 개인에 관한 사항이더라도 그것이 공공의 이익과 관련되어 있고 사회적인 관심을 획득한 경우라면 직접적으로 국가·사회 일반의 이익이나 특정한 사회집단에 관한 것이 아니라는 이유만으로 형법 제310조의 적용을 배제할 것은 아니다.

③ 어떤 글이 모욕적 표현을 담고 있는 경우에도 그 글이 객관적으로 타당성이 있는 사실을 전제로 하여 그 사실관계나 이를 둘러싼 문제에 관한 자신의 판단과 피해자의 태도 등이 합당한가 하는 데 대한 자신의 의견을 밝히고, 자신의 판단과 의견이 타당함을 강조하는 과정에서 부분적으로 모욕적인 표현이 사용된 것에 불과하다면 사회상규에 위배되지 않는 행위로서 형법 제20조에 의하여 위법성이 조각될 수 있다.

④ 명예훼손죄에서 '사실의 적시'란 가치판단이나 평가를 내용으로 하는 '의견표현'에 대치되는 개념으로서 시간적으로나 공간적으로 구체적인 과거 또는 현재의 사실관계에 관한 보고나 진술을 뜻하고, 표현 내용을 증거로 증명할 수 있는 것을 말한다. 따라서 객관적으로 피해자의 사회적 평가를 저하시키는 사실에 관한 발언이 보도, 소문이나 제3자의 말을 인용하는 방법으로 단정적인 표현이 아닌 전문 또는 추측의 형태로 표현되었다면 표현 전체의 취지로 보아 사실이 존재할 수 있다는 것을 암시하는 방식으로 이루어졌더라도 사실을 적시한 것으로 볼 수 없다.

해설> ① ○ 대판 2020도8336 판결 ★★

빌라를 관리하고 있는 피고인들이 빌라 아랫집에 거주하는 甲으로부터 누수 문제로 공사 요청을 받게 되자, 甲과 전화통화를 하면서 빌라를 임차하여 거주하고 있는 피해자들에 대하여 누수 공사 협조의 대가로 과도하고 부당한 요구를 하거나 막말과 욕설을 하였다는 취지로 발언하고, '무식한 것들', '이중인격자' 등으로 말하여 명예훼손죄와 모욕죄로 기소된 사안에서,.....공소외 1이 자신의 형과 변호사에게 이 사건 각 발언의 녹음 사실을 알려주었다. 그러나 이는 이 사건 빌라의 누수에 관하여 피고인들을 상대로 한 민사소송에서 이 사건 각 발언이 자료로 제출되도록 하기 위한 것일 뿐이므로, 이를 들어 이 사건 각 발언이 불특정인 또는 다수인에게 전파되었다고 볼 수 없다. 이 사건 각 발언이 불특정인 또는 다수인에게 전파되지 않은 것은 비록 위 각 발언 이후의 사정이기는 하지만 공연성 여부를 판단할 때 소극적 사정으로 고려될 수 있다.

② ○ 대판 2020도5813 전원합의체 판결 ★★★

피고인이 甲의 집 뒷길에서 피고인의 남편 乙 및 甲의 친척인 丙이 듣는 가운데 甲에게 '저것이 징역 살다온 전과자다' 등으로 큰 소리로 말함으로써 공연히 사실을 적시하여 甲의 명예를 훼손하였다는 내용으로 기소된 사안... 공적인 인물, 제도 및 정책 등에 관한 것만을 공공의 이익관련성으로 한정할 것은 아니다. 따라서 사실적시의 내용이 사회 일반의 일부 이익에만 관련된 사항이라도 다른 일반인과의 공동생활에 관계된 사항이라면 공익성을 지닌다고 할 것이고, 이에 나아가 개인에 관한 사항이더라도 그것이 공공의 이익과 관련되어 있고 사회적인 관심을 획득한 경우라면 직접적으로 국가·사회 일반의 이익이나 특정한 사회집단에 관한 것이 아니라는 이유만으로 형법 제310조의 적용을 배제할 것은 아니다.

③ ○ 대판 2017도17643 판결 ★★

모욕죄에서 말하는 '모욕'의 의미 / 어떤 글이 모욕적 표현을 담고 있더라도 사회상규에 위배되지 않는 행위로서 위법성이 조각될 수 있는 경우 / 특정 사안에 대한 의견을 공유하는 인터넷 게시판 등의 공간에서 작성된 단문의 글에 모욕적 표현이 포함되어 있더라도 그 글을 작성한 행위가 사회상규에 위배되지 않는 행위로서 위법성이 조각되는 경우

④ × 대판 2016도14995 판결 ★★

세월호 7시간... 피고인이 세월호 참사 국민대책회의 공동위원장이자 '4월 16일의 약속 국민연대' 상임운영위원으로서 언론사 기자와 시민 등을 상대로 기자회견을 하던 중 '세월호 참사 당일 7시간 동안 대통령 甲이 마약이나 보톡스를 했다는 의혹이 사실인지 청와대를 압수·수색해서 확인했으면 좋겠다.'는 취지로 발언... 객관적으로 피해자의 사회적 평가를 저하시키는 사실에 관한 발언이 보도, 소문이나 제3자의 말을 인용하는 방법으로 단정적인 표현이 아닌 전문 또는 추측의 형태로 표현되었더라도, 표현 전체의 취지로 보아 사실이 존재할 수 있다는 것을 암시하는 방식으로 이루어진 경우에는 사실을 적시한 것으로 보아야 한다.

정답 ④

13 다음 사례 중 甲에게 모욕죄(또는 상관모욕죄)가 성립하는 것은? (다툼이 있는 경우 판례에 의함)

〈22. 경찰공채 2차〉

① 甲이 소속 노동조합 위원장 A를 '어용', '앞잡이' 등으로 지칭 하여 표현한 현수막, 피켓 등을 장기간 반복하여 일반인의 왕래가 잦은 도로변 등에 게시한 경우

② 부사관 교육생 甲이 동기들과 함께 사용하는 단체채팅방에서 지도관 A가 목욕탕 청소 담당에게 과실 지적을 많이 한다는 이유로 "도라이 ㅋㅋㅋ 습기가 그렇게 많은데"라는 글을 게시한 경우

③ A주식회사 해고자 신분으로 노동조합 사무장직을 맡아 노조 활동을 하는 甲이 노사 관계자 140여 명이 있는 가운데 큰 소리로 자신보다 15세 연장자인 A회사 부사장 B를 향해 "야 ○○아, ○○이 여기 있네, 니 이름이 ○○이잖아, ○○아 나오니까 좋지?" 등으로 여러 차례 B의 이름을 부른 경우

④ 甲이 인터넷 포털 사이트의 'A추진운동본부'에 접속하여 '자칭 타칭 B 하면 떠오르는 키워드!!!'라는 제목의 게시글에 '공황 장애 ㅋ'라는 댓글을 게시한 경우

해설 > ① ○ 대판 2016도88 판결

피고인들이 소속 노동조합 위원장 甲을 '어용', '앞잡이' 등으로 지칭하여 표현한 현수막, 피켓 등을 장기간 반복하여 일반인의 왕래가 잦은 도로변 등에 게시한 사안에서, '어용'이란 자신의 이익을 위하여 권력자나 권력 기관에 영합하여 줏대 없이 행동하는 것을 낮잡아 이르는 말, '앞잡이'란 남의 사주를 받고 끄나풀 노릇을 하는 사람을 뜻하는 말로서 언제나 위 표현들이 지칭된 상대방에 대한 모욕에 해당한다거나 사회상규에 비추어 허용되지 않는 것은 아니지만, 제반 사정에 비추어 피고인들의 위 행위는 甲에 대한 모욕적 표현으로서 사회상규에 위배되지 않는 행위로 보기 어렵다.

② × 대판 2020도14576 판결

피고인의 위 표현은 동기 교육생들끼리 고충을 토로하고 의견을 교환하는 사이버공간에서 상관인 피해자에 대하여 일부 부적절한 표현을 사용하게 된 것에 불과, 사회상규에 위배되지 않는다고 보는 것이 타당하다.

③ × 대판 2017도2661 판결 ★★

甲주식회사 해고자 신분으로 노동조합 사무장직을 맡아 노조활동을 하는 피고인이 노사 관계자 140여 명이 있는 가운데 큰 소리로 피고인보다 15세 연장자로서 甲회사 부사장인 乙을 향해 "야 ○○아, ○○이 여기 있네, 니 이름이 ○○이잖아, ○○아 나오니까 좋지?" 등으로 여러 차례 乙의 이름을 불러 乙을 모욕하였다는 내용으로 기소된 사안에서, 제반 사정을 종합하면, 피고인의 위 발언은 상대방을 불쾌하게 할 수 있는 무례하고 예의에 벗어난 표현이기는 하지만 객관적으로 乙의 인격적 가치에 대한 사회적 평가를 저하시킬 만한 모욕적 언사에 해당하지 않는다.

④ × 대판 2016도20890 판결 ★★
"피고인이 인터넷 포털 사이트 '○○'의 카페인 '△△△△추진운동본부'에 접속하여 '자칭 타칭 공소외인 하면 떠오르는 키워드!!!'라는 제목의 게시글에 '공황장애 ㅋ'라는 댓글을 게시하여 공연히 공소외인을 모욕하였다…피고인이 공소외인이 인터넷 포털 사이트 '○○'의 다른 카페에서 다른 회원을 강제탈퇴시킨 후 보여준 태도에 대하여 불만을 가지고 댓글을 게시하게 된 사실, 피고인이 게시한 댓글 내용은 '선무당이 사람 잡는다. 자승자박. 아전인수. 사필귀정. 자업자득. 자중지란. 공황장애 ㅋ'라고 되어 있는 사실을 알 수 있다…위 사실관계에 나타난 피고인의 댓글 게시 경위, 댓글의 전체 내용과 표현 방식, 공황장애의 의미(뚜렷한 근거나 이유 없이 갑자기 심한 불안과 공포를 느끼는 공황 발작이 되풀이해서 일어나는 병) 등을 종합하면, 피고인이 댓글로 게시한 '공황장애 ㅋ'라는 표현이 상대방을 불쾌하게 할 수 있는 무례한 표현이기는 하나, 상대방의 인격적 가치에 대한 사회적 평가를 저하시킬 만한 표현에 해당한다고 보기는 어렵다.

정답 ①

14 명예에 관한 죄에 대한 설명으로 옳은 것을 모두 고른 것은? (다툼이 있는 경우 판례에 의함)

〈24. 경찰승진〉

ㄱ 정부 또는 국가기관의 정책결정이나 업무수행과 관련된 사항은 항상 국민의 감시와 비판의 대상이 되어야 하고, 이러한 감시와 비판은 표현의 자유가 충분히 보장될 때 비로소 정상적으로 이루어질 수 있으므로, 정부 또는 국가기관은 형법상 명예훼손죄의 피해자가 될 수 없다.

ㄴ 명예훼손죄와 모욕죄에서 전파가능성을 이유로 공연성을 인정하는 경우에 적어도 범죄구성요건의 주관적 요소로서 미필적 고의가 필요하므로, 전파가능성에 대한 인식이 있음은 물론 나아가 위험을 용인하는 내심의 의사가 있어야 한다.

ㄷ 「형법」 제310조는 "제307조 제1항의 행위가 진실한 사실로서 오로지 공공의 이익에 관한 때에는 처벌하지 아니한다."라고 규정하고 있는데, 여기서 '공공의 이익에 관한 것'에는 널리 국가·사회 기타 일반 다수인의 이익에 관한 것을 의미할 뿐 특정한 사회집단이나 그 구성원 전체의 관심과 이익에 관한 것은 포함되지 아니한다.

ㄹ 피고인이 인터넷 포털사이트 뉴스 댓글난에 연예인인 피해자를 '국민호텔녀'로 지칭하는 댓글을 게시한 경우, 모욕죄의 구성요건에 해당하지만 정당한 비판의 범위를 벗어나지 않은 것으로서 정당행위에 해당한다.

① ㄱㄴ ② ㄱㄷ ③ ㄴㄹ ④ ㄷㄹ

해설 > ㉠ ○ 대판 2010도17237 판결 ★★

'한미 쇠고기 수입 협상'의 협상단 대표와 주무부처 장관이 미국산 쇠고기 실태를 제대로 파악하지 못하였다는 취지의 허위사실을 적시하여 이들의 명예를 훼손하였다... 이러한 감시와 비판은 이를 주요 임무로 하는 언론보도의 자유가 충분히 보장될 때 비로소 정상적으로 수행될 수 있으며, 정부 또는 국가기관은 형법상 명예훼손죄의 피해자가 될 수 없으므로, 정부 또는 국가기관의 정책결정 또는 업무수행과 관련된 사항을 주된 내용으로 하는 언론보도로 인하여 그 정책결정이나 업무수행에 관여한 공직자에 대한 사회적 평가가 다소 저하될 수 있더라도, 그 보도의 내용이 공직자 개인에 대한 악의적이거나 심히 경솔한 공격으로서 현저히 상당성을 잃은 것으로 평가되지 않는 한, 그 보도로 인하여 곧바로 공직자 개인에 대한 명예훼손이 된다고 할 수 없다.

㉡ ○ 대판 2021도15122 판결 ★★

전파가능성을 이유로 명예훼손죄의 공연성을 인정하는 경우에는 적어도 범죄구성요건의 주관적 요소로서 미필적 고의가 필요하므로 전파가능성에 대한 인식이 있음은 물론 나아가 그 위험을 용인하는 내심의 의사가 있어야 하고, 그 행위자가 전파가능성을 용인하고 있었는지 여부는 외부에 나타난 행위의 형태와 행위의 상황 등 구체적인 사정을 기초로 하여 일반인이라면 그 전파가능성을 어떻게 평가할 것인가를 고려하면서 행위자의 입장에서 그 심리상태를 추인하여야 한다(대법원 2004.4.9. 선고 2004도340 판결 등 참조).

㉢ × 대판 99도5407 판결 ★★

피고인이 작성하여 배포한 보도자료에는 피해자의 이름을 직접적으로 적시하고 있지는 않으나, 3.19 동지회 소속 교사들이 학생들을 선동하여 무단하교를 하게 하였다고 적시하고 있는 사실, 이 사건 고등학교의 교사는 총 66명으로서 그 중 약 37명이 3.19 동지회 소속 교사들인 사실, 위 학교의 학생이나 학부모, 교육청 관계자들은 3.19 동지회 소속 교사들이 누구인지 알고 있는 사실을 인정한 다음, 그렇다면 3.19 동지회는 그 집단의 규모가 비교적 작고 그 구성원이 특정되어 있으므로...명예훼손죄는 어떤 특정한 사람 또는 인격을 보유하는 단체에 대하여 그 명예를 훼손함으로써 성립하는 것이므로 그 피해자는 특정한 것임을 요하고, 다만 서울시민 또는 경기도민이라 함과 같은 막연한 표시에 의해서는 명예훼손죄를 구성하지 아니한다 할 것이지만, 집합적 명사를 쓴 경우에도 그것에 의하여 그 범위에 속하는 특정인을 가리키는 것이 명백하면, 이를 각자의 명예를 훼손하는 행위라고 볼 수 있다.

㉣ × 대판 2017도19229 판결 ★★★ 중요판례

피고인이 인터넷 포털사이트 뉴스 댓글난에 연예인인 피해자를 '국민호텔녀'로 지칭하는 댓글을 게시하여 모욕죄로 기소된 사안에서, '국민호텔녀'라는 표현은 피해자의 사생활을 들추어 피해자가 종전에 대중에게 호소하던 청순한 이미지와 반대의 이미지를 암시하면서 피해자를 성적 대상화하는 방법으로 비하하는 것으로서 여성 연예인인 피해자의 사회적 평가를 저하시킬 만한 모멸적인 표현으로 평가할 수 있고, 정당한 비판의 범위를 벗어난 것으로서 정당행위로 보기도 어렵다.

정답 ①

제2절 신용 · 업무와 경매 등에 관한 죄

01 업무와 경매에 관한 죄의 설명 중 가장 적절한 것은? (다툼이 있는 경우 판례에 의함)

〈22. 경찰공채 2차〉

① 甲이 서울특별시 도시철도공사가 발주한 시각장애인용 음성유도기 제작설치 입찰에 관한 담합에 가담하기로 하였다가 자신이 낙찰 받기 위하여 당초의 합의에 따르지 아니한 채 원래 낙찰받기로 한 특정업체보다 저가로 입찰한 경우, 비록 입찰의 공정을 해할 우려가 있었으나 실제 입찰의 공정을 해하지 아니하였기에 甲에게는 입찰방해죄가 성립하지 아니한다.

② 甲이 일부 입찰참가자들과 가격을 합의하고, 낙찰이 되면 특정 업체가 모든 공사를 하기로 합의하는 등 담합하여 투찰행위를 한 경우, 그 투찰에 참여한 업체의 수가 많아서 실제로 가격형성에 부당한 영향을 주지 않았다면 甲에게는 입찰방해죄가 성립하지 아니한다.

③ 한국토지공사 지역본부가 중고자동차매매단지를 분양하기 위하여 유자격 신청자들을 대상으로 무작위 공개추첨하여 1인의 수분 양자를 선정하는 절차를 진행함에 있어, 신청자격이 없는 甲이 총 12인의 신청자 중 9인과 맺은 합작투자의 약정에 따라 그 신청자의 자격과 명의를 빌려 당첨확률을 약 75%까지 인위적으로 높여 분양을 신청한 경우, 분양업무의 적정성과 공정성 등을 방해하는 행위라고 볼 수 있어 甲에게는 입찰방해죄가 성립한다.

④ 甲과 乙이 공모하여, 甲은 A고등학교의 학생 丙이 약 10개월 동안 총 84시간의 봉사활동을 한 것처럼 허위로 기재된 봉사 활동확인서를 발급받아 乙에게 교부하고, 乙은 이를 丙의 담임교사를 통하여 A학교에 제출하여 丙이 학교장 명의의 봉사상을 수상하게 한 경우, 甲과 乙에게는 업무방해죄가 성립한다.

해설 > ① × 대판 2010도4940 판결 ★★

피고인이 서울특별시도시철도공사가 발주한 시각장애인용 음성유도기 제작설치 입찰에 관한 담합에 가담하기로 하였다가 자신이 낙찰받기 위하여 당초의 합의에 따르지 아니한 채 낙찰받기로 한 특정업체보다 저가로 입찰한 사안에서, 이러한 피고인의 행위는 입찰방해죄에 해당한다.

② × 대판 2008도11361 판결 ★★

일부 입찰참가자들이 가격을 합의하고, 낙찰이 되면 특정 업체가 모든 공사를 하기로 합의하는 등 담합하여 투찰행위를 한 사안에서, 입찰방해죄가 성립한다.

③ × 대판 2007도5037 판결 ★★

한국토지공사 지역본부가 중고자동차매매단지를 분양하기 위하여 유자격 신청자들을 대상으로 무작위 공개추첨하여 1인의 수분양자를 선정하는 절차를 진행하는데, 신청자격이 없는 피고인이 총 12인의 신청자 중 9인의 신청자의 자격과 명의를 빌려 그 당첨확률을 약 75%까지 인위적으로 높여 분양을 신청한 사안에서, 위 분양절차는 공정한 자유경쟁을 통한 적정한 가격형성을 목적으로 하는 입찰절차에 해당하지 않고, 피고인이 분양절차에 참가한 것은 9인의 신청자와 맺은 합작투자의 약정에 따른 것으로서 위 분양업무의 주체인 한국토지공사가 예정하고 있던 범위 내의 행위이므로, 위 추첨방식의 분양업무의 적정성과 공정성 등을 방해하는 행위라고 볼 수 없어 입찰방해죄나 업무방해죄가 성립하지 않는다.

④ ○ 대판 2017도19283 판결

피고인 갑, 을이 공모하여, 피고인 갑은 병 고등학교의 학생 정이 약 10개월 동안 총 84시간의 봉사활동을 한 것처럼 허위로 기재된 봉사활동확인서를 발급받아 피고인 을에게 교부하고, 피고인 을은 이를 정의 담임교사를 통하여 병 학교에 제출하여 정으로 하여금 2010년도 학교장 명의의 봉사상을 수상하도록 하는 방법으로 위계로써 학교장의 봉사상 심사 및 선정 업무를 방해하였다는 내용으로 기소된 사안...업무방해죄가 성립된다고 판시

정답 ④

02 업무방해죄에 관한 다음 설명 중 옳지 않은 것은? (다툼이 있는 경우 판례에 의함)

〈23. 법원9급〉

① 업무방해죄의 성립에 있어서는 업무방해의 결과가 실제로 발생함을 요하지 않고 업무방해의 결과를 초래할 위험이 발생하면 족하다. 상대방으로부터 신청을 받아 상대방이 일정한 자격요건 등을 갖춘 경우에 한하여 그에 대한 수용 여부를 결정하는 업무에 있어서 업무담당자가 사실을 충분히 확인하지 않은 채 신청인이 제출한 허위의 신청사유나 허위의 소명자료를 가볍게 믿고 이를 수용하였다고 하더라도 신청인의 위계가 업무방해의 위험성을 발생시킨 것이므로 위계에 의한 업무방해죄가 성립한다.

② 업무방해죄에 있어서의 '위력'이란 사람의 자유의사를 제압·혼란케 할 만한 일체의 세력을 말하고, 유형적이든 무형적이든 묻지 아니하며, 폭행·협박은 물론 사회적, 경제적, 정치적 지위와 권세에 의한 압박 등을 포함한다고 할 것이고, 위력에 의해 현실적으로 피해자의 자유의사가 제압되는 것을 요하는 것은 아니다.

③ 업무방해죄의 수단인 위력은 사람의 자유의사를 제압·혼란하게 할 만한 일체의 억압적 방법을 말하고 이는 제3자를 통하여 간접적으로 행사하는 것도 포함될 수 있다. 그러나 어떤 행위의 결과 상대방의 업무에 지장이 초래되었다 하더라도 행위자가 가지는 정당한 권한을 행사한 것으로 볼 수 있는 경우에는, 그 행위의 내용이나 수단 등이 사회통념상 허용될 수 없는 등 특별한 사정이 없는 한 업무방해죄를 구성하는 위력을 행사한 것이라고 할 수 없다. 따라서 제3자로 하여금 상대방에게 어떤 조치를 취하게 하는 등으로 상대방의 업무에 곤란을 야기하거나 그러한 위험이 초래되게 하였더라도, 행위자가 그 제3자의 의사결정에 관여할 수 있는 권한을 가지고 있거나 그에 대하여 업무상의 지시를 할 수 있는 지위에 있는 경우에는 특별한 사정이 없는 한 업무방해죄를 구성하지 아니한다.

④ 업무방해죄에서 행위의 객체는 타인의 업무이고, 여기서 말하는 '타인'에는 범인 이외의 자연인·법인 또는 법인격 없는 단체가 모두 포함된다.

해설 > ① × 대판 2017도19283 판결 ★★★ 중요판례
상대방으로부터 신청을 받아 상대방이 일정한 자격요건 등을 갖춘 경우에 한하여 그에 대한 수용 여부를 결정하는 업무에 있어서는 신청서에 기재된 사유가 사실과 부합하지 않을 수 있음을 전제로 자격요건 등을 심사·판단하는 것이므로, 업무담당자가 사실을 충분히 확인하지 않은 채 신청인이 제출한 허위의 신청사유나 허위의 소명자료를 가볍게 믿고 이를 수용하였다면 이는 업무담당자의 불충분한 심사에 기인한 것으로서 신청인의 위계가 업무방해의 위험성을 발생시켰다고 할 수 없어 위계에 의한 업무방해죄를 구성하지 않는다. 그러나 신청인이 업무담당자에게 허위의 주장을 하면서 이에 부합하는 허위의 소명자료를 첨부하여 제출한 경우 그 수리 여부를 결정하는 업무담당자가 관계 규정이 정한 바에 따라 그 요건의 존부에 관하여 나름대로 충분히 심사를 하였으나 신청사유 및 소명자료가 허위임을 발견하지 못하여 신청을 수리하게 될 정도에 이르렀다면 이는 업무담당자의 불충분한 심사가 아니라 신청인의 위계행위에 의하여 업무방해의 위험성이 발생된 것이어서 이에 대하여 위계에 의한 업무방해죄가 성립된다.

② ○ 대판 2016도8627 판결
업무방해죄의 보호대상이 되는 '업무'의 의미와 판단 기준 / 업무방해죄에서 말하는 '위력'의 의미 및 현실적으로 피해자의 자유의사가 제압되는 것을 필요로 하는지 여부(소극) / 업무방해죄의 성립에 업무방해의 결과가 실제로 발생함을 요하는지 여부(소극)

③ ○ 대판 2011도16718 판결
따라서 제3자로 하여금 상대방에게 어떤 조치를 취하게 하는 등으로 상대방의 업무에 곤란을 야기하거나 그러한 위험이 초래되게 하였다 하더라도, 행위자가 제3자의 의사결정에 관여할 수 있는 권한을 가지고 있거나 그에 대하여 업무상 지시를 할 수 있는 지위에 있는 경우에는 특별한 사정이 없는 한 업무방해죄를 구성하지 아니한다.

④ ○ 대판 98도663 판결
대학교가 업무방해죄에 있어서 업무의 주체가 될 수 있는지 여부(소극).....업무방해죄에 있어서의 행위의 객체는 타인의 업무이고, 여기서 타인이라 함은 범인 이외의 자연인과 법인 및 법인격 없는 단체를 가리키므로, 법적 성질이 영조물에 불과한 대학교 자체는 업무방해죄에 있어서의 업무의 주체가 될 수 없다.

정답 ①

03 업무방해죄에 대한 설명 중 가장 적절하지 않은 것은? (다툼이 있는 경우 판례에 의함)

〈23. 경찰승진〉

① 업무방해죄의 성립에는 업무방해의 결과가 실제로 발생할 것을 요구하지 않고, 업무방해의 결과를 초래할 위험이 발생하는 것으로 족하며, 업무수행 자체가 아닌 업무의 적정성 내지 공정성이 방해된 경우에도 업무방해죄가 성립한다.

② 공무원이 직무상 수행하는 공무를 방해하는 행위에 대해서는 업무방해죄로 의율할 수 없다.

③ 주한외국영사관에 비자발급을 신청함에 있어 신청인이 제출한 허위의 자료 등에 대하여 업무담당자가 충분히 심사하였으나 신청사유 및 소명자료가 허위임을 발견하지 못하여 그 신청을 수리하게 된 경우 위계에 의한 업무방해죄가 성립하지 않는다.

④ 폭력조직 간부가 조직원들과 공모하여 타인이 운영하는 성매매업소 앞에 속칭 '병풍'을 치거나 차량을 주차해 놓는 등 위력으로써 성매매업을 방해한 경우 업무방해죄가 성립하지 않는다.

해설> ① ○ 대판 2011도7943 판결
② ○ 대판 2009도4166 전원합의체 판결
③ × 대판 2003도7927 판결 ★★★
이는 업무담당자의 불충분한 심사가 아니라 신청인의 위계행위에 의하여 업무방해의 위험성이 발생된 것이다.
④ ○ 대판 2011도7081 판결
성매매업소를 운영하는 업무는 업무방해죄의 보호대상이 되는 업무가 아니다.

정답 ③

04 신용 · 업무 · 경매에 관한 죄에 대한 설명으로 적절한 것을 모두 고른 것은? (다툼이 있는 경우 판례에 의함)

〈22. 경찰승진〉 – 〈주의할 문제〉

> ㉠ 쟁의행위로서 파업이 언제나 업무방해죄에 해당하는 것으로 볼 것은 아니고, 전후 사정과 경위 등에 비추어 사용자가 예측할 수 없는 시기에 전격적으로 이루어져 사용자의 사업 운영에 심대한 혼란 내지 막대한 손해를 초래하는 등으로 사용자의 사업 계속에 관한 자유의사가 제압 · 혼란될 수 있다고 평가할 수 있는 경우, 집단적 노무제공의 거부는 위력에 해당하여 업무방해죄가 성립한다.
>
> ㉡ 공인중개사 甲이 공인중개사가 아닌 A와 동업하여 중개사무소를 운영하다가 동업관계가 종료된 후, 자신의 명의로 등록되어 있는 지위를 이용하여 임의로 폐업신고를 하였다면 위력에 의한 업무방해죄가 성립한다.
>
> ㉢ 위계에 의한 업무방해죄에서 '위계'란 상대방에게 오인, 착각 또는 부지를 일으키게 하여 업무수행 자체를 방해하는 것을 말하며, 그로써 업무의 적정성 내지 공정성이 방해된 정도에 그친 데 불과하다면 업무방해죄가 성립하지 않는다.
>
> ㉣ 컴퓨터등장애업무방해죄가 성립하기 위해서는 가해행위의 결과 정보처리장치가 그 사용목적에 부합하는 기능을 하지 못하거나 사용목적과 다른 기능을 하는 등 정보처리의 장애가 현실적으로 발생하였을 것을 요한다.

① ㉠㉡　　② ㉠㉢　　③ ㉠㉢㉣　　④ ㉡㉢㉣

해설 ㉠ ○ 대판 2010도7733 판결

쟁의행위로서 파업도, 단순히 근로계약에 따른 노무 제공을 거부하는 부작위에 그치지 아니하고 이를 넘어서 사용자에게 압력을 가하여 근로자의 주장을 관철하고자 집단적으로 노무제공을 중단하는 실력행사이므로, 업무방해죄의 '위력'에 해당하는 요소를 포함하고 있다. 그런데 근로자는 원칙적으로 헌법상 보장된 기본권으로서 근로조건 향상을 위한 자주적인 단결권 · 단체교섭권 및 단체행동권을 가지므로(헌법 제33조 제1항), 쟁의행위로서 파업이 언제나 업무방해죄에 해당하는 것은 아니고, 전후 사정과 경위 등에 비추어 사용자가 예측할 수 없는 시기에 전격적으로 이루어져 사용자의 사업운영에 심대한 혼란 내지 막대한 손해를 초래하는 등으로 사용자의 사업계속에 관한 자유의사가 제압 · 혼란될 수 있다고 평가할 수 있는 경우에 비로소 집단적 노무제공의 거부가 위력에 해당하여 업무방해죄가 성립한다고 보는 것이 타당하다.

㉡ × 대판 2006도6599 판결 ★★

공인중개사인 피고인이 자신의 명의로 등록되어 있으나 실제로는 공인중개사가 아닌 피해자가 주도적으로 운영하는 형식으로 동업하여 중개사무소를 운영하다가 위 동업관계가 피해자의 귀책사유로 종료되고 피고인이 동업관계의 종료로 부동산중개업을 그만두기로 한 경우, 피해자의 중개업은 법에 의하여 금지된 행위로서 형사처벌의 대상이 되는 범죄행위에 해당하는 것으로서 업무방해죄의 보호대상이 되는 업무라고 볼 수 없다.

ⓒ ○ 대판 2006도1721 판결
위계에 의한 업무방해죄에 있어서 위계란, 행위자의 행위목적을 달성하기 위하여 상대방에게 오인, 착각 또는 부지를 일으키게 하여 이를 이용하는 것을 말하고, 업무방해죄의 성립에는 업무방해의 결과가 실제로 발생함을 요하지 않고 업무방해의 결과를 초래할 위험이 발생하는 것이면 족하며, 업무수행 자체가 아니라 업무의 적정성 내지 공정성이 방해된 경우에도 업무방해죄가 성립한다.

ⓓ ○ 대판 2008도11978 판결 ★★★
'컴퓨터 등 장애 업무방해죄'가 성립하기 위해서는 가해행위 결과 정보처리장치가 그 사용목적에 부합하는 기능을 하지 못하거나 사용목적과 다른 기능을 하는 등 정보처리에 장애가 현실적으로 발생하였을 것을 요한다. (포털사이트 운영회사의 통계집계시스템 서버에 허위의 클릭정보를 전송하여 검색순위 결정 과정에서 위와 같이 전송된 허위의 클릭정보가 실제로 통계에 반영됨으로써 정보처리에 장애가 현실적으로 발생하였다면, 그로 인하여 실제로 검색순위의 변동을 초래하지는 않았다 하더라도) '컴퓨터 등 장애 업무방해죄'가 성립

정답 ③

PLUS 주요 참고문제

신용과 업무의 죄에 관한 설명으로 가장 적절하지 않은 것은? (다툼이 있는 경우 판례에 의함) 〈23. 경찰간후〉

① 컴퓨터등업무방해죄가 성립하기 위해서는 가해행위의 결과 정보처리장치가 그 사용목적에 부합하는 기능을 하지 못하거나 사용목적과 다른 기능을 하는 등 정보처리의 장애가 현실적으로 발생하였을 것을 요한다.

② 학칙에 따라 입학에 관한 업무가 총장 甲의 권한에 속한다고 하더라도 그 중 면접업무가 면접위원 A에게 위임되었다면, 그 위임된 업무는 A의 독립된 업무에 속하므로 甲과의 관계에서도 업무방해죄의 객체인 타인의 업무에 해당한다.

③ 甲이 무자격자에 의해 개설된 의료기관에 고용된 의료인 A의 진료업무를 방해한 경우, A의 진료업무가 업무방해죄의 보호대상이 되는 업무에 해당하여 甲을 업무방해죄로 처벌하기 위해서는 의료기관의 개설·운영 형태, 해당 의료기관에서 이루어지는 진료의 내용과 방식, 甲의 행위로 인하여 방해되는 업무의 내용 등 사정을 종합적으로 고려하여 판단해야 한다.

④ 비록 다른 사람이 작성한 논문을 피고인 단독 혹은 공동으로 작성한 논문인 것처럼 학술지에 제출·발표한 논문연구실적을, 부교수 승진심사 서류에 포함하여 제출하였다고 하더라도, 당해 논문을 제외한 다른 논문만으로도 부교수 승진요건을 월등히 충족하고 있었다면 위계에 의한 업무방해죄가 성립하지 않는다.

해설 > ① ○ 대판 2008도11978 판결 ★★★ 중요판례

형법 제314조 제2항은 '컴퓨터 등 정보처리장치 또는 전자기록 등 특수매체기록을 손괴하거나 정보처리장치에 허위의 정보 또는 부정한 명령을 입력하거나 기타 방법으로 정보처리에 장애를 발생하게 하여 사람의 업무를 방해한 자'를 처벌하도록 규정하고 있는바, 위 죄가 성립하기 위해서는 위와 같은 가해행위 결과 정보처리장치가 그 사용목적에 부합하는 기능을 하지 못하거나 사용목적과 다른 기능을 하는 등 정보처리에 장애가 현실적으로 발생하였을 것을 요한다고 할 것이나 (대법원 2004.7.9. 선고 2002도631 판결 참조), 정보처리에 장애를 발생하게 하여 업무방해의 결과를 초래할 위험이 발생한 이상, 나아가 업무방해의 결과가 실제로 발생하지 않더라도 위 죄가 성립하는 것이다.

② ○ 대판 2017도19499 판결 ★★★ 중요판례

업무방해죄에 있어서의 행위의 객체는 타인의 업무이고, 여기서 타인이라 함은 범인 이외의 자연인과 법인 및 법인격 없는 단체를 가리킨다(대법원 2007.12.27. 선고 2005도6404 판결 등 참조). △△△대 학칙 등에 따라 △△△대의 입학에 관한 업무가 총장인 피고인 3의 권한에 속한다고 하더라도, 그중 면접업무는 면접위원들에게, 신입생 모집과 사정업무는 교무위원들에게 각 위임되었고, 그 수임자들은 각자의 명의와 책임으로 수임받은 권한을 행사하여야 한다. 따라서 위와 같이 위임된 업무는 면접위원들 및 교무위원들의 독립된 업무에 속하고, 총장인 피고인 3과의 관계에서도 타인의 업무에 해당한다(대법원 1993.5.11. 선고 92도255 판결 등 참조).

③ ○ 대판 2021도16482 판결 ★★★ 중요판례

의료인인 甲의 명의로 의료인이 아닌 乙이 개설하여 운영하는 丙 병원에서, 피고인이 단독으로 또는 공모하여 11회에 걸쳐 큰 소리를 지르거나 환자 진료 예약이 있는 甲을 붙잡고 있는 등의 방법으로 위력으로써 甲의 진료 업무를 방해하였다는 내용으로 기소된 사안에서, 피고인의 행위와 당시의 주변 상황 등을 종합하면, 공소사실 전부 또는 그중 일부는 피고인이 甲의 환자에 대한 진료행위를 방해한 것으로 볼 여지가 있으므로, 피고인이 丙 병원의 일반적인 운영 외에 甲의 진료행위를 방해한 것인지에 대해 더 세밀하게 심리하여 업무방해죄 성립 여부를 판단했어야 한다.

④ × 대판 2009도4772 판결

다른 사람이 작성한 논문을 피고인 단독 혹은 공동으로 작성한 논문인 것처럼 학술지에 제출하여 발표한 논문연구실적을 부교수 승진심사 서류에 포함하여 제출한 사안에서, 당해 논문을 제외한 다른 논문만으로도 부교수 승진 요건을 월등히 충족하고 있었다는 등의 사정만으로는 승진심사 업무의 적정성이나 공정성을 해할 위험성이 없었다고 단정할 수 없으므로, 위계에 의한 업무방해죄를 구성한다.

정답 ④

05 업무방해죄에 대한 설명으로 가장 적절하지 않은 것은? (다툼이 있는 경우 판례에 의함)

〈21. 경찰공채 2차〉

① 다른 사람이 작성한 논문을 자신의 단독 혹은 공동으로 작성한 논문인 것처럼 학술지에 제출하여 발표한 논문연구실적을 부교수 승진심사 서류에 포함하여 제출하였지만, 당해 논문을 제외한 다른 논문만으로도 부교수 승진 요건을 월등히 충족하고 있었다면 위계에 의한 업무방해죄가 성립하지 아니한다.

② 주한외국영사관에 비자발급을 신청함에 있어 신청인이 제출한 허위의 자료 등에 대하여 업무담당자가 충분히 심사하였으나 신청사유 및 소명자료가 허위임을 발견하지 못하여 그 신청을 수리하게 된 경우에는 위계에 의한 업무방해죄가 성립한다.

③ 석사학위 논문작성자가 지도교수의 지도에 따라 논문의 제목, 주제, 목차 등을 직접 작성하였다고 하더라도, 타인에게 전체 논문의 초안작성을 의뢰하고, 그에 따라 작성된 논문의 내용에 약간의 수정만을 가하여 제출한 경우에는 위계에 의한 업무방해죄가 성립한다.

④ 시험의 출제위원이 문제를 선정하여 시험실시자에게 제출하기 전에 이를 유출하였다고 하더라도 이는 위계를 사용하여 시험실시자의 업무를 방해하는 행위가 아니라 그 준비단계에 불과하고, 그 후 유출된 문제가 시험실시자에게 제출되지도 아니하였다면 시험실시 업무가 방해될 추상적인 위험조차도 없어 위계에 의한 업무방해죄가 성립하지 아니한다.

해설 > ① × 대판 2009도4772 판결 ★★

다른 사람이 작성한 논문을 피고인 단독 혹은 공동으로 작성한 논문인 것처럼 학술지에 제출하여 발표한 논문연구실적을 부교수 승진심사 서류에 포함하여 제출한 사안에서, 당해 논문을 제외한 다른 논문만으로도 부교수 승진 요건을 월등히 충족하고 있었다는 등의 사정만으로는 승진심사 업무의 적정성이나 공정성을 해할 위험성이 없었다고 단정할 수 없으므로, 위계에 의한 업무방해죄를 구성한다.

② ○ 대판 2003도7927 판결

③ ○ 대판 94도2708 판결 ★★

비록 논문작성자가 지도교수의 지도에 따라 논문의 제목, 주제, 목차 등을 직접 작성하였다고 하더라도 자료를 분석, 정리하여 논문의 내용을 완성하는 일의 대부분을 타인에게 의존하였다면 그 논문은 논문작성자가 주체적으로 작성한 논문이 아니라 타인에 의하여 대작된 것이라고 보아야 한다. 단순히 통계처리와 분석, 또는 외국자료의 번역과 타자만을 타인에게 의뢰한 것이 아니라 전체 논문의 초안작성을 의뢰하고, 그에 따라 작성된 논문의 내용에 약간의 수정만을 가하여 제출하였음이 인정된다는 이유로 업무방해죄에 대하여 무죄를 선고한 원심판결을 파기한다.

④ ○ 대판 99도3487 판결 ★★★ 중요판례
시험의 출제위원이 문제를 선정하여 시험실시자에게 제출하기 전에 이를 유출하였다고 하더라도 이러한 행위 자체는 위계를 사용하여 시험실시자의 업무를 방해하는 행위가 아니라 그 준비단계에 불과한 것이고, 그 후 그와 같이 유출된 문제가 시험실시자에게 제출되지도 아니하였다면 그러한 문제유출로 인하여 시험실시 업무가 방해될 추상적인 위험조차도 있다고 할 수 없으므로 업무방해죄가 성립한다고 할 수 없다.

정답 ①

06 **업무방해죄에 관한 다음 설명 중 가장 옳지 않은 것은? (다툼이 있는 경우 판례에 의함)**

〈22. 법원9급〉

① 위계에 의한 업무방해죄에서 '위계'란 행위자가 행위목적을 달성하기 위하여 상대방에게 오인, 착각 또는 부지를 일으키게 하여 이를 이용하는 것을 말한다.

② 컴퓨터 등 정보처리장치에 정보를 입력하는 등의 행위가 그 입력된 정보 등을 바탕으로 업무를 담당하는 사람의 오인, 착각 또는 부지를 일으킬 목적으로 행해진 경우에는 그 행위가 업무를 담당하는 사람을 직접적인 대상으로 이루어진 것이 아니라고 하여 위계가 아니라고 할 수는 없다.

③ 금융기관이 설치·운영하는 자동화기기(ATM)를 통한 무통장·무카드 입금을 하면서 '1인 1일 100만 원' 한도를 준수하는 것처럼 가장하기 위하여 제3자의 이름과 주민등록번호를 자동화기기에 입력한 후 100만 원 이하의 금액으로 나누어 여러 차례 현금을 입금하는 행위는 자동화기기를 설치·운영하는 금융기관 관리자로 하여금 정상적인 입금인 것과 같은 오인, 착각을 일으키게 하여 금융기관의 자동화기기를 통한 입금거래 업무를 방해한 것으로서 위계에 의한 업무방해죄가 성립한다.

④ 업무방해죄의 성립에는 업무방해의 결과가 실제로 발생함을 요하지 않고 업무방해의 결과를 초래할 위험이 발생하면 족하며, 업무수행 자체가 아니라 업무의 적정성 내지 공정성이 방해된 경우에도 업무방해죄가 성립한다.

해설 > ① ○ 대판 2006도3400 판결
'위계'라 함은 행위자의 행위목적을 달성하기 위하여 상대방에게 오인·착각 또는 부지를 일으키게 하여 이를 이용하는 것을 말한다.
② ○ 대판 2013도5117 판결 ★★★
위계에 의한 업무방해죄의 성립요건 및 컴퓨터 등 정보처리장치에 정보를 입력하는 등의 행위가 입력된 정보 등을 바탕으로 업무를 담당하는 사람의 오인, 착각 또는 부지를 일으킬 목적으로 행해진 경우, 그 행위가 업무를 담당하는 사람을 직접적인 대상으로 이루어진 것이 아니라도 '위계'에 해당하는지 여부(적극)
③ × 대판 2021도15246 판결 ★★★ 〈중요지문〉
보기의 행위로 업무와 관련해 오인, 착각 또는 부지를 일으킨 상대방이 없었던 경우에 해당됨으로 위계가 아니다.
④ ○ 대판 2011도7943 판결
형법 제314조 제1항의 업무방해죄는 위계 또는 위력으로 사람의 업무를 방해한 경우에 성립하고, 여기에서 '위력'이라 함은 사람의 자유의사를 제압·혼란케 할 만한 일체의 유형·무형의 세력으로서 폭행·협박은 물론 사회적·경제적·정치적 지위와 권세에 의한 압박 등이 포함되며, 그러한 위력은 반드시 업무에 종사 중인 사람에게 직접 가해지는 것이 아니더라도 일정한 물적 상태를 만들어 그 결과 사람으로 하여금 자유롭고 정상적인 업무수행 활동을 불가능하게 하거나 현저히 곤란하게 하는 행위를 포함한다.

정답 ③

제4장 주거침입의 죄

01 주거침입죄에 관한 설명으로 가장 적절하지 않은 것은? (다툼이 있는 경우 판례에 의함)

〈22. 경찰공채 1차〉

① 건조물의 이용에 기여하는 인접의 부속 토지라고 하더라도 인적 또는 물적 설비 등에 의한 구획 내지 통제가 없어 통상의 보행으로 그 경계를 쉽사리 넘을 수 있는 정도라고 한다면, 이는 다른 특별한 사정이 없는 한 주거침입죄의 객체에 속하지 아니한다.

② 공동거주자 중 주거 내에 현재하는 거주자의 현실적인 승낙을 받아 통상적인 출입방법에 따라 들어갔다면, 설령 그것이 부재 중인 다른 거주자의 의사에 반하는 것으로 추정되더라도 주거침입죄의 보호법익인 사실상 주거의 평온을 깨트렸다고 볼 수 없다.

③ 공동주거의 경우 여러 사람이 하나의 생활공간에서 거주하는 성질에 비추어 공동거주자 각자는 다른 거주자와의 관계로 인하여 주거에서 누리는 사실상 주거의 평온이라는 법익이 일정부분 제약될 수밖에 없고, 공동거주자는 공동주거관계를 형성하면서 이러한 사정을 서로 용인하였다고 보아야 한다.

④ 공동거주자 중 한 사람인 A가 정당한 이유 없이 다른 공동 거주자가 공동생활의 장소에 출입하는 것을 금지한 경우, 다른 공동거주자인 甲이 이에 대항하여 공동생활의 장소에 들어갔더라도 주거침입죄는 성립하지 않고, 다만 甲이 그 장소에 출입하기 위하여 출입문의 잠금장치를 손괴하는 등 다소간의 물리력을 행사한 경우에는 주거침입죄가 성립할 수 있다.

해설 ① ○ 대판 2009도14643 판결 ★★ (‘위요지’ 의미)

1) 주거침입죄에서 침입행위의 객체인 ‘건조물’에 포함되는 ‘위요지’의 의미
– 위요지라고 함은 건조물에 인접한 그 주변의 토지로서 외부와의 경계에 담 등이 설치되어 그 토지가 건조물의 이용에 제공되고 또 외부인이 함부로 출입할 수 없다는 점이 객관적으로 명확하게 드러나야 한다.

2) 차량 통행이 빈번한 도로에 바로 접하여 있고, 도로에서 주거용 건물, 축사 4동 및 비닐하우스 2동으로 이루어진 시설로 들어가는 입구 등에 그 출입을 통제하는 문이나 담 기타 인적·물적 설비가 전혀 없고 노폭 5m 정도의 통로를 통하여 누구나 축사 앞 공터에 이르기까지 자유롭게 드나들 수 있는 사실 등을 이유로, 차를 몰고 위 통로로 진입하여 축사 앞 공터까지 들어간 행위가 주거침입에 해당한다고 본 원심판단에 법리오해 등의 위법이 있다.

② ○ 대판 2020도12630 전원합의체 판결
③ ○ 대판 2020도6085 전원합의체 판결
④ × 대판 2020도6085 전원합의체 판결
설령 그 공동거주자가 공동생활의 장소에 출입하기 위하여 출입문의 잠금장치를 손괴하는 등 다소간의 물리력을 행사하여 그 출입을 금지한 공동거주자의 사실상 평온상태를 해쳤더라도 그러한 행위 자체를 처벌하는 별도의 규정에 따라 처벌될 수 있음은 별론으로 하고, 주거침입죄가 성립하지 아니함은 마찬가지이다.

정답 ④

02 주거침입의 죄에 관한 설명 중 가장 적절하지 않은 것은? (다툼이 있는 경우 판례에 의함) 〈23. 경찰공채 1차〉

① 관리자가 일정한 토지와 외부의 경계에 인적 또는 물적 설비를 갖추고 외부인의 출입을 제한하고 있다면 그 토지에 인접하여 건조물로서의 요건을 갖춘 구조물이 존재하지 않더라도 이러한 토지는 건조물침입죄의 객체인 위요지에 해당한다.

② 다가구용 단독주택이나 다세대주택 · 연립주택 · 아파트와 같은 공동주택 내부의 엘리베이터, 공용 계단, 복도 등 공용 부분도 그 거주자들의 사실상 주거의 평온을 보호할 필요성이 있으므로 주거침입죄의 객체인 '사람의 주거'에 해당한다.

③ 범죄의 목적으로 일반인의 출입이 허용된 음식점에 영업주의 승낙을 받아 통상적인 출입방법으로 들어간 경우, 특별한 사정이 없는 한 주거침입죄의 침입행위에 해당하지 않는다.

④ 공동거주자 중 한 사람이 법률적인 근거 기타 정당한 이유 없이 다른 공동거주자가 공동생활의 장소에 출입하는 것을 금지한 경우, 다른 공동거주자가 이에 대항하여 공동생활의 장소에 들어갔더라도 주거침입죄는 성립하지 않는다.

해설 ① × 대판 2017도690 판결
위요지라고 함은 건조물에 인접한 그 주변의 토지로서 외부와의 경계에 담 등이 설치되어 그 토지가 건조물의 이용에 제공되고 또 외부인이 함부로 출입할 수 없다는 점이 객관적으로 명확하게 드러나야 한다(대법원 2010.4.29. 선고 2009도14643 판결 등 참조). 그러나 관리자가 일정한 토지와 외부의 경계에 인적 또는 물적 설비를 갖추고 외부인의 출입을 제한하고 있더라도 <u>그 토지에 인접하여 건조물로서의 요건을 갖춘 구조물이 존재하지 않는다면 이러한 토지는 건조물침입죄의 객체인 위요지에 해당하지 않는다</u>고 봄이 타당하다.
② ○ 대판 2009도3452 판결

③ ○ 대판 2022도2907 판결 ★★★ 중요판례
일반인의 출입이 허용된 음식점에 영업주의 승낙을 받아 통상적인 출입방법으로 들어갔다면 특별한 사정이 없는 한 주거침입죄에서 규정하는 침입행위에 해당하지 않는다. 설령 행위자가 범죄 등을 목적으로 음식점에 출입하였거나 영업주가 행위자의 실제 출입 목적을 알았더라면 출입을 승낙하지 않았을 것이라는 사정이 인정되더라도 그러한 사정만으로는 출입 당시 객관적·외형적으로 드러난 행위 태양에 비추어 사실상의 평온상태를 해치는 방법으로 음식점에 들어갔다고 평가할 수 없으므로 침입행위에 해당하지 않는다(대법원 2022.3.24. 선고 2017도18272 전원합의체 판결 참조).
④ ○ 대판 2020도6085 전원합의체 판결 ★★
피고인 甲은 처(妻) 乙과의 불화로 인해 乙과 공동생활을 영위하던 아파트에서 짐 일부를 챙겨 나왔는데, 그 후 자신의 부모인 피고인 丙, 丁과 함께 아파트에 찾아가 출입문을 열 것을 요구하였으나 乙은 외출한 상태로 乙의 동생인 戊가 출입문에 설치된 체인형 걸쇠를 걸어 문을 열어 주지 않자 공동하여 걸쇠를 손괴한 후 아파트에 침입하였다고 하여 폭력행위 등 처벌에 관한 법률 위반(공동주거침입)으로 기소된 사안에서, 아파트에 대한 공동거주자의 지위를 계속 유지하고 있던 피고인 甲에게 주거침입죄가 성립한다고 볼 수 없고, 피고인 丙, 丁에 대하여도 같은 법 위반(공동주거침입)죄가 성립하지 않는다.

정답 ①

03 주거침입죄에 대한 설명 중 가장 적절하지 않은 것은? (다툼이 있는 경우 판례에 의함)

〈23. 경찰승진〉

① 야간에 타인의 집의 창문을 열고 집 안으로 얼굴을 들이미는 등의 행위를 한 경우 피고인이 자신의 신체의 일부만 집 안으로 들어간다는 인식하에 행위하였더라도 주거침입죄의 범의는 인정된다.

② 사용자의 직장폐쇄가 정당한 쟁의행위로 인정되지 아니하는 경우 다른 특별한 사정이 없는 한 근로자가 평소 출입이 허용되는 사업장 안에 들어가는 행위는 주거침입죄를 구성하지 아니한다.

③ 피고인 甲이 A의 부재중에 A의 처인 B와 혼외 성관계를 가질 목적으로 B가 열어 준 현관 출입문을 통하여 A와 B가 공동으로 거주하는 아파트에 3회에 걸쳐 들어간 경우 주거침입죄가 성립하지 않는다.

④ 피고인 甲이 다른 손님들의 대화 내용 및 장면을 녹음·녹화할 수 있는 장치를 설치할 목적으로 음식점의 방실에 들어간 경우 음식점 영업주로부터 승낙을 받아 통상적인 출입방법에 따라 음식점의 방실에 들어갔더라도 주거침입죄는 성립한다.

해설 > ① ○ 대판 94도2561 판결
야간에 타인의 집의 창문을 열고 집 안으로 얼굴을 들이미는 등의 행위를 하였다면 피고인이 자신의 신체의 일부가 집 안으로 들어간다는 인식하에 하였더라도 주거침입죄의 범의는 인정되고, 또한 비록 신체의 일부만이 집 안으로 들어갔다고 하더라도 사실상 주거의 평온을 해하였다면 주거침입죄는 기수에 이르렀다.
② ○ 대판 2002도2243 판결
③ ○ 대판 2020도12630 전원합의체 판결
피고인이 피해자의 부재중에 피해자의 처로부터 현실적인 승낙을 받아 통상적인 출입방법에 따라 주거에 들어갔으므로 주거의 사실상 평온상태를 해치는 행위태양으로 주거에 들어간 것이 아니어서 주거에 침입한 것으로 볼 수 없고, 설령 피고인의 출입이 부재중인 피해자의 추정적 의사에 반하더라도 주거침입죄의 성립에 영향을 미치지 않는다고 보아 피고인에 대한 주거침입죄의 성립을 부정한 원심판결이 정당하다.
④ × 대판 2017도18272 전원합의체 판결 ★★★ 중요판례
피고인들이 각 음식점 영업주로부터 승낙을 받아 통상적인 출입방법에 따라 각 음식점의 방실에 들어간 행위는 주거침입죄에서 규정하는 침입행위에 해당하지 아니하고, 설령 다른 손님인 병과의 대화 내용과 장면을 녹음·녹화하기 위한 장치를 설치하거나 장치의 작동 여부 확인 및 이를 제거할 목적으로 각 음식점의 방실에 들어갔더라도, 그러한 사정만으로는 피고인들에게 주거침입죄가 성립하지 않는다.

정답 ④

04 **甲에게 주거침입죄가 성립하는 것은? (다툼 있는 경우 판례에 의함)** 〈22. 7급공채〉

① 甲이 언론사 기자 B를 만나 식사를 대접하면서 B가 부적절한 요구를 하는 장면을 확보할 목적으로 몰래 녹화장치를 설치해 두기 위하여 A가 운영하는 식당 룸에 통상적인 방법에 따라 들어간 다음 녹화장치를 설치하였고, 이후 그 식당 룸에서 B와의 식사를 마친 후에 이 녹화장치를 제거하기 위해 그 식당 룸에 다시 들어간 경우

② 수일 전에 2차례에 걸쳐 피해자를 강간하였던 甲이 대문을 몰래 열고 들어가 담장과 피해자가 거주하던 방 사이의 좁은 통로에서 창문을 통하여 방 안을 엿본 경우

③ 남편 甲은 아내 乙과의 불화로 인해 乙과 공동생활을 영위하던 아파트에서 짐 일부를 챙겨 나왔는데, 그 후 아파트에 찾아가 출입문을 열어 줄 것을 요구하였으나 乙은 출타한 상태로 乙의 동생 丙이 출입문에 설치된 체인형 걸쇠를 걸어 문을 열어주지 않자 걸쇠를 손괴하고 아파트에 들어간 경우

④ 파업참가 근로자 甲이 건물신축을 위한 골조공사현장에 무단으로 들어간 뒤 타워크레인에 올라가 이를 점거한 경우

해설 ① × 대판 2017도18272 전원합의체 판결 ★★★

피고인들이 공모하여, 甲, 乙이 운영하는 각 음식점에서 인터넷 언론사 기자 丙을 만나 식사를 대접하면서 丙이 부적절한 요구를 하는 장면 등을 확보할 목적으로 녹음·녹화장치를 설치하거나 장치의 작동 여부 확인 및 이를 제거하기 위하여 각 음식점의 방실에 들어감으로써 甲, 乙의 주거에 침입하였다는 내용으로 기소된 사안에서, 피고인들이 각 음식점 영업주로부터 승낙을 받아 통상적인 출입방법에 따라 각 음식점의 방실에 들어간 것은 주거침입죄에서 규정하는 침입행위에 해당하지 아니하고, 설령 다른 손님인 丙과의 대화 내용과 장면을 녹음·녹화하기 위한 장치를 설치하거나 장치의 작동 여부 확인 및 이를 제거할 목적으로 각 음식점의 방실에 들어갔더라도, 그러한 사정만으로는 피고인들에게 주거침입죄가 성립하지 않는다.

② ○ 대판 2001도1092 판결 ★★

이미 수일 전에 2차례에 걸쳐 피해자를 강간하였던 피고인이 대문을 몰래 열고 들어와 담장과 피해자가 거주하던 방 사이의 좁은 통로에서 창문을 통하여 방안을 엿본 경우, 주거침입죄에 해당한다.

③ × 대판 2020도6085 전원합의체 판결

공동거주자 중 한 사람이 법률적인 근거 기타 정당한 이유 없이 다른 공동거주자가 공동생활의 장소에 출입하는 것을 금지하였는데 다른 공동거주자가 이에 대항하여 공동생활의 장소에 들어간 경우, 주거침입죄가 성립하는지 여부(소극)

④ × 대판 2005도5351 판결

타워크레인은 건설기계의 일종으로서 작업을 위하여 토지에 고정되었을 뿐이고 운전실은 기계를 운전하기 위한 작업공간 그 자체이지 건조물침입죄의 객체인 건조물에 해당하지 아니하고...

정답 ②

05 주거침입의 죄에 대한 설명으로 옳은 것만을 모두 고르면? (판례에 의함) 〈23. 9급공채〉

ㄱ. 외부인이 주거 내에 현재하는 거주자의 현실적인 승낙을 받아 통상적인 출입방법에 따라 공동주거에 들어갔다 하더라도 그것이 부재중인 다른 거주자의 의사에 반하는 것으로 추정되는 경우 주거침입죄가 성립한다.
ㄴ. 관리자의 현실적인 승낙을 받아 건조물에 통상적인 출입방법으로 들어간 경우에도 관리자의 가정적·추정적 의사는 고려되어야 하며, 그 승낙의 동기에 착오가 있었던 경우 승낙의 유효성에 영향을 미쳐 건조물침입죄가 성립할 수 있다.
ㄷ. 일반인의 출입이 허용된 음식점에 영업주의 승낙을 받아 통상적인 출입방법으로 들어갔다면 설령 행위자가 범죄 등을 목적으로 음식점에 출입하였거나 영업주가 행위자의 실제 출입목적을 알았더라면 출입을 승낙하지 않았을 것이라는 사정이 인정되더라도 주거침입죄에서 규정하는 침입행위에 해당하지 않는다.
ㄹ. 주거침입죄의 실행의 착수는 구성요건의 일부를 실현하는 행위까지 요구하는 것은 아니고 범죄구성요건의 실현에 이르는 현실적 위험성을 포함하는 행위를 개시하는 것으로 족하다.

① ㄱ, ㄴ　　② ㄱ, ㄷ　　③ ㄴ, ㄹ　　④ ㄷ, ㄹ

해설> ㄱ × 대판 2020도12630 전원합의체 판결
피고인이 甲의 부재중에 甲의 처(妻) 乙과 혼외 성관계를 가질 목적으로 乙이 열어 준 현관 출입문을 통하여 甲과 乙이 공동으로 거주하는 아파트에 들어간 사안에서, 피고인이 乙로부터 현실적인 승낙을 받아 통상적인 출입방법에 따라 주거에 들어갔으므로 주거의 사실상 평온상태를 해치는 행위태양으로 주거에 들어간 것이 아니어서 주거에 침입한 것으로 볼 수 없고, 피고인의 주거 출입이 부재중인 甲의 의사에 반하는 것으로 추정되더라도 주거침입죄의 성립 여부에 영향을 미치지 않는다.
ㄴ × 대판 2018도15213 판결 ★★★ 중요판례
피고인들이 접견신청인으로서 서울구치소의 관리자인 서울구치소장으로부터 구치소에 대한 출입관리를 위탁받은 교도관의 현실적인 승낙을 받아 통상적인 출입방법으로 서울구치소 내 민원실과 접견실에 들어갔으므로, 관리자의 의사에 반하여 사실상의 평온상태를 해치는 모습으로 서울구치소에 들어갔다고 볼 수 없고, 피고인들이 서울구치소에 수용 중인 사람을 취재하고자 서울구치소장의 허가 없이 접견내용을 촬영·녹음할 목적으로 명함지갑 모양으로 제작된 녹음·녹화장비를 몰래 소지하고 서울구치소에 들어간다는 사정을 서울구치소장이나 교도관이 알았더라면 피고인들이 이를 소지한 채 서울구치소에 출입하는 것을 승낙하지 않았을 것으로 보이나, 이러한 사정은 승낙의 동기가 착오가 있는 것에 지나지 않아 피고인들이 서울구치소장이나 교도관의 의사에 반하여 구치소에 출입하거나 사실상의 평온상태를 해치는 모습으로 서울구치소에 침입한 것으로 평가할 수 없다.
ㄷ ○ 대판 2022도2907 판결

ㄹ ○ 대판 2006도2824 판결
야간에 타인의 재물을 절취할 목적으로 사람의 주거에 침입한 경우...범죄행위의 실행에 착수한 것이라고 보아야 한다.
주거침입죄의 실행의 착수는 주거자, 관리자, 점유자 등의 의사에 반하여 주거나 관리하는 건조물 등에 들어가는 행위, 즉 구성요건의 일부를 실현하는 행위까지 요구하는 것은 아니고 범죄구성요건의 실현에 이르는 현실적 위험성을 포함하는 행위를 개시하는 것으로 족하므로, 출입문이 열려 있으면 안으로 들어가겠다는 의사 아래 출입문을 당겨보는 행위는 바로 주거의 사실상의 평온을 침해할 객관적인 위험성을 포함하는 행위를 한 것으로 볼 수 있어 그것으로 주거침입의 실행에 착수한 것으로 보아야 한다.

정답 ④

06 주거침입의 죄에 대한 설명으로 가장 적절하지 않은 것은? (다툼이 있는 경우 판례에 의함)

〈22. 경찰승진〉

① 관리자가 일정한 토지와 외부의 경계에 인적 또는 물적 설비를 갖추고 외부인의 출입을 제한하고 있더라도 그 토지에 인접하여 건조물로서의 요건을 갖춘 구조물이 존재하지 않는다면, 그러한 토지는 건조물침입죄의 객체인 위요지에 해당하지 않는다.

② 다른 사람의 주택에 무단 침입한 범죄사실로 이미 유죄판결을 받은 사람이 그 판결이 확정된 후에도 퇴거하지 않은 채 계속하여 당해 주택에 거주한 경우, 위 판결 확정 이후의 행위는 별도의 주거침입죄를 구성하지 않는다.

③ 이미 수일 전에 2차례에 걸쳐 A를 강간하였던 甲이 대문을 몰래 열고 들어와 담장과 A가 거주하던 방 사이의 좁은 통로에서 창문을 통하여 방안을 엿본 경우, 주거침입죄가 성립한다.

④ 공동거주자의 일부가 부재중인 사이에 외부인이 주거 내에 현재하는 거주자의 현실적인 승낙을 받아 통상적인 출입방법에 따라 공동 주거에 들어간 경우라면, 그것이 부재중인 다른 거주자의 추정적 의사에 반하는 경우에도 주거침입죄가 성립하지 않는다.

해설> ① ○ 대판 2017도690 판결
② × 대판 2007도11322 판결
다른 사람의 주택에 무단 침입한 범죄사실로 이미 유죄판결을 받은 사람이 판결 확정 후에도 퇴거하지 않은 채 계속하여 당해 주택에 거주한 사안에서, 판결확정 이후의 행위는 별도의 주거침입죄를 구성한다.
③ ○ 대판 2001도1092 판결
이미 수일 전에 2차례에 걸쳐 피해자를 강간하였던 피고인이 대문을 몰래 열고 들어와 담장과 피해자가 거주하던 방 사이의 좁은 통로에서 창문을 통하여 방안을 엿본 경우, 주거침입죄에 해당한다.
④ ○ 대판 2020도12630 전원합의체 판결
외부인이 공동거주자 중 주거 내에 현재하는 거주자로부터 현실적인 승낙을 받아 통상적인 출입방법에 따라 주거에 들어간 경우라면, 특별한 사정이 없는 한 사실상의 평온 상태를 해치는 행위태양으로 주거에 들어간 것으로 볼 수 없다.

정답 ②

07 주거침입죄에 대한 설명으로 가장 적절하지 않은 것은? (다툼이 있는 경우 판례에 의함)

〈22. 경찰간후〉

① 주택의 매수인이 계약금과 중도금을 지급하고서 그 주택을 명도받아 점유하고 있던 중 위 매매계약을 해제하고 중도금 반환청구소송을 제기하여 얻은 그 승소판결에 기하여 강제집행에 착수한 이후에 매도인이 매수인이 잠가 놓은 위 주택의 출입문을 열고 들어간 경우, 매도인에게 주거침입죄가 성립한다.

② 乙이 사용 중인 공중화장실의 용변칸에 甲이 노크하여 남편으로 오인한 乙이 용변칸 문을 열자 강간할 의도로 甲이 용변칸에 들어간 것이라면 乙이 명시적 또는 묵시적으로 이를 승낙하였다고 볼 수 없어 甲의 행위는 주거침입죄에 해당한다.

③ 다른 사람의 주택에 무단 침입한 범죄사실로 이미 유죄판결을 받은 사람이 그 판결이 확정된 후에도 퇴거하지 않은 채 계속하여 당해 주택에 거주한 사안에서, 위 판결 확정 이후의 행위는 별도의 주거침입죄를 구성한다.

④ 주거침입죄는 정당한 사유없이 사람의 주거 또는 간수하는 저택, 건조물 등에 침입하거나 또는 요구를 받고 그 장소로부터 퇴거하지 않음으로써 성립하는 것이고 사실상의 주거의 평온을 보호법익으로 하는 것이므로 그 거주자 또는 간수자가 건조물 등에 거주 또는 간수할 권리를 가지고 있는 여부는 범죄의 성립을 좌우하는 것이 아니다.

해설 > ① × 대판 87도3 판결 ★★

주택의 매수인이 계약금과 중도금을 지급하고서 그 주택을 명도받아 점유하고 있던 중 위 매매계약을 해제하고 중도금반환청구소송을 제기하여 얻은 그 승소판결에 기하여 강제집행에 착수한 이후에, 매도인이 매수인이 잠그어 놓은 위 주택의 출입문을 열고 들어간 경우라면 매도인으로서는 매수인이 그 주택에 대한 모든 권리를 포기한 것으로 알고 그 주택에 들어간 것이라고 할 수 있을 뿐만 아니라 또한 그 주택에 대하여 보호받아야 할 피해자의 주거에 대한 평온상태는 소멸되었다고 볼 수 있으므로 매도인의 위 소위는 주거침입죄를 구성하지 아니한다.

② ○ 대판 2003도1256 판결 ★★★

③ ○ 대판 2007도11322 판결 ★★

④ ○ 대판 82도1363 판결

주거침입죄는 정당한 이유없이 사람의 주거 또는 간수하는 저택, 건조물 등에 침입하거나 또는 요구를 받고 그 장소로부터 퇴거하지 않음으로써 성립하는 것이고, 사실상의 주거의 평온을 보호법익으로 하는 것이므로, 그 거주자 또는 간수자가 건조물 등에 거주 또는 간수할 법률상 정당한 권한을 가지고 있는 여부는 범죄의 성립을 좌우하는 것이 아니며 일단 적법하게 거주 또는 간수를 개시한 후 그 후에 그 권원을 상실하여 사법상 불법점유가 되더라도 적법한 절차에 의하여 그 점유를 풀지 않는 한 그의 점유하에 있다고 볼 것이고 이러한 경우에도 그 주거의 평온은 보호되어야 할 것이므로 권리자가 부적법을 배제하기 위하여 정당한 절차에 의하지 아니하고 그 주거 또는 건조물에 침입한 경우에도 주거침입죄가 성립한다...약 270명의 승려 및 신도들이 피고인의 주지취임을 반대하면서 사찰경내를 굳게 지키고 있는 상황을 알면서, 피고인이 약 37명 가량의 일반승려들을 규합하여 이들과 함께 날이 채 새기도 전에 잠겨진 뒷문을 넘어 들어가거나 정문에 설치된 철조망을 걷어 내고 정문을 통과하는 방법으로 사찰 경내로 난입했다면, 그러한 피고인 등의 행위는 종법에 따른 검수절차를 통한 주지직 취임의 한계를 일탈한 것이고, 전임 주지측의 사찰경내에 대한 사실상 점유의 평온을 침해한 것으로 주거침입죄가 성립한다.

정답 ①

이준영 형법각론
핵심 기출문제집

단원별 최신 기출문제&
풍부하고 알찬 해설

PART 02

사회적 법익

PART

02 사회적 법익

제1장 공공의 안전 등 관련 범죄

제1절 방화 · 실화

01 방화죄 사례와 그에 대한 설명의 연결이 옳지 않은 것은? (다툼이 있는 경우 판례에 의함)

〈22. 9급공채〉

① 甲과 乙은 공동으로 집에 방화를 하였는데 불길이 예상외로 크게 번지자, 乙은 도망하였고 甲은 후회하며 진화활동을 한 결과 그 집은 반소(燒)에 그쳤다 – 甲과 乙 모두 방화죄의 기수범

② 甲은 자신의 아버지(A)와 형(B)을 살해할 목적으로 A와 B가 자고 있는 방에 불을 놓았고, 그 결과 A와 B 모두 사망하였다. – 甲은 살인죄, 존속살해죄, 현주건조물방화치사죄의 실체적 경합범

③ 甲은, 지붕과 문짝, 창문이 없고 담장과 일부 벽체가 붕괴된 철거대상 건물로서 사실상 기거 · 취침에 사용할 수 없는 상태인 폐가의 내부와 외부에 쓰레기를 모아놓고 태워 그 불길이 폐가의 벽을 일부 그을리게 하였다. – 甲은 일반물건방화죄의 미수범에 해당 하나 미수범 처벌규정이 없으므로 불가벌

④ 甲은 보험금을 편취할 목적으로 자신이 거주하는 건물에 방화를 하였으나 아직 보험금 청구를 하지 않았다. – 甲은 현주건조물방화죄의 기수범

해설 > ① ○ ★★

그 집이 반소(半燒)에 그쳤을지라도 甲은 방화죄 기수, 乙은 중지미수가 되지 않고, 방화죄 기수의 공동정범

② × ★★

아버지(A)에 대해서는 존속살인죄와 현주건조물방화치사죄의 상상적 경합, 형(B)에 대해서는 현주건조물방화치사죄

③ ○ 사실상 기거나 취침에 사용할 수 없다는 점을 착안하세요.

④ ○ ★★

보험금 청구를 하지 않았으므로 사기죄 실행의 착수가 인정되지 않는다. 그러므로 사기미수죄도 안 됨.

정답 ②

02 방화의 죄에 관한 설명 중 가장 적절한 것은? (다툼이 있는 경우 판례에 의함)

〈23. 경찰공채 1차〉

① 공용건조물방화죄를 범할 목적으로 예비 · 음모한 후 목적한 죄의 실행에 이른 후에 수사기관에 자수한 경우 형을 감경하거나 면제할 수 있다.

② 주거로 사용하지 않고 사람이 현존하지도 않는 타인 소유의 자동차를 불태웠으나 공공의 위험이 발생하지 않았다면 방화죄를 구성하지 않는다.

③ 甲이 A의 재물을 강취한 후 A를 살해할 의사로 현주건조물에 방화하여 A가 사망한 경우, 甲의 행위는 강도살인죄와 현주건조물방화치사죄에 모두 해당하고 그 두 죄는 실체적 경합범관계에 있다.

④ 甲이 A를 살해할 의사로 A가 혼자 있는 건조물에 방화하였으나 A가 사망하지 않은 경우 현존건조물방화치사미수죄를 구성한다.

해설> ① ○

> **제165조(공용건조물 등 방화)**
> 불을 놓아 공용(公用)으로 사용하거나 공익을 위해 사용하는 건조물, 기차, 전차, 자동차, 선박, 항공기 또는 지하채굴시설을 불태운 자는 무기 또는 3년 이상의 징역에 처한다.

② ×

주거로 사용되지 않고 또한 사람이 현존하지 않는 타인 소유 자동차를 불태운 것은 '타인소유 일반건조물등방화죄'이다. 또한 <u>'타인소유 일반건조물등방화죄'는 "추상적 위험범"임으로 공공의 위험이 발생하지 않아도 처벌된다.</u>

> **제166조(일반건조물 등 방화)**
> ① 불을 놓아 제164조와 제165조에 기재한 외의 건조물, 기차, 전차, 자동차, 선박, 항공기 또는 지하채굴시설을 불태운 자는 2년 이상의 유기징역에 처한다.

③ × 대판 98도3416 판결 ★★

피고인들이 피해자들의 재물을 강취한 후 그들을 살해할 목적으로 현주건조물에 방화하여 사망에 이르게 한 경우 피고인들의 위 행위는 강도살인죄와 현주건조물방화치사죄에 모두 해당하고 그 두 죄는 상상적 경합범관계에 있다고 할 것이므로(대법원 1996.4.26. 선고 96도485 판결 참조)...

④ × ★★

살인의 고의로 현주건조물에 방화하여 사망의 결과가 발생치 않은 경우, 현주건조물방화죄와 살인미수의 상상적 경합이 된다(형법에 현주건조물방화미수 규정이 없다).

정답 ①

03 방화와 실화에 관한 죄에 대한 설명 중 가장 적절하지 않은 것은? (다툼이 있는 경우 판례에 의함) 〈23. 경찰승진〉

① 방화죄의 객체인 건조물은 반드시 사람의 주거용이어야 하는 것은 아니지만 사람이 사실상 기거·취침에 사용할 수 있는 정도는 되어야 한다.

② 노상에서 전봇대 주변에 놓인 재활용품과 쓰레기 등 무주물에 불을 놓아 공공의 위험을 발생하게 한 경우 「형법」 제167조 제2항의 자기 소유 일반물건방화죄가 성립할 수 있다.

③ 사람이 현존하는 자동차에 방화한 경우에는 일반건조물등방화죄가 성립한다.

④ 성냥불이 꺼진 것을 확인하지 아니한 채 휴지가 들어있는 플라스틱 쓰레기통에 던진 것은 중대한 과실에 해당한다.

해설 ① ○ 대판 2013도3950 판결

형법상 방화죄의 객체인 건조물은 토지에 정착되고 벽 또는 기둥과 지붕 또는 천장으로 구성되어 사람이 내부에 기거하거나 출입할 수 있는 공작물을 말하고, 반드시 사람의 주거용이어야 하는 것은 아니라도 사람이 사실상 기거·취침에 사용할 수 있는 정도는 되어야 한다.

② ○ 대판 2009도7421 판결 ★★

노상에서 전봇대 주변에 놓인 재활용품과 쓰레기 등에 불을 놓아 공공의 위험을 발생하게 한 경우, 일반물건방화죄가 성립한다.

③ × – 현주건조물등방화죄

> **제164조(현주건조물 등 방화)**
> ① 불을 놓아 사람이 주거로 사용하거나 사람이 현존하는 건조물, 기차, 전차, 자동차, 선박, 항공기 또는 지하채굴시설을 불태운 자는 무기 또는 3년 이상의 징역에 처한다.

④ ○ 대판 93도135 판결 ★★

피고인이 성냥불로 담배를 붙인 다음 그 성냥불이 꺼진 것을 확인하지 아니한 채 휴지가 들어 있는 플라스틱 휴지통에 던진 것을 중대한 과실이 있는 경우에 해당한다고 본 원심의 판단은 정당하고, 거기에 소론과 같은 중대한 과실에 관한 법리를 오해한 위법이 있다고 볼 수 없다.

정답 ③

04 **방화의 죄에 관한 설명으로 가장 적절하지 않은 것은? (다툼이 있는 경우 판례에 의함)**

〈23. 경찰간후〉

① 「형법」상 방화죄의 객체인 '건조물'은 토지에 정착되고 벽 또는 기둥과 지붕 또는 천장으로 구성되어 사람이 내부에 기거하거나 출입할 수 있는 공작물을 말하고, 반드시 사람의 주거용이어야 하는 것은 아니라도 사람이 사실상 기거·취침에 사용할 수 있는 정도는 되어야 한다.

② 모텔에 투숙한 甲은 담배를 피운 후 담뱃불이 완전히 꺼졌는지 여부를 확인하지 않고 잠이 든 사이 담뱃불이 휴지와 침대시트에 옮겨 붙어 화재가 발생하였고, 그 사실을 알면서 甲이 모텔을 빠져나오면서도 모텔 주인이나 다른 투숙객들에게 이를 알리지 않은 甲의 행위는 부작위에 의한 현주건조물방화치사상죄에 해당한다.

③ 甲은 A의 재물을 강취한 후 그를 살해할 목적으로 현주건조물에 방화하여 사망케 한 경우, 甲의 행위는 강도살인죄와 현주건조물방화치사죄에 모두에 해당하고 그 두 죄는 상상적 경합범관계에 있다.

④ 공무집행을 방해하는 집단행위 과정에서 일부 집단원인 甲이 고의로 방화행위를 하여 사상의 결과를 초래한 경우, 방화행위 자체에 공모가담한 바 없고, 그 결과 발생 또한 예견할 수 없었던 乙을 방화치상죄로 처벌할 수 없다.

해설 ① ○ 대판 2013도3950 판결

형법상 방화죄의 객체인 건조물은 토지에 정착되고 벽 또는 기둥과 지붕 또는 천장으로 구성되어 사람이 내부에 기거하거나 출입할 수 있는 공작물을 말하고, 반드시 사람의 주거용이어야 하는 것은 아니라도 사람이 사실상 기거·취침에 사용할 수 있는 정도는 되어야 한다.

② × 대판 2009도12109 판결 ★★

모텔 방에 투숙하여 담배를 피운 후 재떨이에 담배를 끄게 되었으나 담뱃불이 완전히 꺼졌는지 여부를 확인하지 않은 채 불이 붙기 쉬운 휴지를 재떨이에 버리고 잠을 잔 과실로 담뱃불이 휴지와 침대시트에 옮겨 붙게 함으로써 화재가 발생한 사안에서, 위 화재가 중대한 과실 있는 선행행위로 발생한 이상 화재를 소화할 법률상 의무는 있다 할 것이나, 화재 발생 사실을 안 상태에서 모텔을 빠져나오면서도 모텔 주인이나 다른 투숙객들에게 이를 알리지 아니하였다는 사정만으로는 화재를 용이하게 소화할 수 있었다고 보기 어렵다는 이유로, 부작위에 의한 현주건조물방화치사상죄의 공소사실에 대해 무죄를 선고한 원심의 판단을 수긍한 사례.

③ ○ 대판 98도3416 판결

피고인들이 피해자들의 재물을 강취한 후 그들을 살해할 목적으로 현주건조물에 방화하여 사망에 이르게 한 경우, 피고인들의 행위는 강도살인죄와 현주건조물방화치사죄에 모두 해당하고 그 두 죄는 상상적 경합범관계에 있다.

④ ○ 대판 90도765 판결 ★★

부진정결과적가중범인 특수공무방해치사상죄에 있어서 공무집행을 방해하는 집단행위의 과정에서 일부 집단원이 고의로 방화행위를 하여 사상의 결과를 초래한 경우에 다른 집단원이 그 방화행위로 인한 사상의 결과를 예견할 수 있는 상황이었다면 특수공무방해치사상의 죄책을 면할 수 없으나 그 방화행위 자체에 공모가담한 바 없는 이상 방화치사상죄로 의율할 수는 없다.

정답 ②

제2절 교통방해의 죄

01 교통방해의 죄에 대한 설명으로 옳지 않은 것은? (다툼이 있는 경우 판례에 의함)

〈22. 7급공채〉

① 목장 소유자가 자신의 목장운영을 위해 개인 비용으로 목장용지 내에 임도를 개설한 후 차량 출입을 통제하면서 인근 주민들의 통행을 부수적으로 묵인한 경우, 이 임도는 일반교통방해죄의 '육로'에 해당하지 않는다.

② 업무상과실일반교통방해죄에서 '손괴'란 교통을 방해할 수 있는 정도의 물리력을 행사한 결과 야기된 물질적 훼손을 말하므로, 교량 건설 당시의 부실제작 및 부실시공행위 등에 의하여 십수 년 후 교량이 붕괴되는 것은 '손괴'에 해당하지 않는다.

③ 집회참가자가 참가 당시 이미 다른 참가자들에 의해 교통의 흐름이 차단된 상태였더라도 교통방해를 유발한 다른 참가자들과 암묵적·순차적으로 공모하여 교통방해의 위법상태를 지속시켰다고 평가할 수 있다면 일반교통방해죄가 성립한다.

④ 예인선 정기용선자의 현장소장 甲은 예인선 선장 乙의 출항연기 건의를 묵살한 채 사고 위험성이 높은 해상에 예인선의 출항을 강행할 것을 지시하였고, 乙은 甲의 지시에 따라 사고의 위험성이 높은 시점에 무리하게 예인선을 운항한 결과 예인되던 선박에 적재된 물건이 해상에 추락하여 선박 교통을 방해하였다면 甲과 乙은 업무상과실일반교통방해죄의 공동정범이 성립한다.

해설> ① ○ 대판 2005도7573 판결

목장 소유자가 목장운영을 위해 목장용지 내에 임도를 개설하고 차량 출입을 통제하면서 인근 주민들의 일부 통행을 부수적으로 묵인한 경우, 위 임도는 공공성을 지닌 장소가 아니어서 일반교통방해죄의 '육로'에 해당하지 않는다.

② × 대판 97도1740 판결 ★★

구 형법(1995.12.29. 법률 제5057호로 개정되기 전의 것) 제189조 제2항, 제185조에서 업무상과실일반교통방해의 한 행위태양으로 규정한 '손괴'라고 함은 물리적으로 파괴하여 그 효용을 상실하게 하는 것을 말하므로, 이 사건 성수대교의 건설 당시의 부실제작 및 부실시공행위 등에 의하여 트러스가 붕괴되는 것도 위 '손괴'의 개념에 포함된다.(성수대교)

③ ○ 대판 2017도9146 판결 ★★

일반교통방해죄에서 교통방해 행위는 계속범의 성질을 가지는 것이어서 교통방해의 상태가 계속되는 한 위법상태는 계속 존재한다. 따라서 교통방해를 유발한 집회에 참가한 경우 참가 당시 이미 다른 참가자들에 의해 교통의 흐름이 차단된 상태였더라도 교통방해를 유발한 다른 참가자들과 암묵적·순차적으로 공모하여 교통방해의 위법상태를 지속시켰다고 평가할 수 있다면 일반교통방해죄가 성립한다.

④ ○ 대판 2008도11784 판결 ★★★ 중요판례
예인선 정기용선자의 현장소장 甲은 사고의 위험성이 높은 시점에 출항을 강행할 것을 지시하였고, 예인선 선장 乙은 甲의 지시에 따라 사고의 위험성이 높은 시점에 출항하는 등 무리하게 예인선을 운항한 결과 예인되던 선박에 적재된 물건이 해상에 추락하여 선박교통을 방해한 사안에서, 甲과 乙을 업무상 과실일반교통방해죄의 공동정범으로 처벌된다.

정답 ②

02 교통방해의 죄에 대한 설명으로 옳지 않은 것은? (판례에 의함) 〈23. 9급공채〉

① 일반교통방해죄는 추상적 위험범으로서 교통이 불가능하거나 또는 현저히 곤란한 상태가 발생하면 바로 기수가 되고 교통방해의 결과가 현실적으로 발생하여야 하는 것은 아니다.

② 집회 또는 시위가 신고된 내용과 다소 다르게 행해졌으나 신고된 범위를 현저히 일탈하지 않는 경우, 그로 인하여 도로의 교통이 방해를 받았다고 하더라도 특별한 사정이 없는 한 일반교통방해죄가 성립하지 않는다.

③ 일반교통방해죄는 즉시범이므로 일단 동 죄의 기수에 이르렀다면 기수 이후 그러한 교통방해의 위법상태가 제거되기 전에 교통방해행위에 가담한 자는 일반교통방해죄의 공동정범이 될 수 없다.

④ 업무상과실로 인하여 교량을 손괴하여 자동차의 교통을 방해하고 그 결과 자동차를 추락시킨 경우, 업무상과실일반교통방해죄와 업무상과실자동차추락죄가 각각 성립하고 양 죄는 상상적 경합관계에 있다.

해설 > ① ○ 대판 2017도9146 판결

집회 및 시위에 관한 법률에 따른 신고 없이 이루어진 집회에 참석한 참가자들이 차로 위를 행진하는 등으로 도로 교통을 방해함으로써 통행을 불가능하게 하거나 현저하게 곤란하게 하는 경우에 일반교통방해죄가 성립한다. 그러나 이 경우에도 참가자 모두에게 당연히 일반교통방해죄가 성립하는 것은 아니고, 실제로 참가자가 집회·시위에 가담하여 교통방해를 유발하는 직접적인 행위를 하였거나, 참가자의 참가 경위나 관여 정도 등에 비추어 참가자에게 공모공동정범의 죄책을 물을 수 있는 경우라야 일반교통방해죄가 성립한다.

② ○ 대판 2006도755 판결 ★★

전국민주노동조합총연맹 준비위원회가 주관한 도로행진시위가 사전에 구 집회 및 시위에 관한 법률(2007.5.11. 법률 제8424호로 전문 개정되기 전의 것)에 따라 옥외집회신고를 마쳤어도, 신고의 범위와 위 법률 제12조에 따른 제한을 현저히 일탈하여 주요도로 전차선을 점거하여 행진 등을 함으로써 교통소통에 현저한 장해를 일으켰다면, 일반교통방해죄를 구성한다고 한 사례.

③ × 대판 2017도9146 판결

일반교통방해죄는 계속범 따라서 교통방해를 유발한 집회에 참가한 경우 참가 당시 이미 다른 참가자들에 의해 교통의 흐름이 차단된 상태였더라도 교통방해를 유발한 다른 참가자들과 암묵적·순차적으로 공모하여 교통방해의 위법상태를 지속시켰다고 평가할 수 있다면 일반교통방해죄 공동정범이 성립한다.

④ ○ 대판 97도1740 판결 ★★★ 중요판례

업무상 과실로 인하여 교량을 손괴하여 자동차의 교통을 방해하고 그 결과 자동차를 추락시킨 경우에는 구 형법 제189조 제2항, 제185조 소정의 업무상과실일반교통방해죄와 같은 법 제189조 제2항, 제187조 소정의 업무상과실자동차추락죄가 성립하고, 위 각 죄는 형법 제40조 소정의 상상적 경합관계에 있다고 보아야 할 것이다.

정답 ③

제2장 공공의 신용

제1절 통화 · 유가증권 등에 관한 죄

01 통화 및 유가증권의 죄에 관한 설명 중 가장 적절한 것은? (다툼이 있는 경우 판례에 의함) 〈23. 경찰공채 1차〉

① 위조통화를 행사하여 재물을 취득한 경우 위조통화행사죄와 사기죄가 성립하고 양죄는 상상적 경합관계에 있다.

② 위조유가증권행사죄에 있어서의 유가증권에는 원본뿐만 아니라 사본도 포함된다.

③ 통화위조죄에서의 '행사할 목적'이란 위조한 통화를 진정한 통화로서 유통에 놓겠다는 목적을 말하므로, 자신의 신용력을 증명하기 위하여 타인에게 보일 목적으로 통화를 위조한 경우에는 행사할 목적이 있다고 할 수 없다.

④ 유가증권의 내용 중 권한 없는 자에 의하여 이미 변조된 부분을 다시 권한 없이 변경한 경우 유가증권변조죄를 구성한다.

해설 ① × 대판 79도840 판결
통화위조죄에 관한 규정은 공공의 거래상의 신용 및 안전을 보호하는 공공적인 법익을 보호함을 목적으로 하고 있고 사기죄는 개인의 재산법익에 대한 죄이어서 양죄는 그 보호법익을 달리하고 있으므로 위조통화를 행사하여 재물을 불법영득한 때에는 위조통화행사죄와 사기죄의 양죄가 성립되는 것으로 보아야 할 것이다(실체적 경합).

② × 대판 97도2922 판결
위조유가증권행사죄에 있어서의 유가증권이라 함은 위조된 유가증권의 원본을 말하는 것이지 전자복사기 등을 사용하여 기계적으로 복사한 사본은 이에 해당하지 않는다.

③ ○ 대판 2011도7704 판결
'행사할 목적'이란 유가증권위조의 경우와 달리 위조 · 변조한 통화를 진정한 통화로서 유통에 놓겠다는 목적을 말하므로, 자신의 신용력을 증명하기 위하여 타인에게 보일 목적으로 통화를 위조한 경우에는 행사할 목적이 있다고 할 수 없다.

④ × 대판 2010도15206 판결
유가증권변조죄에서 '변조'는 진정하게 성립된 유가증권의 내용에 권한 없는 자가 유가증권의 동일성을 해하지 않는 한도에서 변경을 가하는 것을 의미하고, 이와 같이 권한 없는 자에 의해 변조된 부분은 진정하게 성립된 부분이라 할 수 없다. 따라서 유가증권의 내용 중 권한 없는 자에 의하여 이미 변조된 부분을 다시 권한 없이 변경하였다고 하더라도 유가증권변조죄는 성립하지 않는다.

정답 ③

02 공공신용에 관한 죄에 대한 설명 중 가장 적절하지 않은 것은? (다툼이 있는 경우 판례에 의함)
〈23. 경찰승진〉

① 통화의 변조는 권한 없이 진정한 통화에 가공하여 그 진실한 가치를 변경시키는 행위를 말하며, 진정한 통화를 그 재료로 삼는다.

② 자신의 신용력을 증명하기 위하여 타인에게 보일 목적으로 통화를 위조한 경우에는 행사할 목적을 인정할 수 없다.

③ 유가증권이란 증권상에 표시된 재산상의 권리의 행사와 처분에 그 증권의 점유를 필요로 하는 것을 총칭하고, 반드시 유통성을 가져야 한다.

④ 위조유가증권의 교부자와 피교부자가 서로 유가증권위조를 공모한 경우 그들 간의 위조유가증권교부행위는 위조유가증권 행사죄에 해당하지 않는다.

해설 > ① ○

② ○ 대판 2011도7704 판결

③ × 대판 2007도3394 판결 ★★

유가증권이란 증권상에 표시된 재산상의 권리의 행사와 처분에 그 증권의 점유를 필요로 하는 것을 총칭하는 것으로서

1) 재산권이 증권에 화체된다는 것과

2) 그 권리의 행사와 처분에 증권의 점유를 필요로 한다는 두 가지 요소를 갖추면 족하지 반드시 유통성을 가질 필요는 없고, 또한 위 유가증권은 일반인이 진정한 것으로 오신할 정도의 형식과 외관을 갖추고 있으면 되는 것이다.

④ ○ 대판 2010도12553 판결 ★★★ 중요판례

피고인과 甲은 甲이 피고인으로부터 돈을 차용하는 것처럼 가장하기로 공모한 다음, 피고인이 위조된 자기앞수표가 들어 있는 봉투를 乙을 통해 공범 甲과 그 위조사실을 모르는 丙이 함께 있는 자리에서 甲에게 교부하였는데, 이때 甲은 위조된 자기앞수표를 봉투에서 꺼내거나 丙에게 보여 주지도 않은 사안에서, 피고인에 대한 위 위조유가증권행사의 공소사실을 유죄로 인정한 원심판결에 법리오해의 위법이 있다.

정답 ③

제2절 문서에 관련된 죄

01 문서에 관한 죄에 대한 설명으로 가장 적절한 것은? (다툼이 있는 경우 판례에 의함)

〈22. 경찰공채 1차〉

① 형법은 사문서의 경우 무형위조만을 처벌하면서 예외적으로 유형위조를 처벌하는 태도를 취하고 있다.

② 공무원인 의사가 공무소의 명의로 허위의 진단서를 작성한 경우 허위공문서작성죄와 허위진단서작성죄가 성립하고 두 죄는 상상적 경합관계에 있다.

③ 공문서와 달리 사문서에 있어서는 권한 있는 사람의 허위작성을 예외적으로만 처벌하는 형법의 태도를 고려할 때, 「형법」 제232조의2에서 정하는 사전자기록등 위작죄에서의 '위작'에 시스템의 설치·운영 주체로부터 각자의 직무 범위에서 개개의 단위정보의 입력 권한을 부여받은 사람이 그 권한을 남용하여 허위의 정보를 입력함으로써 시스템 설치·운영 주체의 의사에 반하는 전자기록을 생성하는 경우는 포함되지 않는다고 보아야 한다.

④ A회사의 대표이사 甲이 B회사의 대표이사 乙로부터 포괄적 위임을 받아 두 회사의 대표이사 업무를 처리하면서 두 회사 명의로 허위 내용의 영수증과 세금계산서를 작성한 사안에서, B회사 명의 부분은 乙의 개별적·구체적 위임 또는 승낙 없는 행위로서 사문서위조 및 위조사문서행사죄가 성립하지만, A회사 명의 부분은 이미 퇴직한 종전의 대표이사를 승낙 없이 대표 이사로 표시하였더라도 이에 해당하지 않는다.

해설〉 ① ×

형법은 유형위조는 공문서·사문서를 불문하고 모두 처벌하고 있으나, 무형위조는 사문서에 있어서는 허위진단서작성죄의 경우만 예외적으로 처벌한다.

② × 대판 2003도7762 판결 ★★★

형법이 제225조 내지 제230조에서 공문서에 관한 범죄를 규정하고, 이어 제231조 내지 제236조에서 사문서에 관한 범죄를 규정하고 있는 점 등에 비추어 볼 때 형법 제233조 소정의 허위진단서작성죄의 대상은 공무원이 아닌 의사가 사문서로서 진단서를 작성한 경우에 한정되고, 공무원인 의사가 공무소의 명의로 허위진단서를 작성한 경우에는 허위공문서작성죄만이 성립하고 허위진단서작성죄는 별도로 성립하지 않는다.

③ × 대판 2019도11294 전원합의체 판결 ★★★

형법 제227조의2의 공전자기록등위작죄는 사무처리를 그르치게 할 목적으로 공무원 또는 공무소의 전자기록 등 특수매체기록을 위작 또는 변작한 경우에 성립한다. 대법원은, 형법 제227조의2에서 위작의 객체로 규정한 전자기록은 그 자체로는 물적 실체를 가진 것이 아니어서 별도의 표시 · 출력장치를 통하지 아니하고는 보거나 읽을 수 없고, 그 생성 과정에 여러 사람의 의사나 행위가 개재됨은 물론 추가 입력한 정보가 프로그램에 의하여 자동으로 기존의 정보와 결합하여 새로운 전자기록을 작출하는 경우도 적지 않으며, 그 이용 과정을 보아도 그 자체로서 객관적 · 고정적 의미를 가지면서 독립적으로 쓰이는 것이 아니라 개인 또는 법인이 전자적 방식에 의한 정보의 생성 · 처리 · 저장 · 출력을 목적으로 구축하여 설치 · 운영하는 시스템에서 쓰임으로써 예정된 증명적 기능을 수행하는 것이므로, 위와 같은 시스템을 설치 · 운영하는 주체와의 관계에서 전자기록의 생성에 관여할 권한이 없는 사람이 전자기록을 작출하거나 전자기록의 생성에 필요한 단위정보의 입력을 하는 경우는 물론 시스템의 설치 · 운영 주체로부터 각자의 직무 범위에서 개개의 단위정보의 입력 권한을 부여받은 사람이 그 권한을 남용하여 허위의 정보를 입력함으로써 시스템 설치 · 운영 주체의 의사에 반하는 전자기록을 생성하는 경우도 형법 제227조의2에서 말하는 전자기록의 '위작'에 포함된다고 판시하였다. 위 법리는 형법 제232조의2의 사전자기록등위작죄에서 행위의 태양으로 규정한 '위작'에 대해서도 마찬가지로 적용된다.

④ ○ 대판 2006도2016 판결

A회사의 대표이사 甲이 B회사의 대표이사 乙로부터 포괄적 위임을 받아 두 회사의 대표이사 업무를 처리하면서 두 회사 명의로 허위 내용의 영수증과 세금계산서를 작성한 사안에서, B회사 명의 부분은 乙의 개별적 · 구체적 위임 또는 승낙 없는 행위로서 사문서위조 및 위조사문서행사죄가 성립하지만, A회사 명의 부분은 이미 퇴직한 종전의 대표이사를 승낙 없이 대표이사로 표시하였더라도 이에 해당하지 않는다.

정답 ④

02 문서의 죄에 관한 설명 중 옳은 것을 모두 고른 것은? (다툼이 있는 경우 판례에 의함)

〈23. 경찰공채 1차〉

㉠ 주식회사의 대표이사로부터 포괄적인 권한 행사를 위임받은 사람은 주식회사 명의의 문서 작성에 관하여 개별적·구체적으로 위임 또는 승낙을 받지 않더라도 주식회사 명의로 문서를 작성할 수 있으므로, 이를 두고 자격모용사문서작성 또는 위조에 해당하는 것으로 볼 수는 없다.

㉡ 위조사문서의 행사는 상대방으로 하여금 위조된 문서를 인식할 수 있는 상태에 둠으로써 기수가 되고 상대방이 실제로 그 내용을 인식하여야 하는 것은 아니므로, 위조된 문서를 우송한 경우에는 그 문서가 상대방에게 도달한 때에 기수가 되고 상대방이 실제로 그 문서를 보아야 하는 것은 아니다.

㉢ 공문서의 작성권한이 있는 A의 직무를 보좌하는 공무원 甲이 비공무원 乙과 공모하여 행사할 목적으로 허위의 내용이 기재된 문서 초안을 그 정을 모르는 A에게 제출하여 결재하도록 하는 방법으로 허위의 공문서를 작성하게 한 경우, 甲은 허위공문서작성죄의 간접정범이 될 수 있지만 공무원의 신분이 없는 乙은 간접정범의 공범이 될 수 없다.

㉣ 주식회사의 발기인 등이 법령에 정한 회사설립의 요건과 절차에 따라 회사설립등기를 함으로써 회사가 성립하였다고 볼 수 있는 경우, 회사를 설립할 당시 회사를 실제로 운영할 의사 없이 회사를 이용한 범죄 의도나 목적이 있었다는 이유만으로는 공정증서원본 불실기재죄에서 말하는 불실의 사실을 법인등기부에 기록하게 한 것으로 볼 수 없다.

① ㉠㉡　　② ㉠㉢　　③ ㉡㉣　　④ ㉢㉣

해설 ㉠ × 대판 2006도2016 판결 ★★

주식회사의 적법한 대표이사라 하더라도 그 권한을 포괄적으로 위임하여 다른 사람으로 하여금 대표이사의 업무를 처리하게 하는 것은 허용되지 않는다. 따라서 대표이사로부터 포괄적으로 권한 행사를 위임받은 사람이 주식회사 명의로 문서를 작성하는 행위는 원칙적으로 권한 없는 사람의 문서 작성행위로서 자격모용사문서작성 또는 위조에 해당하고, 대표이사로부터 개별적·구체적으로 주식회사 명의의 문서 작성에 관하여 위임 또는 승낙을 받은 경우에만 예외적으로 적법하게 주식회사 명의로 문서를 작성할 수 있다.

㉡ ○ 대판 2004도4663 판결

㉢ × 대판 91도2837 판결 ★★★ 중요판례

공문서의 작성권한이 있는 공무원의 직무를 보좌하는 자가 그 직위를 이용하여 행사할 목적으로 허위의 내용이 기재된 문서 초안을 그 정을 모르는 상사에게 제출하여 결재하도록 하는 등의 방법으로 작성권한이 있는 공무원으로 하여금 허위의 공문서를 작성하게 한 경우에는 간접정범이 성립되고 이와 공모한 자 역시 그 간접정범의 공범으로서의 죄책을 면할 수 없는 것이고, 여기서 말하는 공범은 반드시 공무원의 신분이 있는 자로 한정되는 것은 아니다.

㉣ ○ 대판 2019도16592 판결

주식회사의 발기인 등이 상법 등 법령에 정한 회사설립의 요건과 절차에 따라 회사설립등기를 함으로써 회사가 성립하였다고 볼 수 있는 경우 회사설립등기와 그 기재 내용은 특별한 사정이 없는 한 공정증서원본 등 불실기재죄에서 말하는 불실의 사실에 해당하지 않는다. 발기인 등이 회사를 설립할 당시 회사를 실제로 운영할 의사 없이 회사를 이용한 범죄 의도나 목적이 있었다거나, 회사로서의 인적·물적 조직 등 영업의 실질을 갖추지 않았다는 이유만으로는 불실의 사실을 법인등기부에 기록하게 한 것으로 볼 수 없다(대법원 2020.2.27. 선고 2019도9293 판결 등 참조).

정답 ③

03 공문서부정행사죄에 대한 설명으로 옳지 않은 것은? (판례에 의함) 〈23. 9급공채〉

① 타인의 주민등록표등본을 그와 아무런 관련 없는 사람이 마치 자신의 것인 것처럼 행사하는 행위는 공문서부정행사죄를 구성하지 아니한다.

② 자동차 등의 운전자가 경찰공무원에게 다른 사람의 운전면허증 자체가 아니라 이를 촬영한 이미지파일을 휴대전화 화면 등을 통하여 보여주는 행위는 공문서부정행사죄를 구성하지 아니한다.

③ 경찰공무원으로부터 신분증의 제시를 요구받고 자신의 인적사항을 속이기 위하여 다른 사람의 운전면허증을 제시한 경우, 운전면허증의 사용목적에 따른 행사로서 공문서부정행사죄가 성립한다.

④ 습득한 타인의 주민등록증을 자기 가족의 것이라고 제시하면서 그 주민등록증상의 명의로 이동전화 가입신청을 한 경우, 타인의 주민등록증을 본래의 사용용도인 신분확인용으로 사용한 것으로서 공문서부정행사죄가 성립한다.

해설 > ① ○ 대판 99도206 판결 ★★
타인의 주민등록등본을 그와 아무런 관련 없는 사람이 마치 자신의 것인 양 행사한 경우, 공문서부정행사죄의 성립 여부(소극)
② ○ 대판 2018도2560 판결 – 이미지 파일은 공문서부정행사죄가 성립하지 않음.
③ ○ 대판 2000도1985 전원합의체 판결 – 〈타인의 면허증〉임.
④ × 대판 2002도4935 판결 ★★
피고인이 기왕에 습득한 타인의 주민등록증을 피고인 가족의 것이라고 제시하면서 그 주민등록증상의 명의 또는 가명으로 이동전화 가입신청을 한 경우, 타인의 주민등록증을 본래의 사용용도인 신분확인용으로 사용한 것이라고 볼 수 없어 공문서부정행사죄가 성립하지 않는다고 한 사례.

정답 ④

04 문서에 관한 죄에 대한 설명으로 가장 적절하지 않은 것은? (다툼이 있는 경우 판례에 의함)

〈23. 경찰공채 2차〉

① 「형법」 제228조 제1항 공전자기록 등 불실기재죄의 구성요건인 '불실의 사실기재'는 당사자의 허위신고에 의하여 이루어져야 하므로, 법원의 촉탁에 의하여 등기를 마친 경우에는 그 전제 절차에 허위적 요소가 있더라도 위 죄가 성립하지 않는다.

② 작성자가 '행사할 목적'으로 타인의 자격을 모용하여 문서를 작성하였다 하더라도, 문서행사의 상대방이 자격모용 사실을 알았다거나, 작성자가 그 문서에 모용한 자격과 무관한 직인을 날인하였다는 등의 사정이 있었다면 자격모용에 의한 사문서작성죄의 범의와 행사의 목적은 인정되지 않는다.

③ 명의인을 기망하여 문서를 작성케 하는 경우에는, 서명 · 날인이 정당히 성립된 경우라도 기망자는 명의인을 이용하여 서명날인자의 의사에 반하는 문서를 작성케 하는 것이므로 사문서위조죄가 성립한다.

④ 사용권한자와 용도가 특정되어 있는 공문서를 사용권한 없는 자가 사용한 경우에도 그 공문서 본래의 용도에 따른 사용이 아닌 경우에는 공문서부정행사죄가 성립하지 않는다.

해설 > ① ○ 대판 2021도11257 판결 ★★
공전자기록등불실기재죄(형법 제228조 제1항)의 구성요건인 '불실의 사실기재'는 당사자의 허위신고에 의하여 이루어져야 하므로, 법원의 촉탁에 의하여 등기를 마친 경우에는 그 전제절차에 허위적 요소가 있더라도 위 죄가 성립하지 않는다(대법원 1983.12.27. 선고 83도2442 판결 참조).
② × 대판 2021도17712 판결 ★★★ 중요판례
자격모용사문서작성죄에서의 '행사할 목적'이라 함은 그 문서가 정당한 권한에 기하여 작성된 것처럼 다른 사람으로 하여금 오신하도록 하게 할 목적을 말한다고 할 것이므로 사문서를 작성하는 자가 주식회사의 대표로서의 자격을 모용하여 문서를 작성한다는 것을 인식, 용인하면서 그 문서를 진정한 문서로서 어떤 효용에 쓸 목적으로 사문서를 작성하였다면, 자격모용에 의한 사문서작성죄의 행사의 목적과 고의를 인정할 수 있다. 작성자가 '행사할 목적'으로 자격을 모용하여 문서를 작성한 이상 문서행사의 상대방이 자격모용 사실을 알았다거나, 작성자가 그 문서에 모용한 자격과 무관한 직인을 날인하였다는 등의 사정이 있다고 하여 달리 볼 것은 아니다(대법원 2007.7.27. 선고 2006도2330 판결 참조).
③ ○ 대판 2000도778 판결
명의인을 기망하여 문서를 작성케 하는 경우는 서명, 날인이 정당히 성립된 경우에도 기망자는 명의인을 이용하여 서명 날인자의 의사에 반하는 문서를 작성케 하는 것이므로 사문서위조죄가 성립한다. (피고인이 기왕에 습득한 타인의 주민등록증을 피고인 가족의 것이라고 제시하면서 그 주민등록증상의 명의 또는 가명으로 이동전화 가입신청을 한 경우, 타인의 주민등록증을 본래의 사용용도인 신분확인용으로 사용한 것이라고 볼 수 없어 공문서부정행사죄가 성립하지 않는다.)
④ ○ 대판 2002도4935 판결

정답 ②

05 문서에 관한 죄에 대한 설명으로 가장 적절하지 않은 것은? (다툼이 있는 경우 판례에 의함)

〈21. 경찰공채 1차〉

① 허위공문서작성죄의 객체가 되는 문서는 문서상 작성명의인이 명시된 경우뿐 아니라 작성명의인이 명시되어 있지 않더라도 문서의 형식, 내용 등 문서 자체에 의하여 누가 작성하였는지를 추지할 수 있을 정도의 것이면 된다.

② 실제의 본명 대신 가명이나 위명을 사용하여 사문서를 작성한 경우, 그 문서의 작성명의인과 실제 작성자의 인격이 상이할 때에는 위조죄가 성립할 수 있다.

③ 가정법원의 서기관이 이혼의사확인서등본을 작성한 후 그 뒤에 이혼신고서를 첨부하고 직인을 간인하여 교부한 경우, 당사자가 이를 떼어내고 다른 내용의 이혼신고서를 붙여 관련 행정관서에 제출하였다면 공문서변조 및 변조공문서행사죄가 성립한다.

④ 사립학교 법인 이사가 이사회 회의록에 서명 대신 서명거부사유를 기재하고 그에 대한 서명을 한 경우, 이사회 회의록의 작성권한자인 이사장이라 하더라도 임의로 이를 삭제하면 특별한 사정이 없는 한 사문서변조에 해당한다.

해설 > ① ○ 대판 73도1765 판결

허위공문서 작성죄의 객체가 되는 문서는 문서상 작성 명의인이 명시된 경우뿐 아니라 작성인이 명시되어 있지 아니하더라도 문서의 형식, 내용 등 그 문서 자체에 징하여 누구가 작성하였는가를 추지할 수 있을 정도의 것이라야만 된다.

② ○ 대판 2010도1835 판결

피고인이 다방 업주로부터 선불금을 받고 그 반환을 약속하는 내용의 현금보관증을 작성하면서 가명과 허위의 출생연도를 기재한 후 이를 교부한 행위 – 실제의 본명 대신 가명이나 위명을 사용하여 사문서를 작성한 경우에 그 문서의 작성명의인과 실제 작성자 사이에 인격의 동일성이 그대로 유지되는 때에는 위조가 되지 않으나, 명의인과 작성자의 인격이 상이할 때에는 위조죄가 성립할 수 있다(대법원 1979.6.26. 선고 79도908 판결 참조).

③ × 대판 2006도7777 판결 ★★

가정법원의 서기관 등이 이혼의사확인서등본을 작성한 뒤 이를 이혼의사확인신청 당사자 쌍방에게 교부하면서 이혼신고서를 확인서등본 뒤에 첨부하여 그 직인을 간인하였다고 하더라도, 그러한 사정만으로 이혼신고서가 공문서인 이혼의사확인서등본의 일부가 되었다고 볼 수 없다. 따라서 당사자가 이혼의사확인서등본과 간인으로 연결된 이혼신고서를 떼어내고 원래 이혼신고서의 내용과는 다른 이혼신고서를 작성하여 이혼의사확인서등본과 함께 호적관서에 제출하였다고 하더라도, 공문서인 이혼의사확인서등본을 변조하였다거나 변조된 이혼의사확인서등본을 행사하였다고 할 수 없다.

④ ○ 대판 2016도20954 판결

이사회 회의록에 관한 이사의 서명권한에는 서명거부사유를 기재하고 그에 대해 서명할 권한이 포함된다. 이사가 이사회 회의록에 서명함에 있어 이사장이나 다른 이사들의 동의를 받을 필요가 없는 이상 서명거부사유를 기재하고 그에 대한 서명을 함에 있어서도 이사장 등의 동의가 필요 없다고 보아야 한다. 따라서 이사가 이사회 회의록에 서명 대신 서명거부사유를 기재하고 그에 대한 서명을 하면, 특별한 사정이 없는 한 그 내용은 이사회 회의록의 일부가 되고, 이사회 회의록의 작성권한자인 이사장이라 하더라도 임의로 이를 삭제한 경우에는 이사회 회의록 내용에 변경을 가하여 새로운 증명력을 가져오게 되므로 사문서변조에 해당한다.

정답 ③

06 허위공문서작성죄에 관한 다음 설명 중 가장 옳지 않은 것은? (다툼이 있는 경우 판례에 의함) 〈22. 법원9급〉

① 피의자신문조서 말미에 작성자의 서명, 날인이 없으나, 첫머리에 작성 사법경찰리와 참여 사법경찰리의 직위와 성명을 적어 넣은 것이 있다면 그 문서자체에 의하여 작성자를 추지할 수 있으므로, 그러한 피의자신문조서는 허위공문서작성죄의 객체가 되는 공문서로 볼 수 있다.

② 공무원이 아닌 피고인이 건축물조사 및 가옥대장 정리업무를 담당하는 공무원을 교사하여 무허가 건물을 허가받은 건축물인 것처럼 가옥대장 등에 등재케 하여 허위공문서 등을 작성케 한 사실이 인정된다면, 허위공문서작성죄의 교사범으로 처벌할 수 있다.

③ 등기공무원이 소유권이전등기와 근저당권설정등기의 신청이 동시에 이루어지고 그와 함께 등본의 교부신청이 있었음에도 고의로 일부를 누락하여 소유권이전등기만 기입하고 근저당권설정등기는 기입하지 않은 채 등기부등본을 발급한 경우 본죄가 성립한다.

④ 공무원인 甲이 문서작성자에게 전화로 문의하여 원본과 상이 없다는 사실을 확인하였고, 실제 그 사본이 원본과 다른 점이 없다면, 실제 원본과 대조함이 없이 공무원 甲이 그 직무에 관하여 사문서 사본에 "원본 대조필 토목 기사 甲"이라 기재하고 甲의 도장을 날인한 행위만으로는 허위공문서작성죄가 성립한다고 단정할 수 없다.

해설 > ① ○ 대판 95도2088 판결 ★★

공소외 D, E, F에 대한 각 피의자신문조서는 각 그 조서 말미에 작성자의 서명, 날인이 없으나, 위 각 피의자신문조서 첫머리에 작성 사법경찰리와 참여 사법경찰리의 직위와 성명을 적어 넣은 것이 있어 그 문서자체에 의하여 작성자를 추지할 수 있다는 이유로 위 각 피의자신문조서를 허위공문서작성죄의 객체가 되는 공문서로 볼 수 있다고 판단한 다음, 피고인의 이 사건 허위공문서작성죄와 동행사죄를 유죄로 인정하고 있는바, 기록에 비추어 보면 원심의 이러한 인정과 판단은 옳다고 여겨진다.

② ○ 대판 83도1458 판결

피고인이 건축물조사 및 가옥대장 정리업무를 담당하는 지방행정서기를 교사하여 무허가 건물을 허가받은 건축물인 것처럼 가옥대장 등에 등재케하여 허위공문서 등을 작성케 한 사실이 인정된다면, 허위공문서작성죄의 교사범으로 처단한 것은 정당하다.

③ ○ 대판 96도1669 판결

소유권이전등기와 근저당권설정등기 신청서가 동시에 접수된 경우, 등기공무원이 소유권이전등기만 기입한 채 발급한 등기부등본이 허위공문서인지 여부(적극)

④ × 대판 80도3180 판결 ★★
공무원인 피고인이 그 직무에 관하여 이 건 문제로 된 사문서 사본에 "원본대조필 토목기사 피고인"이라 기재하고 도장을 날인하였다면 그 기재 자체가 공문서로 되고, 이 경우 피고인이 실제로 원본과 대조함이 없이 "원본대조필"이라고 기재한 이상 그것만으로 곧 허위공문서작성죄가 성립하는 것이고, 피고인이 위 문서작성자에게 전화로 원본과 상이없다는 사실을 확인하였다거나 객관적으로 그 사본이 원본과 다른 점이 없다고 하더라도 위 죄가 성립한다.

정답 ④

07 문서에 관한 죄에 대한 설명 중 가장 적절하지 않은 것은? (다툼이 있는 경우 판례에 의함) 〈23. 경찰승진〉

① 행사할 목적으로 작성된 문서가 일반인으로 하여금 당해 명의인의 권한 내에서 작성된 문서라고 믿게 할 수 있는 정도의 형식과 외관을 갖추고 있다면 그 명의인이 실재하지 않는 허무인이거나 또는 문서의 작성일자 전에 이미 사망하였더라도 문서위조죄가 성립한다.

② '변호사회 명의의 경유증표'와 같이 '문서가 원본인지 여부'가 중요한 거래에서 문서의 사본을 진정한 원본인 것처럼 행사할 목적으로 다른 조작을 가함이 없이 문서의 원본을 그대로 컬러복사기로 복사한 후 복사한 문서의 사본을 원본인 것처럼 행사한 행위는 사문서위조죄 및 동행사죄에 해당한다.

③ 장애인사용자동차표지를 사용할 권한이 없는 사람이 실효된 '장애인전용주차구역 주차표지가 있는 장애인사용자동차표지'를 자신의 자동차에 단순히 비치하였으나 장애인전용주차구역이 아닌 장소에 주차한 경우 장애인사용자동차표지를 본래의 용도에 따라 사용했다고 볼 수 없으므로 공문서부정행사죄가 성립하지 않는다.

④ 공무원이 아닌 자가 관공서에 허위사실을 기재한 증명원을 제출하여 그 내용이 허위인 정을 모르는 담당 공무원으로부터 증명서를 발급받은 경우 공문서위조죄의 간접정범이 성립한다.

해설> ① ○ 대판 2003도4943 판결 ★★★ 중요판례

문서위조죄는 문서의 진정에 대한 공공의 신용을 그 보호법익으로 하는 것이므로 행사할 목적으로 작성된 문서가 일반인으로 하여금 당해 명의인의 권한 내에서 작성된 문서라고 믿게 할 수 있는 정도의 형식과 외관을 갖추고 있으면 문서위조죄가 성립하는 것이고, 위와 같은 요건을 구비한 이상 그 명의인이 실재하지 않는 허무인이거나 또는 문서의 작성일자 전에 이미 사망하였다고 하더라도 그러한 문서 역시 공공의 신용을 해할 위험성이 있으므로 공문서와 사문서를 가리지 아니하고 문서위조죄가 성립한다고 봄이 상당하며(대법원 2005.2.24. 선고 2002도18 전원합의체 판결 참조) 이러한 법리는 법률적, 사회적으로 자연인과 같이 활동하는 법인 또는 단체에도 그대로 적용된다고 할 것이다.

② ○ 대판 2016도2081 판결 ★★

변호사인 피고인이 대량의 저작권법 위반 형사고소 사건을 수임하여 피고소인 30명을 각 형사고소하기 위하여 20건 또는 10건의 고소장을 개별적으로 수사관서에 제출하면서 각 하나의 고소위임장에만 소속 변호사회에서 발급받은 진정한 경유증표 원본을 첨부한 후 이를 일체로 하여 컬러복사기로 20장 또는 10장의 고소위임장을 각 복사한 다음 고소위임장과 일체로 복사한 경유증표를 고소장에 첨부하여 접수한 사안에서, 피고인의 행위가 사문서위조죄 및 동행사죄에 해당한다.

③ ○ 대판 2021도14514 판결 ★★

장애인사용자동차표지는 장애인이 이용하는 자동차에 대한 조세감면 등 필요한 지원의 편의를 위하여 장애인이 사용하는 자동차를 대상으로 발급되는 것이고, 장애인전용주차구역 주차표지가 있는 장애인사용자동차표지는 보행상 장애가 있는 사람이 이용하는 자동차에 대한 지원의 편의를 위하여 발급되는 것이다. 따라서 장애인사용자동차표지를 사용할 권한이 없는 사람이 장애인전용주차구역에 주차하는 등 장애인 사용 자동차에 대한 지원을 받을 것으로 합리적으로 기대되는 상황이 아니라면 단순히 이를 자동차에 비치하였더라도 장애인사용자동차표지를 본래의 용도에 따라 사용했다고 볼 수 없어 공문서부정행사죄가 성립하지 않는다.

④ × 대판 2000도938 판결 ★★★ 중요판례

어느 문서의 작성권한을 갖는 공무원이 그 문서의 기재 사항을 인식하고 그 문서를 작성할 의사로써 이에 서명날인하였다면, 설령 그 서명날인이 타인의 기망으로 착오에 빠진 결과 그 문서의 기재사항이 진실에 반함을 알지 못한 데 기인한다고 하여도, 그 문서의 성립은 진정하며 여기에 하등 작성명의를 모용한 사실이 있다고 할 수는 없으므로, 공무원 아닌 자가 관공서에 허위 내용의 증명원을 제출하여 그 내용이 허위인 정을 모르는 담당공무원으로부터 그 증명원 내용과 같은 증명서를 발급받은 경우 공문서위조죄의 간접정범으로 의율할 수는 없다.

정답 ④

08 다음 중 허위공문서작성죄에 대한 설명으로 가장 옳지 않은 것은? (다툼이 있는 경우 판례에 의함) 〈22. 해경[경장]〉

① 객체가 되는 문서는 문서상 작성명의인이 명시되어 있지 않더라도 문서의 형식, 내용 등 문서 자체에 의하여 누가 작성하였는지를 추지할 수 있을 정도의 것이면 된다.

② 직무에 관한 문서라 함은 공무원이 직무권한 내에서 작성하는 문서를 말하며, 법률뿐 아니라 명령, 내규 또는 관례에 의한 직무집행의 권한으로 작성하는 경우도 포함된다.

③ 전자복사기, 모사전송기 기타 이와 유사한 기기를 사용하여 복사한 문서의 사본도 문서 원본과 동일한 의미를 가지는 문서이나 이를 다시 복사한 문서의 재사본은 문서위조죄 및 동 행사죄의 객체인 문서에 해당하지 않는다.

④ 공무원이 고의로 법령을 잘못 적용하여 공문서를 작성한 경우에도 그 법령적용의 전제가 된 사실관계에 대한 내용에 거짓이 없다면 허위공문서작성죄가 성립하지 않는다.

해설 > ① ○ 대판 2018도18646 판결

허위공문서작성죄의 객체가 되는 문서는 문서상 작성명의인이 명시된 경우뿐 아니라 작성명의인이 명시되어 있지 않더라도 문서의 형식, 내용 등 문서 자체에 의하여 누가 작성하였는지를 추지할 수 있을 정도의 것이면 된다.

② ○ 대판 81도943 판결

허위공문서작성죄에 있어서의 '직무에 관한 문서'라 함은 공무원이 그 직무권한 내에서 작성하는 문서를 말하고, 그 문서는 대외적인 것이거나 내부적인 것(본건의 경우 대내적인 기안문서인 예산품의서)을 구별하지 아니하며, 그 직무권한이 반드시 법률상 근거가 있음을 필요로 하는 것이 아니고, 널리 명령, 내규 또는 관례에 의한 직무집행의 권한으로써 작성 하는 경우를 포함한다.

③ × 대판 2004도5183 판결 ★★★ 중요판례

형법 제237조의2에 따라 전자복사기, 모사전송기 기타 이와 유사한 기기를 사용하여 복사한 문서의 사본도 문서원본과 동일한 의미를 가지는 문서로서 이를 다시 복사한 문서의 재사본도 문서위조죄 및 동 행사죄의 객체인 문서에 해당한다 할 것이고, 진정한 문서의 사본을 전자복사기를 이용하여 복사하면서 일부 조작을 가하여 그 사본 내용과 전혀 다르게 만드는 행위는 공공의 신용을 해할 우려가 있는 별개의 문서사본을 창출하는 행위로서 문서위조 행위에 해당한다(대법원 2000.9.5. 선고 2000도2855 판결 등 참조).

④ ○ 대판 96도554 판결 ★★★ 중요판례

허위공문서작성죄란 공문서에 진실에 반하는 기재를 하는 때에 성립하는 범죄이므로, 고의로 법령을 잘못 적용하여 공문서를 작성하였다고 하더라도 그 법령적용의 전제가 된 사실관계에 대한 내용에 거짓이 없다면 허위공문서작성죄가 성립될 수 없는바 당사자로부터 뇌물을 받고 고의로 적용하여서는 안 될 조항을 적용하여 과세표준을 결정하고 그 과세표준에 기하여 세액을 산출하였다고 하더라도, 그 세액계산서에 허위내용의 기재가 없다면 허위공문서작성죄에는 해당하지 않는다.

정답 ③

09 다음 설명 중 가장 적절하지 않은 것은? (다툼이 있는 경우 판례에 의함)

〈22. 경찰간후〉

① 법인이 컴퓨터 등 정보처리장치를 이용하여 전자적 방식에 의한 정보의 생성·처리·저장·출력을 목적으로 전산망 시스템을 구축하여 설치·운영하는 경우 위 시스템을 설치·운영하는 주체는 법인이고, 법인의 임직원은 법인으로부터 정보의 생성·처리·저장·출력의 권한을 위임받아 그 업무를 실행하는 사람에 불과하다. 따라서 법인이 설치·운영하는 전산망 시스템에 제공되어 정보의 생성·처리·저장·출력이 이루어지는 전자기록 등 특수매체기록은 그 법인의 임직원과의 관계에서 '타인'의 전자기록 등 특수매체 기록에 해당한다.

② 「형법」 제20장에서 규정하고 있는 문서죄와 전자기록죄의 각 죄명에 비추어 「형법」 제227조의2와 제232조의2에서 정한 '위작(僞作)'에 유형위조는 물론 권한남용적 무형위조도 포함된다는 것은 불명확한 용어를 피고인에게 불리하게 해석하는 것일 뿐만 아니라 합리적 이유 없이 문언의 의미를 확장하여 처벌범위를 지나치게 넓히는 것이어서, 형사법의 대원칙인 죄형법정주의의 원칙에 반한다.

③ 추상적 위험범으로서 명예훼손죄는 개인의 명예에 대한 사회적 평가를 진위에 관계없이 보호함을 목적으로 하고, 적시된 사실이 특정인의 사회적 평가를 침해할 가능성이 있을 정도로 구체성을 띠어야 하나, 침해할 위험이 발생한 것으로 족하고 침해의 결과를 요구하지 않으므로, 다수의 사람에게 사실을 적시한 경우뿐만 아니라 소수의 사람에게 발언하였다고 하더라도 그로 인해 불특정 또는 다수인이 인식할 수 있는 상태를 초래한 경우에도 공연히 발언한 것으로 해석할 수 있다.

④ 사실적시의 내용이 사회 일반의 일부 이익에만 관련된 사항이라도 다른 일반인과의 공동생활에 관계된 사항이라면 공익성을 지닌다고 할 것이고, 이에 나아가 개인에 관한 사항이더라도 그것이 공공의 이익과 관련되어 있고 사회적인 관심을 획득한 경우라면 직접적으로 국가·사회 일반의 이익이나 특정한 사회집단에 관한 것이 아니라는 이유만으로 「형법」 제310조의 적용을 배제할 것은 아니다.

해설> ① ○ 대판 2019도11294 전원합의체 판결 ★★

법인이 컴퓨터 등 정보처리장치를 이용하여 전자적 방식에 의한 정보의 생성·처리·저장·출력을 목적으로 전산망 시스템을 구축하여 설치·운영하는 경우 위 시스템을 설치·운영하는 주체는 법인이고, 법인의 임직원은 법인으로부터 정보의 생성·처리·저장·출력의 권한을 위임받아 그 업무를 실행하는 사람에 불과하다. 따라서 법인이 설치·운영하는 전산망 시스템에 제공되어 정보의 생성·처리·저장·출력이 이루어지는 전자기록 등 특수매체기록은 그 법인의 임직원과의 관계에서 '타인'의 전자기록 등 특수매체기록에 해당한다.

② × 대판 2019도11294 전원합의체 판결 ★★

일반 국민은 형법 제20장에서 규정하고 있는 문서죄와 전자기록죄의 각 죄명에 비추어 형법 제227조의2와 제232조의2에서 정한 '위작'이란 '위조'와 동일한 의미로 받아들이기보다는 '위조'에서의 '위'와 '허위작성'에서의 '작'이 결합한 단어이거나 '허위작성'에서 '위작'만을 추출한 단어로 받아들이기 쉽다. 형법에서의 '위작'의 개념은 형법이 그에 관한 정의를 하지 않고 있고, 해당 문언의 사전적 의미만으로는 범죄구성요건으로서의 적절한 의미 해석을 바로 도출해 내기 어려우므로, 결국은 유사한 다른 범죄구성요건과의 관계에서 체계적으로 해석할 수밖에 없다. 따라서 형법 제232조의2에서 정한 '위작'의 포섭범위에 권한 있는 사람이 그 권한을 남용하여 허위의 정보를 입력함으로써 시스템 설치·운영 주체의 의사에 반하는 전자기록을 생성하는 행위를 포함하는 것으로 보더라도, 이러한 해석이 '위작'이란 낱말이 가지는 문언의 가능한 의미를 벗어났다거나, 피고인에게 불리한 유추해석 또는 확장해석을 한 것이라고 볼 수 없다.

③ ○, ④ ○ 아래 판례 참조 ★★★ 중요판례

판례

〈대판 2020도5813 전원합의체 판결〉

피고인의 남편 乙 및 甲의 친척인 丙이 듣는 가운데 甲에게 '저것이 징역 살다온 전과자다' 등으로 큰 소리로 말함으로써 공연히 사실을 적시하여 甲의 명예를 훼손하였다는 내용…추상적 위험범으로서 명예훼손죄는 개인의 명예에 대한 사회적 평가를 진위에 관계없이 보호함을 목적으로 하고, 적시된 사실이 특정인의 사회적 평가를 침해할 가능성이 있을 정도로 구체성을 띠어야 하나, 위와 같이 침해할 위험이 발생한 것으로 족하고 침해의 결과를 요구하지 않으므로, 다수의 사람에게 사실을 적시한 경우뿐만 아니라 소수의 사람에게 발언하였다고 하더라도 그로 인해 불특정 또는 다수인이 인식할 수 있는 상태를 초래한 경우에도 공연히 발언한 것으로 해석할 수 있다.

독일 형법 제193조와 같은 입법례나 유엔인권위원회의 권고 및 표현의 자유와의 조화를 고려하면, 진실한 사실의 적시의 경우에는 형법 제310조의 '공공의 이익'도 보다 더 넓게 인정되어야 한다. 특히 공공의 이익관련성 개념이 시대에 따라 변화하고 공공의 관심사 역시 상황에 따라 쉴 새 없이 바뀌고 있다는 점을 고려하면, 공적인 인물, 제도 및 정책 등에 관한 것만을 공공의 이익관련성으로 한정할 것은 아니다.

따라서 사실적시의 내용이 사회 일반의 일부 이익에만 관련된 사항이라도 다른 일반인과의 공동생활에 관계된 사항이라면 공익성을 지닌다고 할 것이고, 이에 나아가 개인에 관한 사항이더라도 그것이 공공의 이익과 관련되어 있고 사회적인 관심을 획득한 경우라면 직접적으로 국가·사회 일반의 이익이나 특정한 사회집단에 관한 것이 아니라는 이유만으로 형법 제310조의 적용을 배제할 것은 아니다. 사인이라도 그가 관계하는 사회적 활동의 성질과 사회에 미칠 영향을 헤아려 공공의 이익에 관련되는지 판단하여야 한다.

정답 ②

10 다음 중 ( )속에 甲의 죄책이 가장 적절한 것은? (다툼이 있는 경우 판례에 의함)

〈22. 경찰간후〉

① 甲과 乙은 공모하여 행사할 목적으로 금융감독원장 명의의 '금융감독원 대출정보내역'이라는 사실증명에 관한 문서 1장을 위조하고, 공범 乙에게 기망당하여 위조 사실을 모르는 A에게 위 문서를 교부함으로써 위조된 문서를 행사하였다.(사문서위조죄, 위조사문서행사죄)

② B주식회사의 지배인 甲이 그 권한을 남용하여 자신을 B회사의 대표이사로 표시하여 연대보증채무를 부담한다는 취지로 회사명의의 차용증을 작성하여 채권자에게 교부하였다.(사문서위조죄, 위조사문서행사죄)

③ C은행의 지배인으로 등기되어 있는 甲이, 회사의 내부규정 등에 의하여 각 지배인이 회사를 대리할 수 있는 행위의 종류, 내용, 상대방 등을 한정하여 그 권한을 제한한 경우에 그 제한된 권한 범위를 벗어나서, 신용이나 담보가 부족한 차주회사가 저축은행 등 대출기관에서 대출을 받는 데 사용하도록 지급보증의 성질이 있는 C은행 명의의 대출채권양수도약정서와 사용인감계를 작성하였다.(사문서위조죄)

④ 甲이 D의 주민등록증을 이용하여 주민등록증상 이름과 사진을 하얀 종이로 가린 후 복사기로 복사를 하고, 다시 컴퓨터를 이용하여 E의 인적사항과 주소, 발급일자를 기재한 후 덮어쓰기를 하여 이를 다시 복사하는 방식으로 별개의 주민등록증사본을 창출시켰다.(공문서변조죄)

해설 ① × 대판 2020도14666 판결 ★★

금융위원회법 제37조에서 정한 업무에 종사하는 금융감독원장 등 금융감독원의 집행간부 및 실·국장급 부서의 장 등 금융위원회법 시행령에서 정한 직원에게 공무원과 동일한 책임을 부담시킴과 동시에 그들을 공무원과 동일하게 보호해 주기 위한 필요에서 모든 벌칙의 적용에 있어서 공무원으로 본다고 해석함이 타당하다. 따라서 금융위원회법 제69조 제1항에서 말하는 벌칙에는 금융감독원장 등 금융감독원의 집행간부 및 위 직원들이 지위를 남용하여 범법행위를 한 경우에 적용할 벌칙만을 말하는 것이 아니라, 제3자가 금융감독원장 등 금융감독원의 집행간부 및 위 직원들에 대하여 범법행위를 한 경우에 적용할 벌칙과 같이 피해자인 금융감독원장 등 금융감독원의 집행간부 및 위 직원들을 보호하기 위한 벌칙도 포함되는 것으로 풀이하여야 한다. 그렇다면 금융위원회법 제29조, 제69조 제1항에서 정한 금융감독원 집행간부인 금융감독원장 명의의 문서를 위조, 행사한 행위는 사문서위조죄, 위조사문서행사죄에 해당하는 것이 아니라 공문서위조죄, 위조공문서행사죄에 해당한다(대법원 1980.9.9. 선고 80도1924 판결, 대법원 1985.7.23. 선고 85도1291 판결 참조).

② × 대판 2010도1040 판결 ★★
주식회사의 지배인은 회사의 영업에 관하여 재판상 또는 재판 외의 모든 행위를 할 권한이 있으므로, 지배인이 직접 주식회사 명의 문서를 작성하는 행위는 위조나 자격모용사문서작성에 해당하지 않는 것이 원칙이고, 이는 그 문서의 내용이 진실에 반하는 허위이거나 권한을 남용하여 자기 또는 제3자의 이익을 도모할 목적으로 작성된 경우에도 마찬가지이다.
③ ○ 대판 2012도7467 판결 ★★
주식회사의 지배인은 회사의 영업에 관하여 재판상 또는 재판 외의 모든 행위를 할 권한이 있으므로, 지배인이 직접 주식회사 명의 문서를 작성하는 행위는 위조나 자격모용사문서작성에 해당하지 않는 것이 원칙이고, 이는 문서의 내용이 진실에 반하는 허위이거나 권한을 남용하여 자기 또는 제3자의 이익을 도모할 목적으로 작성된 경우에도 마찬가지이다. 그러나 회사 내부규정 등에 의하여 각 지배인이 회사를 대리할 수 있는 행위의 종류, 내용, 상대방 등을 한정하여 권한을 제한한 경우에 제한된 권한 범위를 벗어나서 회사 명의의 문서를 작성하였다면, 이는 자기 권한 범위 내에서 권한 행사의 절차와 방식 등을 어긴 경우와 달리 문서위조죄에 해당한다.
④ × 대판 2004도5183 판결 ★★
피고인이 타인의 주민등록증을 이용하여 주민등록증상 이름과 사진을 하얀 종이로 가린 후 복사기로 복사를 하고, 다시 컴퓨터를 이용하여 위조하고자 하는 당사자의 인적사항과 주소, 발급일자를 기재한 후 덮어쓰기를 하여 이를 다시 복사하는 방식으로 전혀 별개의 주민등록증사본을 창출시킨 사실을 인정한 다음, 그 사본 또한 공문서위조 및 행사죄의 객체가 되는 공문서에 해당한다.

정답 ③

11 공정증서원본부실기재죄에 관한 다음 설명 중 가장 옳은 것은? (다툼이 있는 경우 판례에 의함) 〈23. 법원9급〉

① 양도인이 허위의 채권에 관하여 그 정을 모르는 양수인과 실제로 채권양도의 법률행위를 하면서 공증인에게 위 법률행위에 관한 공정증서를 작성하게 하였다면 공정증서원본부실기재죄가 성립한다.

② 법원에 허위 내용의 조정신청서를 제출하여 판사로 하여금 조정조서에 불실의 사실을 기재하게 하였다면, 공정증서원본부실기재죄가 성립한다.

③ 주식회사의 신주발행에 법률상 무효사유가 존재함에도 신주발행이 판결로써 무효로 확정되기 이전에 그 신주발행사실을 담당 공무원에게 신고하여 공정증서인 법인등기부에 기재하게 하였다면 공정증서원본부실기재죄가 성립한다.

④ 발행인과 수취인이 통모하여 진정한 어음채무 부담이나 어음채권 취득 의사 없이 단지 발행인의 채권자에게서 채권 추심이나 강제집행을 받는 것을 회피하기 위하여 형식적으로만 약속어음의 발행을 가장한 후 공증인에게 마치 진정한 어음발행행위가 있는 것처럼 허위로 신고하여 어음공정증서원본을 작성·비치하게 한 경우 공정증서원본부실기재죄가 성립한다.

해설> ① × 아래 판례 참조 ★★★ 중요판례

판례

〈대판 2001도5414 판결〉

형법 제228조 제1항이 규정하는 공정증서원본불실기재죄는 특별한 신빙성이 인정되는 권리의무에 관한 공문서에 대한 공공의 신용을 보장함을 보호법익으로 하는 범죄로서 공무원에 대하여 진실에 반하는 허위신고를 하여 공정증서원본에 그 증명하는 사항에 관하여 실체관계에 부합하지 아니하는 불실의 사실을 기재하게 함으로써 성립하는 것이고, 한편 공증인법에 따르면 공증인은 당사자 기타 관계인의 촉탁에 의하여 법률행위 기타 사권에 관한 사실에 대한 공정증서의 작성 등을 처리함을 그 직무로 하고(제2조), 공증인이 증서를 작성함에는 그 청취한 진술, 그 목도한 사실 기타 실험한 사실을 기록하고 또한, 그 실험의 방법을 기재하여야 하는바(제34조), 공증인이 채권양도・양수인의 촉탁에 따라 그들의 진술을 청취하여 채권의 양도・양수가 진정으로 이루어짐을 확인하고 채권양도의 법률행위에 관한 공정증서를 작성한 경우 그 공정증서가 증명하는 사항은 채권양도의 법률행위가 진정으로 이루어졌다는 것일 뿐 그 공정증서가 나아가 양도되는 채권이 진정하게 존재한다는 사실까지 증명하는 것으로 볼 수는 없으므로, 양도인이 허위의 채권에 관하여 그 정을 모르는 양수인과 실제로 채권양도의 법률행위를 한 이상, 공증인에게 그러한 채권양도의 법률행위에 관한 공정증서를 작성하게 하였다고 하더라도 그 공정증서가 증명하는 사항에 관하여는 불실의 사실을 기재하게 하였다고 볼 것은 아니고, 따라서 공정증서원본불실기재죄가 성립한다고 볼 수 없다.

② × 대판 2010도3232 판결

법원에 허위 내용의 조정신청서를 제출하여 판사로 하여금 조정조서에 불실의 사실을 기재하게 하였다는 취지의 공정증서원본 불실기재의 공소사실에 대하여, 위 조정조서가 공정증서원본에 해당한다고 판단하여 유죄로 인정한 원심판단에 법리오해의 위법이 있다고 한 사례.

③ × 대판 2006도8488 판결

공소외 3 주식회사의 신주를 발행하는 과정에서 일부 주주의 신주인수권을 침해하여 그 신주발행에 무효사유가 있었다고 하더라도 그 신주발행이 판결로써 무효로 확정되지 아니한 상태였던 이상, 그 신주발행사실을 담당 공무원에게 신고하여 공정증서인 법인등기부에 기재하게 한 것이 공무원에 대하여 허위신고를 한 것이라거나 그 기재가 불실기재에 해당하는 것이라고 할 수는 없다 할 것이므로, 피고인의 위 행위에 대하여는 공정증서원본불실기재죄나 불실기재공정증서원본행사죄가 성립하지 아니한다고 할 것이다.

④ ○ 대판 2009도5786 판결 ★★★

발행인과 수취인이 통모하여 진정한 어음채무 부담이나 어음채권 취득에 관한 의사 없이 단지 발행인의 채권자에게서 채권 추심이나 강제집행을 받는 것을 회피하기 위하여 형식적으로만 약속어음의 발행을 가장한 경우 이러한 어음발행행위는 통정허위표시로서 무효이므로, 이와 같이 발행인과 수취인 사이에 통정허위표시로서 무효인 어음발행행위를 공증인에게는 마치 진정한 어음발행행위가 있는 것처럼 허위로 신고함으로써 공증인으로 하여금 어음발행행위에 대하여 집행력 있는 어음공정증서원본을 작성케 하고 이를 비치하게 하였다면, 이러한 행위는 공정증서원본불실기재 및 불실기재공정증서원본행사죄에 해당한다고 보아야 한다.

정답 ④

12 다음 설명 중 가장 옳지 않은 것은? (다툼이 있는 경우 판례에 의함) 〈23. 법원9급〉

① 신탁자에게 아무런 부담이 지워지지 않은 채 재산이 수탁자에게 명의신탁된 경우에는 특별한 사정이 없는 한 재산의 처분 기타 권한행사에 관해서 수탁자가 자신의 명의사용을 포괄적으로 신탁자에게 허용하였다고 보아야 하므로, 신탁자가 수탁자 명의로 신탁재산의 처분에 필요한 서류를 작성할 때에 수탁자로부터 개별적인 승낙을 받지 않았더라도 사문서위조·동행사죄가 성립하지 않는다.

② 주식회사의 지배인이 진실에 반하는 허위의 내용이거나 권한을 남용하여 자기 또는 제3자의 이익을 도모할 목적으로 직접 주식회사 명의 문서를 작성하는 행위는 원칙적으로 문서위조 또는 자격모용사문서작성에 해당한다.

③ 작성권자의 직인 등을 보관하는 담당자는 일반적으로 작성권자의 결재가 있는 때에 한하여 보관 중인 직인 등을 날인할 수 있을 뿐이므로, 이러한 경우 공무원인 피고인이 작성권자의 결재를 받지 않고 직인 등을 보관하는 담당자를 기망하여 작성권자의 직인을 날인하도록 하여 공문서를 완성한 때에는 공문서위조죄가 성립한다.

④ 휴대전화 신규 가입신청서를 위조한 후 이를 스캔한 이미지파일을 제3자에게 이메일로 전송하여 컴퓨터 화면상으로 보게 한 경우 위조사문서행사죄가 성립한다.

해설 > ① ○ 대판 2021도17197 판결
신탁자에게 아무런 부담이 지워지지 않은 채 재산이 수탁자에게 명의신탁된 경우에는 특별한 사정이 없는 한 재산의 처분 기타 권한행사에 관해서 수탁자가 자신의 명의사용을 포괄적으로 신탁자에게 허용하였다고 보아야 하므로, 신탁자가 수탁자 명의로 신탁재산의 처분에 필요한 서류를 작성할 때에 수탁자로부터 개별적인 승낙을 받지 않았더라도 사문서위조·동행사죄가 성립하지 않는다.
② × 대판 2010도1040 판결 ★★
원래 주식회사의 지배인은 회사의 영업에 관하여 재판상 또는 재판 외의 모든 행위를 할 권한이 있으므로, 지배인이 직접 주식회사 명의 문서를 작성하는 행위는 위조나 자격모용사문서작성에 해당하지 않는 것이 원칙이고, 이는 그 문서의 내용이 진실에 반하는 허위이거나 권한을 남용하여 자기 또는 제3자의 이익을 도모할 목적으로 작성된 경우에도 마찬가지이다.

③ ○ 아래 판례 참조 ★★★ 중요판례

판례

〈대판 2016도13912 판결〉

1) 공무원의 문서작성을 보조하는 직무에 종사하는 공무원이 허위공문서를 기안하여 임의로 작성권자의 직인 등을 부정 사용함으로써 공문서를 완성한 경우, 공문서위조죄가 성립하는지 여부(적극)
2) 공문서의 작성권한 없는 사람이 허위공문서를 기안하여 공문서를 완성한 경우에도 마찬가지인지 여부(적극)
3) 공문서의 작성권한 없는 공무원 등이 작성권자의 결재를 받지 않고 직인 등을 보관하는 담당자를 기망하여 작성권자의 직인을 날인하도록 하여 공문서를 완성한 경우, 공문서위조죄가 성립하는지 여부(적극)

④ ○ 대판 2008도5200 판결
휴대전화 신규 가입신청서를 위조한 후 이를 스캔한 이미지 파일을 제3자에게 이메일로 전송한 사안에서, 이미지 파일 자체는 문서에 관한 죄의 '문서'에 해당하지 않으나, 이를 전송하여 컴퓨터 화면상으로 보게 한 행위는 이미 위조한 가입신청서를 행사한 것에 해당하므로 위조사문서행사죄가 성립한다.

정답 ②

13 **문서에 관한 죄에 대한 다음 설명 중 가장 옳지 않은 것은? (다툼이 있는 경우 판례에 의함)** 〈22. 법원9급〉

① 형법상 문서에 관한 죄에서 문서란 문자 또는 이에 대신할 수 있는 가독적 부호로 계속적으로 물체상에 기재된 의사 또는 관념의 표시인 원본 또는 이와 사회적 기능, 신용성 등을 동일시할 수 있는 기계적 방법에 의한 복사본으로서 그 내용이 법률상, 사회생활상 주요 사항에 관한 증거로 될 수 있는 것을 말하고, 컴퓨터 모니터 화면에 나타나는 이미지는 이미지 파일을 보기 위한 프로그램을 실행할 경우에 그때마다 전자적 반응을 일으켜 화면에 나타나는 것에 지나지 않아서 계속적으로 화면에 고정된 것으로는 볼 수 없으므로, 형법상 문서에 관한 죄에서의 '문서'에는 해당되지 않는다.

② 위조문서행사죄에서 행사란 위조된 문서를 진정한 문서인 것처럼 그 문서의 효용방법에 따라 이를 사용하는 것을 말하고, 위조된 문서를 진정한 문서인 것처럼 사용하는 한 행사의 방법에 제한이 없으므로 위조된 문서를 스캐너 등을 통해 이미지화한 다음 이를 전송하여 컴퓨터 화면상에서 보게 하는 경우도 행사에 해당하지만, 이는 문서의 형태로 위조가 완성된 것을 전제로 하는 것이므로, 공문서로서의 형식과 외관을 갖춘 문서에 해당하지 않아 공문서위조죄가 성립하지 않는 경우에는 위조공문서행사죄도 성립할 수 없다.

③ 자동차 등의 운전자가 경찰공무원에게 다른 사람의 운전면허증 자체가 아니라 이를 촬영한 이미지파일을 휴대전화 화면 등을 통하여 보여주는 행위는 운전면허증의 특정된 용법에 따른 행사라고 볼 수 없는 것이어서 그로 인하여 경찰공무원이 그릇된 신용을 형성할 위험이 있다고 할 수 없으므로, 이러한 행위는 공문서부정행사죄를 구성하지 아니한다.

④ 공문서변조죄는 권한 없는 자가 공무소 또는 공무원이 이미 작성한 문서내용에 대하여 동일성을 해하지 않을 정도로 변경을 가하여 새로운 증명력을 작출케 함으로써 공공적 신용을 해할 위험성이 있을 때 성립하므로, 인터넷을 통하여 출력한 등기사항전부증명서 하단의 열람 일시 부분을 수정 테이프로 지우고 복사한 행위는 공공적 신용을 해할 위험이 있는 정도의 새로운 증명력을 작출한 것으로 보기 어려우므로 공문서변조죄에 해당하지 않는다.

해설 > ① ○ 대판 2010도6068 판결

컴퓨터 모니터에 나타나는 이미지가 형법상 '문서'에 해당하는지 여부(소극) ★★

국립대학교 교무처장 명의의 '졸업증명서 파일'을 위조하였다는 공소사실에 대하여, 위 파일이 형법상의 문서에 해당하지 않는다는 이유로 무죄를 선고한 원심판단을 수긍한 사례.

② ○ 대판 2007도7480 판결

자신의 이름과 나이를 속이는 용도로 사용할 목적으로 주민등록증의 이름·주민등록번호란에 글자를 오려붙인 후 이를 컴퓨터 스캔 장치를 이용하여 이미지 파일로 만들어 컴퓨터 모니터로 출력하는 한편 타인에게 이메일로 전송한 사안에서, 컴퓨터 모니터 화면에 나타나는 이미지는 형법상 문서에 관한 죄의 문서에 해당하지 않으므로 공문서위조 및 위조공문서행사죄를 구성하지 않는다.

③ ○ 대판 2018도2560 판결 – 이미지파일은 안 됨.

④ × 대판 2018도19043 판결 ★★

피고인이 인터넷을 통하여 열람·출력한 등기사항전부증명서 하단의 열람 일시 부분을 수정 테이프로 지우고 복사해 두었다가 이를 타인에게 교부하여 공문서변조 및 변조공문서행사로 기소된 사안에서, 피고인이 등기사항전부증명서의 열람 일시를 삭제하여 복사한 행위는 등기사항전부증명서가 나타내는 권리·사실관계와 다른 새로운 증명력을 가진 문서를 만든 것에 해당하고 그로 인하여 공공적 신용을 해할 위험성도 발생하였다.

정답 ④

14 **문서의 죄에 관한 설명 중 옳지 않은 것은 모두 몇 개인가? (다툼이 있는 경우 판례에 의함)**

〈22. 경찰공채 2차〉

㉠ 컴퓨터의 기억장치 중 하나인 램(RAM, Random Access Memory)은 기억장치 또는 저장매체이기는 하나 임시적인 기억 또는 저장에 활용되는 매체에 불과하여 램에 올려진 전자기록은 「형법」 제232조의2의 사전자기록위작·변작죄에서 말하는 전자기록에 해당하지 않는다. ㉡ 공문서를 작성하는 과정에서 법령 등을 잘못 적용하거나 적용하여야 할 법령 등을 적용하지 아니한 잘못이 있는 경우에는 허위공문서작성죄가 성립하며, 그 적용의 전제가 된 사실관계에 관하여 거짓된 기재가 없더라도 그 성립을 부정할 수 없다. ㉢ 「형법」 제228조 제2항의 공정증서원본 부실기재죄에서 말하는 '등록증'은 공무원이 작성한 모든 등록증을 말하는 것이 아니라, 일정한 자격이나 요건을 갖춘 자에게 그 자격이나 요건에 상응한 활동을 할 수 있는 권능 등을 인정하기 위하여 공무원이 작성한 증서를 말하는 것으로서 사업자등록증은 단순한 사업 사실의 등록을 증명하는 증서에 불과하여 동법 제228조 제2항의 등록증에 해당하지 않는다. ㉣ 타인의 주민등록증을 습득한 자가 해당 주민등록증을 본인 가족의 것이라고 제시하면서 그 주민등록증상의 명의 또는 가명으로 이동전화 가입신청을 한 경우, 「형법」 제230조 공문서 등부정행사죄가 성립한다. ㉤ 「형법」 제228조 제1항이 규정하는 공정증서원본 부실기재죄나 공전자기록 등 부실기재죄는 공무원에 대하여 진실에 반하는 허위신고를 하여 공정증서원본 또는 이와 동일한 전자기록 등 특수매체기록에 그 증명하는 사항에 관하여 실체관계에 부합하지 아니하는 '부실의 사실'을 기재 또는 기록하게 함으로써 성립하고, 여기서 '부실의 사실'이라 함은 권리의무관계에 중요한 의미를 갖는 사항이 객관적인 진실에 반하는 것을 말한다.

① 1개　　② 2개　　③ 3개　　④ 4개

해설 > ㉠ × 대판 2000도4993 판결

형법 제232조의2의 사전자기록위작·변작죄에서 말하는 권리의무 또는 사실증명에 관한 타인의 전자기록 등 특수매체기록이라 함은 일정한 저장매체에 전자방식이나 자기방식에 의하여 저장된 기록을 의미한다고 할 것인데, 비록 컴퓨터의 기억장치 중 하나인 램(RAM, Random Access Memory)이 임시기억장치 또는 임시저장매체이기는 하지만, 형법이 전자기록위·변작죄를 문서위·변조죄와 따로 처벌하고자 한 입법취지, 저장매체에 따라 생기는 그 매체와 저장된 전자기록 사이의 결합강도와 각 매체별 전자기록의 지속성의 상대적 차이, 전자기록의 계속성과 증명적 기능과의 관계, 본죄의 보호법익과 그 침해행위의 태양 및 가벌성 등에 비추어 볼 때, 위 램에 올려진 전자기록 역시 사전자기록위작·변작죄에서 말하는 전자기록 등 특수매체기록에 해당한다.

㉡ × 대판 2000도1858 판결 ★★
허위공문서작성죄란 공문서에 진실에 반하는 기재를 하는 때에 성립하는 범죄이므로, 고의로 법령을 잘못 적용하여 공문서를 작성하였다고 하더라도 그 법령적용의 전제가 된 사실관계에 대한 내용에 거짓이 없다면 허위공문서작성죄가 성립될 수 없다.
㉢ ○ 대판 2003도6934 판결
사업자등록증은 단순한 사업사실의 등록을 증명하는 증서에 불과하고 그에 의하여 사업을 할 수 있는 자격이나 요건을 갖추었음을 인정하는 것은 아니라고 할 것이어서 형법 제228조 제1항에 정한 '등록증'에 해당하지 않는다.
㉣ × 대판 2002도4935 판결 ★★
피고인이 기왕에 습득한 타인의 주민등록증을 피고인 가족의 것이라고 제시하면서 그 주민등록증상의 명의 또는 가명으로 이동전화 가입신청을 한 경우, 타인의 주민등록증을 본래의 사용용도인 신분확인용으로 사용한 것이라고 볼 수 없어 공문서부정행사죄가 성립하지 않는다.
㉤ ○ 대판 2012도12363 판결 ★★
공정증서원본 또는 이와 동일한 전자기록 등 특수매체기록에 그 증명하는 사항에 관하여 실체관계에 부합하지 아니하는 '부실(不實)의 사실'을 기재 또는 기록하게 함으로써 성립하므로, 여기서 '부실의 사실'이란 권리의무관계에 중요한 의미를 갖는 사항이 객관적인 진실에 반하는 것을 말한다.

정답 ③

15 문서에 관한 죄에 대한 설명이다. 아래 설명 중 옳은 것은 모두 몇 개인가? (다툼이 있는 경우 판례에 의함) 〈22. 경찰간후〉

가. 허위공문서작성죄의 객체가 되는 문서에는 문서에 작성명의인이 명시된 것뿐 아니라 작성명의인이 명시되어 있지 않더라도 그 문서 자체에 의하여 작성명의인을 알 수 있는 경우도 포함한다.
나. 명의자의 명시적인 승낙이나 동의가 없다는 것을 알고 있었더라도 명의자가 문서작성 사실을 알았다면 승낙하였을 것이라고 기대하거나 예측한 경우에는 문서위조죄가 성립하지 않는다.
다. 권한 없는 자가 임의로 인감증명서의 사용용도란의 기재를 고쳐 쓴 경우 공무원 또는 공무소의 문서 내용에 대하여 변경을 가한 것으로 공문서변조죄가 성립한다.
라. 기존의 진정문서를 이용하여 문서를 변개하는 경우에도 문서의 중요 부분에 변경을 가하여 새로운 증명력을 가지는 별개의 문서를 작성하는 것은 문서의 변조가 아닌 위조에 해당한다.
마. 인감증명서 발급업무를 담당하는 공무원이 발급을 신청한 본인이 직접 출두한 바 없음에도 불구하고 본인이 직접 신청하여 발급받은 것처럼 인감증명서에 기재하였다면, 이는 공문서 위조죄를 구성한다.

① 1개 ② 2개 ③ 3개 ④ 4개

해설 가. ○ 대판 2018도18646 판결

나. × 대판 2011도6223 판결 ★★

사망한 사람 명의의 사문서에 대하여도 문서에 대한 공공의 신용을 보호할 필요가 있다는 점을 고려하면, 문서명의인이 이미 사망하였는데도 문서명의인이 생존하고 있다는 점이 문서의 중요한 내용을 이루거나 그 점을 전제로 문서가 작성되었다면 이미 문서에 관한 공공의 신용을 해할 위험이 발생하였다 할 것이므로, 그러한 내용의 문서에 관하여 사망한 명의자의 승낙이 추정된다는 이유로 사문서위조죄의 성립을 부정할 수는 없다.

다. × 대판 2004도2767 판결 ★★

인감증명의 신청과 인감증명서의 발급에 관한 법령의 규정에 의하면, 인감의 증명을 신청함에 있어서 그 용도가 부동산매도용일 경우에는 부동산매수자란에 매수자의 성명(법인인 경우에는 법인명), 주소 및 주민등록번호를 기재하여 신청하여야 하지만 그 이외의 경우에는 신청 당시 사용용도란을 기재하여야 하는 것은 아니고, 필요한 경우에 신청인이 직접 기재하여 사용하도록 되어 있으며, 사용용도에 따른 인감증명서의 유효기간에 관한 종전의 규정도 삭제되어 유효기간의 차이도 없으므로 인감증명서의 사용용도란의 기재는 증명청인 동장이 작성한 증명문구에 의하여 증명되는 부분과는 아무런 관계가 없다고 할 것이므로, 권한 없는 자가 임의로 인감증명서의 사용용도란의 기재를 고쳐 썼다고 하더라도 공무원 또는 공무소의 문서 내용에 대하여 변경을 가하여 새로운 증명력을 작출한 경우라고 볼 수 없으므로 공문서변조죄나 이를 전제로 하는 변조공문서행사죄가 성립되지는 않는다.

라. ○ 대판 2003도3729 판결

마. × 대판 97도1082 판결

인감증명서 발급업무를 담당하는 공무원이 발급을 신청한 본인이 직접 출두한 바 없음에도 불구하고 본인이 직접 신청하여 발급받은 것처럼 인감증명서에 기재하였다면, 이는 공문서위조죄가 아닌 허위공문서작성죄를 구성한다.

정답 ②

16 **문서에 관한 죄에 대한 설명으로 가장 적절하지 않은 것은? (다툼이 있는 경우 판례에 의함)**
〈21. 경찰공채 2차〉

① 甲이 콘도미니엄 입주민들의 모임인 A시설운영위원회의 대표로 선출된 후 A위원회가 대표성을 갖춘 단체라는 외양을 작출할 목적으로, 행정용 봉투에 A위원회의 한자와 한글 직인을 날인한 다음 자신의 인감증명서 중앙에 있는 '용도'란 부분에 이를 오려 붙이는 방법으로 인감증명서 1매를 작성하고, 이를 휴대전화로 촬영한 사진 파일을 입주민들이 참여하는 메신저 단체대화방에 게재한 경우에는 공문서위조 및 동행사죄가 성립하지 아니한다.

② 변호사 甲이 대량의 저작권법 위반 형사고소 사건을 수임하여 피고소인 30명을 각각 형사고소하기 위하여 20건 또는 10건의 고소장을 개별적으로 수사관서에 제출하면서 하나의 고소위임장에만 소속 변호사회에서 발급받은 진정한 경유증표 원본을 첨부한 후 이를 일체로 하여 컬러복사기로 20장 또는 10장의 고소위임장을 각 복사한 다음 고소위임장과 일체로 복사한 경유증표를 고소장에 첨부하여 접수한 경우에는 사문서위조 및 동행사죄가 성립한다.

③ 법무사 甲이 위임인 A가 문서명의자로부터 문서작성 권한을 위임받지 않았음을 알면서도 「법무사법」 제25조에 따른 확인절차를 거치지 아니하고 권리의무에 중대한 영향을 미칠 수 있는 문서를 작성한 경우에는 사문서위조죄가 성립한다.

④ 공무원 아닌 甲이 관공서에 허위 내용의 증명원을 제출하여 그 내용이 허위인 정을 모르는 담당공무원 A로부터 그 증명원 내용과 같은 증명서를 발급받은 경우에는 공문서위조죄의 간접정범으로 처벌된다.

해설 > ① ○ 대판 2019도8443 판결 ★★
중국인인 피고인이 콘도미니엄 입주민들의 모임인 갑 시설운영위원회의 대표로 선출된 후 갑 위원회가 대표성을 갖춘 단체라는 외양을 작출할 목적으로, 주민센터에서 가져온 행정용 봉투의 좌측 상단에 미리 제작해 둔 갑 위원회 한자 직인과 한글 직인을 날인한 다음 주민센터에서 발급받은 피고인의 인감증명서 중앙에 있는 '용도'란 부분에 이를 오려 붙이는 방법으로 인감증명서 1매를 작성하고, 이를 휴대전화로 촬영한 사진 파일을 갑 위원회에 가입한 입주민들이 참여하는 메신저 단체대화방에 게재하였다고 하여 공문서위조 및 위조공문서행사로 기소된 사안에서, <u>피고인이 만든 문서가 공문서로서의 외관과 형식을 갖추었다고 인정하기 어렵고, 이를 사진촬영한 파일을 단체대화방에 게재한 행위가 위조공문서행사죄에 해당할 수도 없다.</u>
② ○ 대판 2016도2081 판결 ★★
③ ○ 대판 2007도9987 판결

④ × 대판 2000도938 판결
어느 문서의 작성권한을 갖는 공무원이 그 문서의 기재 사항을 인식하고 그 문서를 작성할 의사로써 이에 서명날인하였다면, 설령 그 서명날인이 타인의 기망으로 착오에 빠진 결과 그 문서의 기재사항이 진실에 반함을 알지 못한 데 기인한다고 하여도, 그 문서의 성립은 진정하며 여기에 하등 작성명의를 모용한 사실이 있다고 할 수는 없으므로, 공무원 아닌 자가 관공서에 허위 내용의 증명원을 제출하여 그 내용이 허위인 정을 모르는 담당공무원으로부터 그 증명원 내용과 같은 증명서를 발급받은 경우 공문서위조죄의 간접정범으로 의율할 수는 없다.

정답 ④

17 공공의 신용에 대한 죄에 관한 설명으로 가장 적절하지 않은 것은? (다툼이 있는 경우 판례에 의함)
〈22. 경찰공채 1차〉

① 사용권한자와 용도가 특정되어 있는 공문서를 사용권한 없는 자가 사용한 경우 그 공문서 본래의 용도에 따른 사용이 아니라 하더라도 「형법」 제230조의 공문서부정행사죄가 성립된다.

② 문서가 위조된 것임을 이미 알고 있는 공범자 등에게 행사하는 경우에는 위조문서행사죄가 성립할 수 없으나, 간접정범을 통한 위조문서행사범행에 있어 도구로 이용된 자라고 하더라도 문서가 위조된 것임을 알지 못하는 자에게 행사한 경우에는 위조문서행사죄가 성립한다.

③ 인터넷을 통하여 열람·출력한 등기사항전부증명서 하단의 열람 일시 부분을 수정 테이프로 지우고 복사한 행위는 공문서 변조에 해당한다.

④ 위조된 외국의 화폐, 지폐 또는 은행권이 강제통용력을 가지지 않고, 그 화폐 등이 국내에서 사실상 거래 대가의 지급수단이 되고 있지 않는 경우에는 그 화폐 등을 행사하더라도 위조통화행사죄를 구성하지 않는다고 할 것이므로, 「형법」 제234조에서 정한 위조 사문서행사죄 또는 위조사도화행사죄로 의율할 수 있다.

해설 ① × 대판 2002도4935 판결 ★★★ 중요판례

판례

사용권한자와 용도가 특정되어 있는 공문서를 사용권한 없는 자가 사용한 경우에도 그 공문서 본래의 용도에 따른 사용이 아닌 경우에는 형법 제230조의 공문서부정행사죄가 성립하지 아니하는바, 주민등록법 제17조의8 제1항, 제2항, 제17조의9 제1항 등에 의하면, 주민등록증은 시장·군수 또는 구청장이 관할구역 안에 주민등록이 된 자 중 17세 이상의 자에 대하여 주민의 성명, 사진, 주민등록번호, 주소, 지문 등을 수록하여 발급하는 문서로서 국가기관·지방자치단체·공공단체·사회단체·기업체 등에서 그 업무를 수행함에 있어 대상자의 신분을 확인하기 위하여 사용할 수 있도록 한 것이므로, 기록에 의하여 알 수 있는 바와 같이 피고인이 이동전화기대리점 직원에게 기왕에 습득한 김혜경의 주민등록증을 내보이고 김혜경이 피고인의 어머니인데 어머니의 허락을 받았다고 속여 동인의 이름으로 이동전화 가입신청을 하거나, 습득한 강영정의 주민등록증을 내보이면서 강영정이 피고인의 누나인데 이동전화기를 구해오라고 하였다고 속이고 피고인의 이름을 가명으로 하여 이동전화 가입신청을 하면서 그 때마다 이동전화기를 교부받았다고 하더라도, 피고인이 김혜경 또는 강영정의 주민등록증을 사용한 것이 타인의 주민등록증을 그 본래의 사용용도인 신분확인용으로 사용한 것이라고 볼 수 없어 공문서부정행사죄가 성립하지 아니한다.

사용권한자와 용도가 특정되어 있는 공문서를 사용권한 없는 자가 사용한 경우에도 그 공문서 본래의 용도에 따른 사용이 아닌 경우에는 형법 제230조의 공문서부정행사죄가 성립하지 아니하는바, 주민등록법 제17조의8 제1항, 제2항, 제17조의9 제1항 등에 의하면, 주민등록증은 시장·군수 또는 구청장이 관할구역 안에 주민등록이 된 자 중 17세 이상의 자에 대하여 주민의 성명, 사진, 주민등록번호, 주소, 지문 등을 수록하여 발급하는 문서로서 국가기관·지방자치단체·공공단체·사회단체·기업체 등에서 그 업무를 수행함에 있어 대상자의 신분을 확인하기 위하여 사용할 수 있도록 한 것이므로, 기록에 의하여 알 수 있는 바와 같이 피고인이 이동전화기대리점 직원에게 기왕에 습득한 김혜경의 주민등록증을 내보이고 김혜경이 피고인의 어머니인데 어머니의 허락을 받았다고 속여 동인의 이름으로 이동전화 가입신청을 하거나, 습득한 강영정의 주민등록증을 내보이면서 강영정이 피고인의 누나인데 이동전화기를 구해오라고 하였다고 속이고 피고인의 이름을 가명으로 하여 이동전화 가입신청을 하면서 그 때마다 이동전화기를 교부받았다고 하더라도, 피고인이 김혜경 또는 강영정의 주민등록증을 사용한 것이 타인의 주민등록증을 그 본래의 사용용도인 신분확인용으로 사용한 것이라고 볼 수 없어 공문서부정행사죄가 성립하지 아니한다.

② ○ 대판 2011도14441 판결 ★★★ 중요판례

위조문서행사죄에 있어서 행사는 위조된 문서를 진정한 것으로 사용함으로써 문서에 대한 공공의 신용을 해칠 우려가 있는 행위를 말하므로 그 행사의 상대방에는 아무런 제한이 없고, 다만 문서가 위조된 것임을 이미 알고 있는 공범자 등에게 행사하는 경우에는 위조문서행사죄가 성립할 수 없으나(대법원 2005.1.28. 선고 2004도4663 판결 참조), 간접정범을 통한 위조문서행사범행에 있어 도구로 이용된 자라고 하더라도 문서가 위조된 것임을 알지 못하는 자에게 행사한 경우에는 위조문서행사죄가 성립한다.

③ ○ 대판 2018도19043 판결 ★★★ 중요판례
피고인이 인터넷을 통하여 출력한 등기사항전부증명서 하단의 열람일시 부분을 수정 테이프로 지우고 복사한 행위가 공문서변조에 해당하는지 문제된 사건[대법원 2021.2.25. 선고 중요판결] ★★★
공문서변조죄는 권한 없는 자가 공무소 또는 공무원이 이미 작성한 문서내용에 대하여 동일성을 해하지 않을 정도로 변경을 가하여 새로운 증명력을 작출케 함으로써 공공적 신용을 해할 위험성이 있을 때 성립한다(대법원 2003.12.26. 선고 2002도7339 판결 등 참조). 이때 일반인으로 하여금 공무원 또는 공무소의 권한 내에서 작성된 문서라고 믿을 수 있는 형식과 외관을 구비한 문서를 작성하면 공문서변조죄가 성립하는 것이고, 일반인으로 하여금 공무원 또는 공무소의 권한 내에서 작성된 문서라고 믿게 할 수 있는지 여부는 그 문서의 형식과 외관은 물론 그 문서의 작성경위, 종류, 내용 및 일반거래에 있어서 그 문서가 가지는 기능 등 여러 가지 사정을 종합적으로 고려하여 판단하여야 한다(공문서위조죄에 관한 대법원 1992.11.27. 선고 92도2226 판결 및 사문서위조죄에 관한 대법원 2009.7.23. 선고 2008도10195 판결 등 참조).
④ ○ 대판 2012도2249 판결
형법상 통화에 관한 죄는 문서에 관한 죄에 대하여 특별관계에 있으므로 통화에 관한 죄가 성립하는 때에는 문서에 관한 죄는 별도로 성립하지 않는다. 그러나 1) 위조된 외국의 화폐, 지폐 또는 은행권이 강제통용력을 가지지 않는 경우에는 형법 제207조 제3항에서 정한 '외국에서 통용하는 외국의 화폐 등'에 해당하지 않고, 나아가 그 화폐 등이 국내에서 사실상 거래 대가의 지급수단이 되고 있지 않는 경우에는 형법 제207조 제2항에서 정한 '내국에서 유통하는 외국의 화폐 등'에도 해당하지 않으므로,
2) 그 화폐 등을 행사하더라도 형법 제207조 제4항에서 정한 위조통화행사죄를 구성하지 않는다고 할 것이고, 따라서 이러한 경우에는 형법 제234조에서 정한 위조사문서행사죄 또는 위조사도화행사죄로 의율할 수 있다고 보아야 한다.

정답 ①

18 **사회적 법익에 대한 죄에 관한 설명으로 가장 적절하지 않은 것은? (다툼이 있는 경우 판례에 의함)** 〈22. 경찰공채 1차〉

① 「민사조정법」상의 조정절차에서 작성되는 조정조서는 공정증서원본 불실기재죄에서의 공정증서원본에 해당한다.

② 단순히 자신의 신용력을 증명하기 위하여 타인에게 보일 목적으로 통화를 위조한 경우에는 통화위조죄가 성립하지 않는다.

③ 공무원의 문서작성을 보조하는 직무에 종사하는 공무원이 허위 공문서를 기안하여 결재를 거치지 않고 임의로 작성권자의 직인 등을 부정 사용함으로써 공문서를 완성한 경우 공문서위조죄가 성립한다.

④ 불을 놓아 무주물을 불태워 공공의 위험을 발생하게 한 경우에는 「형법」 제167조 제2항의 자기소유일반물건방화죄가 성립한다.

해설> ① × 대판 2010도3232 판결

민사조정법상 조정신청에 의한 조정제도는 원칙적으로 조정신청인의 신청 취지에 구애됨이 없이 조정담당판사 등이 제반 사정을 고려하여 당사자들에게 상호 양보하여 합의하도록 권유·주선함으로써 화해에 이르게 하는 제도인 점에 비추어, 그 조정절차에서 작성되는 조정조서는 그 성질상 허위신고에 의해 불실한 사실이 그대로 기재될 수 있는 공문서로 볼 수 없어 공정증서원본에 해당하는 것으로 볼 수 없다.

② ○ 대판 2011도7704 판결

형법 제207조 소정의 '행사할 목적'이란 유가증권위조의 경우와 달리, 위조, 변조한 통화를 진정한 통화로서 유통에 놓겠다는 목적을 말하므로, 자신의 신용력을 증명하기 위하여 타인에게 보일 목적으로 통화를 위조한 경우에는 행사할 목적이 있다고 할 수 없다.

③ ○ 아래 판례 참조 ★★★ 중요판례

판례

〈대판 2016도13912 판결〉

허위공문서작성죄의 주체는 그 문서를 작성할 권한이 있는 명의인인 공무원에 한하고, 그 공무원의 문서작성을 보조하는 직무에 종사하는 공무원은 위 죄의 주체가 되지 못하므로

1) 보조 공무원이 허위공문서를 기안하여 그 정을 모르는 작성권자의 결재를 받아 공문서를 완성한 때에는 허위공문서작성죄의 간접정범이 되고,

2) 결재를 거치지 않고 임의로 허위내용의 공문서를 완성한 때에는 공문서위조죄가 성립한다.

④ ○ 아래 판례 참조 ★★★ 중요판례

판례

〈대판 2009도7421 판결〉

[1] 형법 제167조 제2항은 방화의 객체인 물건이 자기의 소유에 속한 때에는 같은 조 제1항보다 감경하여 처벌하는 것으로 규정하고 있는바, 방화죄는 공공의 안전을 제1차적인 보호법익으로 하지만 제2차적으로는 개인의 재산권을 보호하는 것이라고 볼 수 있는 점, 현재 소유자가 없는 물건인 무주물에 방화하는 경우에 타인의 재산권을 침해하지 않는 점은 자기의 소유에 속한 물건을 방화하는 경우와 마찬가지인 점, 무주의 동산을 소유의 의사로 점유하는 경우에 소유권을 취득하는 것에 비추어(민법 제252조) 무주물에 방화하는 행위는 그 무주물을 소유의 의사로 점유하는 것이라고 볼 여지가 있는 점 등을 종합하여 보면, 불을 놓아 무주물을 소훼하여 공공의 위험을 발생하게 한 경우에는 '무주물'을 '자기 소유의 물건'에 준하는 것으로 보아 형법 제167조 제2항을 적용하여 처벌하여야 한다.

[2] 노상에서 전봇대 주변에 놓인 재활용품과 쓰레기 등에 불을 놓아 소훼한 사안에서, 그 재활용품과 쓰레기 등은 '무주물'로서 형법 제167조 제2항에 정한 '자기 소유의 물건'에 준하는 것으로 보아야 하므로, 여기에 불을 붙인 후 불상의 가연물을 집어넣어 그 화염을 키움으로써 전선을 비롯한 주변의 가연물에 손상을 입히거나 바람에 의하여 다른 곳으로 불이 옮아붙을 수 있는 공공의 위험을 발생하게 하였다면, 일반물건방화죄가 성립한다.

정답 ①

제3절 도박 등에 관련된 죄

01 도박의 죄에 관한 설명 중 옳은 것은 모두 몇 개인가? (다툼이 있는 경우 판례에 의함)

〈22. 경찰공채 2차〉

㉠ 영리의 목적으로 속칭 포커나 고스톱 등의 인터넷 도박게임 사이트를 개설하여 운영하는 경우, 게임이용자들이 그 도박게임 사이트에 접속하여 실제로 도박이 행하여진 때에 도박개장죄는 기수에 이른다.
㉡ 사기도박의 경우 도박에서의 우연성이 결여되어 사기죄만 성립하고, 사기도박에 필요한 준비를 갖추고 그러한 의도로 피해자들에게 도박에 참가하도록 권유한 때 또는 늦어도 그 정을 알지 못하는 피해자들이 도박에 참가한 때 실행의 착수가 인정된다.
㉢ 상습도박죄에 있어서의 상습성이란 반복하여 도박행위를 하는 습벽으로서 행위자의 속성을 말하는데, 이러한 습벽의 유무를 판단함에 있어서는 도박의 전과나 도박횟수 등이 중요한 판단자료가 되나, 도박전과가 없다 하더라도 도박의 성질과 방법, 도금의 규모, 도박에 가담하게 된 태양 등의 제반 사정을 참작하여 도박의 습벽이 인정되는 경우에는 상습성을 인정할 수 있다.
㉣ 도박행위가 공갈죄의 수단이 된 경우, 공갈죄와 도박죄는 그 구성요건과 보호법익을 달리하고 있고, 공갈죄의 성립에 일반적·전형적으로 도박행위를 수반하는 것은 아니기에 공갈죄와 별도로 도박죄가 성립한다.

① 1개 ② 2개
③ 3개 ④ 4개

해설 ㉠ × 대판2008도5282 판결

도박개장죄는 영리의 목적으로 도박을 개장하면 기수에 이르고, 현실로 도박이 행하여졌음은 묻지 않는다. 따라서 영리의 목적으로 속칭 포커나 바둑이, 고스톱 등의 인터넷 도박게임 사이트를 개설하여 운영하는 경우, 현실적으로 게임이용자들로부터 돈을 받고 게임머니를 제공하고 게임이용자들이 위 도박게임 사이트에 접속하여 도박을 하여, 위 게임으로 획득한 게임머니를 현금으로 환전해 주는 방법 등으로 게임이용자들과 게임회사 사이에 있어서 재물이 오고갈 수 있는 상태에 있으면, 게임이용자가 위 도박게임 사이트에 접속하여 실제 게임을 하였는지 여부와 관계없이 도박개장죄는 '기수'에 이른다.

㉡ ○ 대판 2010도9330 판결

사기죄는 편취의 의사로 기망행위를 개시한 때에 실행에 착수한 것으로 보아야 하므로, 사기도박에서도 사기적인 방법으로 도금을 편취하려고 하는 자가 상대방에게 도박에 참가할 것을 권유하는 등 기망행위를 개시한 때에 실행의 착수가 있는 것으로 보아야 한다.

㉢ ○ 대판 95도955 판결 ★★

상습도박죄에 있어서의 상습성이라 함은 반복하여 도박행위를 하는 습벽으로서 행위자의 속성을 말하는데, 이러한 습벽의 유무를 판단함에 있어서는 도박의 전과나 도박횟수 등이 중요한 판단자료가 되나 도박전과가 없다 하더라도 도박의 성질과 방법, 도금의 규모, 도박에 가담하게 된 태양 등의 제반 사정을 참작하여 도박의 습벽이 인정되는 경우에는 상습성을 인정하여도 무방하다.

㉣ ○ 대판 2014도212 판결

공갈죄와 도박죄는 그 구성요건과 보호법익을 달리하고 있고, 공갈죄의 성립에 일반적 · 전형적으로 도박행위를 수반하는 것은 아니며, 도박행위가 공갈죄에 비하여 별도로 고려되지 않을 만큼 경미한 것이라고 할 수도 없으므로, 도박행위가 공갈죄의 수단이 되었다 하여 그 도박행위가 공갈죄에 흡수되어 별도의 범죄를 구성하지 않는다고 할 수 없다.

정답 ③

제3장 재산 등에 관한 죄

제1절 재산죄의 기본개념

01 재산범죄에 대한 설명으로 옳지 않은 것은? (다툼이 있는 경우 판례에 의함)

〈23. 경찰대 편입〉

① 강도죄는 재물탈취의 방법으로 폭행, 협박을 사용하는 행위를 처벌하는 것이므로 폭행, 협박으로 타인의 재물을 탈취한 이상 피해자가 우연히 재물탈취 사실을 알지 못하였다고 하더라도 강도죄는 성립한다.

② 타인으로부터 금전을 차용함에 있어서 차용한 금전의 용도나 변제할 자금의 마련방법에 관하여 사실대로 고지하였더라면 상대방이 응하지 않았을 경우에, 그 용도나 변제자금의 마련방법에 관하여 진실에 반하는 사실을 고지하여 금전을 교부받은 경우 사기죄가 성립한다.

③ 甲이 회사 내 컴퓨터에 저장한 정보를 가지고 갈 목적으로 출력하여 생성시킨 문서는, 회사의 업무와 관계없이 생성된 것이라고 하더라도, 甲이 이를 가지고 간 경우에는 절도죄가 성립한다.

④ 부동산에 대한 공갈죄는 그 부동산에 관하여 소유권이전등기를 경료받거나 또는 인도를 받은 때에 기수로 되는 것이고, 소유권이전등기에 필요한 서류를 교부받은 때에 기수로 되어 그 범행이 완료되는 것은 아니다.

⑤ 단순히 보수를 받고 본범을 위하여 장물을 일시 사용하거나 그와 같이 사용할 목적으로 장물을 건네받은 행위는 장물취득죄가 되지 않는다.

해설 ① ○ 대판 2010도9630 판결
강도죄는 재물탈취의 방법으로 폭행, 협박을 사용하는 행위를 처벌하는 것이므로 폭행, 협박으로 타인의 재물을 탈취한 이상 피해자가 우연히 재물탈취 사실을 알지 못하였다고 하더라도 강도죄는 성립하고, 폭행, 협박당한 자가 탈취당한 재물의 소유자 또는 점유자일 것을 요하지도 아니하며, 강간범인이 부녀를 강간할 목적으로 폭행, 협박에 의하여 반항을 억압한 후 반항억압 상태가 계속 중임을 이용하여 재물을 탈취하는 경우에는 재물탈취를 위한 새로운 폭행, 협박이 없더라도 강도죄가 성립한다.

② ○ 대판 2003도5382 판결
타인으로부터 금전을 차용함에 있어 그 용도나 변제자금의 마련방법에 관하여 진실에 반하는 사실을 고지하여 금전을 교부받은 경우, 사기죄의 성립 여부(적극)

③ × 대판 2002도745 판결

컴퓨터에 저장된 정보가 절도죄의 객체로서 재물에 해당하는지 여부(소극) 및 이를 복사하거나 출력해간 경우 절도죄를 구성하는지 여부(소극)...절도죄의 객체는 관리가능한 동력을 포함한 '재물'에 한한다 할 것이고, 또 절도죄가 성립하기 위해서는 그 재물의 소유자 기타 점유자의 점유 내지 이용가능성을 배제하고 이를 자신의 점유하에 배타적으로 이전하는 행위가 있어야만 할 것인바, 컴퓨터에 저장되어 있는 '정보' 그 자체는 유체물이라고 볼 수도 없고, 물질성을 가진 동력도 아니므로 재물이 될 수 없다 할 것이며, 또 이를 복사하거나 출력하였다 할지라도 그 정보 자체가 감소하거나 피해자의 점유 및 이용가능성을 감소시키는 것이 아니므로 그 복사나 출력 행위를 가지고 절도죄를 구성한다고 볼 수도 없다.

④ ○ 대판 92도1506 판결

부동산에 대한 공갈죄는 그 부동산에 관하여 소유권이전등기를 경료받거나 또는 인도를 받은 때에 기수로 되는 것이고, 소유권이전등기에 필요한 서류를 교부 받은 때에 기수로 되어 그 범행이 완료되는 것은 아니다.

⑤ ○ 대판 2003도1366 판결

장물취득죄에서 '취득'이라고 함은 점유를 이전받음으로써 그 장물에 대하여 사실상의 처분권을 획득하는 것을 의미하는 것이므로, 단순히 보수를 받고 본범을 위하여 장물을 일시 사용하거나 그와 같이 사용할 목적으로 장물을 건네받은 것만으로는 장물을 취득한 것으로 볼 수 없다.

정답 ③

02 **재산죄에 관한 설명 중 가장 적절하지 않은 것은? (다툼이 있는 경우 판례에 의함)**

〈22. 경찰공채 2차〉

① 절도죄, 강도죄, 공갈죄는 탈취죄에 속한다.

② 영득죄는 범죄성립에 불법영득의사를 필요로 하고, 손괴죄는 이를 필요로 하지 않는다.

③ 강도죄, 사기죄, 공갈죄는 재물죄인 동시에 이득죄이다.

④ 영득죄는 침해방법에 따라 탈취죄와 편취죄로 나눌 수 있다.

해설 > ① × 공갈죄는 편취죄에 속한다.

② ○

③ ○

④ ○

정답 ①

03 **재산죄에 대한 설명이다. 아래 설명 중 옳고 그름의 표시 (○, ×)가 바르게 된 것은? (다툼이 있는 경우 판례에 의함)** 〈22. 경찰간후〉

가. 甲이 乙의 영업점 내에 있는 乙 소유의 휴대전화를 허락 없이 가지고 나와 통화를 하고 문자메시지를 주고받은 다음 약 1~2시간 후 乙에게 아무런 말을 하지 않고 위 영업점 정문 옆 화분에 놓아두고 간 경우, 이로 인하여 이 사건 휴대전화 자체가 가지는 경제적 가치가 상당한 정도로 소모되었다고는 볼 수 없고 불과 약 2시간 만에 반환하였으므로, 甲에게 불법영득의 의사가 있었다고 볼 수 없다.

나. 甲이 피담보채권인 공사대금 채권을 실제와 달리 허위로 크게 부풀려 유치권에 의한 경매를 신청한 경우 甲의 행위는 소송사기죄의 실행의 착수에 해당한다.

다. 甲이 술집 운영자 乙로부터 술값의 지급을 요구받자 乙을 유인・폭행하고 도주함으로써 술값의 지급을 면하여 재산상 이익을 취득하고 상해를 가한 경우, 甲이 乙에게 지급해야 할 술값의 지급을 면하여 재산상 이익을 취득하고 乙을 폭행 하였으므로 甲의 행위에 대해 준강도죄가 성립한다.

라. 甲이 乙의 사무실에서 乙 명의의 은행통장을 몰래 가지고 나와 예금 천만 원을 인출한 후 다시 그 은행통장을 제자리에 갖다 놓은 경우, 甲의 행위로 인하여 그 은행통장 자체가 가지는 경제적 가치가 그 인출된 예금액만큼 소모되었다고 할 수 없고 또한 통장을 사용하고 곧 반환하였기에 이 사건 통장에 대한 甲의 불법영득의사는 인정되지 않는다.

마. 甲이 乙의 핸드백에서 직불카드를 꺼내어 은행지점에서 위 카드를 이용하여 예금을 자기의 은행계좌로 이체시킨 다음, 乙과 헤어진지 3시간이 지난 무렵에 위 카드를 乙에게 반환한 경우 직불카드에 대한 甲의 불법영득의사는 인정되지 않는다.

① 가 (○) 나 (×) 다 (○) 라 (×) 마 (○)

② 가 (×) 나 (○) 다 (○) 라 (○) 마 (×)

③ 가 (○) 나 (×) 다 (×) 라 (○) 마 (×)

④ 가 (×) 나 (○) 다 (×) 라 (×) 마 (○)

해설 가. × 아래 판례 참조 ★★

판례

〈대판 2012도1132 판결〉

① 피고인은 피해자의 허락 없이 피해자가 운영하는 '○○스포츠피부' 영업점 내에 있는 이 사건 휴대전화를 가지고 나와 승용차를 운전하고 가다가 신원미상의 여자 2명을 승용차에 태운 후 그들에게 이 사건 휴대전화를 사용하게 한 사실,

② 피고인이 이 사건 휴대전화를 가지고 나온 약 1~2시간 후 피해자에게 아무런 말을 하지 않고 위 영업점 정문 옆에 있는 화분에 이 사건 휴대폰을 놓아두고 간 사실을 알 수 있다.

사실관계가 이와 같다면, 피고인은 이 사건 휴대전화를 자신의 소유물과 같이 그 경제적 용법에 따라 이용하다가 본래의 장소와 다른 곳에 유기한 것에 다름 아니므로 피고인에게 불법영득의 의사가 있었다고 할 것이다.

나. ○ 대판 2012도9603 판결 ★★★ 중요판례

유치권에 의한 경매를 신청한 유치권자는 일반채권자와 마찬가지로 피담보채권액에 기초하여 배당을 받게 되는 결과 피담보채권인 공사대금 채권을 실제와 달리 허위로 크게 부풀려 유치권에 의한 경매를 신청할 경우 정당한 채권액에 의하여 경매를 신청한 경우보다 더 많은 배당금을 받을 수도 있으므로, 이는 법원을 기망하여 배당이라는 법원의 처분행위에 의하여 재산상 이익을 취득하려는 행위로서, 불능범에 해당한다고 볼 수 없고, 소송사기죄의 실행의 착수에 해당한다.

판례

유치권은 타인의 물건이나 유가증권의 점유자가 그 물건이나 유가증권에 관한 채권의 전부를 변제받을 때까지, 그 물건이나 유가증권을 유치해 둘 수 있는 담보물권이다. 민법에 규정되어 있는 8가지 물권 중 하나이다.

사업자 갑이 빌딩을 짓기 위해 을 건설사와 100억원짜리 건물공사계약을 했다. 공사 진행이 막바지에 이를 때 갑자기 경제가 어려워져 사업자 갑이을 건설회사에 지불할 공사대금 100억원을 마련하지 못했다. 이때 을 공사회사가 "공사대금 100억원을 모두 변제하면 그 때 건물을 인도하겠다."고 하고 건물을 점유할 수 있는데, 이를 유치권이라고 한다.

제27조(불능범)

실행의 수단 또는 대상의 착오로 인하여 결과의 발생이 불가능하더라도 위험성이 있는 때에는 처벌한다. 단, 형을 감경 또는 면제할 수 있다.

〈불능범과 불능미수 차이〉

불능범은 범행이 단순 불가능해진 경우이고, 불능미수는 범행이 불가능해진 것에 추가적으로 위험성이 있다는 점에서 차이가 있다.
불능미수는 (i) 실행의 착수, (ii) 결과발생의 불가능, (iii) 위험성이 요구된다.
처벌은 장애미수 > 불능미수 > 중지미수
불능미수가 성립하기 위해서는 ① 실행의 착수, ② 결과발생의 불가능, ③ 위험성이 요구된다.

> **第25條(미수범)**
> ① 범죄의 실행에 착수하여 행위를 종료하지 못하였거나 결과가 발생하지 아니한 때에는 미수범으로 처벌한다.
> ② 미수범의 형은 기수범보다 감경할 수 있다.
>
> **第26條(중지범)**
> 범인이 실행에 착수한 행위를 자의(自意)로 중지하거나 그 행위로 인한 결과의 발생을 자의로 방지한 경우에는 형을 감경하거나 면제한다.

다. × 대판 2014도2521 판결 ★★★ 중요판례

피고인이 술집 운영자 甲으로부터 술값의 지급을 요구받자 甲을 유인·폭행하고 도주함으로써 술값의 지급을 면하여 재산상 이익을 취득하고 상해를 가하였다고 하여 강도상해로 기소되었는데, 원심이 위 공소사실을 '피고인이 甲에게 지급해야 할 술값의 지급을 면하여 재산상 이익을 취득하고 甲을 폭행하였다'는 범죄사실로 인정하여 준강도죄를 적용한 사안에서, 원심이 인정한 범죄사실에는 그 자체로 절도의 실행에 착수하였다는 내용이 포함되어 있지 않음에도 준강도죄를 적용하여 유죄로 인정한 원심판결에 준강도죄의 주체에 관한 법리오해의 잘못이 있다.

라. × 대판 2009도9008 판결 ★★★ 중요판례

예금통장은 예금채권을 표창하는 유가증권이 아니고 그 자체에 예금액 상당의 경제적 가치가 화체되어 있는 것도 아니지만, 이를 소지함으로써 예금채권의 행사자격을 증명할 수 있는 자격증권으로서 예금계약사실 뿐 아니라 예금액에 대한 증명기능이 있고 이러한 증명기능은 예금통장 자체가 가지는 경제적 가치라고 보아야 하므로, 예금통장을 사용하여 예금을 인출하게 되면 그 인출된 예금액에 대하여는 예금통장 자체의 예금액 증명기능이 상실되고 이에 따라 그 상실된 기능에 상응한 경제적 가치도 소모된다고 할 수 있다. 그렇다면 타인의 예금통장을 무단사용하여 예금을 인출한 후 바로 예금통장을 반환하였다 하더라도 그 사용으로 인한 위와 같은 경제적 가치의 소모가 무시할 수 있을 정도로 경미한 경우가 아닌 이상, 예금통장 자체가 가지는 예금액 증명기능의 경제적 가치에 대한 불법영득의 의사를 인정할 수 있으므로 절도죄가 성립한다.

마. ○ 대판 2005도7819 판결 ★★★ 중요판례

타인의 재물을 점유자의 승낙 없이 무단 사용하는 경우에 있어서 그 사용으로 인하여 물건 자체가 가지는 경제적 가치가 상당한 정도로 소모되거나 또는 사용 후 그 재물을 본래 있었던 장소가 아닌 다른 장소에 버리거나 곧 반환하지 아니하고 장시간 점유하고 있는 것과 같은 때에는 그 소유권 또는 본권을 침해할 의사가 있다고 보아 불법영득의 의사를 인정할 수 있을 것이나, 그렇지 않고 그 사용으로 인한 가치의 소모가 무시할 수 있을 정도로 경미하고, 또한 사용 후 곧 반환한 것과 같은 때에는 그 소유권 또는 본권을 침해할 의사가 있다고 할 수 없어 불법영득의 의사가 있다고 인정할 수 없다(대법원 1987.12.8. 선고 87도1959 판결, 1992.4.24. 선고 92도118 판결, 1999.7.9. 선고 99도857 판결 등 참조). 그런데 은행이 발급한 직불카드를 사용하여 타인의 예금계좌에서 자기의 예금계좌로 돈을 이체시켰다 하더라도 직불카드 자체가 가지는 경제적 가치가 계좌이체된 금액만큼 소모되었다고 할 수는 없으므로 이를 일시 사용하고 곧 반환한 경우에는 그 직불카드에 대한 불법영득의 의사는 없다고 보아야 한다(대법원 1998.11.10. 선고 98도2642 판결, 위 99도857 판결 등 참조).

정답 ④

04 **재산죄에 관한 설명으로 옳지 않은 것은 모두 몇 개인가? (다툼이 있는 경우 판례에 의함)** 〈23. 경찰공채 2차〉

> ㉠ 회사직원이 퇴사한 후에는 특별한 사정이 없는 한 더 이상 업무상배임죄에서 타인의 사무를 처리하는 자의 지위에 있다고 볼 수 없어, 퇴사한 회사직원이 반환하거나 폐기하지 아니한 영업비밀 등을 경쟁업체에 유출하거나 스스로의 이익을 위하여 이용하더라도 그 유출 내지 이용행위에 대하여는 따로 업무상배임죄를 구성할 여지는 없다.
> ㉡ A는 드라이버를 구매하기 위해 특정 매장에 방문하였다가 자신의 지갑을 떨어뜨렸는데, 10분쯤 후 甲이 같은 매장에서 우산을 구매하고 계산을 마친 뒤, 그 지갑을 발견하여 습득한 매장 주인 B로부터 "이 지갑이 선생님 지갑이 맞느냐?"라는 질문을 받자 "내 것이 맞다."라고 대답한 후 이를 교부받아 가지고 갔다면 甲에게는 절도죄가 아니라 사기죄가 성립한다.
> ㉢ 업무상배임죄에 있어 '재산상 이익 취득'과 '재산상 손해 발생'은 대등한 범죄성립요건이고, 따라서 임무위배행위로 인하여 여러 재산상 이익과 손해가 발생하더라도 재산상 이익과 손해 사이에 서로 대응하는 관계에 있는 등 일정한 관련성이 인정되어야 업무상배임죄가 성립한다.
> ㉣ 주류회사 이사인 甲은 A를 상대로 주류대금 청구소송을 제기한 민사 분쟁 중에 A의 착오로 위 주류회사 명의 계좌로 송금된 4,700,000원을 보관하게 되었고, 이후 A로부터 해당 금원이 착오 송금된 것이라는 사정을 문자메시지를 통해 고지받았음에도 불구하고, 甲 본인이 주장하는 채권액인 1,108,310원을 임의로 상계 정산하여 반환을 거부하였다면, 설령 나머지 금액을 반환하고 상계권 행사의 의사를 충분히 밝혔다 하더라도 甲에게는 횡령죄가 성립한다.

① 0개 ② 1개 ③ 2개 ④ 3개

해설 > ㉠ ○ 대판 2017도3808 판결
업무상배임죄의 주체는 타인의 사무를 처리하는 지위에 있어야 한다. 따라서 회사직원이 재직 중에 영업비밀 또는 영업상 주요한 자산을 경쟁업체에 유출하거나 스스로의 이익을 위하여 이용할 목적으로 무단으로 반출하였다면 타인의 사무를 처리하는 자로서 업무상의 임무에 위배하여 유출 또는 반출한 것이어서 유출 또는 반출 시에 업무상배임죄의 기수가 된다. 또한 회사직원이 영업비밀 등을 적법하게 반출하여 반출행위가 업무상배임죄에 해당하지 않는 경우라도, 퇴사 시에 영업비밀 등을 회사에 반환하거나 폐기할 의무가 있음에도 경쟁업체에 유출하거나 스스로의 이익을 위하여 이용할 목적으로 이를 반환하거나 폐기하지 아니하였다면, 이러한 행위 역시 퇴사 시에 업무상배임죄의 기수가 된다.
그러나 회사직원이 퇴사한 후에는 특별한 사정이 없는 한 퇴사한 회사직원은 더 이상 업무상배임죄에서 타인의 사무를 처리하는 자의 지위에 있다고 볼 수 없고, 위와 같이 반환하거나 폐기하지 아니한 영업비밀 등을 경쟁업체에 유출하거나 스스로의 이익을 위하여 이용하더라도 이는 이미 성립한 업무상배임 행위의 실행행위에 지나지 아니하므로, 그 유출 내지 이용행위가 부정경쟁방지 및 영업비밀보호에 관한 법률 위반(영업비밀누설등)죄에 해당하는지는 별론으로 하더라도, 따로 업무상배임죄를 구성할 여지는 없다. 그리고 위와 같이 퇴사한 회사직원에 대하여 타인의 사무를 처리하는 자의 지위를 인정할 수 없는 이상 제3자가 위와 같은 유출 내지 이용행위에 공모·가담하였더라도 타인의 사무를 처리하는 자의 지위에 있다는 등의 사정이 없는 한 업무상배임죄의 공범 역시 성립할 수 없다.
㉡ ○ 대판 2022도12494 판결 ★★★ 중요판례
피해자 甲은 드라이버를 구매하기 위해 특정 매장에 방문하였다가 지갑을 떨어뜨렸는데, 10분쯤 후 피고인이 같은 매장에서 우산을 구매하고 계산을 마친 뒤, 지갑을 발견하여 습득한 매장 주인 乙로부터 "이 지갑이 선생님 지갑이 맞느냐?"라는 질문을 받자 "내 것이 맞다."라고 대답한 후 이를 교부받아 가지고 간 사안에서, 乙은 지갑을 습득하여 진정한 소유자에게 돌려주어야 하는 지위에 있으므로 甲을 위하여 이를 처분할 수 있는 권능을 갖거나 그 지위에 있었으며, 이러한 처분 권능과 지위에 기초하여 지갑의 소유자라고 주장하는 피고인에게 지갑을 교부하였고 이를 통해 피고인이 지갑을 취득하여 자유로운 처분이 가능한 상태가 되었으므로, 乙의 행위는 사기죄에서 말하는 처분행위에 해당하고 피고인의 행위를 절취행위로 평가할 수 없다는 이유로, 피고인에 대한 주위적 공소사실인 절도 부분을 이유에서 무죄로 판단하면서 예비적 공소사실인 사기 부분을 유죄로 인정한 원심의 판단이 정당하다고 한 사례.
㉢ ○ 대판 2016도3452 판결
업무상배임죄는 업무상 타인의 사무를 처리하는 자가 임무에 위배하는 행위를 하고 그러한 임무위배행위로 인하여 재산상의 이익을 취득하거나 제3자로 하여금 이를 취득하게 하여 본인에게 재산상의 손해를 가한 때 성립한다. 여기서 '재산상 이익 취득'과 '재산상 손해 발생'은 대등한 범죄성립요건이고, 이는 서로 대응하여 병렬적으로 규정되어 있다(형법 제356조, 제355조 제2항). 따라서 임무위배행위로 인하여 여러 재산상 이익과 손해가 발생하더라도 재산상 이익과 손해 사이에 서로 대응하는 관계에 있는 등 일정한 관련성이 인정되어야 업무상배임죄가 성립한다.
㉣ × 대판 2021도2088 판결 ★★
주류업체 甲 주식회사의 사내이사인 피고인이 피해자를 상대로 주류대금 청구소송을 제기한 민사 분쟁 중 피해자가 착오로 피고인이 관리하는 甲 회사 명의 계좌로 금원을 송금하여 피고인이 이를 보관하게 되었는데, 피고인은 피해자로부터 위 금원이 착오송금된 것이라는 사정을 문자메시지를 통해 고지받아 위 금원을 반환해야 할 의무가 있었음에도, 피해자와 상계 정산에 관한 합의 없이 피고인이 주장하는 주류대금 채권액을 임의로 상계 정산한 후 반환을 거부하여 횡령죄로 기소된 사안에서...피고인이 불법영득의사를 가지고 반환을 거부한 것이라고 단정하기 어려운 점을 종합하면, 피고인이 피해자의 착오로 甲 회사 명의 계좌로 송금된 금원 중 甲 회사의 피해자에 대한 채권액에 상응하는 부분에 관하여 반환을 거부한 행위는 정당한 상계권의 행사로 볼 여지가 있으므로, 피고인의 반환거부행위가 횡령행위와 같다고 보아 불법영득의사를 인정한 원심판결에 법리오해의 잘못이 있다고 한 사례.

정답 ②

05 친족상도례에 대한 설명으로 옳지 않은 것은? (판례에 의함) 〈23. 9급공채〉

① 장물범과 피해자 간에 동거친족의 신분관계가 있는 때에는 형을 면제하지만, 장물범과 본범 간에 동거친족의 신분관계가 있는 때에는 형을 감경 또는 면제한다.

② 손자가 할아버지 소유 예금통장을 절취하여 이를 현금자동지급기에 넣고 조작하는 방법으로 예금 잔고를 자신의 거래 은행 계좌로 이체한 경우, 계좌이체 행위에 대해서는 친족상도례를 적용할 수 없다.

③ 친족상도례의 친족관계는 원칙적으로 범행 당시에 존재하여야 하는 것이지만, 범행 이후 피해자인 부(父)가 피고인인 혼인 외의 출생자를 인지한 경우 인지의 소급효에 따라 친족상도례가 적용된다.

④ 피고인이 백화점 내 점포에 입점시켜 주겠다고 속여 피해자로부터 입점비 명목으로 돈을 편취하여 사기죄로 기소된 경우, 피고인의 딸과 피해자의 아들이 혼인하여 피고인과 피해자가 사돈지간이라면 친족상도례가 적용된다.

해설 ① ○

② ○ 대판 2006도2704 판결

컴퓨터 등 정보처리장치를 통하여 이루어지는 금융기관 사이의 전자식 자금이체거래는 금융기관 사이의 환거래관계를 매개로 하여 금융기관 사이나 금융기관을 이용하는 고객 사이에서 현실적인 자금의 수수 없이 지급·수령을 실현하는 거래방식인바, 권한 없이 컴퓨터 등 정보처리장치를 이용하여 예금계좌 명의인이 거래하는 금융기관의 계좌 예금 잔고 중 일부를 자신이 거래하는 다른 금융기관에 개설된 그 명의 계좌로 이체한 경우, 예금계좌 명의인의 거래 금융기관에 대한 예금반환 채권은 이러한 행위로 인하여 영향을 받을 이유가 없는 것이므로, 거래 금융기관으로서는 예금계좌 명의인에 대한 예금반환 채무를 여전히 부담하면서도 환거래관계상 다른 금융기관에 대하여 자금이체로 인한 이체자금 상당액 결제채무를 추가 부담하게 됨으로써 이체된 예금 상당액의 채무를 이중으로 지급해야 할 위험에 처하게 된다. 따라서 친척 소유 예금통장을 절취한 자가 그 친척 거래 금융기관에 설치된 현금자동지급기에 예금통장을 넣고 조작하는 방법으로 친척 명의 계좌의 예금 잔고를 자신이 거래하는 다른 금융기관에 개설된 자기 계좌로 이체한 경우, 그 범행으로 인한 피해자는 이체된 예금 상당액의 채무를 이중으로 지급해야 할 위험에 처하게 되는 그 친척 거래 금융기관이라 할 것이고, 거래 약관의 면책 조항이나 채권의 준점유자에 대한 법리 적용 등에 의하여 위와 같은 범행으로 인한 피해가 최종적으로는 예금 명의인인 친척에게 전가될 수 있다고 하여, 자금이체 거래의 직접적인 당사자이자 이중지급 위험의 원칙적인 부담자인 거래 금융기관을 위와 같은 컴퓨터 등 사용사기 범행의 피해자에 해당하지 않는다고 볼 수는 없으므로, 위와 같은 경우에는 친족 사이의 범행을 전제로 하는 친족상도례를 적용할 수 없다. – 손자가 할아버지 소유 농업협동조합 예금통장을 절취하여 이를 현금자동지급기에 넣고 조작하는 방법으로 예금 잔고를 자신의 거래 은행 계좌로 이체한 사안에서, 위 농업협동조합이 컴퓨터 등 사용사기 범행 부분의 피해자라는 이유로 친족상도례를 적용할 수 없다.

③ ○ 대판 96도1731 판결
친족간의 범행에 관한 규정이 적용되기 위한 친족관계는 원칙적으로 범행 당시에 존재하여야 하는 것이지만, 父가 혼인 외의 출생자를 인지하는 경우, 민법 제860조에 의하여 그 자의 출생시에 소급하여 인지의 효력이 생기는 것이며, 이와 같은 인지의 소급효는 친족상도례에 관한 규정의 적용에도 미친다고 보아야 할 것이므로, 인지가 범행 후에 이루어진 경우라고 하더라도 그 소급효에 따라 형성되는 친족관계를 기초로 하여 친족상도례의 규정이 적용된다.
④ × 대판 2011도2170 판결
친족상도례 적용되는 친고죄라 할 수 없다.

정답 ④

06 재물과 재산상의 이익에 관한 설명으로 가장 적절하지 않은 것은? (다툼이 있는 경우 판례에 의함)

〈22. 경찰공채 1차〉

① 비트코인은 경제적인 가치를 디지털로 표상하여 전자적으로 이전, 저장과 거래가 가능하도록 한 가상자산의 일종으로 사기죄의 객체인 재산상 이익에 해당한다.

② 甲이 乙의 돈을 절취한 다음 다른 금전과 섞거나 교환하지 않고 쇼핑백 등에 넣어 자신의 집에 숨겨두었는데, 丙이 乙의 지시로 甲에게 겁을 주어 쇼핑백 등에 들어 있던 절취된 돈을 교부받아 갈취하였다면, 위 돈은 타인인 甲의 재물이라고 볼 수 없다.

③ 「형법」 제333조(강도)에서의 '재산상 이익'은 반드시 사법상 유효한 재산상의 이득만을 의미하는 것은 아니나, 단지 외견상 재산상의 이득을 얻을 것이라고 인정할 수 있는 사실관계만으로는 재산상의 이익을 인정할 수 없다.

④ 배임죄에 있어서 재산상의 손해를 가한 때라 함은 현실적인 손해를 가한 경우뿐만 아니라 재산상 실해 발생의 위험을 초래한 경우도 포함된다.

해설 > ① ○ 대판 2021도9855 판결 ★★
비트코인은 경제적인 가치를 디지털로 표상하여 전자적으로 이전, 저장과 거래가 가능하도록 한 가상자산의 일종으로 사기죄의 객체인 재산상 이익에 해당한다.
② ○ 대판 2012도6157 판결
피고인 등이 甲에게서 되찾은 돈은 절취 대상인 당해 금전이라고 구체적으로 특정할 수 있어 객관적으로 甲의 다른 재산과 구분됨이 명백하므로 이를 타인인 甲의 재물이라고 볼 수 없다.
③ × 대판 93도428 판결
권리의무관계의 외형상 변동의 사법상 효력의 유무는 그 범죄의 성립에 영향이 없고, 법률상 정당하게 그 이행을 청구할 수 있는 것이 아니라도 강도죄에 있어서의 재산상의 이익에 해당하는 것이며, 따라서 이와 같은 재산상의 이익은 반드시 사법상 유효한 재산상의 이득만을 의미하는 것이 아니고 외견상 재산상의 이득을 얻을 것이라고 인정할 수 있는 사실관계만 있으면 된다.

④ ○ 대판 94도3013 판결
배임죄에 있어 재산상의 손해를 가한 때라 함은 현실적인 손해를 가한 경우뿐만 아니라 재산상 실해발생의 위험을 초래한 경우도 포함되고, 재산상 손해의 유무에 대한 판단은 본인의 전 재산 상태와의 관계에서 법률적 판단에 의하지 아니하고 경제적 관점에서 파악하여야 하며, 따라서 법률적 판단에 의하여 당해 배임행위가 무효라 하더라도 경제적 관점에서 파악하여 배임행위로 인하여 본인에게 현실적인 손해를 가하였거나 재산상 실해발생의 위험을 초래한 경우에는 재산상의 손해를 가한 때에 해당되어 배임죄를 구성한다.

정답 ③

07 재산죄에 대한 다음 설명 중 적절한 것만을 모두 고른 것은? (다툼이 있는 경우 판례에 의함)

〈21. 경찰공채 1차〉

㉠ 절도죄의 성립에 필요한 '불법영득의 의사'는 그것이 물건 자체를 영득할 의사인지 물건의 가치만을 영득할 의사인지를 불문한다. ㉡ 「형법」 제332조에 규정된 상습절도죄를 범한 범인이 범행의 수단으로 주간에 주거 침입을 한 경우, 주거침입행위는 다른 상습절도죄에 흡수되어 1죄만을 구성하고 상습절도죄와 별개로 주거침입죄를 구성하지 않는다. ㉢ 공갈죄의 수단인 협박에 있어서의 해악의 고지가 비록 정당한 권리의 실현 수단으로 사용된 경우라도 그 권리실현의 수단·방법이 사회통념상 허용되는 정도나 범위를 넘는다면 공갈죄의 실행에 착수한 것으로 보아야 한다. ㉣ 당사자 사이에 혼인신고가 있었다면, 그 혼인신고가 단지 다른 목적을 달성하기 위한 방편에 불과한 것으로 그들 사이에 참다운 부부관계의 설정을 바라는 효과의사가 없다 하더라도 친족상도례를 적용할 수 있다.

① ㉠㉢ ② ㉠㉣ ③ ㉡㉢ ④ ㉡㉣

해설 > ㉠ ○ 대판 2013도14139 판결
절도죄의 성립에 필요한 불법영득의 의사란 타인의 물건을 그 권리자를 배제하고 자기의 소유물과 같이 그 경제적 용법에 따라 이용·처분하고자 하는 의사를 말하는 것으로서, 단순히 타인의 점유만을 침해하였다고 하여 그로써 곧 절도죄가 성립하는 것은 아니나, 재물의 소유권 또는 이에 준하는 본권을 침해하는 의사가 있으면 되고 반드시 영구적으로 보유할 의사가 필요한 것은 아니며, 그것이 물건 자체를 영득할 의사인지, 물건의 가치만을 영득할 의사인지를 불문한다.

ⓛ × 대판 2015도9049 판결
형법 제330조에 규정된 야간주거침입절도죄 및 같은 법 제331조 제1항에 규정된 손괴특수절도죄를 제외하고 일반적으로 주거침입은 절도죄의 구성요건이 아니므로 절도범인이 그 범행수단으로 주거침입을 한 경우에 그 주거침입행위는 절도죄에 흡수되지 아니하고 별개로 주거침입죄를 구성하여 절도죄와는 실체적 경합의 관계에 서는 것이 원칙이다(대법원 1984.12.26. 선고 84도1573 전원합의체 판결 참조).
ⓒ ○ 대판 2018도19493 판결
공갈죄의 수단인 협박은 사람의 의사결정의 자유를 제한하거나 의사실행의 자유를 방해할 정도로 겁을 먹게 할 만한 해악을 고지하는 것을 말한다. 고지하는 내용이 위법하지 않은 것인 때에도 해악이 될 수 있고, 해악의 고지는 반드시 명시의 방법에 의할 필요는 없으며 언어나 거동에 의하여 상대방으로 하여금 어떠한 해악에 이르게 할 것이라는 인식을 가지게 하는 것이면 된다. 또한 이러한 해악의 고지가 비록 정당한 권리의 실현 수단으로 사용된 경우라 하여도 그 권리실현의 수단·방법이 사회통념상 허용되는 정도나 범위를 넘는다면 공갈죄의 실행에 착수한 것으로 보아야 한다. 여기서 어떠한 행위가 구체적으로 사회통념상 허용되는 정도나 범위를 넘는지는 그 행위의 주관적인 측면과 객관적인 측면, 즉 추구한 목적과 선택한 수단을 전체적으로 종합하여 판단한다(대법원 1995.3.10. 선고 94도2422 판결, 대법원 2017.7.11. 선고 2015도18708 판결 등 참조).
ⓔ × 대판 96도2049 판결
우리나라 민법 제815조 제1호는 '당사자간에 혼인의 합의가 없는 때'에는 그 혼인은 무효로 한다라고 규정하고 있고, 이 혼인무효 사유는 당사자간에 사회관념상 부부라고 인정되는 정신적, 육체적 결합을 생기게 할 의사를 갖고 있지 않은 경우를 가리킨다고 해석할 것이므로, 당사자 사이에 비록 혼인의 계출 자체에 관하여 의사의 합치가 있어 일응 법률상의 부부라는 신분관계를 설정할 의사는 있었다고 인정되는 경우라도 그것이 단지 다른 목적을 달성하기 위한 방편에 불과한 것으로서 그들간에 참다운 부부관계의 설정을 바라는 효과의사가 없을 때에는 그 혼인은 민법 제815조 제1호의 규정에 따라 그 효력이 없다고 해석하여야 한다.

정답 ①

08 재산범죄의 불법영득의사에 대한 설명으로 옳은 것은? (다툼이 있는 경우 판례에 의함)

〈22. 7급공채〉

① 피해자의 영업점 내에 있는 피해자 소유의 휴대전화를 허락없이 가지고 나와 사용한 다음 약 1~2시간 후 위 영업점 정문 옆 화분에 놓아두고 간 경우, 절도죄의 불법영득의사가 인정되지 않는다.

② 피해자의 가방에서 은행직불카드를 몰래 꺼내어 가 그 직불카드를 이용하여 피해자의 예금계좌에서 자기의 예금계좌로 돈을 이체시킨 후 3시간 가량 지난 무렵에 피해자에게 그 사실을 전화로 말하고 나서 만난 즉시 직불카드를 반환한 경우, 그 직불카드에 대한 절도죄의 불법영득의사가 인정된다.

③ 법인의 운영자나 관리자가 회계로부터 분리해 별도로 관리하는 비자금이 법인을 위한 목적이 아니라 법인의 자금을 빼내어 착복할 목적으로 조성한 것임이 명백히 밝혀진 경우, 비자금 조성행위 자체만으로는 횡령죄의 불법영득의사가 인정되지 않는다.

④ 회사에 대하여 개인적인 채권을 가지고 있는 대표이사가 회사를 위하여 보관하고 있는 회사 소유의 금전으로 이사회의 승인 등의 절차 없이 변제기가 도래한 자신의 채권 변제에 충당한 경우, 이는 자신의 권한 내에서 한 회사 채무의 이행행위로서 유효하므로 횡령죄의 불법영득의사가 인정되지 않는다.

해설 > ① × 대판 2012도1132 판결

피고인이 甲의 영업점 내에 있는 甲 소유의 휴대전화를 허락 없이 가지고 나와 사용한 다음 약 1~2시간 후 위 영업점 정문 옆 화분에 놓아두고 가 절취하였다는 내용으로 기소된 사안에서, 피고인이 甲의 휴대전화를 자신의 소유물과 같이 경제적 용법에 따라 이용하다가 본래의 장소와 다른 곳에 유기하여 불법영득의사가 있었다.

② × 대판 2005도7819 판결

피고인이 2002.4.11. 오전 공소外 1이 자리를 비운 틈을 이용하여 공소外 1의 핸드백에서 공소外 2 소유의 중소기업은행 직불카드를 꺼내어 간 뒤 광주은행 ㅇㅇ지점에서 위 직불카드를 사용하여 공소外 2의 중소기업은행 예금계좌에서 피고인의 광주은행 계좌로 1,700만 원을 이체시킨 다음 공소外 1과 헤어진 뒤로부터 3시간 가량 지난 무렵에 공소外 1에게 전화로 위와 같은 사실을 말하고 공소外 1을 만나 즉시 위 직불카드를 반환한 이상, 피고인에게 직불카드에 대한 불법영득의 의사가 있었다고 볼 수 없다.

③ × 대판 2014도15182 판결
타인으로부터 용도가 엄격히 제한된 자금을 위탁받아 집행하면서 그 제한된 용도 이외의 목적으로 자금을 사용하는 것은 그 사용이 개인적인 목적에서 비롯된 경우는 물론 결과적으로 자금을 위탁한 본인을 위하는 면이 있더라도 그 사용행위 자체로서 불법영득의 의사를 실현한 것이 되어 횡령죄가 성립하므로, 결국 사립학교의 교비회계에 속하는 수입을 적법한 교비회계의 세출에 포함되는 용도 즉, 당해 학교의 교육에 직접 필요한 용도가 아닌 다른 용도에 사용하였다면 그 사용행위 자체로써 불법영득의사를 실현하는 것이 되어 그로 인한 죄책을 면할 수 없다.
④ ○ 대판 2001도5459 판결
대표이사가 회사를 위하여 보관하고 있는 회사 소유의 금전으로 자신의 회사에 대한 채권의 변제에 충당하는 행위가 자기거래에 해당하는지 여부(소극) 및 이사회 승인 없이 한 위 변제충당 행위가 횡령죄를 구성하는지 여부(소극)

정답 ④

09 다음 사례 중 甲의 행위가 동일한 범죄구성요건에 해당하는 것으로만 짝지어진 것은? (다툼이 있는 경우 판례에 의함)

〈22. 경찰공채 2차〉

㉠ A는 B가 운영하는 피씨방을 이용하고 나오면서 자신의 핸드폰을 두고 왔는데, 그때 B의 피씨방을 이용하고 있던 甲이 A가 두고 간 핸드폰을 발견하고 그것을 가지고 갔다. ㉡ 甲은 A로부터 그의 오토바이를 타고 심부름을 다녀와 달라는 부탁을 받고 다녀오던 중, 마음이 변하여 A에게 오토바이를 돌려주지 않고 그대로 타고 가버렸다. ㉢ A는 지하철 선반 위에 올려둔 가방을 깜빡 잊고 그대로 지하철에서 내렸고, 이를 본 甲은 A가 가방을 두고 내린 것을 아무도 알아채지 못한 틈을 타 그 가방을 들고 지하철에서 내렸다. ㉣ 甲은 자신의 토지를 임차하여 대나무를 식재하고 가꾸어 온 A의 대나무를 그의 의사에 반하여 벌채하여 갔다. ㉤ 甲은 A의 토지 위에 권원 없이 식재한 자신의 감나무에 열린 감을 수확해 갔다.

① ㉠㉡㉣ ② ㉡㉢㉤ ③ ㉠㉢㉣ ④ ㉠㉣㉤

해설 ㉠ ○ 대판 2006도9338 판결
피해자가 피씨방에 두고 간 핸드폰은 피씨방 관리자의 점유하에 있어서 제3자가 이를 취한 행위는 절도죄를 구성한다(대법원 1988.4.25. 선고 88도409 판결 참조).

ⓛ × 대판 86도1093 판결
피해자가 그 소유의 오토바이를 타고 심부름을 다녀오라고 하여서 그 오토바이를 타고 가다가 마음이 변하여 이를 반환하지 아니한 채 그대로 타고 가버렸다면 횡령죄를 구성함은 별론으로 하고 적어도 절도죄를 구성하지는 아니한다.
ⓒ × 대판 99도3963 판결
피고인이 4회에 걸쳐서 지하철의 전동차 바닥 또는 선반 위에 있는 핸드폰, 소형가방 등을 가지고 가서 절취하였다는 점에 대하여, 지하철의 승무원은 유실물법상 전동차의 관수자로서 승객이 잊고 내린 유실물을 교부받을 권능을 가질 뿐 전동차 안에 있는 승객의 물건을 점유한다고 할 수 없고, 그 유실물을 현실적으로 발견하지 않는 한 이에 대한 점유를 개시하였다고 할 수도 없으므로, 그 사이에 피고인이 위와 같은 유실물을 발견하고 가져간 행위는 점유이탈물횡령죄에 해당함은 별론으로 하고 절도죄에 해당하지는 아니한다.
ⓔ ○, ⓜ ○ 대판 80도1874 판결
타인의 토지상에 권원없이 식재한 수목의 소유권은 토지소유자에게 귀속하고 권원에 의하여 식재한 경우에는 그 소유권이 식재한 자에게 있다.

정답 ④

10 다음 중 친족상도례에 관한 설명으로 가장 옳지 않은 것은? (다툼이 있는 경우 판례에 의함) 〈22. 해경[수사]〉

① 사돈지간은 민법상 친족이 아니므로 백화점 내 점포에 입점시켜 주겠다고 거짓말을 하여 사돈지간인 피해자로부터 입점비 명목으로 돈을 편취하였다면 친족상도례에 관한 규정이 적용되지 않는다.

② A와 B를 기망하여 이들의 합유로 되어 있는 부동산에 대한 매매계약을 체결하고 소유권을 이전받은 다음 잔금을 지급하지 않은 경우, A와는 형이 면제되는 친족관계가 있으나 B와는 아무런 친족관계가 없다면 친족상도례에 관한 규정이 적용되지 않는다.

③ 횡령죄에서 친족상도례는 횡령범인과 피해물건의 소유자 또는 보관자 중 어느 한쪽과의 사이에만 친족관계가 있더라도 적용된다.

④ 법원을 기망하여 제3자로부터 재물을 편취한 경우 피해자는 법원이 아니라 재물을 편취당한 제3자이므로 제3자와 사기죄를 범한 자가 직계혈족의 관계에 있을 때에는 그 범인에 대하여 형을 면제하여야 한다.

해설 > ① ○ 대판 2011도2170 판결

② ○ 대판 2015도3160 판결

피고인 등이 공모하여, 피해자 甲, 乙 등을 기망하여 甲, 乙 및 丙과 부동산 매매계약을 체결하고 소유권을 이전받은 다음 잔금을 지급하지 않아 같은 금액 상당의 재산상 이익을 편취하였다는 내용으로 기소된 사안에서, 甲은 피고인의 8촌 혈족, 丙은 피고인의 부친이나, 위 부동산이 甲, 乙, 丙의 합유로 등기되어 있어 피고인에게 형법상 친족상도례 규정이 적용되지 않는다.

③ × 대판 2008도3438 판결

횡령죄는 다른 사람의 재물에 관한 소유권 등 본권을 그 보호법익으로 하고, 위탁이라는 신임관계에 반하여 타인의 재물을 보관하는 자가 이를 횡령하거나 또는 반환을 거부함으로써 성립하는 것이므로, 범인이 위탁자가 소유자를 위해 보관하고 있는 물건을 위탁자로부터 보관받아 이를 횡령한 경우에 형법 제361조에 의하여 준용되는 제328조 제2항 소정의 친족간의 범행에 관한 조문은 범인과 피해물건의 소유자 및 위탁자 쌍방 사이에 같은 조문 소정의 친족관계가 있는 경우에만 적용되는 것이고, 단지 횡령범인과 피해물건의 소유자간에만 친족관계가 있거나 횡령범인과 피해물건의 위탁자간에만 친족관계가 있는 경우에는 그 적용이 없다고 보아야 한다.

④ ○ 대판 75도781 판결

법원을 기망하여 제3자로부터 재물을 편취한 경우에 피기망자인 법원은 피해자가 될 수 없고 재물을 편취당한 제3자가 피해자라고 할 것이므로 피해자인 제3자와 사기죄를 범한 자가 직계혈족의 관계에 있을 때에는 그 범인에 대하여 형법 제328조 제1항을 준용하여 형을 면제하여야 한다.

정답 ③

제2절 절도

01 절도의 죄에 관한 설명으로 가장 적절하지 않은 것은? (다툼이 있는 경우 판례에 의함)

〈22. 경찰공채 1차〉

① 어떠한 물건을 점유자의 의사에 반하여 취거하는 행위가 결과적으로 소유자의 이익으로 된다는 사정 또는 소유자의 추정적 승낙이 있다고 볼 만한 사정이 있다고 하더라도, 다른 특별한 사정이 없는 한 그러한 사유만으로 불법영득의 의사가 없다고 할 수는 없다.

② 주간에 절도의 목적으로 타인의 주거에 침입하였다고 하여도 아직 절취할 물건의 물색행위를 시작하기 전이라면 절도죄의 실행에 착수한 것으로 볼 수 없는 것이어서 절도미수죄는 성립하지 않는다.

③ 입목을 절취하기 위하여 이를 캐낸 때에는 그 시점에서 아직 소유자의 입목에 대한 점유가 침해되어 범인의 사실적 지배하에 놓였다고는 볼 수 없고 이를 운반하거나 반출하는 등의 행위가 있어야 그 점유를 취득하게 되는 것이므로, 이 때 절도죄는 기수에 이르렀다고 할 것이다.

④ 상습절도 등의 범행을 한 자가 추가로 자동차등불법사용의 범행을 한 경우에 그것이 절도 습벽의 발현이라고 보이는 이상 자동차등 불법사용의 범행은 상습절도 등의 죄에 흡수되어 1죄만이 성립한다.

해설 ① ○ 대판 2013도14139 판결
어떠한 물건을 점유자의 의사에 반하여 취거하는 행위가 결과적으로 소유자의 이익으로 된다는 사정 또는 소유자의 추정적 승낙이 있다고 볼 만한 사정이 있다고 하더라도, 다른 특별한 사정이 없는 한 그러한 사유만으로 불법영득의 의사가 없다고 할 수는 없다.
② ○ 대판 92도1650,92감도80 판결
절도죄의 실행의 착수시기는 재물에 대한 타인의 사실상의 지배를 침해하는 데에 밀접한 행위를 개시한 때라고 보아야 하므로, 야간이 아닌 주간에 절도의 목적으로 타인의 주거에 침입하였다고 하여도 아직 절취할 물건의 물색행위를 시작하기 전이라면 주거침입죄만 성립할 뿐 절도죄의 실행에 착수한 것으로 볼 수 없는 것이어서 절도미수죄는 성립하지 않는다.

③ × 아래 판례 참조 ★★★ 중요판례

판례

〈대판 2008도6080 판결〉

[1] 입목을 절취하기 위하여 캐낸 때에 소유자의 입목에 대한 점유가 침해되어 범인의 사실적 지배하에 놓이게 되므로 범인이 그 점유를 취득하고 절도죄는 기수에 이른다. 이를 운반하거나 반출하는 등의 행위는 필요하지 않다.(영산홍 절취)

[2] 절도범인이 혼자 입목을 땅에서 완전히 캐낸 후에 비로소 제3자가 가담하여 함께 입목을 운반한 사안에서, 특수절도죄의 성립을 부정한 사례.

④ ○ 대판 2002도429 판결 [자동차불법사용]

상습절도 등의 범행을 한 자가 추가로 자동차등불법사용의 범행을 한 경우에 그것이 절도 습벽의 발현이라고 보이는 이상 자동차등불법사용의 범행은 상습절도 등의 죄에 흡수되어 1죄만이 성립하고 이와 별개로 자동차등불법사용죄는 성립하지 않는다고 보아야 하고, 검사가 상습절도 등의 범행을 형법 제332조 대신에 특가법 제5조의4 제1항으로 의율하여 기소하였다 하더라도 그 공소제기의 효력은 동일한 습벽의 발현에 의한 자동차등불법사용의 범행에 대하여도 미친다고 보아야 할 것이다.

제331조의 2(자동차등 불법사용)

권리자의 동의없이 타인의 자동차, 선박, 항공기 또는 원동기장치자전차를 일시 사용한 자는 3년 이하의 징역, 500만원 이하의 벌금, 구류 또는 과료에 처한다.

정답 ③

02 절도의 죄에 대한 설명으로 가장 적절한 것은? (다툼이 있는 경우 판례에 의함)

〈22. 경찰승진〉

① 甲이 동거중인 A의 지갑에서 현금을 꺼내 가는 것을 A가 목격하고서도 만류하지 않은 경우에는 위법성이 조각되어 절도죄가 성립하지 않는다.

② 甲과 A의 동업자금으로 구입하여 A가 관리하고 있던 건설기계를 甲이 A의 허락 없이 乙로 하여금 운전하여 가도록 한 행위는 절도죄를 구성하지 않는다.

③ 甲과 乙이 자신들의 A에 대한 물품대금 채권을 다른 채권자들 보다 우선적으로 확보할 목적으로 A가 부도를 낸 다음날 새벽에 A의 승낙을 받지 아니한 채 A의 가구점의 시정장치를 쇠톱으로 절단하고 그곳에 침입하여 A의 가구들을 화물차에 싣고 가 다른 장소에 옮겨 놓은 경우에는 甲과 乙에게 불법영득의사가 인정되지 않아 특수절도죄가 성립하지 않는다.

④ 반드시 영구적으로 보유할 의사가 아니더라도 재물의 소유권 또는 이에 준하는 본권을 침해하는 의사가 있으면 절도죄의 성립에 필요한 불법영득의 의사를 인정할 수 있고, 그것이 물건 자체를 영득할 의사인지 물건의 가치만을 영득할 의사인지는 불문한다.

해설 ① × 대판 85도1487 판결

피해자는 당시 피고인과 동거 중에 있었고 피고인이 돈 60,000원을 지갑에서 꺼내 가는 것을 피해자가 현장에서 이를 목격하고도 만류하지 아니한 사정등에 비추어 볼 때 피해자가 이를 허용하는 묵시적 의사가 있었다고 봄이 상당하고 달리 소론이 지적하는 증거들만으로는 피고인이 위 돈 60,000원을 절취하였다고 인정하기에는 부족하다 할 것이다.

② × 대판 90도1021 판결

피고인이 피고인과 피해자의 동업자금으로 구입하여 피해자가 관리하고 있던 다이야포크레인 1대를 그의 허락 없이 공소외인으로 하여금 운전하여 가도록 한 행위는 절도죄를 구성한다.

③ × 대판 2005도8081 판결

피고인들이 자신들의 피해자에 대한 물품대금 채권을 다른 채권자들보다 우선적으로 확보할 목적으로 피해자가 부도를 낸 다음날 새벽에 피해자의 승낙을 받지 아니한 채 피해자의 가구점의 시정장치를 쇠톱으로 절단하고 그곳에 침입하여 시가 16,000,000원 상당의 피해자의 가구들을 화물차에 싣고 가 다른 장소에 옮겨 놓은 행위에 대하여 피고인들에게는 불법영득의사가 있었다고 볼 수밖에 없어 특수절도죄가 성립한다.

④ ○ 대판 2013도14139 판결 ★★★ 중요판례

절도죄의 성립에 필요한 불법영득의 의사란 타인의 물건을 그 권리자를 배제하고 자기의 소유물과 같이 그 경제적 용법에 따라 이용・처분하고자 하는 의사를 말하는 것으로서, 단순히 타인의 점유만을 침해하였다고 하여 그로써 곧 절도죄가 성립하는 것은 아니나, 재물의 소유권 또는 이에 준하는 본권을 침해하는 의사가 있으면 되고 반드시 영구적으로 보유할 의사가 필요한 것은 아니며, 그것이 물건 자체를 영득할 의사인지 물건의 가치만을 영득할 의사인지를 불문한다.

정답 ④

03 다음 중 절도죄에 관한 설명으로 가장 옳지 않은 것은? (다툼이 있는 경우 판례에 의함)

〈22. 해경[경장]〉

① 피해자의 인감도장을 몰래 꺼내서 가지고 가서 차용금증서의 연대보증인란에 날인한 후 제자리에 갖다 놓은 경우 절도죄가 성립한다.

② 동네 선배의 차량을 빌렸다가 반환하지 아니한 보조열쇠를 이용하여 3차례에 걸쳐 2~3시간 정도 운행한 후 주차된 곳에 갖다 놓은 경우 절도죄가 성립하지 않는다.

③ 후일 변제할 의사로 피해자의 승낙 없이 현금이 들어있는 지갑을 가져간 경우 절도죄가 성립한다.

④ 주점 점원의 초청을 받고 주점에 온 자가 주점 주인이 잠가둔 샷타문을 열고 그곳 주방 안에 있는 맥주를 꺼내 마신 경우 절도죄가 성립한다.

해설 ① × 대판 87도1959 판결
타인의 물건을 점유자의 승낙없이 무단사용하는 경우에 있어서 그 사용으로 물건자체가 가지는 경제적 가치가 상당한 정도로 소모되거나 또는 사용 후 본래의 장소가 아닌 다른 곳에 버리거나 곧 반환하지 아니하고 장시간 점유하고 있었다면 그 소유권 또는 본권을 침해할 의사가 있다고 보아 불법영득의 의사를 인정할 수 있을 것이나 그렇지 아니하고 그 사용으로 인한 가치의 소모가 무시할 수 있을 정도로 경미하고 또 사용 후 곧 반환하였다면 그 소유권 또는 본권을 침해할 의사가 있다고 할 수 없어 불법영득의 의사를 인정할 수 없다.

② ○ 대판 92도118 판결
타인의 재물을 점유자의 승낙 없이 무단사용하는 경우에 있어서 그 사용으로 물건 자체가 가지는 경제적 가치가 상당한 정도로 소모되거나 또는 사용 후 본래의 장소가 아닌 다른 곳에 버리거나 곧 반환하지 아니하고 장시간 점유하고 있는 것과 같은 때에는 그 소유권 또는 본권을 침해할 의사가 있다고 보아 불법영득의 의사를 인정할 수 있을 것이나 그렇지 아니하고 그 사용으로 인한 가치의 소모가 무시할 정도로 경미하고 또 사용 후 곧 반환한 것과 같은 때에는 그 소유권 또는 본권을 침해할 의사가 있다고 할 수 없어 불법영득의 의사를 인정할 수 없다고 봄이 상당하다.

③ ○ 대판 99도519 판결
절도죄에 있어 영득의 의사라 함은 권리자를 배제하고 타인의 물건을 자기 소유물과 같이 그 경제적 용법에 따라 이용·처분할 의사를 말하는 것이므로, 피고인이 현금 등이 들어 있는 피해자의 지갑을 가져갈 당시에 피해자의 승낙을 받지 않았다면 가사 피고인이 후일 변제할 의사가 있었다고 하더라도 불법영득의사가 있었다고 할 것이다.

④ ○ 대판 86도1439 판결
피해자가 경영하는 주점의 잠겨 있는 샷타문을 열고 그곳 주방 안에 있던 맥주등을 꺼내어 마셨다면 타인의 재물에 대한 불법영득의 의사가 있었다고 할 것이고 주점까지 가게 된 동기가 주점점원의 초청에 의한 것이었다 하더라도 피해자의 승낙 없이 재물을 취거하는 행위는 절도죄를 구성한다.

정답 ①

제3절 강도

01 절도와 강도의 죄에 대한 설명으로 가장 적절하지 않은 것은? (다툼이 있는 경우 판례에 의함) 〈21. 경찰공채 1차〉

① 타인에 대하여 반항을 억압함에 충분한 정도의 폭행 또는 협박을 가한 사실이 있다 해도 그 타인이 재물 취거의 사실을 알지 못하는 사이에 그 틈을 이용하여 우발적으로 타인의 재물을 취거한 경우, 강도죄가 성립하지 않는다.

② 채무를 면탈할 의사로 채권자를 살해하였더라도 채무의 존재가 명백하고 채권자의 상속인이 존재하며 그 상속인에게 채권의 존재를 확인할 방법이 확보되어 있다면 강도살인죄는 성립하지 않는다.

③ 甲이 자신의 명의로 등록된 자동차를 A에게 증여하여 A만이 이를 운행·관리하여 오다가 A가 이를 소유하기로 당사자 사이에 약정한 경우, 甲이 불법영득의사를 가지고 그 자동차를 임의로 운전해 갔다면 자동차 등록명의와 관계없이 절도죄가 성립한다.

④ 어떠한 물건을 점유자의 의사에 반하여 취거하는 행위가 결과적으로 소유자의 이익으로 된다는 사정 또는 소유자의 추정적 승낙이 있다고 볼 만한 사정이 있으면, 불법영득의 의사는 인정되지 않는다.

해설 > ① ○ 대판 2008도10308 판결 ★★

주점 도우미인 피해자와의 윤락행위 도중 시비 끝에 피해자를 이불로 덮어씌우고 폭행한 후 이불 속에 들어 있는 피해자를 두고 나가다가 탁자 위의 피해자 손가방 안에서 현금을 가져간 사안에서, 폭행에 의한 강도죄의 성립을 인정한 원심을 파기한 사례 – 형법 제333조의 강도죄는 사람의 반항을 억압함에 충분한 폭행 또는 협박을 사용하여 타인의 재물을 강취하거나 재산상의 이익을 취득함으로써 성립하는 범죄이므로, 피고인이 타인에 대하여 반항을 억압함에 충분한 정도의 폭행 또는 협박을 가한 사실이 있다 해도 그 타인이 재물 취거의 사실을 알지 못하는 사이에 그 틈을 이용하여 피고인이 우발적으로 타인의 재물을 취거한 경우에는 위 폭행이나 협박이 재물 탈취의 방법으로 사용된 것이 아님은 물론, 그 폭행 또는 협박으로 조성된 피해자의 반항억압의 상태를 이용하여 재물을 취득하는 경우에도 해당하지 아니하여 양자 사이에 인과관계가 존재하지 아니한다(대법원 1956.8.17. 선고 4289형상170 판결 참조).

② ○ 대판 2010도7405 판결 ★★★ 중요판례
강도살인죄가 성립하려면 먼저 강도죄의 성립이 인정되어야 하고, 강도죄가 성립하려면 불법영득(또는 불법이득)의 의사가 있어야 하며, 형법 제333조 후단 소정의 이른바 강제이득죄의 성립요건인 '재산상 이익의 취득'을 인정하기 위하여서는 재산상 이익이 사실상 피해자에 대하여 불이익하게 범인 또는 제3자 앞으로 이전되었다고 볼 만한 상태가 이루어져야 하는데, 채무의 존재가 명백할 뿐만 아니라 채권자의 상속인이 존재하고 그 상속인에게 채권의 존재를 확인할 방법이 확보되어 있는 경우에는 비록 그 채무를 면탈할 의사로 채권자를 살해하더라도 일시적으로 채권자측의 추급을 면한 것에 불과하여 재산상 이익의 지배가 채권자측으로부터 범인 앞으로 이전되었다고 보기는 어려우므로, 이러한 경우에는 강도살인죄가 성립할 수 없다.
③ ○ 대판 2012도15303 판결
피고인이 자신의 명의로 등록된 자동차를 사실혼 관계에 있던 甲에게 증여하여 甲만이 이를 운행·관리하여 오다가 서로 별거하면서 재산분할 내지 위자료 명목으로 甲이 소유하기로 하였는데, 피고인이 이를 임의로 운전해 간 사안에서, 자동차 등록명의와 관계없이 피고인과 甲 사이에서는 甲을 소유자로 보아야 한다는 이유로 절도죄를 인정한 원심판단을 정당하다.
④ × 대판 2013도14139 판결 ★★★ 중요판례
어떠한 물건을 점유자의 의사에 반하여 취거하는 행위가 결과적으로 소유자의 이익으로 된다는 사정 또는 소유자의 추정적 승낙이 있다고 볼 만한 사정이 있다고 하더라도, 다른 특별한 사정이 없는 한 그러한 사유만으로 불법영득의 의사가 없다고 할 수는 없다.

정답 ④

02 강도의 죄에 대한 설명으로 가장 적절한 것은? (다툼이 있는 경우 판례에 의함)

〈22. 경찰승진〉

① 감금행위가 강도죄의 수단이 된 경우에는 강도죄 외에 별도로 감금죄가 성립하고 양죄는 실체적 경합관계에 있다.

② 절도범이 체포를 면탈할 목적으로 체포하려는 여러 명의 피해자에게 같은 기회에 폭행을 가하여 그 중 1인에게만 상해를 가하였다면 피해자 각자에 대한 강도죄 및 1인에 대한 강도상해죄가 성립하고 이들 죄는 상상적 경합관계에 있다.

③ 강도가 실행에 착수하였으나 강도행위를 완료하기 전에 강간을 한 경우에는 강도강간죄가 성립하지 아니한다.

④ 재산상 이익을 취득한 후 체포를 면탈할 목적으로 피해자를 폭행하더라도 준강도죄는 성립할 수 없다.

해설 ① × 대판 96도2715 판결 ★★
감금행위가 강간죄나 강도죄의 수단이 된 경우에도 감금죄는 강간죄나 강도죄에 흡수되지 아니하고 별죄를 구성한다할 것이다(당원 1983.4.26. 선고 83도323 판결, 1984.8.21. 선고 84도1550 판결 등 참조).
② × 대판 2001도3447 판결 ★★★ 중요판례
절도범이 체포를 면탈할 목적으로 체포하려는 여러 명의 피해자에게 같은 기회에 폭행을 가하여 그 중 1인에게만 상해를 가한 경우, 그 죄수(=포괄하여 강도상해죄의 일죄)
③ × 대판 84도1880 판결
형법 제339조의 강도강간죄는 강도범인이 강도의 기회에 강간행위를 한 경우에 성립되는 것으로서 강도가 실행에 착수하였으나 아직 강도행위를 완료하기 전에 강간을 한 경우도 이에 포함되는 것이라 할 것인 바, 피고인이 강도행위에 착수한 뒤 그 완료 전에 피해자를 강간하려다가 중지하고 금품을 강취하고 그로 인하여 피해자에게 상해를 입힌 사실을 확정하고 이를 강도강간미수와 강도치상죄로 의률하였음은 정당하다.

판례

〈비교판례 – 대판 86도507 판결〉

형법 제339조의 강도강간죄는 강도가 실행에 착수한 뒤 강도행위를 완료하기 전에 강간을 한 경우에도 성립된다 할 것인바 제1심판결이 확정한 바에 의하면, 피고인은 과도를 피해자의 목에 들이대고 "소리치면 죽여버리겠다 돈이 있으면 내놓아라"고 협박하던 중 욕정을 일으켜 강간을 하였다는 것이므로 원심이 이를 강도강간죄로 다스린 것은 정당하고 거기에 소론과 같은 강도강간죄의 법리를 오해한 위법이 있다할 수 없다.

④ ○ 대판 2014도2521 판결 ★★★ 중요판례
피고인이 술집 운영자 甲으로부터 술값의 지급을 요구받자 甲을 유인·폭행하고 도주함으로써 술값의 지급을 면하여 재산상 이익을 취득하고 상해를 가하였다고 하여 강도상해로 기소되었는데, 원심이 위 공소사실을 '피고인이 甲에게 지급해야 할 술값의 지급을 면하여 재산상 이익을 취득하고 甲을 폭행하였다'는 범죄사실로 인정하여 준강도죄를 적용한 사안에서, 원심이 인정한 범죄사실에는 그 자체로 절도의 실행에 착수하였다는 내용이 포함되어 있지 않음에도 준강도죄를 적용하여 유죄로 인정한 원심판결에 준강도죄의 주체에 관한 법리오해의 잘못이 있다.

정답 ④

03 준강도죄에 대한 설명으로 가장 적절한 것은? (다툼이 있는 경우 판례에 의함)

〈21. 경찰공채 2차〉

① 단순절도범인이 처음에는 흉기를 휴대하지 아니하였으나, 체포를 면탈할 목적으로 폭행 또는 협박을 가할 때에 비로소 흉기를 휴대 사용하게 된 경우에는 단순강도의 준강도가 된다.

② 가방 날치기 수법의 점유탈취 과정에서 재물을 뺏기지 않으려고, 바닥에 넘어진 상태로 가방끈을 놓지 않은 채 "내 가방, 사람 살려!!!"라고 소리치며 끌려가는 피해자를 5m 가량 끌고 가면서 무릎에 상해를 입힌 경우는 절도죄와 상해죄의 경합범으로 처벌된다.

③ 절도범이 체포를 면탈할 목적으로 자신을 체포하려는 여러 명의 피해자에게 같은 기회에 폭행을 가하여 그 중 1인에게만 상해를 가한 경우에는 포괄하여 하나의 강도상해죄만 성립한다.

④ 양주를 절취할 목적으로 주점에 들어가 양주를 담고 있던 중 피해자가 들어오는 소리에 이를 두고 도망가려다가 피해자에게 붙잡혀 체포를 면탈하기 위해 폭행을 가한 경우는 준강도죄의 기수범으로 처벌된다.

해설 ① × 아래 판례 참조 ★★ 주의할 판례

판례

〈대판 73도1553 전원합의체 판결〉

절도범인이 절도기수 후 또는 절도의 착수 후 그 수행의 범의를 포기한 후에 소정의 목적으로서 폭행 또는 협박을 하는 행위가 그 태양에 있어서 재물탈취의 수단으로서 폭행, 협박을 가하는 강도죄와 같이 보여질 수 있는 실질적 위법성을 지니게 됨에 비추어 이를 엄벌하기 위한 취지로 규정외에 있는 것이며, 강도죄에 있어서의 재물탈취의 수단인 폭행 또는 협박의 유형을 흉기를 휴대하고 하는 경우와 그렇지 않은 경우로 나누어 흉기를 휴대하고 하는 경우를 특수강도로 하고, 그렇지 않은 경우를 단순강도로 하여 처벌을 달리 하고 있음에 비추어 보면 절도범인이 처음에는 흉기를 휴대하지 아니하였으나 체포를 면탈할 목적으로 폭행 또는 협박을 가할 때에 비로소 흉기를 휴대사용하게 된 경우에는 형법 제334조의 예에 의한 준강도(특수강도의 준강도)가 되는 것으로 해석하여야 할 것이므로 처음에 흉기를 휴대하지 않았던 절도범인인 피고인이 체포를 면탈할 목적으로 추적하는 사람에 대하여 비로소 흉기를 휴대하여 흉기로서 협박을 가한 소위를 특수강도의 예에 의한 준강도로 의율한 원심의 조처는 정당하고 원심의 그 조처에 준강도에 관한 법리를 오해한 위법이 없다.

333조(강도)
폭행 또는 협박으로 타인의 재물을 강취하거나 기타 재산상의 이익을 취득하거나 제삼자로 하여금 이를 취득하게 한 자는 3년 이상의 유기징역에 처한다.

제334조(특수강도)
① 야간에 사람의 주거, 관리하는 건조물, 선박이나 항공기 또는 점유하는 방실에 침입하여 제333조의 죄를 범한 자는 무기 또는 5년 이상의 징역에 처한다.
② 흉기를 휴대하거나 2인 이상이 합동하여 전조의 죄를 범한 자도 전항의 형과 같다.

제335조(준강도)
절도가 재물의 탈환에 항거하거나 체포를 면탈하거나 범죄의 흔적을 인멸할 목적으로 폭행 또는 협박한 때에는 제333조 및 제334조의 예에 따른다.

② × 아래 판례 참조

판례

〈대판 2007도7601 판결〉

[1] 소위 '날치기'와 같이 강제력을 사용하여 재물을 절취하는 행위가 때로는 피해자를 넘어뜨리거나 상해를 입게 하는 경우가 있고, 그러한 결과가 피해자의 반항 억압을 목적으로 함이 없이 점유탈취의 과정에서 우연히 가해진 경우라면 이는 강도가 아니라 절도에 불과하지만, 그 강제력의 행사가 사회통념상 객관적으로 상대방의 반항을 억압하거나 항거 불능케 할 정도의 것이라면 이는 강도죄의 폭행에 해당한다. 그러므로 날치기 수법의 점유탈취 과정에서 이를 알아채고 재물을 빼앗기지 않으려는 상대방의 반항에 부딪혔음에도 계속하여 피해자를 끌고 가면서 억지로 재물을 빼앗은 행위는 피해자의 반항을 억압한 후 재물을 강취한 것으로서 강도에 해당한다.

[2] 날치기 수법으로 피해자가 들고 있던 가방을 탈취하면서 가방을 놓지 않고 버티는 피해자를 5m 가량 끌고 감으로써 피해자의 무릎 등에 상해를 입힌 경우, 반항을 억압하기 위한 목적으로 가해진 강제력으로서 그 반항을 억압할 정도에 해당한다고 보아 강도치상죄가 성립한다.

③ ○ 대판 2001도3447 판결

판례

〈대판 2001도3447 판결〉

피고인이 2001.2.2. 01:50경 대전 동구 삼성동 소재 평화빌라 내 지하주차장에서 백승목 소유의 대전 70가3937호 베스타 승합차의 조수석 문을 열고 안으로 들어가 공구함을 뒤지던 중 위 차에 설치된 도난경보장치의 경보음을 듣고 달려 온 백승목에게 발각되는 바람에 절취의 뜻을 이루지 못한 채 미수에 그친 후 백승목의 신고를 받고 출동한 대전경찰서 소속 경장 공소외 1, 2가 자신을 붙잡으려고 하자 체포를 면탈할 목적으로 팔꿈치로 공소외 1의 얼굴을 1회 쳐 공소외 1을 폭행하고, 발로 공소외 2의 정강이를 1회 걷어 차 공소외 2에게 약 2주간의 치료를 요하는 우측하퇴부좌상 등을 가한 사실을 인정하였고, 원심은 피고인의 사실오인, 심신미약 내지는 심신상실에 관한 주장을 받아들이지 아니하고 피고인의 항소를 기각하여 제1심판결을 유지하였다.

④ × 대판 2004도5074 전원합의체 판결

형법 제335조에서 절도가 재물의 탈환을 항거하거나 체포를 면탈하거나 죄적을 인멸할 목적으로 폭행 또는 협박을 가한 때에 준강도로서 강도죄의 예에 따라 처벌하는 취지는, 강도죄와 준강도죄의 구성요건인 재물탈취와 폭행·협박 사이에 시간적 순서상 전후의 차이가 있을 뿐 실질적으로 위법성이 같다고 보기 때문인바, 이와 같은 준강도죄의 입법 취지, 강도죄와의 균형 등을 종합적으로 고려해 보면, 준강도죄의 기수 여부는 절도행위의 기수 여부를 기준으로 하여 판단하여야 하므로 준강도미수죄가 성립한다.

정답 ③

04 절도 및 강도의 죄에 관한 설명 중 가장 적절한 것은? (다툼이 있는 경우 판례에 의함)

〈23. 경찰공채 1차〉

① 주거침입이 주간에 이루어졌더라도 야간에 절취행위를 하였다면 야간주거침입절도죄가 성립한다.

② 절도 습벽의 발현으로 절도, 야간주거침입절도, 특수절도, 자동차등불법사용의 범행을 함께 저지른 경우, 자동차등불법사용의 범행은 상습절도죄에 흡수되지 않고 자동차불법사용죄가 따로 성립한다.

③ 절도범인이 처음에는 흉기를 휴대하지 아니하였으나, 체포를 면탈할 목적으로 폭행 또는 협박을 가할 때에 비로소 흉기를 휴대·사용하게 된 경우에는 「형법」 제334조의 예에 의한 준강도(특수강도의 준강도)가 된다.

④ 강도살인죄의 주체인 '강도'에는 준강도죄의 강도범인이 포함되지 않는다.

해설 ① × 대판 2011도300,2011감도5 판결 ★★

형법은 제329조에서 절도죄를 규정하고 곧바로 제330조에서 야간주거침입절도죄를 규정하고 있을 뿐, 야간절도죄에 관하여는 처벌규정을 별도로 두고 있지 아니하다. 이러한 형법 제330조의 규정형식과 그 구성요건의 문언에 비추어 보면, 형법은 야간에 이루어지는 주거침입행위의 위험성에 주목하여 그러한 행위를 수반한 절도를 야간주거침입절도죄로 중하게 처벌하고 있는 것으로 보아야 한다. 따라서 주거침입이 주간에 이루어진 경우에는 야간주거침입절도죄가 성립하지 않는다고 해석함이 상당하다.

② × 대판 2002도429 판결

상습절도 등의 범행을 한 자가 추가로 자동차등불법사용의 범행을 한 경우에 그것이 절도 습벽의 발현이라고 보이는 이상 자동차등불법사용의 범행은 상습절도 등의 죄에 흡수되어 1죄만이 성립하고 이와 별개로 자동차등불법사용죄는 성립하지 않는다.

③ ○ 대판 73도1553 전원합의체 판결

절도범인이 처음에는 흉기를 휴대하지 아니하였으나, 체포를 면탈할 목적으로 폭행 또는 협박을 가할 때에 비로소 흉기를 휴대 사용하게 된 경우에는 형법 제334조의 예에 의한 준강도(특수강도의 준강도)가 된다.

④ ×

강도살인죄의 주체인 강도는 준강도죄의 강도범인을 모두 포함한다.

정답 ③

제4절 사기

01 **사기죄에 관한 설명 중 가장 적절한 것은? (다툼이 있는 경우 판례에 의함)**

〈23. 경찰공채 1차〉

① 「민법」 제746조의 불법원인급여에 해당하여 급여자가 수익자에 대한 반환청구권을 행사할 수 없다면, 수익자가 기망을 통하여 급여자로 하여금 불법원인급여에 해당하는 재물을 제공하도록 하였더라도 사기죄를 구성하지 않는다.

② 甲이 A에 대한 사기범행을 실현하는 수단으로서 사기의 고의가 없는 B를 기망하여 그를 A로부터 편취한 재물이나 재산상 이익을 전달하는 도구로서만 이용한 경우, 편취의 대상인 재물 또는 재산상 이익에 관하여 A에 대한 사기죄가 성립할 뿐, 도구로 이용된 B에 대한 사기죄는 별도로 성립하지 않는다.

③ 사기죄가 성립하기 위해서는 적극적 기망행위가 있어야 하므로 부작위에 의한 기망은 있을 수 없다.

④ 사기죄의 '처분행위'라 함은 재산적 처분행위로서 피해자가 자유의사로 직접 재산상 손해를 초래하는 작위에 나아가는 것을 말하므로, 피해자가 기망에 의하여 착오에 빠진 결과 채권의 존재를 알지 못하여 채권을 행사하지 아니한 것에 불과하다면 그와 같은 부작위는 재산의 처분행위에 해당하지 않는다.

해설 > ① × 대판 2006도6795 판결 ★★

민법 제746조의 불법원인급여에 해당하여 급여자가 수익자에 대한 반환청구권을 행사할 수 없다고 하더라도 수익자가 기망을 통하여 급여자로 하여금 불법원인급여에 해당하는 재물을 제공하도록 하였다면 사기죄가 성립

제746조(불법원인급여) 불법의 원인으로 인하여 재산을 급여하거나 노무를 제공한 때에는 그 이익의 반환을 청구하지 못한다. 그러나 그 불법원인이 수익자에게만 있는 때에는 그러하지 아니하다.

② ○ 아래 판례 참조 ★★★ 중요판례

판례

〈대판 2017도3894 판결〉

[1] 간접정범을 통한 범행에서 피이용자는 간접정범의 의사를 실현하는 수단으로서의 지위를 가질 뿐이므로, 피해자에 대한 사기범행을 실현하는 수단으로서 타인을 기망하여 그를 피해자로부터 편취한 재물이나 재산상 이익을 전달하는 도구로서만 이용한 경우에는 편취의 대상인 재물 또는 재산상 이익에 관하여 피해자에 대한 사기죄가 성립할 뿐 도구로 이용된 타인에 대한 사기죄가 별도로 성립한다고 할 수 없다.

[2] 전기통신금융사기(이른바 보이스피싱 범죄)의 범인이 피해자를 기망하여 피해자의 자금을 사기이용계좌로 송금·이체받으면 사기죄는 기수에 이르고, 범인이 피해자의 자금을 점유하고 있다고 하여 피해자와의 어떠한 위탁관계나 신임관계가 존재한다고 볼 수 없을 뿐만 아니라, 그 후 범인이 사기이용계좌에서 현금을 인출하였더라도 이는 이미 성립한 사기범행이 예정하고 있던 행위에 지나지 아니하여 새로운 법익을 침해한다고 보기도 어려우므로, 위와 같은 인출행위는 사기의 피해자에 대하여 별도의 횡령죄를 구성하지 아니한다. 이러한 법리는 사기범행에 이용되리라는 사정을 알고서 자신 명의 계좌의 접근매체를 양도함으로써 사기범행을 방조한 종범이 사기이용계좌로 송금된 피해자의 자금을 임의로 인출한 경우에도 마찬가지로 적용된다.

③ × 대판 2005도9221 판결 – 사기 2번의 〈보기 1번〉 참조

④ × 아래 판례 참조 ★★

판례

〈대판 2005도9221 판결〉

[1] 사기죄는 타인을 기망하여 착오를 일으키게 하고 그로 인한 처분행위를 유발하여 재물·재산상의 이득을 얻음으로써 성립하고, 여기서 처분행위라 함은 재산적 처분행위로서 피해자가 자유의사로 직접 재산상 손해를 초래하는 작위에 나아가거나 또는 부작위에 이른 것을 말하므로, 피해자가 착오에 빠진 결과 채권의 존재를 알지 못하여 채권을 행사하지 아니하였다면 그와 같은 부작위도 재산의 처분행위에 해당한다.

[2] 출판사 경영자가 출고현황표를 조작하는 방법으로 실제출판부수를 속여 작가에게 인세의 일부만을 지급한 사안에서, 작가가 나머지 인세에 대한 청구권의 존재 자체를 알지 못하는 착오에 빠져 이를 행사하지 아니한 것은 사기죄에 있어 부작위에 의한 처분행위에 해당한다.

정답 ②

02 다음 중 사기죄에 관한 설명으로 가장 옳지 않은 것은? (다툼이 있는 경우 판례에 의함)

〈22. 해경[경장]〉

① 출판사 경영자가 출고현황표를 조작하는 방법으로 실제출판부수를 속여 작가에게 인세의 일부만을 지급한 경우 사기죄가 성립하지 않는다.

② 중고자동차 매매에 있어서 매도인의 할부금융회사 또는 보증보험에 대한 할부금 채무는 매수인에게 당연히 승계되는 것이 아니므로 그 할부금 채무의 존재를 매수인에게 고지하지 아니한 것은 부작위에 의한 기망에 해당하지 아니한다.

③ 수입소고기를 사용하는 식당영업주가 한우만을 취급한다는 취지의 상호를 사용하고 식단표 등에도 한우만을 사용한다고 기재한 경우는 사기죄의 기망행위에 해당한다.

④ 주권을 교부한 자가 그것을 분실하였다고 허위로 공시최고신청을 하여 제권판결을 받아 확정된 경우에는 사기죄가 성립한다.

해설 > ① × 대판 2005도9221 판결

사기죄는 타인을 기망하여 착오를 일으키게 하고 그로 인한 처분행위를 유발하여 재물·재산상의 이득을 얻음으로써 성립하고, 여기서 처분행위라 함은 재산적 처분행위로서 피해자가 자유의사로 직접 재산상 손해를 초래하는 작위에 나아가거나 또는 부작위에 이른 것을 말하므로, <u>피해자가 착오에 빠진 결과 채권의 존재를 알지 못하여 채권을 행사하지 아니하였다면 그와 같은 부작위도 재산의 처분행위에 해당한다.</u>

② ○ 대판 98도231 판결 ★★

③ ○ 대판 97도1561 판결

④ ○ 대판 2006도8488 판결

주권을 교부한 자가 이를 분실하였다고 허위로 공시최고신청을 하여 제권판결을 선고받아 확정되었다면, 그 제권판결의 적극적 효력에 의해 그 자는 그 주권을 소지하지 않고도 주권을 소지한 자로서의 권리를 행사할 수 있는 지위를 취득하였다고 할 것이므로, 이로써 사기죄에 있어서의 재산상 이익을 취득한 것으로 보기에 충분하고, 이는 제권판결이 그 신청인에게 주권상의 권리를 행사할 수 있는 형식적 자격을 인정하는 데 그치며 그를 실질적 권리자로 확정하는 것이 아니라고 하여 달리 볼 것은 아니다.

정답 ①

03 소송사기에 대한 설명으로 옳지 않은 것은? (판례에 의함) 〈23. 9급공채〉

① 피고인이 허위의 채권을 피보전권리로 삼아 가압류를 하였다하더라도 본안소송을 제기하지 아니한 채 가압류를 한 것만으로는 사기죄의 실행에 착수하였다고 할 수 없다.

② 피고인이 허위의 채권으로 법원에 지급명령을 신청하였으나 이에 대해 상대방이 이의신청을 하면 지급명령은 이의의 범위 안에서 그 효력을 잃게 되므로 사기죄의 실행의 착수는 인정되지 아니한다.

③ 피고인이 허위의 증거를 조작하는 등의 적극적인 사술을 사용하지 아니한 채 기한 미도래의 채권에 대해 단지 즉시 지급을 구하는 취지의 지급명령신청을 한 경우, 이는 법원에 대한 기망행위에 해당하지 아니한다.

④ 부동산등기부상 소유자로 등기된 적이 있는 자가 자기 이후 소유권이전등기를 경료한 등기명의인들을 상대로 허위 사실을 주장하면서 그들 명의의 소유권이전등기의 말소를 구하는 소송을 제기한 경우 사기죄의 실행의 착수가 인정된다.

해설 ① ○ 대판 82도1529 판결
가압류는 강제집행의 보전방법에 불과하고 그 기초가 되는 허위의 채권에 의하여 실제로 청구의 의사표시를 한 것이라고 할 수 없으므로 소의 제기 없이 가압류신청을 한 것만으로는 사기죄의 실행에 착수한 것이라고 할 수 없다.
② × 대판 2002도4151 판결
지급명령신청에 대해 상대방이 이의신청을 하면 지급명령은 이의의 범위 안에서 그 효력을 잃게 되고 지급명령을 신청한 때에 소를 제기한 것으로 보게 되는 것이지만 이로써 이미 실행에 착수한 사기의 범행 자체가 없었던 것으로 되는 것은 아니다.
③ ○ 대판 82도1160 판결
기한 미도래의 채권을 소송에 의하여 청구함에 있어서 기한의 이익이 상실되었다는 허위의 증거를 조작하는 등의 적극적인 사술을 사용하지 아니한 채 단지 즉시 지급을 구하는 취지의 지급명령신청은 법원을 기망하여 부당한 이득을 편취하려는 기망행위에 해당하지 아니한다.
④ ○ 대판 2003도1951 판결
부동산등기부상 소유자로 등기된 적이 있는 자가 자기 이후에 소유권이전등기를 경료한 등기명의인들을 상대로 허위의 사실을 주장하면서 그들 명의의 소유권이전등기의 말소를 구하는 소송을 제기한 경우 그 소송에서 승소한다면 등기명의인들의 등기가 말소됨으로써 그 소송을 제기한 자의 등기명의가 회복되는 것이므로 이는 법원을 기망하여 재물이나 재산상 이익을 편취한 것이라고 할 것이고 따라서 등기명의인들 전부 또는 일부를 상대로 하는 그와 같은 말소등기청구 소송의 제기는 사기의 실행에 착수한 것이라고 보아야 한다.

정답 ②

04 사기의 죄에 대한 설명으로 가장 적절하지 않은 것은? (다툼이 있는 경우 판례에 의함)

〈22. 경찰승진〉

① 침해행정 영역에서 일반 국민이 담당 공무원을 기망하여 권력작용에 의한 재산권 제한을 면하는 경우에는 사기죄가 성립할 수 없다.

② 사기죄의 '재산상의 이익'은 영속적 · 일시적 이익, 적극적 · 소극적 이익을 불문하며, 자기의 채권자에 대한 채무이행으로 존재하지 않는 채권을 양도한 경우에도 재산상의 이익을 취득한 것으로 볼 수 있다.

③ 사기죄의 요건으로서의 부작위에 의한 '기망'은 고지의무 있는 자가 일정한 사실에 관하여 상대방이 착오에 빠져 있음을 알면서도 이를 고지하지 않는 것을 말한다.

④ 피해자를 기망하여 착오를 일으키게 하고 피해자가 착오에 빠진 결과 채권의 존재를 알지 못하여 채권을 행사하지 않은 경우, 그와 같은 부작위는 사기죄에 있어서의 재산의 처분행위에 해당한다.

해설 ① ○ 대판 2019도2003 판결
부과권자의 직접적인 권력작용을 사기죄의 보호법익인 재산권과 동일하게 평가할 수 없는 것이므로, 행정법규에서 그러한 행위에 대한 처벌규정을 두어 처벌함은 별론으로 하고, 사기죄는 성립할 수 없다.
② × 대판 85도74 판결
사기죄는 사람을 기망하여 자기 또는 제3자로 하여금 재물 또는 재산상의 이익을 얻거나 얻게 하는 경우에 성립하는 것인 바, 자기의 채권자에 대한 채무이행으로 채권을 양도하였다 하더라도 위 채권이 존재하지 않는다면 이를 양도하였다 하여 권리이전의 효력을 발생할 수 없는 것이고 따라서 채권자에 대한 기존의 채무도 소멸하는 것이 아니므로 채무면탈의 효과도 발생할 수 없어 위 채권의 양도로써 재산상의 이득을 취하였다고는 볼 수 없으므로 사기죄는 성립하지 않는다.
③ ○ 대판 99도2884 판결
사기죄의 요건으로서의 기망은 널리 재산상의 거래관계에 있어 서로 지켜야 할 신의와 성실의 의무를 저버리는 모든 적극적 또는 소극적 행위를 말하는 것이고, 이러한 소극적 행위로서의 부작위에 의한 기망은 법률상 고지의무 있는 자가 일정한 사실에 관하여 상대방이 착오에 빠져 있음을 알면서도 이를 고지하지 아니함을 말하는 것이다. 특정 시술을 받으면 아들을 낳을 수 있을 것이라는 착오에 빠져있는 피해자들에게 그 시술의 효과와 원리에 관하여 사실대로 고지하지 아니한 채 아들을 낳을 수 있는 시술인 것처럼 가장하여 일련의 시술과 처방을 행한 의사에 대하여 사기죄의 성립을 인정한 사례.
④ ○ 대판 2005도9221 판결

정답 ②

05 사기죄에 대한 설명이다. 아래 설명 중 옳고 그름의 표시 (○, ×)가 바르게 된 것은? (다툼이 있는 경우 판례에 의함) 〈22. 경찰간후〉

가. 사기죄의 피해자 법인이나 단체 대표자 또는 실질적으로 의사결정의 최종결재권자 등이 기망행위자와 동일인이거나 기망행위자와 공모하는 등 기망행위임을 알고 있었던 경우에는 기망행위로 인한 착오가 있다고 볼 수 없고, 재물 교부 등의 처분행위가 있었더라도 기망행위와 인과관계가 있다고 보기 어려워 사기죄가 성립하지 않는다.

나. 용도를 속여 국민주택 건설자금을 대출받을 때 기금 대출 사무를 위탁받은 은행의 일선 담당 직원이 대출금이 지정된 용도에 사용되지 않을 것이라는 점을 알고 있었다 하더라도, 은행장은 피기망자라고 보기 어렵기 때문에 이 행위를 사기죄로 처벌할 수 없다.

다. 근저당권자의 대리인인 피고인이 채무자 겸 소유자인 피해자를 대리하여 경매개시결정 정본을 받을 권한이 없음에도, 경매 개시결정 정본 등 서류의 수령을 피고인에게 위임한다는 내용의 피해자 명의의 위임장을 위조하여 법원에 제출하는 방법으로 경매개시결정 정본을 교부받음으로써 경매절차가 진행되도록 하는 행위는 위 근저당권이 유효하기 때문에 사기죄에 있어서의 기망행위에 해당하지 않는다.

라. 甲이 A 주식회사에서 운영하는 전자복권구매시스템에서 일정한 조건하에 복권 구매명령을 입력하면 가상계좌로 복권 구매요청금과 동일한 액수의 가상현금이 입금되는 프로그램 오류를 이용하여 복권 구매명령을 입력하는 행위를 반복 함으로써 자신의 가상계좌로 구매요청금 상당의 금액이 입금되게 한 甲의 행위는 컴퓨터 등 사용사기죄에서 정한 '부정한 명령의 입력'에 해당한다.

마. 피해자에 대한 사기범행을 실현하는 수단으로서 타인을 기망하여 그를 피해자로부터 편취한 재물이나 재산상 이익을 전달하는 도구로서만 이용한 경우에는 편취의 대상인 재물 또는 재산상 이익에 관하여 피해자에 대한 사기죄가 성립하고, 도구로 이용된 타인에 대한 사기죄도 별도로 성립한다.

① 가 (○) 나 (×) 다 (×) 라 (○) 마 (×)

② 가 (×) 나 (○) 다 (○) 라 (○) 마 (×)

③ 가 (○) 나 (×) 다 (×) 라 (○) 마 (○)

④ 가 (×) 나 (○) 다 (×) 라 (×) 마 (○)

해설 가. ○ 대판 2017도8449 판결

피해자 법인이나 단체의 대표자 또는 실질적으로 의사결정을 하는 최종결재권자 등이 기망행위자와 동일인이거나 기망행위자와 공모하는 등 기망행위임을 알고 있었던 경우에는 기망행위로 인한 착오가 있다고 볼 수 없고, 재물 교부 등의 처분행위가 있었더라도 기망행위와 인과관계가 있다고 보기 어렵다. 이러한 경우에는 사안에 따라 업무상횡령죄 또는 업무상배임죄 등이 성립하는 것은 별론으로 하고 사기죄가 성립한다고 볼 수 없다.

나. × 아래 판례 참조 ★★★ 중요판례

판례

〈대판 2002도2620 판결〉

[1] 사기죄는 타인을 기망하여 착오에 빠지게 하고 그 처분행위를 유발하여 재물, 재산상의 이익을 얻음으로써 성립하는 범죄로서, 여기서 처분행위라고 하는 것은 범인 등에게 재물을 교부하거나 또는 재산상의 이익을 부여하는 재산적 처분행위를 의미하고, 피기망자는 재물 또는 재산상의 이익에 대한 처분행위를 할 권한이 있는 자를 말한다.

[2] 용도를 속여 국민주택 건설자금을 대출받음에 있어, 기금 대출사무를 위탁받은 은행의 일선 담당 직원이 대출금이 지정된 용도에 사용되지 않을 것이라는 점을 알고 있었다 하더라도, 대출 신청액이 일정한 금액을 초과하는 경우에는 은행장이 대출 승인 여부를 결정할 권한이 있으므로, 은행장을 피기망자라고 보아 사기죄의 성립을 인정

다. × 대판 2009도295 판결

근저당권자의 대리인인 피고인이 채무자 겸 소유자인 피해자를 대리하여 경매개시결정 정본을 받을 권한이 없음에도, 경매개시결정 정본 등 서류의 수령을 피고인에게 위임한다는 내용의 피해자 명의의 위임장을 위조하여, 법원에 제출하는 방법으로 경매개시결정 정본을 교부받은 사안에서, 위 행위는 사회통념상 도저히 용인될 수 없으므로 비록 근저당권이 유효하다고 하더라도 사기죄의 기망행위에 해당한다.

라. ○ 아래 판례 참조 ★★★ 주요판례

판례

〈대판 2011도4440 판결〉

피고인은 일정한 조건하에 전자복권구매시스템을 구성하는 프로그램의 작동상 오류가 발생한다는 점을 분명히 인식하고서도, 부정한 재산상 이익을 취득할 의도로 일부러 은행환불명령을 통하여 가상계좌의 잔액 1,000원 이하인 상태를 설정한 뒤 전자복권 구매명령을 입력함으로써, 정상적인 사무처리절차와 달리 오히려 자신의 가상계좌에 그 구매요청금 상당의 금액이 입금되도록 한 것이니, 피고인의 이러한 행위가 설령 형법 제347조의2 소정의 '허위의 정보 입력'에 해당하지는 않는다고 하더라도, 이는 프로그램 자체에서 발생하는 오류를 적극적으로 이용하여 그 사무처리의 목적에 비추어 정당하지 아니한 사무처리를 하게 한 행위로서 위와 동일한 형벌규정에 정하여진 '부정한 명령의 입력'에 해당한다고 보아야 할 것이다.

제347조의2(컴퓨터등 사용사기)

컴퓨터등 정보처리장치에 허위의 정보 또는 부정한 명령을 입력하거나 권한 없이 정보를 입력 · 변경하여 정보처리를 하게 함으로써 재산상의 이익을 취득하거나 제3자로 하여금 취득하게 한 자는 10년 이하의 징역 또는 2천만원 이하의 벌금에 처한다.

마. × 대판 2017도3894 판결
간접정범을 통한 범행에서 피이용자는 간접정범의 의사를 실현하는 수단으로서의 지위를 가질 뿐이므로, 피해자에 대한 사기범행을 실현하는 수단으로서 타인을 기망하여 그를 피해자로부터 편취한 재물이나 재산상 이익을 전달하는 도구로서만 이용한 경우에는 편취의 대상인 재물 또는 재산상 이익에 관하여 피해자에 대한 사기죄가 성립할 뿐 도구로 이용된 타인에 대한 사기죄가 별도로 성립한다고 할 수 없다.

정답 ①

06 사기와 공갈의 죄에 관한 설명으로 옳은 것을 모두 고른 것은? (다툼이 있는 경우 판례에 의함)

〈24. 경찰승진〉

㉠ 비트코인은 경제적인 가치를 디지털로 표상하여 전자적으로 이전, 저장과 거래가 가능하도록 한 가상자산의 일종으로 사기죄의 객체인 재산상 이익에 해당한다. ㉡ 피해자 A는 드라이버를 구매하기 위해 특정 매장에 방문하였다가 지갑을 떨어뜨렸는데, 10분쯤 후 甲이 같은 매장에서 우산을 구매하고 계산을 마친 뒤, 지갑을 발견하여 습득한 매장 주인 B로부터 "이 지갑이 선생님 지갑이 맞느냐?"라는 질문을 받자 "내 것이 맞다."라고 대답한 후 이를 교부받아 가지고 간 경우, 甲에게 사기죄가 아닌 절도죄가 성립한다. ㉢ 소송사기가 성립하기 위하여는 제소 당시에 그 주장과 같은 채권이 존재하지 아니한다는 것만으로는 부족하고 그 주장의 채권이 존재하지 아니하는 사실을 잘 알면서도 허위의 주장과 증명으로써 법원을 기망한다는 인식을 하고 있어야만 한다. ㉣ 재산상 이익의 취득으로 인한 공갈죄가 성립하려면 폭행 또는 협박과 같은 공갈행위로 인하여 피공갈자가 재산상이익을 공여하는 처분행위가 있어야 하므로, 피공갈자가 외포심을 일으켜 묵인하고 있는 동안에 공갈자가 직접 재산상의 이익을 탈취한 경우에는 공갈죄가 성립할 수 없다.

① ㉠㉢　　② ㉠㉣　　③ ㉡㉢　　④ ㉢㉣

해설 > ㉠ ○ 대판 2021도9855 판결
비트코인은 경제적인 가치를 디지털로 표상하여 전자적으로 이전, 저장과 거래가 가능하도록 한 가상자산의 일종으로 사기죄의 객체인 재산상 이익에 해당한다.
㉡ × 대판 2022도12494 판결
피해자 갑은 드라이버를 구매하기 위해 특정 매장에 방문하였다가 지갑을 떨어뜨렸는데, 10분쯤 후 피고인이 같은 매장에서 우산을 구매하고 계산을 마친 뒤, 지갑을 발견하여 습득한 매장 주인 을로부터 "이 지갑이 선생님 지갑이 맞느냐?"라는 질문을 받자 "내 것이 맞다."라고 대답한 후 이를 교부받아 가지고 간 사안에서, 을의 행위는 사기죄에서 말하는 처분행위에 해당하고, 피고인의 행위를 절취행위로 평가할 수 없다.
㉢ ○ 대판 2003도373 판결
소송사기는 법원을 기망하여 자기에게 유리한 판결을 얻음으로써 상대방의 재물 또는 재산상 이익을 취득하는 것을 내용으로 하는 범죄...소송사기가 성립하기 위하여는 제소 당시에 그 주장과 같은 채권이 존재하지 아니하다는 것만으로는 부족하고 그 주장의 채권이 존재하지 아니한 사실을 잘 알고 있으면서도 허위의 주장과 입증으로써 법원을 기망한다는 인식을 하고 있어야만 하고, 단순히 사실을 잘못 인식하거나 법률적인 평가를 그르침으로 인하여 존재하지 않는 채권을 존재한다고 믿고 제소하는 행위는 사기죄를 구성하지 않는다.
㉣ × 대판 2011도16044 판결
재산상 이익의 취득으로 인한 공갈죄가 성립하려면 폭행 또는 협박과 같은 공갈행위로 인하여 피공갈자가 재산상 이익을 공여하는 처분행위가 있어야 한다. 물론 그러한 처분행위는 반드시 작위에 한하지 아니하고 부작위로도 족하여서, 피공갈자가 외포심을 일으켜 묵인하고 있는 동안에 공갈자가 직접 재산상의 이익을 탈취한 경우에도 공갈죄가 성립할 수 있다. 그러나 폭행의 상대방이 위와 같은 의미에서의 처분행위를 한 바 없고, 단지 행위자가 법적으로 의무 있는 재산상 이익의 공여를 면하기 위하여 상대방을 폭행하고 현장에서 도주함으로써 상대방이 행위자로부터 원래라면 얻을 수 있었던 재산상 이익의 실현에 장애가 발생한 것에 불과하다면, 그 행위자에게 공갈죄의 죄책을 물을 수 없다.

정답 ①

07 사기의 죄와 공갈의 죄에 대한 설명이다. 아래 ㉠부터 ㉣까지의 설명 중 옳고 그름의 표시(○, ×)가 바르게 된 것은? (다툼이 있는 경우 판례에 의함) 〈22. 경찰승진〉

> ㉠ 사기죄의 피해자가 법인이나 단체인 경우에 피해자 법인이나 단체의 대표자 등 기망의 상대방이 기망행위자와 동일인이거나 기망행위자와 공모하는 등 기망행위를 알고 있었다면, 기망의 상대방이 재물을 교부하였더라도 사기죄는 성립하지 않는다.
> ㉡ 소송사기는 법원을 기망하여 자기에게 유리한 판결을 얻고 이에 터잡아 상대방으로부터 재물의 교부를 받거나 재산상 이익을 취득하는 것을 말하고, 소장이 유효하게 송달되지 않더라도 법원을 기망한다는 인식을 가지고 소를 제기하면 실행의 착수가 있다고 보아야 한다.
> ㉢ 예금주인 현금카드 소유자를 협박하여 그 카드를 갈취한 다음 피해자의 승낙에 의하여 현금카드를 사용할 권한을 부여받아 이를 이용하여 현금자동지급기에서 현금을 인출한 경우에는 포괄하여 하나의 공갈죄가 성립한다.
> ㉣ 현금카드 소유자로부터 일정한 금액의 현금을 인출해 오라는 부탁을 받았으나 위임받은 금액을 초과하여 현금을 인출한 경우에는 그 전체 인출액에 대하여 컴퓨터등 사용사기죄가 성립한다.

① ㉠ (○) ㉡ (○) ㉢ (○) ㉣ (○)

② ㉠ (○) ㉡ (○) ㉢ (○) ㉣ (×)

③ ㉠ (○) ㉡ (×) ㉢ (○) ㉣ (×)

④ ㉠ (×) ㉡ (○) ㉢ (×) ㉣ (○)

해설 > ㉠ ○ 대판 2017도8449 판결, ㉡ ○ 대판 2006도5811 판결
㉢ ○ 대판 95도1728 판결
예금주인 현금카드 소유자를 협박하여 그 카드를 갈취하였고, 하자있는 의사표시이기는 하지만 피해자의 승낙에 의하여 현금카드를 사용할 권한을 부여받아 이를 이용하여 현금을 인출한 이상, 피해자가 그 승낙의 의사표시를 취소하기까지는 현금카드를 적법, 유효하게 사용할 수 있고, <u>은행의 경우에도 피해자의 지급정지 신청이 없는 한 피해자의 의사에 따라 그의 계산으로 적법하게 예금을 지급할 수밖에 없는 것이므로, 피고인이 피해자로부터 현금카드를 사용한 예금인출의 승낙을 받고 현금카드를 교부받은 행위와 이를 사용하여 현금자동지급기에서 예금을 여러 번 인출한 행위들은 모두 피해자의 예금을 갈취하고자 하는 피고인의 단일하고 계속된 범의 아래에서 이루어진 일련의 행위로서 포괄하여 하나의 공갈죄를 구성한다</u>고 볼 것이지, <u>현금지급기에서 피해자의 예금을 취득한 행위를 현금지급기 관리자의 의사에 반하여 그가 점유하고 있는 현금을 절취한 것이라 하여 이를 현금카드 갈취행위와 분리하여 따로 절도죄로 처단할 수는 없다.</u>

㉣ × 대판 2005도3516 판결 ★★

판례

예금주인 현금카드 소유자로부터 일정한 금액의 현금을 인출해 오라는 부탁을 받으면서 이와 함께 현금카드를 건네받은 것을 기화로 그 위임을 받은 금액을 초과하여 현금을 인출하는 방법으로 그 차액 상당을 위법하게 이득할 의사로 현금자동지급기에 그 초과된 금액이 인출되도록 입력하여 그 초과된 금액의 현금을 인출한 경우에는 그 인출된 현금에 대한 점유를 취득함으로써 이 때에 그 인출한 현금 총액 중 인출을 위임받은 금액을 넘는 부분의 비율에 상당하는 재산상 이익을 취득한 것으로 볼 수 있으므로 이러한 행위는 그 차액 상당액에 관하여 형법 제347조의2(컴퓨터등사용사기)에 규정된 '컴퓨터 등 정보처리장치에 권한 없이 정보를 입력하여 정보처리를 하게 함으로써 재산상의 이익을 취득'하는 행위로서 컴퓨터 등 사용사기죄에 해당된다.

정답 ②

08 **사기죄에 대한 설명으로 옳은 것은? (다툼이 있는 경우 판례에 의함)** 〈22. 7급공채〉

① 농민이 담당 공무원을 기망하여 납부의무가 있는 농지보전부담금을 면제받아 재산상 이익을 취득한 경우, 일반 국민의 재산권을 제한하는 침해행정 영역에서 담당 공무원을 기망하여 권력작용에 의한 재산권 제한을 면한 경우에 해당하므로 사기죄가 성립한다.

② 부동산의 명의수탁자가 명의신탁 사실을 숨기고 부동산을 자신의 소유라고 주장하면서 제삼자에게 매도하고 매매를 원인으로 한 소유권이전등기까지 마친 경우, 제삼자에 대한 사기죄가 성립한다.

③ 선거후보자가 여러 개의 선거비용 항목을 허위로 기재한 하나의 선거비용 보전청구서를 제출하여 국가로부터 선거비용을 과다 보전받아 이를 편취한 경우, 회계보고 허위기재로 인한 특별법위반죄 외에 각 선거비용 항목에 따라 별개의 사기죄가 성립한다.

④ 은행에 대출을 신청하면서 담보 부동산의 매매계약서상 매매대금을 허위로 부풀려 기재한 매매계약서를 제출하고, 이 부풀린 금액이 정당한 매매대금임을 전제로 하여 대출을 받은 경우, 사기죄가 성립하며 지급받은 대출금 전부가 사기죄의 이득액에 해당한다.

해설> ① × 대판 2019도2003 판결
특정 공익사업과 관련하여 권력작용으로 부담금을 부과하는 것은 일반 국민의 재산권을 제한하는 침해행정에 속한다. 이러한 침해행정 영역에서 일반 국민이 담당 공무원을 기망하여 권력작용에 의한 재산권 제한을 면하는 경우에는 부과권자의 직접적인 권력작용을 사기죄의 보호법익인 재산권과 동일하게 평가할 수 없는 것이므로, 행정법규에서 그러한 행위에 대한 처벌규정을 두어 처벌함은 별론으로 하고, 사기죄는 성립할 수 없다.
② × 대판 2006도4498 판결
부동산의 명의수탁자가 부동산을 제3자에게 매도하고 매매를 원인으로 한 소유권이전등기까지 마쳐 준 경우, 명의신탁의 법리상 대외적으로 수탁자에게 그 부동산의 처분권한이 있는 것임이 분명하고, 제3자로서도 자기 명의의 소유권이전등기가 마쳐진 이상 무슨 실질적인 재산상의 손해가 있을 리 없으므로 그 명의신탁 사실과 관련하여 신의칙상 고지의무가 있다거나 기망행위가 있었다고 볼 수도 없어서 그 제3자에 대한 사기죄가 성립될 여지가 없고, 나아가 그 처분시 매도인(명의수탁자)의 소유라는 말을 하였다고 하더라도 역시 사기죄가 성립하지 않으며, 이는 자동차의 명의수탁자가 처분한 경우에도 마찬가지이다.
③ × 대판 2016도21713 판결
피고인이 수개의 선거비용 항목을 허위기재한 하나의 선거비용 보전청구서를 제출하여 대한민국으로부터 선거비용을 과다 보전받아 이를 편취하였다면 이는 일죄로 평가되어야 하고, 각 선거비용 항목에 따라 별개의 사기죄가 성립하는 것은 아니다.
④ ○ 대판 2018도19772 판결
담보로 제공할 목적물의 가액을 허위로 부풀려 금융기관으로부터 대출을 받은 경우 그 대출이 기망행위에 의하여 이루어진 이상 그로써 사기죄는 성립한다.

정답 ④

09 소송사기에 관한 다음 설명 중 가장 옳지 않은 것은? (다툼이 있는 경우 판례에 의함)

〈22. 법원9급〉

① 유치권자가 피담보채권을 실제보다 허위로 부풀려 유치권에 의한 경매를 신청한 경우, 이는 소송사기죄의 실행의 착수에 해당한다.

② 소송절차에서 상대방에게 유리한 증거를 가지고 있더라도 상대방을 위하여 이를 현출하여야 할 의무가 있다고 할 수 없으므로 이러한 증거를 제출하지 아니한 행위만으로 소송사기의 기망행위가 있었다고 할 수 없다.

③ 소송사기에 의한 사기죄는 소를 제기한 때에 실행의 착수가 인정되고, 그 소장이 상대방에게 유효하게 도달할 것을 요하지 않는다.

④ 타인과 공모하여 그 공모자를 상대로 제소하여 의제자백의 판결을 받아 이에 기하여 부동산의 소유권이전등기를 한 경우에는 사기죄와 공정증서원본불실기재죄가 성립하고 양죄는 실체적 경합범 관계에 있다.

해설 > ① ○ 대판 2012도9603 판결
유치권에 의한 경매를 신청한 유치권자는 일반채권자와 마찬가지로 피담보채권액에 기초하여 배당을 받게 되는 결과 피담보채권인 공사대금 채권을 실제와 달리 허위로 크게 부풀려 유치권에 의한 경매를 신청할 경우 정당한 채권액에 의하여 경매를 신청한 경우보다 더 많은 배당금을 받을 수도 있으므로, 이는 법원을 기망하여 배당이라는 법원의 처분행위에 의하여 재산상 이익을 취득하려는 행위로서, 불능범에 해당한다고 볼 수 없고, 소송사기죄의 실행의 착수에 해당한다.
② ○ 대판 2001도1610 판결
당사자주의 소송구조하에서는 자기에게 유리한 주장이나 증거는 각자가 자신의 책임하에 변론에 현출하여야 하는 것이고, 비록 자기가 상대방에게 유리한 증거를 가지고 있다거나 상대방에게 유리한 사실을 알고 있다고 하더라도 상대방을 위하여 이를 현출하여야 할 의무가 있다고 보기는 어려울 것이므로 상대방에게 유리한 증거를 제출하지 않거나 상대방에게 유리한 사실을 진술하지 않는 행위만으로는 소송사기에 있어 기망이 된다고 할 수 없다.
③ ○ 대판 2006도5811 판결
소송사기는 법원을 기망하여 자기에게 유리한 판결을 얻고 이에 터잡아 상대방으로부터 재물의 교부를 받거나 재산상 이익을 취득하는 것을 말하는 것으로서 소송에서 주장하는 권리가 존재하지 않는 사실을 알고 있으면서도 법원을 기망한다는 인식을 가지고 소를 제기하면 이로써 실행의 착수가 있고 소장의 유효한 송달을 요하지 아니한다고 할 것인바, 이러한 법리는 제소자가 상대방의 주소를 허위로 기재함으로써 그 허위주소로 소송서류가 송달되어 그로 인하여 상대방 아닌 다른 사람이 그 서류를 받아 소송이 진행된 경우에도 마찬가지로 적용된다.
④ × 대판 97도2430 판결
소송사기에 있어 피기망자인 법원의 재판은 피해자의 처분행위에 갈음하는 내용과 효력이 있는 것이어야 하므로, 피고인이 타인과 공모하여 그 공모자를 상대로 제소하여 의제자백의 판결을 받아 이에 기하여 부동산의 소유권이전등기를 하였다고 하더라도 이는 소송 상대방의 의사에 부합하는 것으로서 착오에 의한 재산적 처분행위가 있다고 할 수 없어 동인으로부터 부동산을 편취한 것이라고 볼 수 없고, 또 그 부동산의 진정한 소유자가 따로 있다고 하더라도 피고인이 의제자백판결에 기하여 그 진정한 소유자로부터 소유권을 이전받은 것이 아니므로 그 소유자로부터 부동산을 편취한 것이라고 볼 여지도 없다.

정답 ④

10 사기의 죄에 대한 설명으로 가장 적절한 것은? (다툼이 있는 경우 판례에 의함)

〈21. 경찰공채 1차〉

① 「민법」 제746조의 불법원인급여에 해당하여 급여자가 수익자에 대한 반환청구권을 행사할 수 없다면, 설령 수익자가 기망을 통하여 급여자로 하여금 불법원인급여에 해당하는 재물을 제공하도록 하였더라도 사기죄는 성립하지 않는다.

② 담당 공무원을 기망하여 납부의무가 있는 농지보전부담금을 면제받아 재산상 이익을 취득하였다면, 부과권자의 직접적인 권력작용을 사기죄의 보호법익인 재산권과 동일하게 평가할 수 있어 사기죄가 성립한다.

③ 의료인으로서 자격과 면허를 보유한 사람이 「의료법」 제4조 제2항을 위반하여 다른 의료인의 명의로 의료기관을 개설·운영함으로써 요양급여비용을 지급받은 경우, 「국민건강보험법」상 요양급여비용을 적법하게 지급받을 수 있는 자격 내지 요건이 흠결되지 않더라도 국민건강보험공단을 피해자로 하는 사기죄를 구성한다.

④ 피해자 법인이나 단체의 대표자 또는 실질적으로 의사결정을 하는 최종결재권자 등 기망의 상대방이 기망행위자와 동일인이거나 기망행위자와 공모하는 등 기망행위를 알고 있었던 경우에는 기망의 상대방에게 기망행위로 인한 착오가 있다고 볼 수 없고, 기망의 상대방이 재물을 교부하는 등의 처분을 했더라도 기망행위와 인과관계가 있다고 보기 어렵다.

해설 〉 ① × 아래 판례 참조 ★★★ 중요판례

판례

〈대판 2006도6795 판결〉

민법 제746조의 불법원인급여에 해당하여 급여자가 수익자에 대한 반환청구권을 행사할 수 없다고 하더라도, 수익자가 기망을 통하여 급여자로 하여금 불법원인급여에 해당하는 재물을 제공하도록 하였다면 사기죄가 성립한다고 할 것인바(대법원 1995.9.15. 선고 95도707 판결 참조), 피고인이 피해자 공소외인으로부터 도박자금으로 사용하기 위하여 금원을 차용하였더라도 사기죄의 성립에는 영향이 없다고 한 원심의 판단은 옳은 것으로 수긍이 가고, 거기에 불법원인급여와 사기죄의 성립에 관한 법리오해의 위법이 있다고 할 수 없다.

② × 대판 2019도2003 판결 ★★★ 중요판례

담당 공무원을 기망하여 권력작용에 의한 재산권 제한을 면하는 경우에는 부과권자의 직접적인 권력작용을 사기죄의 보호법익인 재산권과 동일하게 평가할 수 없는 것이므로, 행정법규에서 그러한 행위에 대한 처벌규정을 두어 처벌함은 별론으로 하고, 사기죄는 성립할 수 없다.

③ × 대판 2019도1839 판결 ★★

의료인으로서 자격과 면허를 보유한 사람이 의료법에 따라 의료기관을 개설하여 건강보험의 가입자 또는 피부양자에게 국민건강보험법에서 정한 요양급여를 실시하고 국민건강보험공단으로부터 요양급여비용을 지급받았다면, 설령 그 의료기관이 다른 의료인의 명의로 개설·운영되어 의료법 제4조 제2항을 위반하였더라도 그 자체만으로는 국민건강보험법상 요양급여비용을 청구할 수 있는 요양기관에서 제외되지 아니하므로, 달리 요양급여비용을 적법하게 지급받을 수 있는 자격 내지 요건이 흠결되지 않는 한 국민건강보험공단을 피해자로 하는 사기죄를 구성한다고 할 수 없다.

④ ○ 대판 2017도8449 판결

피해자 법인이나 단체의 대표자 또는 실질적으로 의사결정을 하는 최종결재권자 등이 기망행위자와 동일인이거나 기망행위자와 공모하는 등 기망행위임을 알고 있었던 경우에는 기망행위로 인한 착오가 있다고 볼 수 없고, 재물 교부 등의 처분행위가 있었더라도 기망행위와 인과관계가 있다고 보기 어렵다. 이러한 경우에는 사안에 따라 업무상횡령죄 또는 업무상배임죄 등이 성립하는 것은 별론으로 하고 사기죄가 성립한다고 볼 수 없다.

정답 ④

제5절 공갈

01 사기와 공갈에 관한 죄에 대한 설명 중 가장 적절한 것은? (다툼이 있는 경우 판례에 의함) 〈23. 경찰승진〉

① 피기망자가 처분행위의 의미나 내용을 인식하지 못하였더라도, 피기망자의 작위 또는 부작위가 직접 재산상 손해를 초래하는 재산적 처분행위로 평가되고, 피기망자가 이러한 작위 또는 부작위를 인식하고 한 것이라면 처분행위에 상응하는 처분의사가 인정된다.

② 비의료인이 개설한 의료기관이 「의료법」에 의하여 적법하게 개설된 요양기관인 것처럼 국민건강보험공단에 요양급여비용의 지급을 청구하였더라도 명의를 빌려준 의료인으로 하여금 환자들에게 요양급여를 제공하도록 했다면 사기죄가 성립하지 않는다.

③ 조상천도제를 지내지 않으면 좋지 않은 일이 생긴다는 취지의 해악 고지는 협박으로 평가될 수 있어서 공갈죄가 성립한다.

④ 지역신문의 발행인이 시정에 관한 비판기사 및 사설을 보도하고, 관련 공무원에게 광고의뢰 및 직보배정을 다른 신문사와 같은 수준으로 높게 해달라고 요청한 사실만으로도 공갈죄의 수단으로서 그 상대방을 협박한 것으로 볼 수 있다.

해설 ① ○ 대판 2016도13362 전원합의체 판결

② × 아래 판례 참조 ★★★ 중요판례

판례

〈대판 2014도11843 판결〉

국민건강보험법 제42조 제1항 제1호는 요양급여를 실시할 수 있는 요양기관 중 하나인 의료기관을 '의료법에 따라 개설된 의료기관'으로 한정하고 있다. 따라서 의료법 제33조 제2항을 위반하여 적법하게 개설되지 아니한 의료기관에서 환자를 진료하는 등의 요양급여를 실시하였다면 해당 의료기관은 국민건강보험법상 요양급여비용을 청구할 수 있는 요양기관에 해당되지 아니하므로 요양급여비용을 적법하게 지급받을 자격이 없다. 따라서 비의료인이 개설한 의료기관이 마치 의료법에 의하여 적법하게 개설된 요양기관인 것처럼 국민건강보험공단에 요양급여비용의 지급을 청구하는 것은 국민건강보험공단으로 하여금 요양급여비용 지급에 관한 의사결정에 착오를 일으키게 하는 것으로서 사기죄의 기망행위에 해당하고, 이러한 기망행위에 의하여 국민건강보험공단에서 요양급여비용을 지급받을 경우에는 사기죄가 성립한다. 이 경우 의료기관의 개설인인 비의료인이 개설 명의를 빌려준 의료인으로 하여금 환자들에게 요양급여를 제공하게 하였다 하여도 마찬가지이다.

③ × 대판 2000도3245 판결 ★★

조상천도제를 지내지 아니하면 좋지 않은 일이 생긴다는 취지의 해악의 고지는 길흉화복이나 천재지변의 예고로서 행위자에 의하여 직접, 간접적으로 좌우될 수 없는 것이고 또한 가해자가 현실적으로 특정되어 있지도 않으며 해악의 발생가능성이 합리적으로 예견될 수 있는 것이 아니므로 협박으로 평가될 수 없다.

④ × 아래 판례 참조 ★★★ 중요판례

판례

〈대판 2001도7095 판결〉

[1] 공갈죄의 수단으로서 협박은 사람의 의사결정의 자유를 제한하거나 의사실행의 자유를 방해할 정도로 겁을 먹게 할 만한 해악을 고지하는 것을 말하고, 해악의 고지는 반드시 명시의 방법에 의할 것을 요하지 아니하며 언어나 거동에 의하여 상대방으로 하여금 어떠한 해악에 이르게 할 것이라는 인식을 갖게 하는 것이면 족한 것이고, 또한 직접적이 아니더라도 피공갈자 이외의 제3자를 통해서 간접적으로 할 수도 있으며, 행위자가 그의 직업, 지위에 기하여 불법한 위세를 이용하여 재물의 교부를 요구하고 상대방으로 하여금 그 요구에 응하지 아니한 때에는 부당한 불이익을 초래할 위험이 있다는 위구심을 야기하게 하는 경우에도 해악의 고지가 된다.

[2] 신문사 경영자가 자신이 발행하는 신문의 구독을 요청 또는 권유하는 것은 신문 부수의 확장을 위한 일상적인 업무의 범위 내에 속하는 것으로서, 특단의 사정이 없는 한, 사회통념상 용인되는 행위라고 보아야 할 것이므로, 언론사 종사자가 취재원에 대하여 불리한 기사의 보도 여부를 놓고 광고 게재나 신문구독을 요구한 행위가 공갈죄의 수단으로서 해악의 고지에 해당되는지 여부는 그러한 요구를 한 자와 요구를 받은 자 사이의 관계와 지위, 언론사의 사회적 영향력, 당사자의 의도와 추구하고자 하는 경제적 이익의 내용, 그러한 요구에 이른 전후 경위, 당사자가 그 과정에서 보인 태도, 관련 기사 내용과 그 기사가 상대방의 이해관계에 미치는 영향력의 크기, 불리한 기사와 요구한 금품 사이의 견련성 정도, 불이익을 시사한 구체적인 언동의 존부와 그 내용 등을 두루 심사하여 이를 신중하게 판단하여야 한다.

[3] 지역신문의 발행인이 시정에 관한 비판기사 및 사설을 보도하고 관련 공무원에게 광고의뢰 및 직보배정을 타신문사와 같은 수준으로 높게 해달라고 요청한 사실만으로 공갈죄의 수단으로서 그 상대방을 협박하였다고 볼 수 없다.

정답 ①

02 **사기와 공갈의 죄에 관한 설명으로 옳은 것은 모두 몇 개인가? (다툼이 있는 경우 판례에 의함)** 〈23. 경찰간후〉

가. 부동산에 대한 공갈죄는 그 부동산에 관하여 소유권이전등기를 경료받거나 또는 인도를 받은 때에 기수로 되는 것이고, 소유권이전등기에 필요한 서류를 교부받은 때에 기수로 되어 그 범행이 완료되는 것은 아니다. 나. 피해자 법인이나 단체의 대표자 또는 실질적으로 의사결정을 하는 최종결재권자 등 기망의 상대방이 기망행위자와 동일인이거나 기망행위자와 공모하는 등 기망행위를 알고 있었던 경우에는 사기죄가 성립할 여지가 없다. 다. 사기죄에서 그 대가가 일부 지급되거나 담보가 제공된 경우에도 편취액은 피해자로부터 교부된 금원으로부터 그 대가 또는 담보 상당액을 공제한 차액이 아니라 교부받은 금원 전부라고 보아야 한다. 라. A가 甲의 돈을 절취한 다음 다른 금전과 섞거나 교환하지 않고 쇼핑백에 넣어 자신의 집에 숨겨두었는데 乙이 甲의 지시를 받아 A에게 겁을 주어 쇼핑백에 들어 있던 절취된 돈을 교부받았다고 하더라도 乙에게 공갈죄가 성립하지 않는다.

① 1개 ② 2개 ③ 3개 ④ 4개

해설> 가. ○ 대판 92도1506 판결

부동산에 대한 공갈죄는 그 부동산에 관하여 소유권이전등기를 경료받거나 또는 인도를 받은 때에 기수로 되는 것이고, 소유권이전등기에 필요한 서류를 교부 받은 때에 기수로 되어 그 범행이 완료되는 것은 아니다.

나. ○ 대판 2017도8449 판결

피해자 법인이나 단체의 대표자 또는 실질적으로 의사결정을 하는 최종결재권자 등이 기망행위자와 동일인이거나 기망행위자와 공모하는 등 기망행위임을 알고 있었던 경우에는 기망행위로 인한 착오가 있다고 볼 수 없고, 재물 교부 등의 처분행위가 있었더라도 기망행위와 인과관계가 있다고 보기 어렵다. 이러한 경우에는 사안에 따라 업무상횡령죄 또는 업무상배임죄 등이 성립하는 것은 별론으로 하고 사기죄가 성립한다고 볼 수 없다.

다. ○ 대판 2017도21196 판결

금원 편취를 내용으로 하는 사기죄에서는 기망으로 인한 금원 교부가 있으면 그 자체로써 피해자의 재산침해가 되어 바로 사기죄가 성립하고, 상당한 대가가 지급되었다거나 피해자의 전체 재산상에 손해가 없다 하여도 사기죄의 성립에는 그 영향이 없으므로 사기죄에 있어서 그 대가가 일부 지급된 경우에도 그 편취액은 피해자로부터 교부된 금원으로부터 그 대가를 공제한 차액이 아니라 교부받은 금원 전부이고(대법원 2007.10.11. 선고 2007도6012 판결 등 참조), 이는 사기로 인한 특정경제범죄법 위반죄에 있어서도 마찬가지다(대법원 2009.1.15. 선고 2008도6983 판결 참조).

라. ○ 대판 2012도6157 판결
甲이 乙의 돈을 절취한 다음 다른 금전과 섞거나 교환하지 않고 쇼핑백 등에 넣어 자신의 집에 숨겨두었는데, 피고인이 乙의 지시로 폭력조직원 丙과 함께 甲에게 겁을 주어 쇼핑백 등에 들어 있던 절취된 돈을 교부받아 갈취하였다고 하여 폭력행위 등 처벌에 관한 법률 위반(공동공갈)으로 기소된 사안에서, 피고인 등이 甲에게서 되찾은 돈은 절취 대상인 당해 금전이라고 구체적으로 특정할 수 있어 객관적으로 甲의 다른 재산과 구분됨이 명백하므로 이를 타인인 甲의 재물이라고 볼 수 없고, 따라서 비록 피고인 등이 甲을 공갈하여 돈을 교부받았더라도 타인의 재물을 갈취한 행위로서 공갈죄가 성립된다고 볼 수 없는데도, 이와 달리 보아 유죄를 인정한 원심판결에 공갈죄의 대상인 타인의 재물 등에 관한 법리오해의 위법이 있다고 한 사례.

정답 ④

제6절 횡령

01 횡령죄에서의 재물의 보관자와 소유자 사이의 위탁관계에 대한 설명으로 옳지 않은 것은? (다툼이 있는 경우 판례에 의함) 〈23. 경찰대 편입〉

① 위탁관계는 사실상의 관계로 족하고 재물의 보관자가 민사상 계약의 당사자일 필요는 없다.

② 위탁관계는 조리에 의해서도 발생할 수 있다.

③ 위탁관계는 형사법적으로 보호할 만한 가치가 있는 것에 한정된다.

④ 전기통신금융사기의 범인이 피해자를 기망하여 피해자의 돈을 사기이용계좌로 송금 이체받음으로써 피해자의 돈을 보유하게 되면 이에 관하여 피해자와 그 범인 사이에는 신의칙상 위탁관계가 성립된다.

⑤ 위탁관계는 소유자의 직접적인 위탁행위에 기인한 것일 필요는 없다.

해설 ① ○ ② ○ 대판 2017도17494 전원합의체 판결 ★★★ 중요판례

형법 제355조 제1항이 정한 횡령죄의 주체는 타인의 재물을 보관하는 자라야 하고, 여기에서 보관이란 위탁관계에 의하여 재물을 점유하는 것을 뜻하므로 횡령죄가 성립하기 위하여는 재물의 보관자와 재물의 소유자(또는 기타의 본권자) 사이에 위탁관계가 있어야 한다. 이러한 위탁관계는 사실상의 관계에 있으면 충분하고 피고인이 반드시 민사상 계약의 당사자일 필요는 없다. 위탁관계는 사용대차 · 임대차 · 위임 · 임치 등의 계약에 의하여 발생하는 것이 보통이지만 이에 한하지 않고 사무관리와 같은 법률의 규정, 관습이나 조리 또는 신의성실의 원칙에 의해서도 발생할 수 있다.

③ ○ 대판 2017도21286 판결

횡령죄의 본질이 신임관계에 기초하여 위탁된 타인의 물건을 위법하게 영득하는 데 있음에 비추어 볼 때 위탁관계는 횡령죄로 보호할 만한 가치 있는 신임에 의한 것으로 한정함이 타당하다.

④ × 대판 2017도3894 판결

전기통신금융사기(이른바 보이스피싱 범죄)의 범인이 피해자를 기망하여 피해자의 자금을 사기이용계좌로 송금 · 이체받으면 사기죄는 기수에 이르고, 범인이 피해자의 자금을 점유하고 있다고 하여 피해자와의 어떠한 위탁관계나 신임관계가 존재한다고 볼 수 없을 뿐만 아니라, 그 후 범인이 사기이용계좌에서 현금을 인출하였더라도 이는 이미 성립한 사기범행이 예정하고 있던 행위에 지나지 아니하여 새로운 법익을 침해한다고 보기도 어려우므로, 위와 같은 인출행위는 사기의 피해자에 대하여 별도의 횡령죄를 구성하지 아니한다.

⑤ ○ 대판 2007도6463 판결

횡령죄는 타인의 재물을 보관하는 자가 그 재물을 횡령하거나 반환을 거부하는 것을 내용으로 하는 범죄로서, 횡령죄의 주체는 타인의 재물을 보관하는 자이다. 여기서 보관이라 함은 위탁관계에 의하여 재물을 점유하는 것을 의미하므로, 결국 횡령죄가 성립하기 위하여는 그 재물의 보관자와 재물의 소유자(또는 기타의 본권자) 사이에 법률상 또는 사실상의 위탁신임관계가 존재하여야 한다. 이러한 위탁신임관계를 발생시키는 명의신탁관계는 반드시 신탁자와 수탁자 사이의 명시적 계약에 의하여만 성립하는 것이 아니라 묵시적 합의에 의하여도 성립할 수 있다. 그리고 명의신탁에 대한 묵시적 합의가 있었는지 여부는 위탁자와 수탁자 사이의 관계, 수탁자가 그 재물을 보관하게 된 동기와 경위, 위탁자와 수탁자 사이의 거래 내용과 태양 등 모든 사정을 종합하여 사회통념에 비추어 합리적으로 판단하여야 한다.

정답 ④

02 횡령의 죄에 관한 설명 중 가장 적절한 것은? (다툼이 있는 경우 판례에 의함)

〈22. 경찰공채 2차〉

① 횡령죄의 본질에 관한 학설 중 월권행위설에 따르면 본죄가 성립하기 위하여는 불법영득의사가 있어야 한다.

② 횡령죄에 있어서 재물의 보관이란 재물에 대한 사실상 또는 법률상 지배력이 있는 상태를 의미하며, 그것은 반드시 사용대차, 임대차, 위임 등이 계약에 의할 필요는 없고, 사무관리, 관습, 조리, 신의칙에 의해서도 성립한다.

③ 소유권의 취득에 등록이 필요한 차량에 대한 횡령죄에서는 타인의 재물을 보관하는 사람의 지위는 등록에 의하여 차량을 제3자에게 법률상 유효하게 처분할 수 있는 권능 유무에 따라 결정된다.

④ 횡령죄는 타인의 재물에 관한 소유권 등 본권을 보호법익으로 하는 범죄이므로 본권 침해의 결과가 발생하였을 때 성립하는 이른바 침해범이다.

해설 ① × 월권행위설은 위탁물에 대한 권한을 초월하는 처분행위를 함으로써 위탁에 기초한 신임관계를 깨뜨리는 데 횡령죄의 본질이 있다는 견해이다. 이에 의하면 신임관계를 침해하는 월권행위만 있으면 횡령죄 성립하며 불법영득의사는 필요없다.

② ○ 대판 87도1778 판결

횡령죄에 있어서의 재물의 보관이라 함은 재물에 대한 사실상 또는 법률상 지배력이 있는 상태를 의미하므로 그 보관이 위탁관계에 기인하여야 할 것임은 물론이나 그것이 반드시 사용대차, 임대차, 위임 등의 계약에 의하여 설정되는 것임을 요하지 아니하고 사무관리, 관습, 조리, 신의칙에 의해서도 성립된다.

③ × 대판 2015도1944 전원합의체 판결 ★★

횡령죄는 타인의 재물을 보관하는 사람이 재물을 횡령하거나 반환을 거부한 때에 성립한다(형법 제355조 제1항). 횡령죄에서 재물의 보관은 재물에 대한 사실상 또는 법률상 지배력이 있는 상태를 의미하며, 횡령행위는 불법영득의사를 실현하는 일체의 행위를 말한다. 따라서 소유권의 취득에 등록이 필요한 타인 소유의 차량을 인도받아 보관하고 있는 사람이 이를 사실상 처분하면 횡령죄가 성립하며, 보관 위임자나 보관자가 차량의 등록명의자일 필요는 없다.

④ × 대판 2010도10500 전원합의체 판결

횡령죄는 다른 사람의 재물에 관한 소유권 등 본권을 보호법익으로 하고 법익침해의 위험이 있으면 침해의 결과가 발생되지 아니하더라도 성립하는 위험범이다.

정답 ②

03 횡령의 죄에 대한 설명으로 옳지 않은 것은? (다툼이 있는 경우 판례에 의함)

〈22. 9급공채〉

① 회사의 대표이사 혹은 그에 준하여 회사 자금의 보관이나 운용에 관한 사실상의 사무를 처리하여 온 자가 이자나 변제기의 약정과 이사회 결의 등 적법한 절차 없이 회사를 위한 지출 이외의 용도로 거액의 회사 자금을 가지급금 등의 명목으로 인출, 사용한 행위는 횡령죄를 구성한다.

② 다른 사람의 유실물인 줄 알면서 당국에 신고하거나 피해자의 숙소에 운반하지 아니하고 자기 친구 집에 운반한 사실만으로는 점유이탈물횡령죄의 범의를 인정하기 어렵다.

③ 타인의 재물을 보관하는 자가 단순히 반환을 거부한 사실만으로는 횡령죄를 구성하는 것은 아니며, 반환거부의 이유 및 주관적인 의사 등을 종합하여 반환거부 행위가 횡령행위와 같다고 볼 수 있을 정도이어야만 횡령죄가 성립한다.

④ 주식회사는 주주와 독립된 별개의 권리주체로서 이해가 반드시 일치하는 것은 아니므로, 주주나 대표이사 또는 그에 준하여 회사자금의 보관이나 운용에 관한 사실상의 사무를 처리하는 자가 회사 소유 재산을 제3자의 자금 조달을 위하여 담보로 제공하는 등 사적인 용도로 임의처분하였고 그 처분에 관하여 주주총회나 이사회의 결의가 있었던 경우에는 횡령죄의 죄책을 면할 수 있다.

해설 ① ○ 대판 2017도953 판결
회사의 대표이사 혹은 그에 준하여 회사 자금의 보관이나 운용에 관한 사실상의 사무를 처리하여 온 자가 이자나 변제기의 약정 없이 이사회 결의 등 적법한 절차를 거치지 아니하고 회사를 위한 지출 이외의 용도로 거액의 회사 자금을 가지급금 등의 명목으로 인출, 사용한 행위가 횡령죄를 구성하는지 여부(적극)

② ○

③ ○ 대판 2011도7637 판결
횡령죄에서 '반환의 거부'라고 함은 보관물에 대하여 소유자의 권리를 배제하는 의사표시를 하는 행위를 뜻하므로, <u>타인의 재물을 보관하는 사람이 단순히 반환을 거부한 사실만으로 횡령죄가 성립하는 것은 아니며, 반환거부의 이유 및 주관적인 의사 등을 종합하여 반환거부행위가 횡령행위와 같다고 볼 수 있을 정도</u>이어야만 횡령죄가 성립할 수 있다.

④ × 대판 2019도9773 판결 ★★★ 중요판례
주식회사는 주주와 독립된 별개의 권리주체로서 그 이해가 반드시 일치하는 것은 아니므로, 주주나 대표이사 또는 그에 준하여 회사 자금의 보관이나 운용에 관한 사실상의 사무를 처리하는 자가 회사 소유의 재산을 사적인 용도로 함부로 처분하였다면 횡령죄가 성립한다(대법원 1999.7.9. 선고 99도1040 판결, 대법원 2011.3.24. 선고 2010도17396 판결 등 참조). – 또한 그 처분에 관하여 주주총회나 이사회의 결의가 있었는지 여부와는 관계없이 횡령죄의 죄책을 면할 수는 없다.

정답 ④

04 횡령죄에 대한 설명 중 옳은 것을 모두 고른 것은? (다툼이 있는 경우 판례에 의함)

〈23. 경찰승진〉

> ㉠ 사립학교의 교비회계에 속하는 수입을 적법한 교비회계의 세출에 포함되는 용도가 아닌 다른 용도로 사용한 경우 횡령죄가 성립한다.
> ㉡ 송금절차의 착오로 인하여 자기 명의의 은행 계좌에 입금된 금전을 영득할 의사로 인출하여 소비한 경우 횡령죄가 성립한다.
> ㉢ 「부동산 실권리자명의 등기에 관한 법률」을 위반한 양자간 명의신탁의 경우 명의수탁자가 신탁받은 부동산을 임의로 처분하여도 명의신탁자에 대한 관계에서 횡령죄가 성립하지 않는다.
> ㉣ 채무자가 기존의 금전채무를 담보하기 위하여 다른 금전채권을 채권자에게 양도한 후 제3채무자에게 채권양도 통지를 하지않은 채 자신이 사용할 의도로 제3채무자로부터 변제금을 수령한 후 이를 임의로 소비한 경우 횡령죄가 성립하지 않는다.

① ㉠㉡　　② ㉠㉡㉢　　③ ㉡㉢㉣　　④ ㉠㉡㉢㉣

해설 > ㉠ ○ 대판 2014도6286 판결
타인으로부터 용도가 엄격히 제한된 자금을 위탁받아 집행하면서 그 제한된 용도 이외의 목적으로 자금을 사용하는 것은 그 사용이 개인적인 목적에서 비롯된 경우는 물론 결과적으로 자금을 위탁한 본인을 위하는 면이 있더라도 그 사용행위 자체로서 불법영득의 의사를 실현한 것이 되어 횡령죄가 성립하는 바, 사립학교법 제29조 및 같은 법 시행령에 의해 학교법인의 회계는 학교회계와 법인회계로 구분되고 학교회계 중 특히 교비회계에 속하는 수입은 다른 회계에 전출하거나 대여할 수 없는 등 용도가 엄격히 제한되어 있으므로 교비회계자금을 다른 용도에 사용하였다면 그 자체로서 횡령죄가 성립하고(대법원 2003.5.30. 선고 2002도235 판결 등 참조), 이는 사립학교법상 교비회계에 속하는 금원을 같은 학교법인에 속하는 다른 학교의 교비회계에 사용한 경우에도 마찬가지이다.

㉡ ○ 대판 2010도891 판결
어떤 예금계좌에 돈이 착오로 잘못 송금되어 입금된 경우에는 그 예금주와 송금인 사이에 신의칙상 보관관계가 성립한다고 할 것이므로, 피고인이 송금 절차의 착오로 인하여 피고인 명의의 은행 계좌에 입금된 돈을 임의로 인출하여 소비한 행위는 횡령죄에 해당하고(대법원 1968.7.24. 선고 1966도1705 판결, 대법원 2005.10.28. 선고 2005도5975 판결, 대법원 2006.10.12. 선고 2006도3929 판결 등 참조), 이는 송금인과 피고인 사이에 별다른 거래관계가 없다고 하더라도 마찬가지이다.

㉢ ○ 대판 2016도18761 전원합의체 판결
명의신탁자와 명의수탁자 사이에 무효인 명의신탁약정 등에 기초하여 존재한다고 주장될 수 있는 사실상의 위탁관계라는 것은 부동산실명법에 반하여 범죄를 구성하는 불법적인 관계에 지나지 아니할 뿐 이를 형법상 보호할 만한 가치 있는 신임에 의한 것이라 할 수 없다.

ⓓ ○ 아래 판례 참조 ★★★

판례

〈대판 2020도12927 판결〉

채무자가 기존 금전채무를 담보하기 위하여 다른 금전채권을 채권자에게 양도한 후 제3채무자에게 채권양도 통지를 하지 않은 채 자신이 사용할 의도로 제3채무자로부터 변제를 받아 변제금을 수령한 경우, 채권자와의 위탁신임관계에 의하여 채권자를 위해 위 변제금을 보관하는 지위에 있는지 여부(소극) 및 채무자가 이를 임의로 소비하면 횡령죄가 성립하는지 여부(소극)

- 채무자가 채권 양도담보계약에 따라 담보 목적 채권의 담보가치를 유지・보전할 의무는 계약에 따른 자신의 채무에 불과하고, 채권자와 채무자 사이에 채무자가 채권자를 위하여 담보가치의 유지・보전사무를 처리함으로써 채무자의 사무처리를 통해 채권자가 담보 목적을 달성한다는 신임관계가 존재한다고 볼 수 없다. 그러므로 채무자가 제3채무자에게 채권양도 통지를 하지 않은 채 자신이 사용할 의도로 제3채무자로부터 변제를 받아 변제금을 수령한 경우, 이는 단순한 민사상 채무불이행에 해당할 뿐, 채무자가 채권자와의 위탁신임관계에 의하여 채권자를 위해 위 변제금을 보관하는 지위에 있다고 볼 수 없고, 채무자가 이를 임의로 소비하더라도 횡령죄는 성립하지 않는다.

정답 ④

05 **다음 중 횡령죄와 관련된 설명으로 가장 적절하지 않은 것은? (다툼이 있는 경우 판례에 의함)** 〈22. 경찰간후〉

① 「형법」 제355조 제1항이 정한 횡령죄에서 보관이란 위탁관계에 의하여 재물을 점유하는 것을 뜻하므로 횡령죄가 성립하기 위하여는 재물의 보관자와 재물의 소유자(또는 기타의 본권자) 사이에 법률상 또는 사실상의 위탁관계가 존재하여야 한다. 이러한 위탁관계는 사용대차·임대차·위임 등의 계약에 의하여서 뿐만 아니라 사무관리·관습·조리·신의칙 등에 의해서도 성립될 수 있으나, 횡령죄의 본질이 신임관계에 기초하여 위탁된 타인의 물건을 위법하게 영득하는 데 있음에 비추어 볼 때 위탁관계는 횡령죄로 보호할 만한 가치 있는 신임에 의한 것으로 한정함이 타당하다.

② 「부동산 실권리자명의 등기에 관한 법률」에 의하면, 누구든지 부동산에 관한 물권을 명의신탁약정에 따라 명의수탁자의 명의로 등기하여서는 아니 되고, 명의신탁약정에 따른 명의수탁자 명의의 등기를 금지하도록 규정한 이 법 제3조 제1항을 위반한 경우 명의신탁자와 명의수탁자 쌍방은 형사처벌된다.

③ 「부동산 실권리자명의 등기에 관한 법률」의 명의신탁관계에 대한 규율 내용 및 태도 등에 비추어 보면, 이 법을 위반하여 명의신탁자가 그 소유인 부동산의 등기명의를 명의수탁자에게 이전하는 이른바 양자간 명의신탁의 경우, 계약인 명의신탁 약정과 그에 부수한 위임약정, 명의신탁약정을 전제로 한 명의 신탁 부동산 및 그 처분대금 반환약정은 모두 무효이다.

④ 부동산을 소유자로부터 명의수탁받은 자가 이를 임의로 처분하였다면 명의신탁자에 대한 횡령죄가 성립하며, 그 명의신탁약정 및 이에 따라 행하여진 등기에 의한 물권변동이 무효라고 하여 달리 볼 것이 아니다.

해설 > ① ○, ② ○, ③ ○ 아래 판례 참조 ★★

판례

〈대판 2016도18761 전원합의체 판결〉

부동산 실권리자명의 등기에 관한 법률(이하 '부동산실명법'이라 한다)은 부동산에 관한 소유권과 그 밖의 물권을 실체적 권리관계와 일치하도록 실권리자 명의로 등기하게 함으로써 부동산등기제도를 악용한 투기·탈세·탈법행위 등 반사회적 행위를 방지하고 부동산 거래의 정상화와 부동산 가격의 안정을 도모하여 국민경제의 건전한 발전에 이바지함을 목적으로 하고 있다(제1조). 부동산실명법에 의하면, 누구든지 부동산에 관한 물권을 명의신탁약정에 따라 명의수탁자의 명의로 등기하여서는 아니 되고(제3조 제1항), 명의신탁약정과 그에 따른 등기로 이루어진 부동산에 관한 물권변동은 무효가 되며(제4조 제1항, 제2항 본문), 명의신탁약정에 따른 명의수탁자 명의의 등기를 금지하도록 규정한 부동산실명법 제3조 제1항을 위반한 경우 명의신탁자와 명의수탁자 쌍방은 형사처벌된다(제7조).

④ × 대판 2016도18761 전원합의체 판결

정답 ④

06 횡령죄에 대한 설명으로 옳은 것은 모두 몇 개인가? (다툼이 있는 경우 판례에 의함)

〈23. 경찰공채 2차〉

㉠ 부동산을 공동으로 상속한 자들 중 1인이 부동산을 혼자 점유하다가 다른 공동상속인의 상속지분을 임의로 처분하여도 그에게는 그 처분권능이 없어 횡령죄가 성립하지 아니한다. ㉡ 전기통신금융사기의 공범인 계좌명의인이 개설한 예금계좌로 피해자가 송금·이체한 사기피해금을 계좌명의인이 영득할 의사로 인출하면 피해자에 대한 횡령죄가 성립한다. ㉢ 「초·중등교육법」에 정한 학교발전기금으로 기부한 금액은 관련 법령상 엄격히 제한된 용도 외에 학교운영에 필요한 특정한 공익적 용도로 수수한 것으로 볼 수 있는 예외적 경우가 아닌 한, 학교운영위원회에 귀속되어 법령에서 정한 사용 목적으로만 사용되어야 하고, 정해진 용도 외의 사용행위는 원칙적으로 횡령죄를 구성한다. ㉣ 익명조합의 경우에는 익명조합원이 영업을 위하여 출자한 금전 기타의 재산은 상대편인 영업자의 재산이 되므로 영업자는 타인의 재물을 보관하는 자의 지위에 있지 않아 영업자가 영업이익금 등을 임의로 소비하였더라도 횡령죄가 성립하지 아니한다.

① 1개 ② 2개 ③ 3개 ④ 4개

해설 > ㉠ ○ 대판 2000도565 판결

부동산에 관한 횡령죄에 있어서 타인의 재물을 보관하는 자의 지위는 동산의 경우와는 달리 부동산에 대한 점유의 여부가 아니라 부동산을 제3자에게 유효하게 처분할 수 있는 권능의 유무에 따라 결정하여야 하므로(대법원 1987.2.10. 선고 86도1607 판결, 1989.12.8. 선고 89도1220 판결 등 참조), 부동산을 공동으로 상속한 자들 중 1인이 부동산을 혼자 점유하던 중 다른 공동상속인의 상속지분을 임의로 처분하여도 그에게는 그 처분권능이 없어 횡령죄가 성립하지 아니한다.

㉡ ×

㉢ ○

㉣ ○ 대판 2010도5014 판결

익명조합의 경우에는 익명조합원이 영업을 위하여 출자한 금전 기타의 재산은 상대편인 영업자의 재산이 되므로 영업자는 타인의 재물을 보관하는 자의 지위에 있지 않아 영업자가 영업이익금 등을 임의로 소비하였더라도 횡령죄가 성립하지 아니한다.

정답 ③

07 횡령죄에 관한 다음 설명 중 가장 옳지 않은 것은? (다툼이 있는 경우 판례에 의함)

〈22. 법원9급〉

① 건설기계등록원부에의 등록을 소유권 취득의 요건으로 하는 화물자동차에 대한 횡령죄에 있어서, 타인의 재물을 보관하는 자의 지위는 일반 동산의 경우와는 달리 화물자동차에 대한 점유의 여부가 아니라 화물자동차를 제3자에게 유효하게 처분할 수 있는 권능의 유무에 따라 결정하여야 할 것이므로, 화물자동차의 지입차주로부터 그 자동차에 관한 관리·운영권만을 위임받아 이를 점유하여 온 자는 그 화물자동차를 법률상 처분할 수 있는 지위에 있다고 할 수 없으므로 타인의 재물을 보관하는 자에 해당하지 않는다고 할 것이다.

② 부동산 실권리자명의 등기에 관한 법률을 위반한 양자간 명의신탁의 경우 명의수탁자가 신탁받은 부동산을 임의로 처분하여도 명의신탁자에 대한 관계에서 횡령죄가 성립하지 아니한다.

③ 구분 소유적 공유관계에서 구분소유하고 있는 특정 구분부분별로 독립한 필지로 분할되는 경우에는 특별한 사정이 없는 한 각자의 특정 구분부분에 해당하는 필지가 아닌 나머지 각 필지에 전사된 공유자 명의의 공유지분등기는 더 이상 당해 공유자의 특정 구분부분에 해당하는 필지를 표상하는 등기라고 볼 수 없고, 각 공유자 상호 간에 상호명의신탁관계만이 존속하므로, 각 공유자는 나머지 각 필지 위에 전사된 자신 명의의 공유지분에 관하여 다른 공유자에 대한 관계에서 그 공유지분을 보관하는 자의 지위에 있다고 할 것이므로, 다른 공유자의 특정 구분부분에 전사된 자신의 지분을 담보로 제공 하는 경우 횡령죄가 성립한다.

④ 계좌명의인이 개설한 예금계좌가 전기통신금융사기 범행에 이용되어 그 계좌에 피해자가 사기피해금을 송금·이체한 경우 계좌명의인은 피해자와 사이에 아무런 법률관계없이 송금 이체된 사기피해금 상당의 돈을 피해자에게 반환하여야 하므로, 피해자를 위하여 사기피해금을 보관하는 지위에 있다고 보아야 하고, 만약 계좌명의인이 그 돈을 영득할 의사로 인출하면 피해자에 대한 횡령죄가 성립한다고 할 것이나, 이때 계좌명의인이 사기의 공범이라면 자신이 가담한 범행의 결과 피해금을 보관하게 된 것일 뿐이어서 피해자와 사이에 위탁관계가 없고, 그가 송금 이체된 돈을 인출하더라도 이는 자신이 저지른 사기범행의 실행행위에 지나지 아니하여 새로운 법익을 침해한다고 볼 수 없으므로 사기죄 외에 별도로 횡령죄를 구성하지 않는다.

해설> ① × 대판 2015도1944 전원합의체 판결 ★★
소유권의 취득에 등록이 필요한 타인 소유 차량을 인도받아 보관하고 있는 사람이 이를 사실상 처분한 경우, 보관위임자나 보관자가 차량의 등록명의자가 아니라도 횡령죄가 성립하는지 여부(적극) / 지입회사에 소유권이 있는 차량에 대하여 지입회사에서 운행관리권을 위임받은 지입차주 또는 지입차주에게서 차량 보관을 위임받은 사람이 지입회사 또는 지입차주의 승낙 없이 보관 중인 차량을 사실상 처분한 경우에도 같은 법리가 적용되는지 여부(적극)
② ○ 대판 2016도18761 전원합의체 판결 ★★
부동산 실권리자명의 등기에 관한 법률을 위반하여 명의신탁자가 그 소유인 부동산의 등기명의를 명의수탁자에게 이전하는 이른바 양자간 명의신탁의 경우, 명의수탁자가 명의신탁자에 대한 관계에서 '타인의 재물을 보관하는 자'의 지위에 있는지 여부(소극) 및 이때 명의수탁자가 신탁받은 부동산을 임의로 처분하면 명의신탁자에 대한 관계에서 횡령죄가 성립하는지 여부(소극) / 이러한 법리는, 부동산 명의신탁이 같은 법 시행 전에 이루어졌고 같은 법에서 정한 유예기간 내에 실명등기를 하지 아니함으로써 그 명의신탁약정 및 이에 따라 행하여진 등기에 의한 물권변동이 무효로 된 후에 처분행위가 이루어진 경우에도 마찬가지로 적용되는지 여부(적극)
③ ○ 대판 2011도1108 판결 ★★
구분소유적 공유관계에서 각 공유자 상호 간에는 각자의 특정 구분부분을 자유롭게 처분함에 서로 동의하고 있다고 볼 수 있으므로, 공유자 각자는 자신의 특정 구분부분을 단독으로 처분하고 이에 해당하는 공유지분등기를 자유로이 이전할 수 있는데, 이는 공유지분등기가 내부적으로 공유자 각자의 특정 구분부분을 표상하기 때문이다. 그러나 구분소유하고 있는 특정 구분부분별로 독립한 필지로 분할되는 경우에는 특별한 사정이 없는 한 각자의 특정 구분부분에 해당하는 필지가 아닌 나머지 각 필지에 전사된 공유자 명의의 공유지분등기는 더 이상 당해 공유자의 특정 구분부분에 해당하는 필지를 표상하는 등기라고 볼 수 없고, 각 공유자 상호 간에 상호명의신탁관계만이 존속하므로, 각 공유자는 나머지 각 필지 위에 전사된 자신 명의의 공유지분에 관하여 다른 공유자에 대한 관계에서 그 공유지분을 보관하는 자의 지위에 있다.
④ ○ 대판 2017도17494 전원합의체 판결 ★★★ 중요판례
보이스피싱 사건...송금의뢰인이 다른 사람의 예금계좌에 자금을 송금 · 이체하여 송금의뢰인과 계좌명의인 사이에 송금 · 이체의 원인이 된 법률관계가 존재하지 않음에도 송금 · 이체에 의하여 계좌명의인이 그 금액 상당의 예금채권을 취득한 경우, 계좌명의인이 그와 같이 송금 · 이체된 돈을 그대로 보관하지 않고 영득할 의사로 인출하면 횡령죄가 성립하는지 여부(적극), 계좌명의인이 개설한 예금계좌가 전기통신금융사기 범행에 이용되어 그 계좌에 피해자가 사기피해금을 송금 · 이체한 경우에도 마찬가지로 적용된다. 계좌명의인은 피해자와 사이에 아무런 법률관계 없이 송금 · 이체된 사기피해금 상당의 돈을 피해자에게 반환하여야 하므로, 피해자를 위하여 사기피해금을 보관하는 지위에 있다고 보아야 하고, 만약 계좌명의인이 그 돈을 영득할 의사로 인출하면 피해자에 대한 횡령죄가 성립한다. 이때 계좌명의인이 사기의 공범이라면 자신이 가담한 범행의 결과 피해금을 보관하게 된 것일 뿐이어서 피해자와 사이에 위탁관계가 없고, 그가 송금 · 이체된 돈을 인출하더라도 이는 자신이 저지른 사기범행의 실행행위에 지나지 아니하여 새로운 법익을 침해한다고 볼 수 없으므로 사기죄 외에 별도로 횡령죄를 구성하지 않는다.

정답 ①

08 재산죄에 관한 설명으로 가장 적절하지 않은 것은? (다툼이 있는 경우 판례에 의함)

〈22. 경찰공채 1차〉

① 「형법」 제331조(특수절도) 제2항에서 규정한 흉기는 본래 살상용· 파괴용으로 만들어진 것이거나 이에 준할 정도의 위험성을 가진 것으로 봄이 상당하다.

② 「형법」 제330조에 규정된 야간주거침입절도죄 및 「형법」 제331조 제1항에 규정된 특수절도(야간손괴침입절도)죄를 제외하고 일반적으로 주거침입은 절도죄의 구성요건이 아니므로 절도범인이 범행수단으로 주거침입을 한 경우에 주거침입 행위는 절도죄에 흡수되지 아니하고 별개로 주거침입죄를 구성하여 절도죄와는 상상적 경합의 관계에 있다.

③ 甲이 술집 운영자 A로부터 술값의 지급을 요구받자 A를 유인·폭행하고 도주함으로써 술값의 지급을 면하여 재산상 이익을 취득하였다면, 「형법」 제335조에서 규정하는 준강도죄에는 해당하지 않는다.

④ 횡령죄에서 보관자가 자기 또는 제3자의 이익을 위한 것이 아니라 소유자의 이익을 위하여 이를 처분한 경우에는 특별한 사정이 없는 한 불법영득의 의사를 인정할 수 없다.

해설 > ① ○ 대판 2012도4175 판결

흉기는 본래 살상용·파괴용으로 만들어진 것이거나 이에 준할 정도의 위험성을 가진 것으로 봄이 상당하고, 그러한 위험성을 가진 물건에 해당하는지 여부는 그 물건의 본래의 용도, 크기와 모양, 개조 여부, 구체적 범행 과정에서 그 물건을 사용한 방법 등 제반 사정에 비추어 사회통념에 따라 객관적으로 판단할 것이다.

② × 아래 판례 참조 ★★★ 중요판례

판례

〈대판 2015도8169 판결〉

[1] 형법 제330조에 규정된 야간주거침입절도죄 및 형법 제331조 제1항에 규정된 특수절도(야간손괴침입절도)죄를 제외하고 일반적으로 주거침입은 절도죄의 구성요건이 아니므로 절도범인이 범행수단으로 주거침입을 한 경우에 주거침입행위는 절도죄에 흡수되지 아니하고 별개로 주거침입죄를 구성하여 절도죄와는 실체적 경합의 관계에 서는 것이 원칙이다.

[2] 또 형법 제332조는 상습으로 단순절도(형법 제329조), 야간주거침입절도(형법 제330조)와 특수절도(형법 제331조) 및 자동차 등 불법사용(형법 제331조의2)의 죄를 범한 자는 그 죄에 정한 각 형의 2분의 1을 가중하여 처벌하도록 규정하고 있으므로, 위 규정은 주거침입을 구성요건으로 하지 않는 상습단순절도와 주거침입을 구성요건으로 하고 있는 상습야간주거침입절도 또는 상습특수절도(야간손괴침입절도)에 대한 취급을 달리하여, 주거침입을 구성요건으로 하고 있는 상습야간주거침입절도 또는 상습특수절도(야간손괴침입절도)를 더 무거운 법정형을 기준으로 가중처벌하고 있다.

[3] 따라서 상습으로 단순절도를 범한 범인이 상습적인 절도범행의 수단으로 주간(낮)에 주거침입을 한 경우에 주간 주거침입행위의 위법성에 대한 평가가 형법 제332조, 제329조의 구성요건적 평가에 포함되어 있다고 볼 수 없다. 그러므로 형법 제332조에 규정된 상습절도죄를 범한 범인이 범행의 수단으로 주간에 주거침입을 한 경우 주간 주거침입행위는 상습절도죄와 별개로 주거침입죄를 구성한다. (4) 또 형법 제332조에 규정된 상습절도죄를 범한 범인이 그 범행 외에 상습적인 절도의 목적으로 주간에 주거침입을 하였다가 절도에 이르지 아니하고 주거침입에 그친 경우에도 주간 주거침입행위는 상습절도죄와 별개로 주거침입죄를 구성한다.

③ ○ 대판 2014도2521 판결 ★★

피고인이 술집 운영자 甲을 유인·폭행하고 도주함으로써 술값의 지급을 면하여 재산상 이익을 취득하고 상해를 가하였다고 하여 강도상해로 기소되었는데, 원심이 위 공소사실을 '피고인이 술값의 지급을 면하여 재산상 이익을 취득하고 甲을 폭행하였다'는 범죄사실로 인정하여 준강도죄를 적용한 사안에서, 원심이 인정한 범죄사실에는 절도의 실행에 착수하였다는 내용이 포함되어 있지 않음에도 준강도죄를 적용한 원심판결에 법리오해의 잘못이 있다.[준강도죄의 주체(=절도범인)]

④ ○ 대판 2013도658 판결

횡령죄에 있어서의 불법영득의 의사는, 타인의 재물을 보관하는 자가 그 위탁취지에 반하여 권한없이 스스로 소유권자의 처분행위(반환거부를 포함)를 하려는 의사를 의미하고, 보관자가 소유자의 이익을 위하여 이를 처분하는 경우에는 특단의 사정이 없는 한 불법영득의 의사를 인정할 수 없다.

정답 ②

09 다음 중 〈사례〉에 관한 설명으로 가장 옳은 것은? (다툼이 있는 경우 판례에 의함)

〈22. 해경[수사]〉

> **〈사례〉**
> 전기통신금융사기(이른바 보이스피싱 범죄)를 계획한 甲이 순진해보이는 乙에게 은행 계좌를 개설하여 현금인출카드를 주면 50만 원을 주겠다고 하자 乙은 甲이 범죄에 사용할 수도 있다는 것을 알면서도 돈을 벌 생각으로 자신의 계좌번호, 현금인출카드를 건네주었다. 甲의 계획대로 기망당한 다수의 피해자들은 현금을 乙의 계좌로 송금하였다. 한편 乙은 자신이 통장과 도장을 보관하고 있는 것을 이용하여 甲의 승낙 없이 위 계좌에서 500만 원을 인출하여 사용하였다.

① 乙은 甲에 대하여도 횡령죄가 성립한다.

② 乙은 사기방조죄 외에 장물취득죄도 성립한다.

③ 乙은 사기방조죄 외에 사기 피해자들에 대한 횡령죄도 성립한다.

④ 만약 乙이 사기죄의 방조가 아니라면 사기 피해자들에 대한 횡령죄가 성립한다.

해설> ① ×, ③ × 대판 2017도17494 전원합의체 판결 ★★★ 중요판례

계좌명의인이 사기의 공범이라면 자신이 가담한 범행의 결과 피해금을 보관하게 된 것일 뿐이어서 피해자와 사이에 위탁관계가 없고, 그가 송금·이체된 돈을 인출하더라도 이는 자신이 저지른 사기범행의 실행행위에 지나지 아니하여 새로운 법익을 침해한다고 볼 수 없으므로 사기죄 외에 별도로 횡령죄를 구성하지 않는다. 한편 계좌명의인의 인출행위는 전기통신금융사기의 범인에 대한 관계에서는 횡령죄가 되지 않는다.

② × 대판 2010도6256 판결

乙은 甲이 범죄에 사용할 수도 있다는 것을 알면서도 자신의 계좌번호, 현금인출카드를 건네주었으므로 甲의 사기죄에 대한 종범이 성립한다(대판 2017도17494 전원합의체 판결). 그러나 본범으로부터 위 돈에 대한 점유를 이전받아 사실상 처분권을 획득한 것은 아니므로, 피고인의 위와 같은 인출행위를 장물취득죄로 벌할 수는 없다.

④ ○ 대판 2017도17494 전원합의체 판결

계좌명의인이 사기의 방조범이 안 될 때는 피해자들과의 사이에 아무런 법률관계 없이 송금 이체된 사기피해금 상당의 돈을 다시 피해자에게 반환하여야 하므로, 피해자를 위 사기피해금을 보관하는 지위에 있다고 보아야 하고, 만약 계좌명의인이 그 돈을 영득할 의사로 인출하면 피해자에 대한 횡령죄가 성립한다.

정답 ④

10 다음 중 가장 옳지 않은 것은? (다툼이 있는 경우 판례에 의함) 〈22. 해경[수사]〉

① 회사의 대표이사가 근로자의 임금에서 국민연금 보험료 중 근로자가 부담하는 기여금을 원천공제한 뒤 국민연금관리공단에 납부하지 않고 개인적 용도로 사용한 경우, 업무상횡령죄가 성립한다.

② 회사에 대하여 개인적인 채권을 가지고 있는 대표이사 甲이 회사를 위하여 보관하고 있는 회사 소유의 금전을 자신의 채권의 변제에 충당하는 행위는 회사와 이사의 이해가 충돌하는 자기거래에 해당하므로, 이사회의 승인 등의 절차 없이 그와 같이 자신의 회사에 대한 채권을 변제하였다면 업무상횡령죄가 성립한다.

③ 준강도죄의 기수 여부는 절도행위의 기수 여부를 기준으로 하여 판단하여야 한다.

④ 보험금을 지급받을 수 있는 사유가 있다 하더라도 이를 기화로 실제 지급받을 수 있는 보험금보다 다액의 보험금을 편취할 의사로 장기간의 입원 등을 통하여 과다한 보험금을 지급받는 경우에는 지급받은 보험금 전체에 대하여 사기죄가 성립한다.

해설 ① ○ 대판 2010도13284 판결 ★
회사의 대표이사인 피고인이 근로자들의 급여에서 국민연금 보험료 중 근로자 기여금을 공제한 후 이를 업무상 보관하던 중 회사 운영 자금으로 임의로 사용하였다는 업무상횡령의 공소사실에 대하여, 이를 유죄로 인정한 원심판단을 수긍한 사례.

② × 대판 98도2296 판결 ★★
회사에 대하여 개인적인 채권을 가지고 있는 대표이사가 회사를 위하여 보관하고 있는 회사 소유의 금전으로 자신의 채권의 변제에 충당하는 행위는 회사와 이사의 이해가 충돌하는 자기거래행위에 해당하지 않는다고 할 것이므로, 대표이사가 이사회의 승인 등의 절차 없이 그와 같이 자신의 회사에 대한 채권을 변제하였더라도 이는 대표이사의 권한 내에서 한 회사채무의 이행행위로서 유효하며, 따라서 그에게는 불법영득의 의사가 인정되지 아니하여 횡령죄의 죄책을 물을 수 없다.

③ ○ 대판 2004도5074 전원합의체 판결 ★
피해자에 대한 폭행·협박을 수단으로 하여 재물을 탈취하고자 하였으나, 그 목적을 이루지 못한 자가 강도미수죄로 처벌되는 것과 마찬가지로, 절도미수범인이 폭행·협박을 가한 경우에도 강도미수에 준하여 처벌하는 것이 합리적이라 할 것이다. 만일 강도죄에 있어서는 재물을 강취하여야 기수가 됨에도 불구하고 준강도의 경우에는 폭행·협박을 기준으로 기수와 미수를 결정하게 되면 재물을 절취하지 못한 채 폭행·협박만 가한 경우에도 준강도죄의 기수로 처벌받게 됨으로써 강도미수죄와의 불균형이 초래된다. 위와 같은 준강도죄의 입법 취지, 강도죄와의 균형 등을 종합적으로 고려해 보면, 준강도죄의 기수 여부는 절도행위의 기수 여부를 기준으로 하여 판단하여야 한다고 봄이 상당하다.

④ ○ 대판 2007도2134 판결 ★
피고인이 보험사고에 해당할 수 있는 사고로 인하여 경미한 상해를 입었다고 하더라도 이를 기화로 보험금을 편취할 의사로 그 상해를 과장하여 병원에 장기간 입원하고 이를 이유로 실제 피해에 비하여 과다한 보험금을 지급받는 경우 사기죄의 성립 여부(적극)와 그 성립범위(=보험금 전체)

정답 ②

제7절 배임

01 배임죄에 대한 설명 중 가장 적절하지 않은 것은? (다툼이 있는 경우 판례에 의함)

〈23. 경찰승진〉

① 채무담보를 위하여 채권자에게 부동산에 관하여 근저당권을 설정해 주기로 약정한 채무자가 담보목적물을 임의로 처분하여 담보가치를 상실시킨 경우 채무자에게 배임죄가 성립한다.

② 자기 소유의 동산에 대해 매수인과 매매계약을 체결한 매도인이 중도금까지 지급받은 상태에서 그 목적물을 제3자에 양도한 경우 매도인에게 배임죄가 성립하지 않는다.

③ 권리이전에 등기·등록을 요하는 자동차에 대한 매매계약에 있어 매도인이 매수인에게 소유권이전등록을 하지 않고 제3자에게 처분한 경우 매도인에게 배임죄가 성립하지 않는다.

④ 회사직원이 영업비밀이나 영업상 주요한 자산인 자료를 적법하게 반출했을지라도 퇴사 시에는 그 자료를 회사에 반환하거나 폐기할 의무가 있음에도 불구하고 경쟁업체에 유출하거나 자신의 이익을 위해 이용할 목적으로 반환 또는 폐기를 하지 않은 경우 업무상배임죄를 구성한다.

해설 > ① × 대판 2019도14340 전원합의체 판결 ★★★ 〈중요판례 – 다음 문제 ①과 함께 검토〉
채무자가 금전채무를 담보하기 위한 저당권설정계약에 따라 채권자에게 그 소유의 부동산에 관하여 저당권을 설정할 의무를 부담하게 된 경우, 채권자에 대한 관계에서 '타인의 사무를 처리하는 자'에 해당하는지 여부(소극) / 이때 채무자가 제3자에게 먼저 담보물에 관한 저당권을 설정하거나 담보물을 양도하는 등으로 담보가치를 감소 또는 상실시켜 채권자의 채권실현에 위험을 초래하는 경우, 배임죄가 성립하는지 여부(소극)
② ○ 대판 2008도10479 전원합의체 판결
매도인이 매수인으로부터 중도금을 수령한 이후에 매매목적물인 '동산'을 제3자에게 양도하는 행위가 배임죄에 해당하는지 여부(소극) – 동산과 부동산의 차이
③ ○
④ ○ 대판 2006도9089 판결
회사직원이 영업비밀을 경쟁업체에 유출하거나 스스로의 이익을 위하여 이용할 목적으로 무단으로 반출하였다면 그 반출시에 업무상배임죄의 기수가 되고, 영업비밀이 아니더라도 그 자료가 불특정 다수의 사람에게 공개되지 않았고 사용자가 상당한 시간, 노력 및 비용을 들여 제작한 영업상 주요한 자산인 경우에도 그 자료의 반출행위는 업무상배임죄를 구성하며, 회사직원이 영업비밀이나 영업상 주요한 자산인 자료를 적법하게 반출하여 그 반출행위가 업무상배임죄에 해당하지 않는 경우라도 퇴사시에 그 영업비밀 등을 회사에 반환하거나 폐기할 의무가 있음에도 경쟁업체에 유출하거나 스스로의 이익을 위하여 이용할 목적으로 이를 반환하거나 폐기하지 아니하였다면, 이러한 행위는 업무상배임죄에 해당한다.

정답 ①

PLUS 배임문제 1번과 함께 검토할 문제 ★★★

02 배임의 죄에 관한 설명 중 가장 적절하지 않은 것은? (다툼이 있는 경우 판례에 의함)

① 채무자가 금전채무를 담보하기 위해 주식에 관하여 양도담보 설정계약을 체결한 후 변제일 전에 제3자에게 해당 주식을 처분하더라도 배임죄는 성립하지 않는다.

② 권리이전에 등록을 요하는 자동차에 대한 매매계약에서 매도인은 매수인의 사무를 처리하는 자의 지위에 있지 않으므로, 매도인이 매수인에게 소유권이전등록을 하지 아니하고 그 자동차를 제3자에게 처분하였다고 하더라도 배임죄는 성립하지 않는다.

③ 배임수재죄의 주체로서 '타인의 사무를 처리하는 자'라 함은 타인과의 대내관계에 있어서 신의성실의 원칙에 비추어 그 사무를 처리할 신임관계가 존재한다고 인정되는 자를 의미하고, 반드시 제3자에 대한 대외관계에서 그 사무에 관한 권한이 존재할 것을 요하지는 않는다.

④ 서면으로 부동산 증여의 의사를 표시한 증여자가 증여계약을 취소하거나 해제할 수 없음에도 불구하고 증여계약에 따라 수증자에게 부동산의 소유권을 이전하지 않고 부동산을 제3자에게 처분하여 등기를 한 경우, 증여자의 소유권이전등기의무는 증여자 자신의 사무일 뿐 타인의 사무에 해당하지 않으므로 배임죄가 성립하지 않는다.

해설 ① ○ 아래 판례 참조 ★★★ 중요판례

판례

〈대판 2019도9756 전원합의체 판결〉

채무자가 금전채무를 담보하기 위한 저당권설정계약에 따라 채권자에게 그 소유의 부동산에 관하여 저당권을 설정할 의무를 부담하게 되었다고 하더라도, 이를 들어 채무자가 통상의 계약에서 이루어지는 이익대립관계를 넘어서 채권자와의 신임관계에 기초하여 채권자의 사무를 맡아 처리하는 것으로 볼 수 없다. 채무자가 저당권설정계약에 따라 채권자에 대하여 부담하는 저당권을 설정할 의무는 계약에 따라 부담하게 된 채무자 자신의 의무이다. 채무자가 위와 같은 의무를 이행하는 것은 채무자 자신의 사무에 해당할 뿐이므로, 채무자를 채권자에 대한 관계에서 '타인의 사무를 처리하는 자'라고 할 수 없다. 따라서 채무자가 제3자에게 먼저 담보물에 관한 저당권을 설정하거나 담보물을 양도하는 등으로 담보가치를 감소 또는 상실시켜 채권자의 채권실현에 위험을 초래하더라도 배임죄가 성립한다고 할 수 없다.

② ○ 대판 2020도6258 전원합의체 판결 ★★★ 주요판례
매매와 같이 당사자 일방이 재산권을 상대방에게 이전할 것을 약정하고 상대방이 그 대금을 지급할 것을 약정함으로써 효력이 생기는 계약의 경우(민법 제563조), 쌍방이 그 계약의 내용에 좇은 이행을 하여야 할 채무는 특별한 사정이 없는 한 '자기의 사무'에 해당하는 것이 원칙이다. 동산 매매계약에서의 매도인은 매수인에 대하여 그의 사무를 처리하는 지위에 있지 아니하므로, 매도인이 목적물을 타에 처분하였다 하더라도 형법상 배임죄가 성립하지 아니한다.
위와 같은 법리는 권리이전에 등기·등록을 요하는 동산에 대한 매매계약에서도 동일하게 적용되므로, 자동차 등의 매도인은 매수인에 대하여 그의 사무를 처리하는 지위에 있지 아니하여, 매도인이 매수인에게 소유권이전등록을 하지 아니하고 타에 처분하였다고 하더라도 마찬가지로 배임죄가 성립하지 아니한다.
③ ○ 대판 2002도6834 판결
④ × 대판 2016도19308 판결 – "부동산" 임을 생각하세요
부동산 매매계약에서 중도금이 지급되는 등 계약이 본격적으로 이행되는 단계에 이른 경우, 그때부터 매도인은 배임죄에서 말하는 '타인의 사무를 처리하는 자'에 해당하는지 여부(적극) 및 그러한 지위에 있는 매도인이 매수인에게 계약 내용에 따라 부동산의 소유권을 이전해 주기 전에 부동산을 제3자에게 처분하여 등기를 하는 행위가 배임죄를 구성하는지 여부(적극) / 서면으로 부동산 증여의 의사를 표시한 증여자가 '타인의 사무를 처리하는 자'에 해당하는지 여부(적극) 및 그가 수증자에게 증여계약에 따라 부동산의 소유권을 이전하지 않고 부동산을 제3자에게 처분하여 등기를 하는 행위가 배임죄를 구성하는지 여부(적극)

정답 ④

03 **배임죄의 주체인 타인의 사무를 처리하는 자에 관한 다음 설명 중 가장 옳지 않은 것은? (다툼이 있는 경우 판례에 의함)** 〈22. 법원9급〉

① 동산 매매계약에서의 매도인은 매수인에 대하여 그의 사무를 처리하는 지위에 있지 아니하므로, 매도인이 목적물을 타에 처분하였다 하더라도 형법상 배임죄가 성립하지 아니하는데, 이러한 법리는 권리이전에 등기·등록을 요하는 동산에 대한 매매계약에서도 동일하게 적용되므로, 자동차 등의 매도인은 매수인에 대하여 그의 사무를 처리하는 지위에 있지 아니한다.

② 채무자가 채권자로부터 금원을 차용하는 등 채무를 부담하면서 채무 담보를 위하여 부동산에 관한 저당권설정계약을 체결한 경우, 위 약정의 내용에 좇아 채권자에게 부동산에 관한 저당권을 설정하여 줄 의무는 자기의 사무인 동시에 상대방의 재산보전에 협력할 의무에 해당하여 '타인의 사무'에 해당한다.

③ 채무자가 금전채무를 담보하기 위하여 그 소유의 동산을 채권자에게 양도담보로 제공함으로써 채권자인 양도담보권자에 대하여 담보물의 담보가치를 유지·보전할 의무 내지 담보물을 타에 처분하거나 멸실, 훼손하는 등으로 담보권 실행에 지장을 초래하는 행위를 하지 않을 의무를 부담하게 되었더라도, 이를 들어 채무자가 통상의 계약에서의 이익·대립관계를 넘어서 채권자와의 신임관계에 기초하여 채권자의 사무를 맡아 처리하는 것으로 볼 수 없다. 따라서 채무자를 배임죄의 주체인 '타인의 사무를 처리하는 자'에 해당한다고 할 수 없다.

④ 주권발행 전 주식의 경우 양도인이 양수인으로 하여금 회사 이외의 제3자에게 대항할 수 있도록 확정일자 있는 증서에 의한 양도통지 또는 승낙을 갖추어 주어야 할 채무를 부담한다 하더라도 이는 자기의 사무라고 보아야 하고, 이를 양수인과의 신임관계에 기초하여 양수인의 사무를 맡아 처리하는 것으로 볼 수 없으므로, 주권발행 전 주식에 대한 양도계약에서의 양도인은 양수인에 대하여 그의 사무를 처리하는 지위에 있지 아니한다.

해설> ① ○ 대판 2020도6258 전원합의체 판결

동산 매매계약에서의 매도인은 매수인에 대하여 그의 사무를 처리하는 지위에 있지 아니하므로, 매도인이 목적물을 타에 처분하였다 하더라도 형법상 배임죄가 성립하지 아니한다.

위와 같은 법리는 권리이전에 등기·등록을 요하는 동산에 대한 매매계약에서도 동일하게 적용되므로, <u>자동차 등의 매도인은 매수인에 대하여 그의 사무를 처리하는 지위에 있지 아니하여, 매도인이 매수인에게 소유권이전등록을 하지 아니하고 타에 처분하였다고 하더라도 마찬가지로 배임죄가 성립하지 아니한다.</u>

② × 대판 2020도6258 전원합의체 판결
금전채권채무 관계에서 채권자가 채무자의 급부이행에 대한 신뢰를 바탕으로 금전을 대여하고 채무자의 성실한 급부이행에 의해 채권의 만족이라는 이익을 얻게 된다 하더라도, 채권자가 채무자에 대한 신임을 기초로 그의 재산을 보호 또는 관리하는 임무를 부여하였다고 할 수 없고, 금전채무의 이행은 어디까지나 채무자가 자신의 급부의무의 이행으로서 행하는 것이므로 이를 두고 채권자의 사무를 맡아 처리하는 것으로 볼 수 없다. 따라서 채무자를 채권자에 대한 관계에서 '타인의 사무를 처리하는 자'에 해당한다고 할 수 없다.
③ ○ 대판 2019도9756 전원합의체 판결
배임죄의 주체인 '타인의 사무를 처리하는 자'의 의미 / 채무자가 금전채무를 담보하기 위하여 그 소유의 동산을 채권자에게 양도담보로 제공함으로써 채권자인 양도담보권자에 대하여 담보물의 담보가치를 유지·보전할 의무 내지 담보물을 타에 처분하거나 멸실, 훼손하는 등으로 담보권 실행에 지장을 초래하는 행위를 하지 않을 의무를 부담하게 된 경우, 배임죄의 주체인 '타인의 사무를 처리하는 자'에 해당하는지 여부(소극) 및 이때 채무자가 담보물을 제3자에게 처분하는 등으로 담보가치를 감소 또는 상실시켜 채권자의 담보권 실행이나 이를 통한 채권실현에 위험을 초래한 경우, 배임죄가 성립하는지 여부(소극)
④ ○ 대판 2015도6057 판결
양도인이 양수인으로 하여금 회사 이외의 제3자에게 대항할 수 있도록 확정일자 있는 증서에 의한 양도통지 또는 승낙을 갖추어 주어야 할 채무를 부담한다 하더라도 이는 자기의 사무라고 보아야 하고, 이를 양수인과의 신임관계에 기초하여 양수인의 사무를 맡아 처리하는 것으로 볼 수 없다.
그러므로 주권발행 전 주식에 대한 양도계약에서의 양도인은 양수인에 대하여 그의 사무를 처리하는 지위에 있지 아니하여, 양도인이 위와 같은 제3자에 대한 대항요건을 갖추어 주지 아니하고 이를 타에 처분하였다 하더라도 형법상 배임죄가 성립하는 것은 아니다.

정답 ②

04 배임죄에 관한 다음 설명 중 가장 옳은 것은? (다툼이 있는 경우 판례에 의함)

〈23. 법원9급〉

① 배임죄는 피해자에 대한 재산상 손해 발생 위험만으로 기수에 이르는 구체적 위험범이므로, 배임미수죄는 성립할 수 없다.

② 자동차 양도담보설정계약을 체결한 채무자가 채권자에게 소유권이전등록의무를 이행하지 않은 채 제3자에게 담보목적 자동차를 처분하였다고 하더라도 배임죄가 성립하지 않는다.

③ 피고인이 알 수 없는 경위로 甲의 특정 거래소 가상지갑에 들어 있던 비트코인을 자신의 계정으로 이체받은 후 이를 자신의 다른 계정으로 이체하였다면 배임죄가 성립한다.

④ 금융기관의 직원은 예금주의 예금반환채권을 관리하는 사무 처리자 지위에 있으므로 금융기관 직원이 임의로 예금주의 예금계좌에서 예금을 무단으로 인출하면 업무상배임죄가 성립한다.

해설 > ① × 대판 2014도1104 전원합의체 판결

주식회사의 대표이사가 대표권을 남용하는 등 그 임무에 위배하여 약속어음 발행을 한 행위가 배임죄에 해당하는지도 원칙적으로 위에서 살펴본 의무부담행위와 마찬가지로 보아야 한다. 다만 약속어음 발행의 경우 어음법상 발행인은 종전의 소지인에 대한 인적 관계로 인한 항변으로써 소지인에게 대항하지 못하므로(어음법 제17조, 제77조), 어음발행이 무효라 하더라도 그 어음이 실제로 제3자에게 유통되었다면 회사로서는 어음채무를 부담할 위험이 구체적·현실적으로 발생하였다고 보아야 하고, 따라서 그 어음채무가 실제로 이행되기 전이라도 배임죄의 기수범이 된다. 그러나 약속어음 발행이 무효일 뿐만 아니라 그 어음이 유통되지도 않았다면 회사는 어음발행의 상대방에게 어음채무를 부담하지 않기 때문에 특별한 사정이 없는 한 회사에 현실적으로 손해가 발생하였다거나 실해 발생의 위험이 발생하였다고도 볼 수 없으므로, 이때에는 배임죄의 기수범이 아니라 배임미수죄로 처벌하여야 한다.

② ○ 타인의 사무를 처리하는 자가 아니다.

③ × 대판 2020도9789 판결

피고인이 알 수 없는 경위로 甲의 특정 거래소 가상지갑에 들어 있던 비트코인을 자신의 계정으로 이체받은 후 이를 자신의 다른 계정으로 이체하여 재산상 이익을 취득하고 甲에게 손해를 가하였다고 하여 특정경제범죄 가중처벌 등에 관한 법률 위반(배임)의 예비적 공소사실로 기소된 사안에서, 비트코인이 법률상 원인관계 없이 甲으로부터 피고인 명의의 전자지갑으로 이체되었더라도 피고인이 신임관계에 기초하여 甲의 사무를 맡아 처리하는 것으로 볼 수 없는 이상 甲에 대한 관계에서 '타인의 사무를 처리하는 자'에 해당하지 않는다.

④ × 대판 2008도1408 판결
이른바 보통예금은 은행 등 법률이 정하는 금융기관을 수치인으로 하는 금전의 소비임치 계약으로서, 그 예금계좌에 입금된 금전의 소유권은 금융기관에 이전되고, 예금주는 그 예금계좌를 통한 예금반환채권을 취득하는 것이므로, 금융기관의 임직원은 예금주로부터 예금계좌를 통한 적법한 예금반환 청구가 있으면 이에 응할 의무가 있을 뿐 예금주와의 사이에서 그의 재산관리에 관한 사무를 처리하는 자의 지위에 있다고 할 수 없다. – 임의로 예금주의 예금계좌에서 5,000만 원을 인출한 금융기관의 임직원에게 업무상배임죄가 성립하지 않는다.

정답 ②

05 횡령과 배임의 죄에 대한 설명으로 가장 적절한 것은? (다툼이 있는 경우 판례에 의함)

〈22. 경찰승진〉

① 「부동산 실권리자명의 등기에 관한 법률」을 위반하여 부동산을 소유자로부터 명의신탁 받아 소유권이전등기를 경료한 후 명의 수탁자가 이를 임의처분하면 명의신탁자에 대한 횡령죄가 성립한다.

② 부동산 매매계약에 있어 매도인이 매수인으로부터 계약금과 중도금을 지급받아 매수인의 재산보전에 협력할 의무를 부담하게 되었더라도, 매도인은 통상의 계약에서의 이익대립관계를 넘어 배임죄에서 말하는 신임관계에 기초한 '타인의 사무를 처리하는 자'의 지위에 있다고 할 수는 없다.

③ 甲이 A에게 자신의 B에 대한 채권을 양도한 후 채권양도 통지를 하기 전에 B로부터 채권을 추심하여 금전을 수령한 경우, 甲은 A를 위하여 해당 금원을 보관하는 지위에 있으므로 이를 임의로 사용하면 횡령죄가 성립한다.

④ 권리이전에 등기・등록을 요하는 자동차에 대한 매매계약에 있어 매도인은 매수인에 대하여 그의 사무를 처리하는 자의 지위에 있으므로, 매도인이 매수인에게 소유권이전등록을 하지 아니하고 제3자에게 처분하였다면 배임죄가 성립한다.

해설 ① × 대판 2016도18761 전원합의체 판결
명의수탁자가 명의신탁자에 대하여 소유권이전등기말소의무를 부담하게 되나, 위 소유권이전등기는 처음부터 원인무효여서 명의수탁자는 명의신탁자가 소유권에 기한 방해배제청구로 말소를 구하는 것에 대하여 상대방으로서 응할 처지에 있음에 불과하다. 명의수탁자가 제3자와 한 처분행위가 부동산실명법 제4조 제3항에 따라 유효하게 될 가능성이 있다고 하더라도 이는 거래 상대방인 제3자를 보호하기 위하여 명의신탁약정의 무효에 대한 예외를 설정한 취지일 뿐 명의신탁자와 명의수탁자 사이에 위 처분행위를 유효하게 만드는 어떠한 위탁관계가 존재함을 전제한 것이라고는 볼 수 없다. 따라서 말소등기의무의 존재나 명의수탁자에 의한 유효한 처분가능성을 들어 명의수탁자가 명의신탁자에 대한 관계에서 '타인의 재물을 보관하는 자'의 지위에 있다고 볼 수도 없다.
그러므로 부동산실명법을 위반한 양자간 명의신탁의 경우 명의수탁자가 신탁받은 부동산을 임의로 처분하여도 명의신탁자에 대한 관계에서 횡령죄가 성립하지 아니한다.
② × 대판 2017도4027 전원합의체 판결
부동산 매매계약에서 중도금이 지급되는 등 계약이 본격적으로 이행되는 단계에 이른 때에는 계약이 취소되거나 해제되지 않는 한 매도인은 매수인에게 부동산의 소유권을 이전 해 줄 의무에서 벗어날 수 없다. 따라서 이러한 단계에 이른 때에 매도인은 매수인에 대하여 매수인의 재산보전에 협력하여 재산적 이익을 보호·관리할 신임관계에 있게 된다. 이때부터 매도인은 배임죄에서 말하는 '타인의 사무를 처리하는 자'에 해당한다고 보아야 한다.
③ ○ 대판 2017도3829 전원합의체 판결
채권양도인이 채무자에게 채권양도 통지를 하는 등으로 채권양도의 대항요건을 갖추어 주지 않은 채 채무자로부터 채권을 추심하여 금전을 수령한 경우, 특별한 사정이 없는 한 금전의 소유권은 채권양수인이 아니라 채권양도인에게 귀속하고 채권양도인이 채권양수인을 위하여 양도 채권의 보전에 관한 사무를 처리하는 신임관계가 존재한다고 볼 수 없다. 따라서 채권양도인이 위와 같이 양도한 채권을 추심하여 수령한 금전에 관하여 채권양수인을 위해 보관하는 자의 지위에 있다고 볼 수 없으므로, 채권양도인이 위 금전을 임의로 처분하더라도 횡령죄는 성립하지 않는다.
④ ×

정답 ③

06 **횡령과 배임의 죄에 관한 설명으로 옳은 것은 모두 몇 개인가? (다툼이 있는 경우 판례에 의함)** 〈23. 경찰간후〉

가. 건물의 임차인 甲이 임대인 A에 대한 임대차 보증금반환채권을 B에게 양도하고, 이를 A에게 통지하지 않고, A로부터 남아있던 임대차보증금을 반환받아 甲이 소비한 경우 횡령죄가 성립하지 않는다.
나. 직무발명에 대한 권리를 사용자 등에게 승계한다는 취지를 정한 약정 또는 근무규정의 적용을 받는 종업원 등이 직무발명의 완성 사실을 사용자 등에게 통지하지 아니한 채 그에 대한 특허를 받을 수 있는 권리를 제3자에게 이중으로 양도하여 제3자가 특허권 등록까지 마치도록 하는 등으로 발명의 내용이 공개되도록 한 경우, 배임죄가 성립한다.
다. 채무자가 본인 소유의 동산을 채권자에게 「동산·채권 등의 담보에 관한 법률」에 따른 동산담보로 제공한 경우, 채무자가 담보물을 제3자에게 처분하는 등으로 담보가치를 감소 또는 상실시켜 채권자의 담보권 실행이나 이를 통한 채권실현에 위험을 초래하더라도 배임죄는 성립하지 않는다.
라. 甲이 범죄수익 등의 은닉을 위해 乙로부터 교부받은 무기명 양도성예금증서를 현금으로 교환하여 임의로 소비하였다면 횡령죄가 성립한다.

① 1개　② 2개　③ 3개　④ 4개

해설〉 가. ○ 대판 2017도3829 전원합의체 판결
건물의 임차인인 피고인이 임대인 갑에 대한 임대차보증금반환채권을 을에게 양도하였는데도 갑에게 채권양도 통지를 하지 않고 갑으로부터 남아 있던 임대차보증금을 반환받아 보관하던 중 개인적인 용도로 사용하여 이를 횡령하였다는 내용으로 기소된 사안에서, 임대차보증금으로 받은 금전의 소유권은 피고인에게 귀속하고, 피고인이 을을 위한 보관자 지위가 인정될 수 있는 신임관계에 있다고 볼 수 없어 횡령죄가 성립하지 않는다는 이유로, 이와 달리 보아 공소사실을 유죄로 인정한 원심판결에 채권양도에서 횡령죄의 성립 등에 관한 법리오해의 잘못이 있다고 한 사례.
나. ○ 대판 2012도6676 판결
직무발명에 대한 특허를 받을 수 있는 권리 등을 사용자 등에게 승계한다는 취지를 정한 약정 또는 근무규정의 적용을 받는 종업원 등은 사용자 등이 이를 승계하지 아니하기로 확정되기 전까지는 임의로 위와 같은 승계 약정 또는 근무규정의 구속에서 벗어날 수 없는 상태에 있는 것이어서, 종업원 등이 그 발명의 내용에 관한 비밀을 유지한 채 사용자 등의 특허권 등 권리의 취득에 협력하여야 할 의무는 자기 사무의 처리라는 측면과 아울러 상대방의 재산보전에 협력하는 타인 사무의 처리라는 성격을 동시에 가지게 되므로, 이러한 경우 종업원 등은 배임죄의 주체인 '타인의 사무를 처리하는 자'의 지위에 있다고 할 것이다. 따라서 위와 같은 지위에 있는 종업원 등이 임무를 위반하여 직무발명을 완성하고도 그 사실을 사용자 등에게 알리지 않은 채 그 발명에 대한 특허를 받을 수 있는 권리를 제3자에게 이중으로 양도하여 제3자가 특허권 등록까지 마치도록 하는 등으로 그 발명의 내용이 공개되도록 하였다면, 이는 사용자 등에게 손해를 가하는 행위로서 배임죄를 구성한다.(발명진흥법 등 참조)

다. ○ 대판 2019도14770 전원합의체 판결 ★★★ – "동산" 임에 유의
채무자가 금전채무를 담보하기 위하여 그 소유의 동산을 채권자에게 동산·채권 등의 담보에 관한 법률(이하 '동산채권담보법'이라 한다)에 따른 동산담보로 제공함으로써 채권자인 동산담보권자에 대하여 담보물의 담보가치를 유지·보전할 의무 또는 담보물을 타에 처분하거나 멸실, 훼손하는 등으로 담보권 실행에 지장을 초래하는 행위를 하지 않을 의무를 부담하게 되었더라도, 이를 들어 채무자가 통상의 계약에서의 이익대립관계를 넘어서 채권자와의 신임관계에 기초하여 채권자의 사무를 맡아 처리하는 것으로 볼 수 없다. 따라서 이러한 경우 채무자를 배임죄의 주체인 '타인의 사무를 처리하는 자'에 해당한다고 할 수 없고, 그가 담보물을 제3자에게 처분하는 등으로 담보가치를 감소 또는 상실시켜 채권자의 담보권 실행이나 이를 통한 채권실현에 위험을 초래하더라도 배임죄가 성립하지 아니한다.

라. × 대판 2017도9254 판결 ★★
피고인이, 甲 등이 금융다단계 사기 범행을 통하여 취득한 범죄수익 등인 무기명 양도성예금증서 7장을 乙로부터 건네받아 현금으로 교환한 후 임의로 소비하였다고 하여 특정경제범죄 가중처벌 등에 관한 법률 위반(횡령)으로 기소된 사안에서, 피고인이 乙로부터 범죄수익 등의 은닉을 위해 교부받은 무기명 양도성예금증서는 불법의 원인으로 급여한 물건에 해당하여 소유권이 피고인에게 귀속되므로, 피고인이 무기명 양도성예금증서를 교환한 현금을 임의로 소비하였더라도 횡령죄가 성립하지 않는다고 본 원심판단이 정당하다.

정답 ③

07 배임죄에 대한 설명으로 가장 적절하지 않은 것은? (다툼이 있는 경우 판례에 의함)

〈21. 경찰공채 2차〉

① 회사의 이사 등이 타인에게 회사자금을 대여함에 있어 그 타인이 채무변제능력을 상실하여 그에게 자금을 대여할 경우 회사에 손해가 발생하리라는 점을 충분히 알면서 대여했거나, 충분한 담보를 제공받는 등 상당하고도 합리적인 채권회수조치를 취하지 아니한 채 대여해 주었다면 이는 회사에 대하여 배임행위가 된다.

② 업무상배임죄가 성립하려면 주관적 요건으로서 임무위배의 인식과 그로 인하여 자기 또는 제3자가 이익을 취득하고 본인에게 손해를 가한다는 인식, 즉 배임의 고의가 있어야 하고, 이러한 인식은 미필적 인식으로도 충분하다.

③ 보통예금은 은행 등 법률이 정하는 금융기관을 수취인으로 하는 금전의 소비임치 계약으로서 그 예금계좌에 입금된 금전의 소유권은 금융기관에 이전되고 예금주는 그 예금계좌를 통한 예금반환채권을 취득하는 것이므로, 금융기관의 임직원은 예금주로부터 예금계좌를 통한 적법한 예금반환 청구가 있으면 이에 응할 의무가 있을 뿐 예금주와의 사이에서 그의 재산관리에 관한 사무를 처리하는 자의 지위에 있다고 할 수 없다.

④ 배임죄에 있어서 '타인의 사무를 처리하는 자'라 함은 양자 간의 신임관계에 기초를 둔 타인의 재산보호 내지 관리의무가 있음을 그 본질적 내용으로 하는 것이므로, 배임죄의 성립에 있어서는 행위자가 대외관계에서 타인의 재산을 처분할 적법한 대리권이 있음을 요한다.

해설 > ① ○ 대판 2015도12633 판결

<u>회사의 이사 등이 타인에게 회사자금을 대여함에 있어 타인이 이미 채무변제능력을 상실하여 그에게 자금을 대여할 경우 회사에 손해가 발생하리라는 정을 충분히 알면서 이에 나아갔거나, 충분한 담보를 제공받는 등 상당하고도 합리적인 채권회수조치를 취하지 아니한 채 만연히 대여해 주었다면, 그와 같은 자금대여는 타인에게 이익을 얻게 하고 회사에 손해를 가하는 행위로서 회사에 대하여 배임행위가 되고,</u> 회사의 이사는 단순히 그것이 경영상의 판단이라는 이유만으로 배임죄의 죄책을 면할 수 없으며, 이러한 이치는 타인이 자금지원 회사의 계열회사라 하여 달라지지 않는다.

② ○ 대판 2012도15585 판결

③ ○ 대판 2017도7489 판결

④ × 대판 97도3219 판결

배임죄에 있어서 타인의 사무를 처리하는 자라 함은 양자간의 신임관계에 기초를 둔 타인의 재산보호 내지 관리의무가 있음을 그 본질적 내용으로 하는 것이므로, 배임죄의 성립에 있어 행위자가 대외관계에서 타인의 재산을 처분할 적법한 대리권이 있음을 요하지 아니한다.

정답 ④

08 **A주식회사를 운영하는 甲이 乙은행으로부터 대출을 받으면서 대출금을 완납할 때까지 A회사 소유의 동산을 점유개정 방식으로 양도담보로 제공하기로 하는 계약을 체결하였다. 양도담보계약서에는 '담보목적물은 설정자가 채권자의 대리인으로서 점유·사용·보전·관리하며 그 비용을 부담한다.'는 내용이 기재되어 있었다. 하지만 甲은 담보목적물인 동산을 丙 등에게 매각하였다. 甲의 죄책에 대한 설명으로 가장 적절한 것은? (다툼이 있는 경우 판례에 의함)** 〈22. 경찰간후〉

① 채무자가 금전채무를 담보하기 위하여 그 소유의 동산을 채권자에게 양도담보로 제공함으로써 채권자인 양도담보권자에 대하여 담보물의 담보가치를 유지·보전할 의무 내지 담보물을 타에 처분하거나 멸실, 훼손하는 등으로 담보권 실행에 지장을 초래하는 행위를 하지 않을 의무를 부담하게 되었더라도, 이를 들어 채무자가 통상의 계약에서의 이익대립관계를 넘어서 채권자와의 신임관계에 기초하여 채권자의 사무를 맡아 처리 하는 것으로 볼 수 없다. 따라서 채무자 甲은 배임죄의 주체인 '타인의 사무를 처리하는 자'에 해당한다고 할 수 없다.

② 원칙적으로는 채무자 甲이 '타인의 사무를 처리하는 자'에 해당하지 않는다고 하더라도, 양도담보계약서에서 '담보목적물은 설정자가 채권자의 대리인으로서 점유·사용·보전·관리하며 그 비용을 부담한다.'는 등의 기재가 있으므로, 채무자 甲이 양도담보권 설정 후 담보물을 보관하고 담보가치를 유지할 의무는 채권자의 대리인으로서 갖는 의무이므로 전형적인 '타인의 사무'이다.

③ 동산 양도담보는 그 기능이나 경제적 목적이 채권담보이고, 그에 따라 채권자가 채권담보의 목적 범위에서만 소유권을 행사할 채권적 의무를 부담하더라도, 담보목적물의 소유권은 당사자 사이에 소유권을 양도한다는 합의와 점유개정에 의한 인도에 따라 완전히 채권자에게 이전한다. 따라서 점유개정에 따라 양도담보 목적물을 직접 점유하는 채무자 甲은 '타인의 재물을 보관하는 자'에 해당하고, 그가 채권자의 허락 없이 제3자에게 담보목적물을 양도하는 등 처분한 경우에는 횡령죄가 성립한다.

④ 담보권설정자는 동산을 사용·수익하거나 처분할 수 있어도 동산의 담보가치, 즉 교환가치를 침해하는 행위를 해서는 안 된다. 담보권설정자가 담보물을 보관하거나 담보가치를 유지할 의무는 담보권자가 동산의 교환가치를 지배할 권리를 확보해 주는 것이기 때문에, 담보권설정자는 배임죄에서 말하는 '타인의 사무를 처리하는 자'에 해당한다.

해설 ① ○ 대판 2019도14770 전원합의체 판결

② × 대판 2020도3514 판결

채무자가 채권양도담보계약에 따라 부담하는 '담보 목적 채권의 담보가치를 유지 · 보전할 의무'를 이행하는 것은 채무자 자신의 사무에 해당할 뿐이고, 채무자가 통상의 계약에서의 이익대립관계를 넘어서 채권자와의 신임관계에 기초하여 채권자의 사무를 맡아 처리한다고 볼 수 없으므로, 이 경우 채무자는 채권자에 대한 관계에서 '타인의 사무를 처리하는 자'에 해당한다고 할 수 없다.

③ ×, ④ × 대판 2019도14770 전원합의체 판결 ★★

채무자가 금전채무를 담보하기 위하여 그 소유의 동산을 채권자에게 동산 · 채권 등의 담보에 관한 법률(이하 '동산채권담보법'이라 한다)에 따른 동산담보로 제공함으로써 채권자인 동산담보권자에 대하여 담보물의 담보가치를 유지 · 보전할 의무 또는 담보물을 타에 처분하거나 멸실, 훼손하는 등으로 담보권 실행에 지장을 초래하는 행위를 하지 않을 의무를 부담하게 되었더라도, 이를 들어 채무자가 통상의 계약에서의 이익대립관계를 넘어서 채권자와의 신임관계에 기초하여 채권자의 사무를 맡아 처리하는 것으로 볼 수 없다. 따라서 이러한 경우 채무자를 배임죄의 주체인 '타인의 사무를 처리하는 자'에 해당한다고 할 수 없고, 그가 담보물을 제3자에게 처분하는 등으로 담보가치를 감소 또는 상실시켜 채권자의 담보권 실행이나 이를 통한 채권실현에 위험을 초래하더라도 배임죄가 성립하지 아니한다.

정답 ①

09 (가)와 (나) 사례에 관한 설명 중 옳은 것은 모두 몇 개인가? (다툼이 있는 경우 판례에 의함)

〈22. 경찰공채 2차〉

> (가) 甲은 A주식회사에 본인 소유 토지를 양도하는 내용의 매매계약을 체결한 후 A주식회사로부터 계약금, 중도금 및 잔금 중 일부를 교부받았으나, 乙에게 이 사건 토지를 매도하고 소유권이전등기를 경료해 주었다. 그런데 그 이전에 甲은 A주식회사로부터 계약금 중 3/4만 지급받은 상태에서 A주식회사 명의로 가등기를 경료해 주어 甲의 행위에도 불구하고 A주식회사가 甲의 아무런 협력 없이도 가등기의 순위보전 효력에 의해 자신 명의로 소유권이전등기를 마칠 수 있는 수단을 마련해 주었다.
>
> (나) 丙은 B에게 본인 소유 임야를 매도하고 일부 잔금까지 지급받았음에도 다시 그 임야를 丁에게 매도하여 계약금을 지급 받은 후, 丁의 명의로 소유권이전청구권 보전을 위한 가등기를 경료해 주었다.

> ㉠ 甲과 丙은 각각 A주식회사와 B와의 관계에서 타인의 사무를 처리하는 자에 해당한다.
> ㉡ 甲과 丙의 행위로 인해 A주식회사와 B에게는 현실적인 손해가 발생하였다.
> ㉢ 丙에게는 배임죄가 성립하지 않는다.
> ㉣ 甲과 丙에게는 배임죄의 미수가 성립한다.

① 1개　② 2개　③ 3개　④ 4개

해설 > (가). 대판 2019도16228 판결

부동산 매매계약에서 계약금만 지급된 단계에서는 어느 당사자나 계약금을 포기하거나 그 배액을 상환함으로써 자유롭게 계약의 구속력에서 벗어날 수 있다. <u>그러나 중도금이 지급되는 등 계약이 본격적으로 이행되는 단계에 이른 때에는 계약이 취소되거나 해제되지 않는 한 매도인은 매수인에게 부동산의 소유권을 이전해 줄 의무에서 벗어날 수 없다. 따라서 이러한 단계에 이른 때에 매도인은 매수인에 대하여 매수인의 재산보전에 협력하여 재산적 이익을 보호 · 관리할 신임관계에 있게 된다. 그때부터 매도인은 배임죄에서 말하는 '타인의 사무를 처리하는 자'에 해당한다고 보아야 한다.</u> 그러한 지위에 있는 매도인이 매수인에게 계약 내용에 따라 <u>부동산의 소유권을 이전해 주기 전에 그 부동산을 제3자에게 처분하고 제3자 앞으로 그 처분에 따른 등기를 마쳐 준 행위</u>는 매수인의 부동산 취득 또는 보전에 지장을 초래하는 행위이다. 이는 매수인과의 신임관계를 저버리는 행위로서 배임죄가 성립한다. <u>그리고 매도인이 매수인에게 순위보전의 효력이 있는 가등기를 마쳐 주었더라도 이는 향후 매수인에게 손해를 회복할 수 있는 방안을 마련하여 준 것일 뿐 그 자체로 물권변동의 효력이 있는 것은 아니어서 매도인으로서는 소유권을 이전하여 줄 의무에서 벗어날 수 없으므로, 그와 같은 가등기로 인하여 매수인의 재산보전에 협력하여 재산적 이익을 보호 · 관리할 신임관계의 전형적 · 본질적 내용이 변경된다고 할 수 없다.</u>

(나). 아래 판례 참조 ★★★ 중요판례

판례

〈대판 2008도3766 판결 특경법위반(배임) · 배임미수〉

배임죄에 있어서 재산상 손해를 가한 때라 함은 현실적인 손해를 가한 경우뿐 아니라 재산상 손해발생의 위험을 초래한 경우도 포함하는바, 부동산의 매도인으로서 매수인에 대하여 그 앞으로의 소유권이전등기절차에 협력할 의무 있는 자가 그 임무에 위배하여 같은 부동산을 매수인 이외의 제3자에게 이중으로 매도하고 제3자 앞으로 소유권이전청구권 보전을 위한 가등기를 마쳐 주었다면, 이는 매수인에게 <손해발생의 위험>을 초래하는 행위로서 배임죄를 구성한다(대법원 1983.6.14. 선고 81도2278 판결, 대법원 2006.11.9. 선고 2006도3626 판결 등 참조). 원심은, 피고인이 그 판시와 같이 피해자에게 이 사건 임야를 매도하고 일부 잔금까지 지급받았음에도, 다시 위 임야를 제3자에게 매도하여 계약금을 지급받고는 그 앞으로 소유권이전청구권 보전을 위한 가등기를 마쳐 줌으로써 특정경제범죄 가중처벌 등에 관한 법률 위반(배임)죄의 기수에 이르렀다고 판단하였는바, 원심의 이러한 판단은 앞서 본 법리와 기록에 비추어 정당하고, 거기에 배임죄의 실행의 착수 및 기수시기에 관한 법리오해 등의 위법이 없다.

〈참고〉

소유권 이전청구권 가등기는 순위보존의 효력만 있을 뿐 가등기 자체만으로 어떠한 효력이 발생되지 않는다. 나중에 본등기를 했을 경우 본등기 순위는 가등기의 순위로 올라가게 된다. 이전등기(본등기)는 나중에 하고 소유권을 넘기는 일을 말한다. 보통 본등기의 효력은 가등기를 한 날짜로 소급해서 발생한다. 부동산 소유권 이전을 요구할 수 있는 권리를 가진 사람이 본등기를 할 때까지 가등기를 하면 그사이 결정된 물권에 우선한다.

제3조(특정재산범죄의 가중처벌)

① 「형법」 제347조(사기), 제347조의2(컴퓨터등 사용사기), 제350조(공갈), 제350조의2(특수공갈), 제351조(제347조, 제347조의2, 제350조 및 제350조의2의 상습범만 해당한다), 제355조(횡령 · 배임) 또는 제356조(업무상의 횡령과 배임)의 죄를 범한 사람은 그 범죄행위로 인하여 취득하거나 제3자로 하여금 취득하게 한 재물 또는 재산상 이익의 가액(이하 이 조에서 "이득액"이라 한다)이 5억원 이상일 때에는 다음 각 호의 구분에 따라 가중처벌한다. [개정 2016.1.6 제13719호(형법), 2017.12.19] [시행일 2018.3.20]

1. 이득액이 50억원 이상일 때: 무기 또는 5년 이상의 징역
2. 이득액이 5억원 이상 50억원 미만일 때: 3년 이상의 유기징역

② 제1항의 경우 이득액 이하에 상당하는 벌금을 병과(併科)할 수 있다.

㉠ ○ 가, 나, 배임죄 구성한다.
㉡ × A 주식회사에겐 손해발생, B에게는 '손해발생의 위험성' 발생
㉢ × 배임죄 기수
㉣ × 배임죄 기수, 위 ㉡ 참조

정답 ①

10 배임의 죄에 대한 설명으로 가장 적절하지 않은 것은? (다툼이 있는 경우 판례에 의함)

〈21. 경찰공채 1차〉

① 채무자가 본인 소유의 동산을 채권자에게 「동산 · 채권 등의 담보에 관한 법률」에 따른 동산담보로 제공한 경우, 채무자가 담보물을 제3자에게 처분하는 등으로 담보가치를 감소 또는 상실시켜 채권자의 담보권 실행이나 이를 통한 채권실현에 위험을 초래하더라도 배임죄는 성립하지 않는다.

② 채무자가 금전채무를 담보하기 위한 저당권설정계약에 따라 채권자에게 본인 소유의 부동산에 관하여 저당권을 설정할 의무를 부담하게 된 경우, 이는 통상의 계약에서 이루어지는 이익대립관계를 넘어서 채권자와의 신임관계에 기초하여 채권자의 사무를 맡아 처리하는 것으로 보아야 하므로 배임죄에서의 '타인의 사무를 처리하는 자'라고 할 수 있다.

③ 서면으로 부동산 증여의 의사를 표시한 증여자가 수증자에게 증여계약에 따라 부동산의 소유권을 이전하지 아니하고 부동산을 제3자에게 처분하여 등기를 하는 행위는 수증자와의 신임관계를 저버리는 행위로서 배임죄가 성립한다.

④ 주식회사의 대표이사가 대표권을 남용하는 등 그 임무에 위배하여 약속어음을 발행하였는데 그 약속어음의 발행이 무효일 뿐만 아니라 유통되지도 않은 경우, 회사는 어음발행의 상대방에게 어음채무를 부담하지 않기 때문에 특별한 사정이 없는 한 배임죄의 기수범이 아니라 배임미수죄로 처벌하여야 한다.

해설 ① ○ 대판 2019도14770 전원합의체 판결

채무자가 금전채무를 담보하기 위하여 그 소유의 동산을 채권자에게 동산 · 채권 등의 담보에 관한 법률(이하 '동산채권담보법'이라 한다)에 따른 동산담보로 제공함으로써 채권자인 동산담보권자에 대하여 담보물의 담보가치를 유지 · 보전할 의무 또는 담보물을 타에 처분하거나 멸실, 훼손하는 등으로 담보권 실행에 지장을 초래하는 행위를 하지 않을 의무를 부담하게 되었더라도, 이를 들어 채무자가 통상의 계약에서의 이익대립관계를 넘어서 채권자와의 신임관계에 기초하여 채권자의 사무를 맡아 처리하는 것으로 볼 수 없다. 따라서 이러한 경우 채무자를 배임죄의 주체인 '타인의 사무를 처리하는 자'에 해당한다고 할 수 없고, 그가 담보물을 제3자에게 처분하는 등으로 담보가치를 감소 또는 상실시켜 채권자의 담보권 실행이나 이를 통한 채권실현에 위험을 초래하더라도 배임죄가 성립하지 아니한다.

② × 대판 2019도14340 전원합의체 판결

채무자가 금전채무를 담보하기 위한 저당권설정계약에 따라 채권자에게 그 소유의 부동산에 관하여 저당권을 설정할 의무를 부담하게 되었다고 하더라도, 이를 들어 채무자가 통상의 계약에서 이루어지는 이익대립관계를 넘어서 채권자와의 신임관계에 기초하여 채권자의 사무를 맡아 처리하는 것으로 볼 수 없다.

③ ○ 대판 2016도19308 판결

④ ○ 대판 2014도1104 전원합의체 판결
약속어음 발행이 무효일 뿐만 아니라 그 어음이 유통되지도 않았다면 회사는 어음발행의 상대방에게 어음채무를 부담하지 않기 때문에 특별한 사정이 없는 한 회사에 현실적으로 손해가 발생하였다거나 실해 발생의 위험이 발생하였다고도 볼 수 없으므로, 이때에는 배임죄의 기수범이 아니라 배임미수죄로 처벌하여야 한다.

정답 ②

11 재산죄에 관한 설명으로 옳지 않은 것은 모두 몇 개인가? (다툼이 있는 경우 판례에 의함) 〈22. 경찰공채 1차〉

> ㉠ 채무자가 채권자에 대하여 소비대차 등으로 인한 채무를 부담하고 이를 담보하기 위하여 장래에 부동산의 소유권을 이전하기로 하는 내용의 대물변제예약에서, 약정의 내용에 좇은 이행을 하여야 할 채무는 특별한 사정이 없는 한 '타인의 사무'에 해당하는 것이 원칙이다.
> ㉡ 횡령죄의 본질이 신임관계에 기초하여 위탁된 타인의 물건을 위법하게 영득하는 데 있음에 비추어 볼 때 위탁신임관계는 횡령죄로 보호할 만한 가치 있는 신임에 의한 것으로 한정함이 타당하다.
> ㉢ 강제집행절차를 통한 소송사기는 집행절차의 개시신청을 한 때 또는 진행 중인 집행절차에 배당신청을 한 때에 실행에 착수하였다고 볼 것이다.
> ㉣ 횡령죄는 타인의 재물에 대한 재산범죄로서 재물의 소유권 등 본권을 보호법익으로 하는 범죄이다. 따라서 횡령죄의 객체가 타인의 재물에 속하는 이상 구체적으로 누구의 소유인지는 횡령죄의 성립 여부에 영향이 없다.
> ㉤ 침해행정 영역에서 일반 국민이 담당 공무원을 기망하여 권력작용에 의한 재산권 제한을 면하는 경우에는 부과권자의 직접적인 권력작용을 사기죄의 보호법익인 재산권과 동일하게 평가할 수 없는 것이므로 사기죄는 성립할 수 없다.

① 1개　　② 2개　　③ 3개　　④ 4개

해설 > ㉠ × 대판 2014도3363 전원합의체 판결
채무자가 채권자에 대하여 소비대차 등으로 인한 채무를 부담하고 이를 담보하기 위하여 장래에 부동산의 소유권을 이전하기로 하는 내용의 대물변제예약에서, 그 약정의 내용에 좇은 이행을 하여야 할 채무는 특별한 사정이 없는 한 '자기의 사무'에 해당하는 것이 원칙이다.
㉡ ○ 대판 2016도18761 전원합의체 판결
형법 제355조 제1항이 정한 횡령죄에서 보관이란 위탁관계에 의하여 재물을 점유하는 것을 뜻하므로 횡령죄가 성립하기 위하여는 재물의 보관자와 재물의 소유자(또는 기타의 본권자) 사이에 법률상 또는 사실상의 위탁관계가 존재하여야 한다. 이러한 위탁관계는 사용대차·임대차·위임 등의 계약에 의하여서뿐만 아니라 사무관리·관습·조리·신의칙 등에 의해서도 성립될 수 있으나, 횡령죄의 본질이 신임관계에 기초하여 위탁된 타인의 물건을 위법하게 영득하는 데 있음에 비추어 볼 때 위탁관계는 횡령죄로 보호할 만한 가치 있는 신임에 의한 것으로 한정함이 타당하다.
㉢ ○ 대판 2014도10086 판결
강제집행절차를 통한 소송사기에서 실행의 착수 시기(=집행절차의 개시신청을 한 때 또는 진행 중인 집행절차에 배당신청을 한 때)
㉣ ○ 대판 2019도9773 판결
횡령죄는 타인의 재물에 대한 재산범죄로서 재물의 소유권 등 본권을 보호법익으로 하는 범죄이다. 따라서 횡령죄의 객체가 타인의 재물에 속하는 이상 구체적으로 누구의 소유인지는 횡령죄의 성립 여부에 영향이 없다.
㉤ ○ 대판 2019도2003 판결
중앙행정기관의 장, 지방자치단체의 장 등 법률에 따라 금전적 부담의 부과권한을 부여받은 자(이하 '부과권자'라 한다)가 재화 또는 용역의 제공과 관계없이 특정 공익사업과 관련하여 권력작용으로 부담금을 부과하는 것은 일반 국민의 재산권을 제한하는 침해행정에 속한다. 이러한 침해행정 영역에서 일반 국민이 담당 공무원을 기망하여 권력작용에 의한 재산권 제한을 면하는 경우에는 부과권자의 직접적인 권력작용을 사기죄의 보호법익인 재산권과 동일하게 평가할 수 없는 것이므로, 행정법규에서 그러한 행위에 대한 처벌규정을 두어 처벌함은 별론으로 하고, 사기죄는 성립할 수 없다.

정답 ①

제8절 장물 · 손괴

01 장물죄에 대한 설명이다. 아래 설명 중 옳은 것은 모두 몇 개인가? (다툼이 있는 경우 판례에 의함) 〈22. 경찰간후〉

가. 장물인 현금을 금융기관에 예금의 형태로 보관하였다가 이를 반환받기 위하여 동일한 액수의 현금을 인출한 경우, 예금계약의 성질상 인출된 현금은 당초의 현금과 물리적인 동일성은 상실되므로 장물로서의 성질을 상실한다.
나. 절도 범인으로부터 장물보관 의뢰를 받은 자가 그 정을 알면서 이를 인도받아 보관하고 있다가 임의 처분한 경우, 장물보관죄만 성립하고 횡령죄는 성립하지 않는다.
다. 장물인 정을 모르고 장물을 보관하였다가 그 후에 장물인 정을 알게 된 경우, 그 정을 알고서도 계속하여 보관하였다면 그것을 점유할 권한이 있더라도 장물보관죄가 성립한다.
라. 본범과 공동하여 장물을 운반한 경우, 본범은 장물죄에 해당 하고 본범 이외의 자의 행위는 장물운반죄를 구성한다.
마. 甲이 회사 자금으로 乙에게 주식매각 대금조로 금원을 지급 하는 사실을 乙이 알면서 받은 경우, 그 금원은 횡령행위에 제공된 물건일 뿐 장물로 취급될 수는 없다.

① 없음 ② 1개 ③ 2개 ④ 3개

해설 > 가. × 대판 98도2579 판결
장물이라 함은 재산범죄로 인하여 취득한 물건 그 자체를 말하고, 그 장물의 처분대가는 장물성을 상실하는 것이지만, 금전은 고도의 대체성을 가지고 있어 다른 종류의 통화와 쉽게 교환할 수 있고, 그 금전 자체는 별다른 의미가 없고 금액에 의하여 표시되는 금전적 가치가 거래상 의미를 가지고 유통되고 있는 점에 비추어 볼 때, 장물인 현금을 금융기관에 예금의 형태로 보관하였다가 이를 반환받기 위하여 동일한 액수의 현금을 인출한 경우에 예금계약의 성질상 인출된 현금은 당초의 현금과 물리적인 동일성은 상실되었지만 액수에 의하여 표시되는 금전적 가치에는 아무런 변동이 없으므로 장물로서의 성질은 그대로 유지된다.
나. ○ 대판 2003도8219 판결
장물보관죄가 성립하는 때에는 이미 그 소유자의 소유물 추구권을 침해하였으므로 그 후의 횡령행위는 불가벌적 사후행위에 불과하여 별도로 횡령죄가 성립하지 않는다.
다. × 대판 85도2472 판결
장물인 정을 모르고 장물을 보관하였다가 그 후에 장물인 정을 알게 된 경우 그 정을 알고서도 이를 계속하여 보관하는 행위는 장물죄를 구성하는 것이나 이 경우에도 점유할 권한이 있는 때에는 이를 계속하여 보관하더라도 장물보관죄가 성립하지 않는 것이라고 할 것이다. 원심이 같은 취지에서 피고인이 채권의 담보로서 이 사건 수표들을 교부받았다가 장물인 정을 알게 되었음에도 이를 보관한 행위는 장물보관죄에 해당하지 아니한다고 하여 무죄를 선고한 조처는 정당하고, 거기에 소론과 같은 법리오해의 위법이 있다고 할 수 없다.

라. × 아래 판례 참조 ★★★ 주요판례

판례

〈대판 98도3030 판결〉

본범자와 공동하여 장물을 운반한 경우에 본범자는 장물죄에 해당하지 않으나 그 외의 자의 행위는 장물운반죄를 구성한다 할 것이므로, 원심 판시와 같이 피고인이 위 승용차가 위 공소외 1이 절취한 차량이라는 정을 알면서도 위 공소외 1, 2로부터 동인들이 위 승용차를 이용하여 강도를 하려 함에 있어 피고인이 위 승용차를 운전해 달라는 부탁을 받고 위 승용차를 안산시 와동 722의 1 앞길에서 같은 시 사동 1318의 2 앞길까지 운전하여 간 사실이 인정된다면, 피고인은 강도예비와 아울러 장물운반의 고의를 가지고 위와 같은 행위를 하였다고 봄이 상당하다 할 것이다.

마. × 대판 2004도5904 판결

甲이 회사 자금으로 乙에게 주식매각 대금조로 금원을 지급한 경우, 그 금원은 단순히 횡령행위에 제공된 물건이 아니라 횡령행위에 의하여 영득된 장물에 해당한다고 할 것이고, 나아가 설령 甲이 乙에게 금원을 교부한 행위 자체가 횡령행위라고 하더라도 이러한 경우 甲의 업무상횡령죄가 기수에 달하는 것과 동시에 그 금원은 장물이 된다.

정답 ②

02 다음 설명 중 가장 옳지 않은 것은? (다툼이 있는 경우 판례에 의함) 〈23. 법원9급〉

① 장물인 정을 모르고 장물을 보관하였다가 그 후에 장물인 정을 알게 된 경우 그 정을 알고서도 이를 계속하여 보관하는 행위는 장물죄를 구성하는 것이나 이 경우에도 점유할 권한이 있는 때에는 이를 계속하여 보관하더라도 장물보관죄가 성립하지 않는 것이라고 할 것이다. 따라서 채권의 담보로서 수표들을 교부받았다가 장물인 정을 알게 되었음에도 이를 계속하여 보관한 행위는 장물보관죄에 해당하지 않는다.

② 장물알선죄에서 '알선'이란 장물을 취득・양도・운반・보관하려는 당사자 사이에 서서 이를 중개하거나 편의를 도모하는 것을 의미한다. 따라서 장물인 정을 알면서, 장물을 취득・양도・운반・보관하려는 당사자 사이에 서서 서로를 연결하여 장물의 취득・양도・운반・보관행위를 중개하거나 편의를 도모하였다면, 그 알선에 의하여 당사자 사이에 실제로 장물의 취득・양도・운반・보관에 관한 계약이 성립하지 아니하였거나 장물의 점유가 현실적으로 이전되지 아니한 경우라도 장물알선죄가 성립한다.

③ 절도 범인으로부터 장물보관 의뢰를 받은 자가 그 정을 알면서 이를 인도받아 보관하고 있다가 임의 처분하였다 하여도 장물보관죄가 성립하는 때에는 이미 그 소유자의 소유물 추구권을 침해하였으므로 그 후의 횡령행위는 불가벌적 사후행위에 불과하여 별도로 횡령죄가 성립하지 않는다.

④ 장물이라 함은 재산범죄로 인하여 취득한 물건 그 자체를 말하고, 그 장물의 처분대가는 장물성을 상실하는 것이다. 따라서 본범이 사기 범행으로 교부받은 자기앞수표를 그의 명의의 예금계좌에 예치하였다가 현금으로 인출한 경우, 그 현금은 이미 장물성을 상실한 것이어서 그 현금을 보관 또는 취득하였다고 하더라도 장물죄가 성립할 수 없다.

해설〉 ① ○ 대판 85도2472 판결

장물인 정을 모르고 장물을 보관하였다가 그 후에 장물인 정을 알게 된 경우 그 정을 알고서도 이를 계속하여 보관하는 행위는 장물죄를 구성하는 것이나 이 경우에도 점유할 권한이 있는 때에는 이를 계속하여 보관하더라도 장물보관죄가 성립하지 않는 것이라고 할 것이다. 원심이 같은 취지에서 피고인이 채권의 담보로서 이 사건 수표들을 교부받았다가 장물인 정을 알게 되었음에도 이를 보관한 행위는 장물보관죄에 해당하지 아니한다고 하여 무죄를 선고한 조처는 정당하고, 거기에 소론과 같은 법리오해의 위법이 있다고 할 수 없다.

② ○ 대판 2009도1203 판결
장물알선죄에서 '알선'이란 장물을 취득 · 양도 · 운반 · 보관하려는 당사자 사이에 서서 이를 중개하거나 편의를 도모하는 것을 의미한다. 따라서 장물인 정을 알면서, 장물을 취득 · 양도 · 운반 · 보관하려는 당사자 사이에 서서 서로를 연결하여 장물의 취득 · 양도 · 운반 · 보관행위를 중개하거나 편의를 도모하였다면, 그 알선에 의하여 당사자 사이에 실제로 장물의 취득 · 양도 · 운반 · 보관에 관한 계약이 성립하지 아니하였거나 장물의 점유가 현실적으로 이전되지 아니한 경우라도 장물알선죄가 성립한다.
③ ○ 대판 2003도8219 판결
절도 범인으로부터 장물보관 의뢰를 받은 자가 그 정을 알면서 이를 인도받아 보관하고 있다가 임의 처분하였다 하여도 장물보관죄가 성립하는 때에는 이미 그 소유자의 소유물 추구권을 침해하였으므로 그 후의 횡령행위는 불가벌적 사후행위에 불과하여 별도로 횡령죄가 성립하지 않는다.
④ × 대판 98도2579 판결
장물이라 함은 재산범죄로 인하여 취득한 물건 그 자체를 말하고, 그 장물의 처분대가는 장물성을 상실하는 것이지만, 금전은 고도의 대체성을 가지고 있어 다른 종류의 통화와 쉽게 교환할 수 있고, 그 금전 자체는 별다른 의미가 없고 금액에 의하여 표시되는 금전적 가치가 거래상 의미를 가지고 유통되고 있는 점에 비추어 볼 때, 장물인 현금을 금융기관에 예금의 형태로 보관하였다가 이를 반환받기 위하여 동일한 액수의 현금을 인출한 경우에 예금계약의 성질상 인출된 현금은 당초의 현금과 물리적인 동일성은 상실되었지만 액수에 의하여 표시되는 금전적 가치에는 아무런 변동이 없으므로 장물로서의 성질은 그대로 유지된다고 봄이 상당하고, 자기앞수표도 그 액면금을 즉시 지급받을 수 있는 등 현금에 대신하는 기능을 가지고 거래상 현금과 동일하게 취급되고 있는 점에서 금전의 경우와 동일하게 보아야 한다.

정답 ④

03 장물의 죄에 대한 설명으로 적절한 것을 모두 고른 것은? (다툼이 있는 경우 판례에 의함)

〈22. 경찰승진〉

> ㉠ 재산범죄를 저지른 이후에 별도의 재산범죄의 구성요건에 해당하는 사후행위가 있었다면 비록 그 행위가 불가벌적 사후행위로서 처벌의 대상이 되지 않는다 할지라도 그 사후행위로 인하여 취득한 물건은 재산범죄로 인하여 취득한 물건으로서 장물이 될 수 있다.
> ㉡ 횡령 교사를 한 후 그 횡령한 물건을 취득한 경우에는 횡령 교사죄 이외에 장물취득죄는 별도로 성립하지 아니한다.
> ㉢ 본범 이외의 자가 본범이 절취한 차량이라는 정을 알면서 강도예비의 고의를 가지고 강도행위를 위해 그 차량을 운전해 준 경우에는 강도예비죄와 아울러 장물운반죄가 성립할 수 있다.
> ㉣ 재물을 인도받은 후에 비로소 장물이 아닌가 하는 의구심을 가졌다면 그 재물수수행위는 장물취득죄를 구성한다.

① ㉠㉢　　② ㉠㉣　　③ ㉡㉢　　④ ㉢㉣

해설 > ㉠ ○ 대판 2004도353 판결
甲이 권한 없이 인터넷뱅킹으로 타인의 예금계좌에서 자신의 예금계좌로 돈을 이체한 후 그 중 일부를 인출하여 그 정을 아는 乙에게 교부한 경우, 甲이 컴퓨터등사용사기죄에 의하여 취득한 예금채권은 재물이 아니라 재산상 이익이므로, 그가 자신의 예금계좌에서 돈을 인출하였더라도 장물을 금융기관에 예치하였다가 인출한 것으로 볼 수 없다는 이유로 乙의 장물취득죄의 성립을 부정한 사례.

〈주의〉
컴퓨터등사용사기죄의 범행으로 예금채권을 취득한 다음 자기의 현금카드를 사용하여 현금자동지급기에서 현금을 인출한 경우, 그 인출된 현금은 장물이 될 수 없다.

㉡ × 대판 69도692 판결
횡령 교사를 한 후 그 횡령한 물건을 취득한 때에는 횡령교사죄와 장물취득죄의 경합범이 성립된다.
㉢ ○ 대판 98도3030 판결
㉣ × 대판 2004도6084 판결
장물취득죄는 취득 당시 장물인 정을 알면서 재물을 취득하여야 성립하는 것이므로 피고인이 재물을 인도받은 후에 비로소 장물이 아닌가 하는 의구심을 가졌다고 하여 그 재물수수행위가 장물취득죄를 구성한다고 할 수 없고(대법원 1971.4.20. 선고 71도468 판결 참조), 장물인 정을 모르고 장물을 보관하였다가 그 후에 장물인 정을 알게 된 경우 그 정을 알고서도 이를 계속하여 보관하는 행위는 장물죄를 구성하는 것이나 이 경우에도 점유할 권한이 있는 때에는 이를 계속하여 보관하더라도 장물보관죄가 성립한다고 할 수 없다(대법원 1986.1.21. 선고 85도2472 판결 참조).

정답 ①

04 다음 사례에 대한 설명으로 옳은 것만을 모두 고르면? (판례에 의함) 〈23. 9급공채〉

> 甲은 ㉠ 권한 없이 A회사의 아이디와 패스워드를 입력하여 인터넷뱅킹에 접속한 다음 A회사의 예금계좌로부터 자신의 예금계좌로 합계 180,500,000원을 이체하는 내용의 정보를 입력하여 자신의 예금액을 증액시켰고, ㉡ 이후 자신의 해당계좌에 연결된 자신의 현금카드를 사용하여 현금자동지급기에서 현금을 인출하였다.

> ㄱ. 甲의 ㉠행위는 컴퓨터등사용사기죄를 구성한다.
> ㄴ. 甲의 ㉡행위는 현금카드 사용권한 있는 자의 정당한 사용에 의한 것으로서 현금자동지급기 관리자의 의사에 반하거나, 기망행위 및 그에 따른 처분행위가 없었으므로 별도로 절도죄나 사기죄의 구성요건에 해당하지 않는다.
> ㄷ. 甲이 ㉡행위로 인출한 현금은 ㉠행위로 취득한 예금채권에 기초한 것으로서 당초의 현금과 물리적인 동일성은 상실되었지만 액수에 의하여 표시되는 금전적 가치에는 아무런 변동이 없으므로 장물로서의 성질이 그대로 유지된다.
> ㄹ. 甲이 ㉡행위로 돈을 인출하였다면 장물을 금융기관에 예치하였다가 인출한 것으로 볼 수 있어 장물취득죄가 성립한다.

① ㄱ, ㄴ ② ㄱ, ㄹ ③ ㄱ, ㄴ, ㄷ ④ ㄴ, ㄷ, ㄹ

해설 〉

판례

〈사례분석 – 2004도353 판결〉 ★★★

공소외인은 권한 없이 주식회사 신진기획의 아이디와 패스워드를 입력하여 인터넷뱅킹에 접속한 다음 위 회사의 예금계좌로부터 자신의 예금계좌로 합계 180,500,000원을 이체하는 내용의 정보를 입력하여 자신의 예금액을 증액시킴으로서 컴퓨터등사용사기죄의 범행을 저지른 다음 자신의 현금카드를 사용하여 현금자동지급기에서 현금을 인출한 사실을 인정할 수 있는바, 이와 같이 자기의 현금카드를 사용하여 현금자동지급기에서 현금을 인출한 경우에는 그것이 비록 컴퓨터등사용사기죄의 범행으로 취득한 예금채권을 인출한 것이라 할지라도 현금카드 사용권한 있는 자의 정당한 사용에 의한 것으로서 현금자동지급기 관리자의 의사에 반하거나 기망행위 및 그에 따른 처분행위도 없었으므로, 별도로 절도죄나 사기죄의 구성요건에 해당하지 않는다 할 것이고, 그 결과 그 인출된 현금은 재산범죄에 의하여 취득한 재물이 아니므로 장물이 될 수 없다고 할 것이다.

ㄱ. ○ 제347조의2(컴퓨터등 사용사기), ㄴ. ○, ㄷ. ×, ㄹ. ×

> **제347조의2(컴퓨터등 사용사기)** 컴퓨터등 정보처리장치에 허위의 정보 또는 부정한 명령을 입력하거나 권한 없이 정보를 입력·변경하여 정보처리를 하게 함으로써 재산상의 이익을 취득하거나 제3자로 하여금 취득하게 한 자는 10년 이하의 징역 또는 2천만원 이하의 벌금에 처한다.

정답 ①

05 재산죄에 관한 설명 중 가장 적절한 것은? (다툼이 있는 경우 판례에 의함)

〈23. 경찰공채 1차〉

① 甲과 乙이 공동으로 생강밭을 경작하여 그 이익을 분배하기로 약정하고 생강 농사를 시작하였으나, 곧바로 동업 관계에 불화가 생겨 乙이 묵시적으로 동업 탈퇴의 의사표시를 한 채 생강밭에 나오지 않자, 그때부터 甲이 혼자 생강밭을 경작하고 수확하여 생강을 반출한 경우, 甲의 행위는 절도죄를 구성한다.

② 절도죄의 성립에 필요한 불법영득의 의사는 물건의 가치만을 영득할 의사만으로는 부족하고, 재물의 소유권 또는 이에 준하는 본권을 영구적으로 보유할 의사를 필요로 한다.

③ 횡령범인이 위탁자가 소유자를 위해 보관하고 있는 물건을 위탁자로부터 보관받아 이를 횡령한 경우, 범인과 피해물건의 소유자 사이에 친족관계가 있으면 범인과 위탁자 사이에 친족관계가 없더라도 친족상도례가 적용된다.

④ 재산범죄를 저지른 이후에 별도의 재산범죄의 구성요건에 해당하는 사후행위가 있었다면 비록 그 행위가 불가벌적 사후행위로서 처벌의 대상이 되지 않는다 할지라도 그 사후행위로 인하여 취득한 물건은 재산범죄로 인하여 취득한 물건으로서 장물이 될 수 있다.

해설> ① × 대판 2008도11804 판결
두 사람으로 된 동업관계 즉, 조합관계에 있어 그 중 1인이 탈퇴하면 조합관계는 해산됨이 없이 종료되어 청산이 뒤따르지 아니하며, 조합원의 합유에 속한 조합재산은 남은 조합원의 단독소유에 속하고, 절도죄를 구성하지 않는다.
② × 대판 91도3149 판결
(절도죄의 성립에 필요한 불법영득의 의사라 함은 권리자를 배제하고 타인의 물건을 자기의 소유물과 같이 그 경제적 용법에 따라 이용·처분할 의사)를 말하는 것으로 영구적으로 그 물건의 경제적 이익을 보유할 의사가 필요한 것은 아니지만 단순한 점유의 침해만으로서는 절도죄를 구성할 수 없고 소유권 또는 이에 준하는 본권을 침해하는 의사 즉 목적물의 물질을 영득할 의사이거나 또는 그 물질의 가치만을 영득할 의사이든 적어도 그 재물에 대한영득의 의사가 있어야 한다.
③ × 대판 2008도3438 판결
횡령범인이 위탁자가 소유자를 위해 보관하고 있는 물건을 위탁자로부터 보관받아 이를 횡령한 경우에 형법 제361조에 의하여 준용되는 제328조 제2항의 친족간의 범행에 관한 조문은 범인과 피해물건의 소유자 및 위탁자 쌍방 사이에 같은 조문에 정한 친족관계가 있는 경우에만 적용되고, 단지 횡령범인과 피해물건의 소유자간에만 친족관계가 있거나 횡령범인과 피해물건의 위탁자간에만 친족관계가 있는 경우에는 적용되지 않는다.

제361조(친족간의 범행, 동력)
제328조와 제346조의 규정은 본 장의 죄에 준용한다.

제328조(친족간의 범행과 고소)
① 직계혈족, 배우자, 동거친족, 동거가족 또는 그 배우자간의 제323조의 죄는 그 형을 면제한다.
② 제1항이외의 친족간에 제323조의 죄를 범한 때에는 고소가 있어야 공소를 제기할 수 있다.

④ ○ 대판 2004도353 판결 ★★★ 주요판례
형법 제41장의 장물에 관한 죄에 있어서의 '장물'이라 함은 재산범죄로 인하여 취득한 물건 그 자체를 말하므로, 재산범죄를 저지른 이후에 별도의 재산범죄의 구성요건에 해당하는 사후행위가 있었다면 비록 그 행위가 불가벌적 사후행위로서 처벌의 대상이 되지 않는다 할지라도 그 사후행위로 인하여 취득한 물건은 재산범죄로 인하여 취득한 물건으로서 장물이 될 수 있다.

정답 ④

06 재물손괴죄에 관한 다음 설명 중 가장 옳지 않은 것은? (다툼이 있는 경우 판례에 의함)

〈22. 법원9급〉

① 형법 제366조는 "타인의 재물, 문서 또는 전자기록 등 특수매체기록을 손괴 또는 은닉 기타 방법으로 그 효용을 해한 자는 3년 이하의 징역 또는 700만 원 이하의 벌금에 처한다."라고 규정하고 있다. 여기에서 '기타 방법'이란 형법 제366조의 규정 내용 및 형벌법규의 엄격해석 원칙 등에 비추어 손괴 또는 은닉에 준하는 정도의 유형력을 행사하여 재물 등의 효용을 해하는 행위를 의미하고, '재물의 효용을 해한다'고 함은 사실상으로나 감정상으로 그 재물을 본래의 사용목적에 제공할 수 없게 하는 상태로 만드는 것을 말하며, 일시적으로 그 재물을 이용할 수 없거나 구체적 역할을 할 수 없는 상태로 만드는 것도 포함한다.

② 피고인이 피해자가 홍보를 위치한 광고판을 그 장소에서 제거하여 컨테이너로 된 창고로 옮겨 놓았다면 비록 물질적인 형태의 변경이나 멸실, 감손을 초래하지 않은 채 그대로 옮겼더라도 그 광고판은 본래적 역할을 할 수 없는 상태로 되었다고 보아야 하므로 재물손괴죄가 성립한다.

③ 피고인이 피해 차량의 앞뒤에 쉽게 제거하기 어려운 철근콘크리트 구조물 등을 바짝 붙여 놓아 차량을 운행할 수 없게 하였더라도 피해 차량 자체에 물리적 훼손이나 기능적 효용의 멸실 내지 감소가 발생하지 않았으므로 재물 본래의 효용을 해한 것이라고 볼 수 없다.

④ 자동문설치공사를 한 피고인이 대금을 지급받지 못하자 자동문의 자동작동중지 예약기능을 이용하여 자동문이 자동으로 여닫히지 않도록 설정하여 수동으로만 개폐가 가능하도록 한 경우 재물손괴죄가 성립한다.

해설 ① ○ 대판 2019도13764 판결
피고인이 평소 자신이 굴삭기를 주차하던 장소에 甲의 차량이 주차되어 있는 것을 발견하고 甲의 차량 앞에 철근콘크리트 구조물을, 뒤에 굴삭기 크러셔를 바짝 붙여 놓아 甲이 17~18시간 동안 차량을 운행할 수 없게 된 사안에서, 차량 앞뒤에 쉽게 제거하기 어려운 구조물 등을 붙여 놓은 행위는 차량에 대한 유형력 행사로 보기에 충분하고, 차량 자체에 물리적 훼손이나 기능적 효용의 멸실 내지 감소가 발생하지 않았더라도 甲이 위 구조물로 인해 차량을 운행할 수 없게 됨으로써 일시적으로 본래의 사용목적에 이용할 수 없게 된 이상 차량 본래의 효용을 해한 경우
② ○ 대판 2017도18807 판결
甲이 홍보를 위해 광고판(홍보용 배너와 거치대)을 1층 로비에 설치해 두었는데, 피고인이 乙에게 지시하여 乙이 위 광고판을 그 장소에서 제거하여 컨테이너로 된 창고로 옮겨 놓아 甲이 사용할 수 없도록 한 사안에서, 비록 물질적인 형태의 변경이나 멸실, 감손을 초래하지 않은 채 그대로 옮겼더라도 위 광고판은 본래적 역할을 할 수 없는 상태로 되었으므로 피고인의 행위는 재물손괴죄에서의 재물의 효용을 해하는 행위에 해당한다.
③ × 위 ①번 판례
④ ○ 대판 2016도9219 판결
재물손괴죄는 타인의 재물, 문서 또는 전자기록 등 특수매체기록을 손괴 또는 은닉 기타 방법으로 그 효용을 해한 경우에 성립한다(형법 제366조). 여기에서 손괴 또는 은닉 기타 방법으로 그 효용을 해하는 경우에는 물질적인 파괴행위로 물건 등을 본래의 목적에 사용할 수 없는 상태로 만드는 경우뿐만 아니라 일시적으로 물건 등의 구체적 역할을 할 수 없는 상태로 만들어 효용을 떨어뜨리는 경우도 포함된다. 따라서 자동문을 자동으로 작동하지 않고 수동으로만 개폐가 가능하게 하여 자동잠금장치로서 역할을 할 수 없도록 한 경우에도 재물손괴죄가 성립한다.

정답 ③

07 손괴죄에 대한 설명 중 가장 적절하지 않은 것은? (다툼이 있는 경우 판례에 의함)

〈23. 경찰승진〉

① 「형법」 제366조의 재물손괴죄는 타인의 재물, 문서 또는 전자 기록 등 특수매체 기록을 손괴 또는 은닉 기타 방법으로 그 효용을 해하였을 때 성립할 수 있다.

② 손괴죄에서 재물의 효용을 해한다고 함은 물건 등을 본래의 목적에 사용할 수 없는 상태로 만드는 경우뿐만 아니라 일시적으로 물건 등이 구체적 역할을 할 수 없는 상태로 만들어 그 효용을 떨어뜨리는 경우도 포함한다.

③ 자동문을 수동으로만 개폐되도록 하여 자동잠금장치로서 역할을 할 수 없게 한 경우에는 재물손괴죄가 성립하지 않는다.

④ 해고노동자 등이 복직을 요구하는 집회를 개최하던 중 래커 스프레이를 이용하여 회사 건물 외벽과 1층 벽면 등에 낙서한 행위는 건물의 효용을 해한 것으로 볼 수 있다.

해설 > ① ○, ② ○, ③ × 대판 2016도9219 판결
④ ○ 대판 2007도2590 판결
재물의 효용을 해한다고 함은 사실상으로나 감정상으로 그 재물을 본래의 사용목적에 제공할 수 없게 하는 상태로 만드는 것을 말하며, 일시적으로 그 재물을 이용할 수 없는 상태로 만드는 것도 여기에 포함된다. 특히, 건조물의 벽면에 낙서를 하거나 게시물을 부착하는 행위 또는 오물을 투척하는 행위 등이 그 건조물의 효용을 해하는 것에 해당하는지 여부는, 당해 건조물의 용도와 기능, 그 행위가 건조물의 채광·통풍·조망 등에 미치는 영향과 건조물의 미관을 해치는 정도, 건조물 이용자들이 느끼는 불쾌감이나 저항감, 원상회복의 난이도와 거기에 드는 비용, 그 행위의 목적과 시간적 계속성, 행위 당시의 상황 등 제반 사정을 종합하여 사회통념에 따라 판단하여야 한다.

정답 ③

08 재산범죄에 대한 설명으로 옳지 않은 것은? (판례에 의함) 〈23. 9급공채〉

① 본범 이외의 자인 피고인이 본범이 절취한 차량이라는 정을 알면서도 본범의 강도행위를 위하여 그 차량을 운전해 준 경우, 강도예비죄의 고의는 별론으로 장물운반의 고의는 인정되지 않는다고 봄이 상당하다.

② 채권 담보를 위하여 장래에 부동산의 소유권을 이전하기로 하는 내용의 대물변제예약에서, 채무자가 약정의 내용에 좇은 이행을 하여야 할 채무는 특별한 사정이 없는 한 자기의 사무에 해당하는 것이 원칙이다.

③ 피고인이 중간생략등기형 명의신탁의 방식으로 자신의 처에게 등기명의를 신탁하여 놓은 점포에 자물쇠를 채워 점포의 임차인을 출입하지 못하게 한 경우, 그 점포는 권리행사방해죄의 객체인 자기의 물건에 해당하지 아니한다.

④ 경리직원이 회사의 기존 장부를 새로운 장부로 이기하는 과정에서 누계 등을 잘못 기재하자 그 부분을 찢어버리고 계속하여 종전장부의 기재내용을 모두 이기한 경우, 특별한 사정이 없는 한 그 찢어버린 부분은 손괴죄의 객체인 재물로 볼 수 없다.

해설 > ① × 대판 98도3030 판결
본범자와 공동하여 장물을 운반한 경우에 본범자는 장물죄에 해당하지 않으나 그 외의 자의 행위는 장물운반죄를 구성하므로, 피고인이 본범이 절취한 차량이라는 정을 알면서도 본범 등으로부터 그들이 위 차량을 이용하여 강도를 하려 함에 있어 차량을 운전해 달라는 부탁을 받고 위 차량을 운전해 준 경우, 피고인은 강도예비와 아울러 장물운반의 고의를 가지고 위와 같은 행위를 하였다고 봄이 상당하다.

② ○ 대판 2014도3363 전원합의체 판결
채무자인 피고인이 채권자 甲에게 차용금을 변제하지 못할 경우 자신의 어머니 소유 부동산에 대한 유증상속분을 대물변제하기로 약정한 후 유증을 원인으로 위 부동산에 관한 소유권이전등기를 마쳤음에도 이를 제3자에게 매도함으로써 甲에게 손해를 입혔다고 하여 배임으로 기소된 사안에서, 피고인이 대물변제예약에 따라 甲에게 부동산의 소유권이전등기를 마쳐 줄 의무는, 민사상 채무에 불과할 뿐 타인의 사무라고 할 수 없어 피고인이 '타인의 사무를 처리하는 자'의 지위에 있다고 볼 수 없는데도, 피고인이 이에 해당된다고 전제하여 유죄를 인정한 원심판결에 배임죄에서 '타인의 사무를 처리하는 자'의 의미에 관한 법리오해의 위법이 있다.
③ ○ 아래 판례 참조 ★★★ 중요판례

판례

〈대판 2005도626 판결〉

[1] 부동산 실권리자명의 등기에 관한 법률 제8조는 배우자 명의로 부동산에 관한 물권을 등기한 경우에 조세포탈, 강제집행의 면탈 또는 법령상 제한의 회피를 목적으로 하지 아니한 때에는 제4조 내지 제7조 및 제12조 제1항, 제2항의 규정을 적용하지 아니한다고 규정하고 있는바, 만일 명의신탁자가 그러한 목적으로 명의신탁을 함으로써 명의신탁이 무효로 되는 경우에는 말할 것도 없고, 그러한 목적이 없어서 유효한 명의신탁이 되는 경우에도 제3자인 부동산의 임차인에 대한 관계에서는 명의신탁자는 소유자가 될 수 없으므로, 어느 모로 보나 신탁한 부동산이 권리행사방해죄에서 말하는 '자기의 물건'이라 할 수 없다.

[2] 피고인이 이른바 중간생략등기형 명의신탁 또는 계약명의신탁의 방식으로 자신의 처에게 등기명의를 신탁하여 놓은 점포에 자물쇠를 채워 점포의 임차인을 출입하지 못하게 한 경우, 그 점포가 권리행사방해죄의 객체인 자기의 물건에 해당하지 않는다.

〈참고〉
3자간 등기명의신탁(중간생략등기형 명의신탁)이란 명의신탁자가 매도인으로부터 부동산을 매수하면서(즉, 매매계약의 매수인은 명의신탁자입니다) 명의수탁자와 명의신탁약정을 하여 자기 명의의 이전등기를 하지 않고 바로 명의수탁자 앞으로 이전등기를 하는 경우

제323조(권리행사방해)
타인의 점유 또는 권리의 목적이 된 자기의 물건 또는 전자기록등 특수매체기록을 취거, 은닉 또는 손괴하여 타인의 권리행사를 방해한 자는 5년 이하의 징역 또는 700만원 이하의 벌금에 처한다.

④ ○ 대판 88도1296 판결
경리장부를 이기하는 과정에서 누계가 잘못된 부분을 찢은 행위가 문서손괴죄에 해당하는지 여부(소극)

정답 ①

09 다음 사례 중 재물손괴죄가 성립하지 않는 것은? (다툼이 있는 경우 판례에 의함)

〈22. 경찰공채 2차〉

① 타인 소유의 광고용 간판을 백색페인트로 도색하여 광고문안을 지워버린 행위

② 자동문을 수동으로만 개폐가 가능하게 하여 자동잠금장치로서 역할을 할 수 없도록 한 행위

③ 甲이 A의 차량 앞에는 철근콘크리트 구조물을, 뒤에는 굴삭기 크러셔를 바짝 붙여 놓아 A의 차량을 17~18시간 동안 운행할 수 없게 한 행위

④ A주식회사 직원인 甲과 乙이 유색 페인트와 래커 스프레이를 이용하여 A회사 소유의 도로바닥에 직접 문구를 기재하거나 도로 위에 놓인 현수막 천에 문구를 기재하여 페인트가 바닥으로 배어나와 도로에 배게 한 행위

해설 ① ○ 대판 91도2090 판결

② ○ 대판 2016도9219 판결

③ ○ 대판 2019도13764 판결

④ × 대판 2017도20455 판결

도로 바닥에 낙서를 하는 행위 등이 도로의 효용을 해하는 것에 해당하는지 여부는, 당해 도로의 용도와 기능, 그 행위가 도로의 안전표지인 노면표시 기능 및 이용자들의 통행과 안전에 미치는 영향, 그 행위가 도로의 미관을 해치는 정도, 도로의 이용자들이 느끼는 불쾌감이나 저항감, 원상회복의 난이도와 거기에 드는 비용, 그 행위의 목적과 시간적 계속성, 행위 당시의 상황 등 제반 사정을 종합하여 사회통념에 따라 판단하여야 한다. 도로의 효용을 해하는 정도에 이른 것이라고 보기 어렵다.

정답 ④

제9절 권리행사방해 등(강제집행면탈)

01 강제집행면탈죄에 관한 다음 설명 중 가장 옳은 것은? (다툼이 있는 경우 판례에 의함)

〈23. 법원9급〉

① 형법 제327조의 강제집행면탈죄는 채권자의 정당한 권리행사 보호 외에 강제집행의 기능보호도 법익으로 하는 것이나, 현행 형법상 강제집행면탈죄가 개인적 법익에 관한 재산범의 일종으로 규정되어 있는 점과 채권자를 해하는 것을 구성요건으로 규정하고 있는 점 등에 비추어 보면 주된 법익은 채권자의 권리보호에 있다고 해석하는 것이 타당하므로, 강제집행의 기본이 되는 채권자의 권리, 즉 채권의 존재는 강제집행면탈죄의 성립요건으로서 채권의 존재가 인정되지 않을 때에는 강제집행면탈죄는 성립하지 않는다.

② 형법 제327조에 규정된 강제집행면탈죄에 있어서의 재산의 '은닉'이라 함은 강제집행을 실시하는 자에 대하여 재산의 발견을 불능 또는 곤란케 하는 것을 말하는 것으로서, 재산의 소재를 불명케 하는 경우를 의미하고, 재산의 소유관계를 불명하게 하는 경우는 이에 포함되지 않는다.

③ 형법 제327조의 강제집행면탈죄는 채권자를 해하는 결과가 야기되거나 행위자가 이득을 취하여야 성립하는 것이고, 채권자를 해할 위험의 발생만으로는 성립하지 않는다.

④ 형법 제327조는 "강제집행을 면할 목적으로 재산을 은닉, 손괴, 허위양도 또는 허위의 채무를 부담하여 채권자를 해한 자"를 처벌함으로써 강제집행이 임박한 채권자의 권리를 보호하기 위한 것이므로, 채무자의 재산이라면 채권자가 민사집행법상 강제집행 또는 보전처분의 대상으로 삼을 수 있는 것인지를 불문하고 강제집행면탈죄의 객체가 될 수 있다. 따라서 계약명의신탁의 방식으로 명의수탁자가 당사자가 되어 소유자와 부동산에 관한 매매계약을 체결하고 그 명의로 소유권이전등기를 마친 경우, 명의신탁자가 그 매매계약에 의하여 당해 부동산의 소유권을 취득하지 못하게 된다고 하더라도, 그 부동산은 실질적으로 명의신탁자의 재산이므로 명의신탁자에 대한 강제집행이나 보전처분의 대상이 될 수 있어 강제집행면탈죄의 객체가 될 수 있다.

해설 >

제327조(강제집행면탈)
강제집행을 면할 목적으로 재산을 은닉, 손괴, 허위양도 또는 허위의 채무를 부담하여 채권자를 해한 자는 3년 이하의 징역 또는 1천만원 이하의 벌금에 처한다.

① ○ 대판 2010도11015 판결
강제집행면탈죄는 채권자의 권리보호를 그 주된 보호법익으로 하고 있는 것이므로 강제집행의 기본이 되는 채권자의 권리, 즉 채권의 존재는 강제집행면탈죄의 성립요건이라 할 것이고, 따라서 그 채권의 존재가 인정되지 않을 때에는 강제집행면탈죄가 성립하지 아니한다.
② × 대판 2011도6115 판결
강제집행면탈죄에 있어서의 '재산의 은닉'이라 함은 강제집행을 실시하는 자에 대하여 재산의 발견을 불능 또는 곤란케 하는 것을 말하는 것으로서 재산의 소재를 불명케 하는 경우는 물론 그 소유관계를 불명하게 하는 경우도 포함한다(대법원 2003.10.9. 선고 2003도3387 판결).
③ × 대판 2016도847 판결
강제집행면탈죄는 현실적으로 민사집행법에 의한 강제집행 또는 가압류, 가처분의 집행을 받을 우려가 있는 객관적인 상태, 즉 채권자가 본안 또는 보전소송을 제기하거나 제기할 태세를 보이고 있는 상태에서 주관적으로 강제집행을 면탈하려는 목적으로 재산을 은닉, 손괴, 허위양도하거나 허위의 채무를 부담하여 채권자를 해칠 위험이 있으면 성립한다. 반드시 채권자를 해치는 결과가 야기되거나 행위자가 어떤 이득을 얻어야 범죄가 성립하는 것은 아니다(대법원 2008.6.26. 선고 2008도3184 판결 등 참조).
④ × 아래 〈주의점〉 및 〈판례〉 참조

〈부동산 명의신탁 주의점〉
부동산 명의신탁은 명의신탁자가 실제로는 부동산에 대한 실질적인 용익권능 및 처분권능을 행사하면서도 등기부상으로는 타인 명의로 등기를 해 둔 것으로서, 명의신탁자의 채권자 입장에서 보면 이러한 자기 명의로의 등기회피는 명의신탁자에 대한 강제집행을 매우 곤란하게 하는 것이다. 이처럼 명의신탁은 명의신탁자가 강제집행을 면할 목적으로 악용되기 쉬운 것이므로, 명의신탁 재산을 둘러싼 강제집행면탈죄의 성립 여부가 문제될 때에는 부동산의 취득경위와 취득자금의 부담자, 명의자와 실제 권리자 사이의 친분관계, 부동산을 실제로 관리 수익하고 있는 자 등 사실상 소유권을 행사하고 있는 자가 누구인지 밝혀내야 하고, 만일 그가 소유명의자와 다르다면 왜 그러한 괴리가 발생하게 된 것인지를 밝혀내야 하는 것이다.2)

판례
〈대판 2007도2168 판결〉
명의신탁자와 명의수탁자가 이른바 계약명의신탁 약정을 맺고 명의수탁자가 당사자가 되어 명의신탁 약정이 있다는 사실을 알지 못하는 소유자와 부동산에 관한 매매계약을 체결한 후 그 매매계약에 따라 당해 부동산의 소유권이전등기를 명의수탁자 명의로 마친 경우에는, 명의신탁자와 명의수탁자 사이의 명의신탁 약정의 무효에도 불구하고, 부동산 실권리자명의 등기에 관한 법률 제4조 제2항 단서에 의하여 그 명의수탁자는 당해 부동산의 완전한 소유권을 취득한다. 이와 달리 소유자가 계약명의신탁 약정이 있다는 사실을 안 경우에는 수탁자 명의의 소유권이전등기는 무효이고 당해 부동산의 소유권은 매도인이 그대로 보유하게 된다. 어느 경우든지 명의신탁자는 그 매매계약에 의해서는 당해 부동산의 소유권을 취득하지 못하게 되어, 결국 그 부동산은 명의신탁자에 대한 강제집행이나 보전처분의 대상이 될 수 없다.

정답 ①

2) 판례평석_ "명의신탁 부동산과 강제집행면탈죄 / 박재혁", 서울지방변호사회보, 2014.7.14

02 형법상 권리행사를 방해하는 죄에 관한 다음 설명 중 가장 옳지 않은 것은? (다툼이 있는 경우 판례에 의함) 〈22. 법원9급〉

① 권리행사방해죄의 객체는 자기의 물건이어야 하므로 甲이 A에게 담보로 제공한 차량이 자동차등록원부에 제3자 명의로 등록되어 있다면 甲이 A의 승낙없이 미리 소지하고 있던 위 차량의 보조키를 이용하여 이를 운전하여 갔더라도 권리행사방해죄가 성립하지 않는다.

② 채무자가 가압류채권자의 지위에 있으면서 가압류집행해제를 신청함으로써 그 지위를 상실하는 행위는 강제집행면탈죄가 성립하지 않는다.

③ 직계혈족, 배우자, 동거친족, 동거가족 또는 그 배우자간의 권리행사방해죄는 그 형을 면제한다.

④ 강제집행면탈죄는 강제집행을 면한다는 목적이 있어야 하는 목적범으로, 그와 같은 목적으로 허위의 채무를 부담하였더라도 강제집행 면탈의 목적을 달성하지 못하였다면 본죄의 기수가 아니라 미수범으로 처벌될 뿐이다.

해설> ① ○ 대판 2005도6604 판결

피고인이 피해자에게 담보로 제공한 차량이 그 자동차등록원부에 타인 명의로 등록되어 있는 이상 그 차량은 피고인의 소유는 아니라는 이유로, 피고인이 피해자의 승낙 없이 미리 소지하고 있던 위 차량의 보조키를 이용하여 이를 운전하여 간 행위가 권리행사방해죄를 구성하지 않는다.

② ○ 대판 2006도8721 판결

채무자가 가압류채권자의 지위에 있으면서 가압류집행해제를 신청함으로써 그 지위를 상실하는 행위는, 형법 제327조에서 정한 '은닉, 손괴, 허위양도 또는 허위채무부담' 등 강제집행면탈행위의 어느 유형에도 포함되지 않는 것이므로, 이러한 행위를 처벌대상으로 삼을 수 없다.

③ ○

> **제328조(친족간의 범행과 고소)**
> ① 직계혈족, 배우자, 동거친족, 동거가족 또는 그 배우자간의 제323조의 죄는 그 형을 면제한다.

④ × 대법원 1984.3.13. 선고 84도18 판결

형법 제327조의 강제집행면탈죄는 현실적으로 민사소송법에 의한 강제집행 또는 가압류가처분의 집행을 받을 우려가 있는 객관적인 상태 아래 즉 채권자가 본안 또는 보전소송을 제기하거나 제기할 태세를 보이고 있는 상태에서 주관적으로 강제집행을 면탈하려는 목적으로 재산을 은닉, 손괴하거나 허위로 양도하는 경우에 성립하는 것이다. 강제집행을 면탈할 목적으로 허위의 채무를 부담하였다면 강제집행 면탈의 목적을 달성하지 못해도, 본죄의 기수가 된다.

정답 ④

03 **甲의 행위와 죄책에 대한 설명으로 옳은 것(○)과 옳지 않은 것 (×)을 바르게 표시한 것은? (다툼이 있는 경우 판례에 의함)** 〈22. 7급공채〉

(가) 장물인 귀금속의 매도를 부탁받은 甲이 그 귀금속이 장물임을 알면서도 매매를 중개하고 매수인에게 이를 전달하려다가 매수인을 만나기도 전에 체포된 경우, 장물알선죄가 성립한다.
(나) 공무원인 甲이 자신의 직무와 관련한 상대방에게 단지 자신이 지정한 제삼자를 위하여 유·무형의 이익을 제공할 것을 요구하고, 상대방은 공무원의 지위에 따른 직무에 관하여 어떠한 이익을 기대하며 그에 대한 대가로서 그 요구에 응한 경우, 강요죄가 성립한다.
(다) 고소사건을 조사하던 경찰관이 수사기록에 철하지 아니한 채 보관하던 참고인 乙의 진술서를 돌려달라는 甲의 부탁을 받고 이 진술서가 없더라도 수사에 지장이 없겠다는 스스로의 판단에 따라 내어 주면서 乙에게 확인시키고 찢어버리라고 하였고, 甲이 이를 받아와서 乙에게 보여주고 찢어버린 경우, 공용서류무효죄가 성립한다.
(라) 甲이 피해자들의 농촌주택에서 배출되는 생활하수의 PVC 배수관을 토사로 막아 하수가 내려가지 못하도록 한 경우, 수리방해죄가 성립한다.

	(가)	(나)	(다)	(라)
①	×	○	×	○
②	○	×	○	×
③	○	×	×	×
④	×	○	×	×

해설 > (가) ○ 대판 2009도1203 판결

장물인 귀금속의 매도를 부탁받은 피고인이 그 귀금속이 장물임을 알면서도 매매를 중개하고 매수인에게 이를 전달하려다가 매수인을 만나기도 전에 체포되었다 하더라도, 위 귀금속의 매매를 중개함으로써 장물알선죄가 성립한다.

(나) × 대판 2018도13792 전원합의체 판결 ★★★ 중요판례

공무원이 자신의 직무와 관련한 상대방에게 공무원 자신 또는 자신이 지정한 제3자를 위하여 재산적 이익 또는 일체의 유·무형의 이익 등을 제공할 것을 요구하고 상대방은 공무원의 지위에 따른 직무에 관하여 어떠한 이익을 기대하며 그에 대한 대가로서 요구에 응하였다면, 다른 사정이 없는 한 공무원의 위 요구 행위를 객관적으로 사람의 의사결정의 자유를 제한하거나 의사실행의 자유를 방해할 정도로 겁을 먹게 할 만한 해악의 고지(강요죄)라고 단정하기는 어렵다.

(다) × 대판 98도4350 판결 ★★★ 중요판례

형법 제141조 제1항에 규정한 공용서류무효죄는 공문서나 사문서를 묻지 아니하고 공무소에서 사용 중이거나 사용할 목적으로 보관하는 서류 기타 물건을 그 객체로 한다 할 것인바, 위와 같이 형사사건을 조사하던 경찰관이 스스로의 판단에 따라 자신이 보관하던 진술서를 임의로 피고인에게 넘겨준 것이라면, 위 진술서의 보관책임자인 경찰관은 장차 이를 공무소에서 사용하지 아니하고 폐기할 의도하에 처분한 것이라고 보아야 할 것이므로, 위 진술서는 더 이상 공무소에서 사용하거나 보관하는 문서가 아닌 것이 되어 공용서류로서의 성질을 상실하였다.

(라) × 대판 2001도404 판결

원천 내지 자원으로서의 물의 이용이 아니라, 하수나 폐수 등 이용이 끝난 물을 배수로를 통하여 내려보내는 것은 형법 제184조 소정의 수리에 해당한다고 할 수 없고, 그러한 배수 또는 하수처리를 방해하는 행위는, 특히 그 배수가 수리용의 인수(引水)와 밀접하게 연결되어 있어서 그 배수의 방해가 직접 인수에까지 지장을 초래한다는 등의 특수한 경우가 아닌 한, 수리방해죄의 대상이 될 수 없다.

정답 ③

04 권리행사를 방해하는 죄에 대한 설명 중 가장 적절하지 않은 것은? (다툼이 있는 경우 판례에 의함) 〈21. 경찰공채 2차〉

① 무효인 경매절차에서 경매목적물을 경락받아 이를 점유하고 있는 낙찰자의 점유는 적법한 점유로서 그 점유자는 권리행사방해죄에 있어서 타인의 물건을 점유하고 있는 자라고 보아야 한다.

② 주식회사의 대표이사가 그의 지위에 기하여 그 직무집행 행위로서 타인이 점유하는 회사의 물건을 취거한 경우에 그 행위는 회사의 대표기관으로서의 행위라고 평가되므로, 그 회사의 물건은 권리행사방해죄에 있어서의 '자기의 물건'이라고 보아야 한다.

③ 개설자격이 없는 자가 의료기관을 개설하여 「의료법」을 위반한 병원의 요양급여비용채권은 해당 의료기관의 채권자가 이를 대상으로 하여 강제집행 또는 보전처분의 방법으로 채권의 만족을 얻을 수 있으므로, 강제집행면탈죄의 객체가 된다.

④ 명의신탁자와 명의수탁자가 계약명의신탁 약정을 맺고 명의수탁자가 당사자가 되어 소유자와 부동산에 관한 매매계약을 체결한 후 그 매매계약에 따라 당해 부동산의 소유권이전등기를 명의수탁자 명의로 마친 경우, 명의신탁자는 그 매매계약에 의해서 당해 부동산의 소유권을 취득하지 못하게 되어, 결국 그 부동산은 명의신탁자에 대한 강제집행이나 보전처분의 대상이 될 수 없다.

해설 > ① ○ 대판 2003도4257 판결
쌍무계약이 무효로 되어 각 당사자가 서로 취득한 것을 반환하여야 할 경우, 어느 일방의 당사자에게만 먼저 그 반환의무의 이행이 강제된다면 공평과 신의칙에 위배되는 결과가 되므로 각 당사자의 반환의무는 동시이행 관계에 있다고 보아 민법 제536조를 준용함이 옳다고 해석되고, 이러한 법리는 경매절차가 무효로 된 경우에도 마찬가지라고 할 것이므로, 무효인 경매절차에서 경매목적물을 경락받아 이를 점유하고 있는 낙찰자의 점유는 적법한 점유로서 그 점유자는 권리행사방해죄에 있어서의 타인의 물건을 점유하고 있는 자라고 할 것이다.

② ○ 대판 91도1170 판결
주식회사의 대표이사가 대표이사의 지위에 기하여 그 직무집행행위로서 타인이 점유하는 위 회사의 물건을 취거한 경우에는, 위 행위는 위 회사의 대표기관으로서의 행위라고 평가되므로, 위 회사의 물건도 권리행사방해죄에 있어서의 "자기의 물건"이라고 보아야 할 것이다.

③ × 대판 2016도19982 판결

의료법 제33조 제2항, 제87조 제1항 제2호는 의료기관 개설자의 자격을 의사 등으로 한정한 다음 의료기관의 개설자격이 없는 자가 의료기관을 개설하는 것을 엄격히 금지하고 있고, 이를 위반한 경우 형사처벌하도록 정함으로써 의료의 적정을 기하여 국민의 건강을 보호·증진하는 데 기여하도록 하고 있다. 또한 국민건강보험법 제42조 제1항은 요양급여는 '의료법에 따라 개설된 의료기관'에서 행하도록 정하고 있다. 따라서 의료법에 의하여 적법하게 개설되지 아니한 의료기관에서 요양급여가 행하여졌다면 해당 의료기관은 국민건강보험법상 요양급여비용을 청구할 수 있는 요양기관에 해당되지 아니하여 해당 요양급여비용 전부를 청구할 수 없고, 해당 의료기관의 채권자로서도 위 요양급여비용 채권을 대상으로 하여 강제집행 또는 보전처분의 방법으로 채권의 만족을 얻을 수 없는 것이므로, 결국 위와 같은 채권은 강제집행면탈죄의 객체가 되지 아니한다.

④ ○ 대판 2010도10515 판결

피고인이 甲과 체결한 명의신탁약정에 따라 甲이 분양받은 아파트에 관하여 피고인 명의로 소유권보존등기를 마친 후 甲의 허락 없이 이를 乙에게 매도하여 횡령하였다는 내용으로 기소된 사안에서, 제반 사정에 비추어 피고인이 甲에 대한 관계에서 '아파트를 보관하는 자'의 지위에 있다고 볼 수 없는데도, 이와 달리 보아 유죄를 인정한 원심판결에 법리오해의 위법이 있다.

정답 ③

05 권리행사를 방해하는 죄에 대한 설명 중 가장 적절한 것은? (다툼이 있는 경우 판례에 의함)

〈23. 경찰승진〉

① 권리행사방해죄에서 '은닉'이란 타인의 점유 또는 권리의 목적이 된 자기 물건 등의 소재를 발견하기 불가능하게 하거나 또는 현저히 곤란한 상태에 두는 것을 말하고, 그로 인하여 현실적으로 권리행사가 방해되었을 것을 요한다.

② 피고인이 피해자에게 담보로 제공한 차량이 그 자동차등록원부에 타인 명의로 등록되어 있는 경우 피고인이 피해자의 승낙 없이 미리 소지하고 있던 위 차량의 보조키를 이용해서 운전하여 간 행위는 권리행사방해죄를 구성하지 않는다.

③ 물건의 소유자가 아닌 甲이 소유자 乙의 권리행사방해 범행에 가담한 경우, 乙에게 고의가 없어 범죄가 성립하지 않더라도 甲은 권리행사방해죄의 공범으로 처벌될 수 있다.

④ 채권자들이 피고인을 상대로 법적 절차를 취하기 위한 준비를 하고 있지 않았으나, 피고인이 어음의 지급기일 도래 전에 강제집행을 면탈하기 위해 자신의 형에게 허위채무를 부담하고 가등기를 해주었다면 강제집행면탈죄가 성립한다.

해설 > ① × 대판 2017도2230 판결

형법 제323조의 권리행사방해죄는 타인의 점유 또는 권리의 목적이 된 자기의 물건 또는 전자기록 등 특수매체기록을 취거, 은닉 또는 손괴하여 타인의 권리행사를 방해함으로써 성립한다. 여기서 '은닉'이란 타인의 점유 또는 권리의 목적이 된 자기 물건 등의 소재를 발견하기 불가능하게 하거나 또는 현저히 곤란한 상태에 두는 것을 말하고, 그로 인하여 권리행사가 방해될 우려가 있는 상태에 이르면 권리행사방해죄가 성립하고 현실로 권리행사가 방해되었을 것까지 필요로 하는 것은 아니다(대법원 2016.11.10. 선고 2016도13734 판결 참조).

② ○ 대판 2005도6604 판결

형법 제323조의 권리행사방해죄는 타인의 점유 또는 권리의 목적이 된 자기의 물건을 취거, 은닉 또는 손괴하여 타인의 권리행사를 방해함으로써 성립하는 것이므로, 그 취거, 은닉 또는 손괴한 물건이 자기의 물건이 아니라면 권리행사방해죄가 성립할 여지가 없다. 피고인이 피해자에게 담보로 제공한 차량이 그 자동차등록원부에 타인 명의로 등록되어 있는 이상 그 차량은 피고인의 소유가 아니므로, 피고인이 피해자의 승낙 없이 미리 소지하고 있던 위 차량의 보조키를 이용하여 이를 운전하여 간 행위가 권리행사방해죄를 구성하지 않는다.

③ × 대판 2017도4578 판결

물건의 소유자가 아닌 사람은 형법 제33조 본문에 따라 소유자의 권리행사방해 범행에 가담한 경우에 한하여 그의 공범이 될 수 있을 뿐이다. 그러나 권리행사방해죄의 공범으로 기소된 물건의 소유자에게 고의가 없는 등으로 범죄가 성립하지 않는다면 공동정범이 성립할 여지가 없다.

> **제33조(공범과 신분)**
> 신분이 있어야 성립되는 범죄에 신분 없는 사람이 가담한 경우에는 그 신분 없는 사람에게도 제30조부터 제32조까지의 규정을 적용한다. 다만, 신분 때문에 형의 경중이 달라지는 경우에 신분이 없는 사람은 무거운 형으로 벌하지 아니한다.

④ × 대판 79도436 판결

강제집행면탈죄가 성립되려면 행위자의 주관적인 강제집행을 면탈하려는 의도가 있어야 하지만, 준비도 안한 상태라면 강제집행면탈죄가 성립하지 않는다.

정답 ②

06 **손괴 및 권리행사방해의 죄에 관한 설명 중 가장 적절하지 않은 것은? (다툼이 있는 경우 판례에 의함)** 〈23. 경찰공채 1차〉

① 소유자의 의사에 따라 어느 장소에 게시 중인 문서를 소유자의 의사에 반하여 떼어내는 것과 같이 소유자의 의사에 따라 형성된 종래의 이용상태를 변경시켜 종래의 상태에 따른 이용을 일시적으로 불가능하게 하는 경우에도 문서손괴죄가 성립할 수 있다.

② 다른 사람의 소유물을 본래의 용법에 따라 무단으로 사용·수익하는 행위는 소유자를 배제한 채 물건의 이용가치를 영득하는 것이고, 그 때문에 소유자가 물건의 효용을 누리지 못하게 되었다면 그 효용 자체가 침해된 것으로 볼 수 있어 재물손괴죄를 구성한다.

③ 물건의 소유자가 아닌 甲은 「형법」 제33조 본문에 따라 권리행사방해 범행에 가담한 경우에 한하여 권리행사방해죄의 공범이 될 수 있을 뿐이며, 甲과 함께 권리행사방해죄의 공동정범으로 기소된 물건의 소유자 乙에게 고의가 없어 범죄가 성립하지 않는다면 甲에게 공동정범이 성립할 여지가 없다.

④ 가압류 후에 목적물의 소유권을 취득한 제3취득자가 다른 사람에 대한 허위의 채무에 기하여 근저당권설정등기를 경료하더라도 강제집행면탈죄를 구성하지 않는다.

해설 > ① ○ 대판 2014도13083 판결 ★★★ 중요판례

문서손괴죄는 타인 소유의 문서를 손괴 또는 은닉 기타 방법으로 효용을 해함으로써 성립하고, 문서의 효용을 해한다는 것은 문서를 본래의 사용목적에 제공할 수 없게 하는 상태로 만드는 것은 물론 일시적으로 그것을 이용할 수 없는 상태로 만드는 것도 포함한다. 따라서 소유자의 의사에 따라 어느 장소에 게시 중인 문서를 소유자의 의사에 반하여 떼어내는 것과 같이 소유자의 의사에 따라 형성된 종래의 이용상태를 변경시켜 종래의 상태에 따른 이용을 일시적으로 불가능하게 하는 경우에도 문서손괴죄가 성립할 수 있다.

② × 대판 2022도1410 판결 ★★

피고인이 타인 소유 토지에 권원 없이 건물을 신축함으로써 그 토지의 효용을 해하였다는 이 사건 공소사실에 대하여, 원심은 판시와 같은 이유로 무죄로 판단하였다. 원심판결 이유에는 적절하지 않은 부분이 있지만, 피고인의 행위는 이미 대지화된 토지에 건물을 새로 지어 부지로서 사용·수익함으로써 그 소유자로 하여금 효용을 누리지 못하게 한 것일 뿐 토지의 효용을 해하지 않았으므로, 재물손괴죄가 성립하지 않는다는 결론은 정당하다.

③ ○ 대판 2017도4578 판결

④ ○ 대판 2008도2476 판결

가압류에는 처분금지적 효력이 있으므로 가압류 후에 목적물의 소유권을 취득한 제3취득자 또는 그 제3취득자에 대한 채권자는 그 소유권 또는 채권으로써 가압류권자에게 대항할 수 없다. 따라서 가압류 후에 목적물의 소유권을 취득한 제3취득자가 다른 사람에 대한 허위의 채무에 기하여 근저당권설정등기 등을 경료하더라도 이로써 가압류채권자의 법률상 지위에 어떤 영향을 미치지 않으므로, 강제집행면탈죄에 해당하지 아니한다.

정답 ②

제4장 사회적 법익의 기타문제(범죄단체조직죄, 공연음란죄)

01 범죄단체 등 조직죄에 대한 설명 중 가장 적절하지 않은 것은? (다툼이 있는 경우 판례에 의함) 〈23. 경찰승진〉

① 사형, 무기 또는 장기 4년 이상의 징역에 해당하는 범죄를 목적으로 하는 단체 또는 집단을 조직하거나 이에 가입 또는 그 구성원으로 활동한 사람은 그 목적한 죄에 정한 형으로만 처벌하고, 그 형을 감경할 수 없다.

② 피고인들이 소매치기를 범할 목적으로 그 실행행위를 분담하기로 약정한 경우에 「형법」 제114조에서 정한 '범죄를 목적으로 하는 단체'로 인정되기 위해서는 계속적인 결합체로서 그 단체를 주도하거나 내부의 질서를 유지하는 최소한의 통솔체계를 갖추어야 한다.

③ 「형법」 제114조에서 정한 '범죄를 목적으로 하는 집단'으로 인정되기 위해서는 최소한의 통솔체계를 갖출 필요는 없으나, 범죄의 계획과 실행을 용이하게 할 정도의 조직적 구조를 갖추어야 한다.

④ 사기범죄를 목적으로 구성된 다수인의 계속적인 결합체로서 총책을 중심으로 간부급 조직원들과 상담원들, 현금인출책 등으로 구성되어 내부의 위계질서가 유지되고 조직원의 역할 분담이 이루어지는 최소한의 통솔체계를 갖추고 있는 보이스피싱 사기조직은 「형법」상 범죄단체에 해당한다.

해설 > ① ×

제114조(범죄단체 등의 조직)
사형, 무기 또는 장기 4년 이상의 징역에 해당하는 범죄를 목적으로 하는 단체 또는 집단을 조직하거나 이에 가입 또는 그 구성원으로 활동한 사람은 그 목적한 죄에 정한 형으로 처벌한다. 다만, 형을 감경할 수 있다.

② ○ 대판 81도2608

③ ○, ④ ○ 대판 2019도16263 판결 ★★

피고인 갑은 무등록 중고차 매매상사(이하 '외부사무실'이라 한다)를 운영하면서 피해자들을 기망하여 중고차량을 불법으로 판매해 금원을 편취할 목적으로 외부사무실 등에서 범죄집단을 조직·활동하고, 피고인 갑, 을을 제외한 나머지 피고인들은 범죄집단에 가입·활동하였다는 내용으로 기소된 사안에서... 외부사무실에는 회사 조직과 유사하게 대표, 팀장, 팀원(출동조, 전화상담원)으로 직책이나 역할이 분담되어 있었는데, 외부사무실은 특정 다수인이 사기범행을 수행한다는 공동목적 아래 구성원들이 대표, 팀장, 출동조, 전화상담원 등 정해진 역할분담에 따라 행동함으로써 사기범행을 반복적으로 실행하는 체계를 갖춘 결합체, 즉 형법 제114조의 '범죄를 목적으로 하는 집단'에 해당한다.

정답 ①

02 공연음란죄에 관한 설명 중 옳은 것은 모두 몇 개인가? (다툼이 있는 경우 판례에 의함)

〈22. 경찰공채 2차〉

㉠ 말다툼 후 항의하는 과정에서 바지와 팬티를 내리고 엉덩이를 노출시킨 행위는 사람에게 부끄러운 느낌이나 불쾌감을 주는 정도에 불과하고, 정상적인 성적 수치심을 해할 정도에 해당하지 않아 공연음란죄가 성립하지 않는다.
㉡ 음란성을 구체적으로 판단함에 있어서는 행위자의 주관적 의도가 아니라 사회 평균인의 입장에서 그 전체적인 내용을 관찰하여 건전한 사회통념에 따라 객관적이고 규범적으로 평가하여야 한다.
㉢ 공연음란죄에서 정하는 '음란한 행위'는 일반인의 성욕을 자극하여 성적 흥분을 유발하고 정상적인 성적 수치심을 해하여 성적 도의관념에 반하는 것을 의미하고, 그 행위의 음란성에 대한 의미의 인식뿐만 아니라 성욕의 흥분, 만족 등의 성적인 목적이 있어야 공연음란죄가 성립한다.
㉣ 공연음란죄에서 정하는 '음란한 행위'를 특정한 사람을 상대로 한다고 해서 반드시 강제추행죄가 성립하는 것은 아니다.

① 1개 ② 2개 ③ 3개 ④ 4개

해설 〉 ㉠ ○, ㉡ ○, ㉢ × 대판 2003도6514 판결
형법 제245조 소정의 '음란한 행위'라 함은 일반 보통인의 성욕을 자극하여 성적 흥분을 유발하고 정상적인 성적 수치심을 해하여 성적 도의관념에 반하는 것을 가리킨다고 할 것이고, 위 죄는 주관적으로 성욕의 흥분, 만족 등의 성적인 목적이 있어야 성립하는 것은 아니고 그 행위의 음란성에 대한 의미의 인식이 있으면 족하다.
경범죄처벌법 제1조 제41호가 '여러 사람의 눈에 뜨이는 곳에서 함부로 알몸을 지나치게 내놓거나 속까지 들여다 보이는 옷을 입거나 또는 가려야 할 곳을 내어 놓아 다른 사람에게 부끄러운 느낌이나 불쾌감을 준 사람'을 처벌하도록 규정하고 있는 점 등에 비추어 볼 때, 신체의 노출행위가 있었다고 하더라도 그 일시와 장소, 노출 부위, 노출 방법·정도, 노출 동기·경위 등 구체적 사정에 비추어, 그것이 일반 보통인의 성욕을 자극하여 성적 흥분을 유발하고 정상적인 성적 수치심을 해하는 것이 아니라 단순히 다른 사람에게 부끄러운 느낌이나 불쾌감을 주는 정도에 불과하다고 인정되는 경우 그와 같은 행위는 경범죄처벌법 제1조 제41호에 해당할지언정, 형법 제245조의 음란행위에 해당한다고 할 수 없다. − 말다툼을 한 후 항의의 표시로 엉덩이를 노출시킨 행위가 음란한 행위에 해당한다고 판단한 원심판결을 파기한 사례.

㉣ ○ 대판 2011도8805 판결 ★★

피고인이 피해자 甲(여, 48세)에게 욕설을 하면서 자신의 바지를 벗어 성기를 보여주는 방법으로 강제추행하였다는 내용으로 기소된 사안에서, 甲의 성별·연령, 행위에 이르게 된 경위, 甲에 대하여 어떠한 신체 접촉도 없었던 점, 행위장소가 사람 및 차량의 왕래가 빈번한 도로로서 공중에게 공개된 곳인 점, 피고인이 한 욕설은 성적인 성질을 가지지 아니하는 것으로서 '추행'과 관련이 없는 점, 甲이 자신의 성적 결정의 자유를 침해당하였다고 볼 만한 사정이 없는 점 등 제반 사정을 고려할 때, 단순히 피고인이 바지를 벗어 자신의 성기를 보여준 것만으로는 폭행 또는 협박으로 '추행'을 하였다고 볼 수 없는데도, 이와 달리 보아 유죄를 인정한 원심판결에 강제추행죄의 추행에 관한 법리오해의 위법이 있다.

정답 ③

이준영 형법각론
핵심 기출문제집

단원별 최신 기출문제&
풍부하고 알찬 해설

PART

03

국가적 법익

PART

03 국가적 법익

제1장 공무원 직무 관련 범죄(직무유기, 뇌물죄 등)

01 직무유기죄에 관한 설명으로 가장 적절하지 않은 것은? (다툼이 있는 경우 판례에 의함)

〈24. 경찰승진〉

① 직무유기죄에서 '직무를 유기한 때'란 공무원이 법령, 내규 등에 의한 추상적 성실의무를 태만히 하는 일체의 경우에 성립하는 것이 아니라 직장의 무단 이탈, 직무의 의식적인 포기 등과 같이 국가의 기능을 저해하고 국민에게 피해를 야기시킬 가능성이 있는 경우를 가리킨다.

② 공무원이 병가 중인 경우에는 구체적인 작위의무 내지 국가기능의 저해에 대한 구체적인 위험성이 있다고 할 수 없어 직무유기죄의 주체로 될 수 없다.

③ 경찰관이 압수물을 범죄 혐의의 입증에 사용하도록 하는 등의 조치를 취하지 않고 피압수자에게 돌려준 경우, 증거인멸죄와 직무유기죄가 모두 성립하고 양 죄는 상상적 경합관계에 있다.

④ 농지사무를 담당하고 있는 군직원이 농지불법전용 사실을 알고도 아무런 조치를 취하지 않다가 해당 농지의 농지전용허가를 내주기 위해 불법농지 전용사실은 일체 기재하지 않은 허위의 출장복명서 및 심사의견서를 작성하여 결재권자에게 제출한 경우, 허위공문서작성죄, 동행사죄와 직무유기죄가 별도 성립하고 각 죄는 실체적 경합관계에 있다.

해설 > ① ○ 대판 2013도229 판결
직무유기죄에서 '직무를 유기한 때'란 공무원이 법령, 내규 등에 의한 추상적 성실의무를 태만히 하는 일체의 경우에 성립하는 것이 아니라 직장의 무단이탈, 직무의 의식적인 포기 등과 같이 국가의 기능을 저해하고 국민에게 피해를 야기시킬 가능성이 있는 경우를 가리킨다.
② ○ 대판 95도748 판결 ★★
병가중인 자의 경우 구체적인 작위의무 내지 국가기능의 저해에 대한 구체적인 위험성이 있다고 할 수 없어 직무유기죄의 주체로 될 수는 없다.

③ × 대판 2005도3909 전원합의체 판결 [증거인멸·직무유기] ★★★ 중요판례
경찰서 방범과장이 부하직원으로부터 음반·비디오물 및 게임물에 관한 법률 위반 혐의로 오락실을 단속하여 증거물로 오락기의 변조 기판을 압수하여 사무실에 보관중임을 보고받아 알고 있었음에도 그 직무상의 의무에 따라 위 압수물을 수사계에 인계하고 검찰에 송치하여 범죄 혐의의 입증에 사용하도록 하는 등의 적절한 조치를 취하지 않고, 오히려 부하직원에게 위와 같이 압수한 변조 기판을 돌려주라고 지시하여 오락실 업주에게 이를 돌려준 경우, 작위범인 증거인멸죄만이 성립하고 부작위범인 직무유기(거부)죄는 따로 성립하지 아니한다.
④ ○ 대판 92도3334 판결 [허위공문서작성·허위공문서작성행사·직무유기] ★★★ 중요판례
군직원이 농지전용허가를 하여 주어서는 안 됨을 알면서도 허가하여 줌이 타당하다는 취지의 현장출장복명서 및 심사의견서를 작성하여 결재권자에게 제출한 것이 허위공문서작성, 동행사죄에 해당한다고 본 사례...공무원이 어떠한 위법사실을 발견하고도 직무상 의무에 따른 적절한 조치를 취하지 아니하고 위법사실을 적극적으로 은폐할 목적으로 허위공문서를 작성·행사한 경우에는 직무위배의 위법상태는 허위공문서작성 당시부터 그 속에 포함되는 것으로 작위범인 허위공문서작성, 동행사죄만이 성립하고 부작위범인 직무유기죄는 따로 성립하지 아니하나, 위 복명서 및 심사의견서를 허위작성한 것이 농지일시전용허가를 신청하자 이를 허가하여 주기 위하여 한 것이라면 직접적으로 농지불법전용 사실을 은폐하기 위하여 한 것은 아니므로 위 허위공문서작성, 동행사죄와 직무유기죄는 실체적 경합범의 관계에 있다.

정답 ③

02 다음의 ㉠부터 ㉣까지의 설명 중 옳고 그름의 표시(○, ×)가 모두 바르게 된 것은? (다툼이 있는 경우 판례에 의함) 〈21. 경찰공채 1차〉

㉠ 직권남용 행위의 상대방이 공무원이거나 법령에 따라 일정한 공적 임무를 부여받고 있는 공공기관 등의 임직원인 경우에는 법령에 따라 임무를 수행하는 지위에 있으므로 그가 직권에 대응하여 어떠한 일을 한 것이 의무 없는 일인지 여부는 관계 법령 등의 내용에 따라 개별적으로 판단하여야 한다. ㉡ 공무원이 자신의 직무와 관련된 상대방에게 공무원 자신 또는 자신이 지정한 제3자를 위하여 재산적 이익 등의 제공을 요구하고 상대방은 어떠한 이익을 기대하며 그에 대한 대가로 요구에 응하였다면, 다른 사정이 없는 한 협박을 요건으로 하는 강요죄가 성립하지 않는다. ㉢ 공무원이 자신의 직무권한에 속하는 사항에 관하여 실무담당자로 하여금 그 직무집행을 보조하는 사실행위를 하도록 하였다면, 이는 원칙적으로 직권남용권리행사방해죄에서 말하는 '의무 없는 일을 하게 한 때'에 해당한다. ㉣ 학대죄는 자기의 보호 또는 감독을 받는 사람에게 육체적으로 고통을 주거나 정신적으로 차별대우를 하는 행위가 있음과 동시에 범죄가 완성되는 상태범 또는 즉시범이다.

① ㉠ (○) ㉡ (○) ㉢ (×) ㉣ (○)

② ㉠ (○) ㉡ (×) ㉢ (×) ㉣ (×)

③ ㉠ (×) ㉡ (○) ㉢ (○) ㉣ (○)

④ ㉠ (○) ㉡ (○) ㉢ (×) ㉣ (×)

해설 > ㉠ ○ 대판 2018도2236 전원합의체 판결

직권남용 행위의 상대방이 일반 사인인 경우 특별한 사정이 없는 한 직권에 대응하여 따라야 할 의무가 없으므로 그에게 어떠한 행위를 하게 하였다면 '의무 없는 일을 하게 한 때'에 해당할 수 있다. 그러나 상대방이 공무원이거나 법령에 따라 일정한 공적 임무를 부여받고 있는 공공기관 등의 임직원인 경우에는 법령에 따라 임무를 수행하는 지위에 있으므로 그가 직권에 대응하여 어떠한 일을 한 것이 의무 없는 일인지 여부는 관계 법령 등의 내용에 따라 개별적으로 판단하여야 한다.

ⓛ ○ 대판 2018도13792 전원합의체 판결 ★★★ 중요판례
행위자가 직무상 또는 사실상 상대방에게 영향을 줄 수 있는 직업이나 지위에 있고 직업이나 지위에 기초하여 상대방에게 어떠한 요구를 하였더라도 곧바로 그 요구 행위를 위와 같은 해악의 고지라고 단정하여서는 안 된다. 특히 공무원이 자신의 직무와 관련한 상대방에게 공무원 자신 또는 자신이 지정한 제3자를 위하여 재산적 이익 또는 일체의 유·무형의 이익 등을 제공할 것을 요구하고 상대방은 공무원의 지위에 따른 직무에 관하여 어떠한 이익을 기대하며 그에 대한 대가로서 요구에 응하였다면, 다른 사정이 없는 한 공무원의 위 요구 행위를 객관적으로 사람의 의사결정의 자유를 제한하거나 의사실행의 자유를 방해할 정도로 겁을 먹게 할 만한 해악의 고지라고 단정하기는 어렵다.
ⓒ × 대판 2019도11698 판결 ★★★ 중요판례
직권남용권리행사방해죄에서 말하는 '사람으로 하여금 의무 없는 일을 하게 한 때'란 공무원이 직권을 남용하여 다른 사람으로 하여금 법령상 의무 없는 일을 하게 한 때를 의미한다. 따라서 공무원이 자신의 직무권한에 속하는 사항에 관하여 실무 담당자로 하여금 직무집행을 보조하는 사실행위를 하도록 하더라도 이는 공무원 자신의 직무집행으로 귀결될 뿐이므로 원칙적으로 의무 없는 일을 하게 한 때에 해당한다고 할 수 없다. 그러나 직무집행의 기준과 절차가 법령에 구체적으로 명시되어 있고 실무 담당자에게도 직무집행의 기준을 적용하고 절차에 관여할 고유한 권한과 역할이 부여되어 있다면 실무 담당자로 하여금 그러한 기준과 절차를 위반하여 직무집행을 보조하게 한 경우에는 '의무 없는 일을 하게 한 때'에 해당한다.
ⓔ ○ 대판 84도2922 판결
학대죄는 자기의 보호 또는 감독을 받는 사람에게 육체적으로 고통을 주거나 정신적으로 차별대우를 하는 행위가 있음과 동시에 범죄가 완성되는 상태범 또는 즉시범이다.

정답 ①

PART 03

03 공무원의 직무에 관한 죄에 대한 설명으로 가장 적절하지 않은 것은? (다툼이 있는 경우 판례에 의함) 〈22. 경찰승진〉

① 공무원이 어떠한 위법사실을 발견하고도 직무상 의무에 따른 적절한 조치를 취하지 아니하고 위법사실을 적극적으로 은폐할 목적으로 허위공문서를 작성·행사한 경우에는 허위공문서작성죄 및 동행사죄 이외에도 직무유기죄가 성립한다.

② 명문의 규정이 없더라도 법령과 제도를 종합적, 실질적으로 살펴보아 그것이 해당 공무원의 직무권한에 속한다고 해석되고, 이것이 남용된 경우 상대방으로 하여금 사실상 의무 없는 일을 하게 하거나 권리를 방해하기에 충분한 것이라고 인정되는 경우는 직권남용죄에서 말하는 일반적 직무권한에 포함된다.

③ 직권남용 행위의 상대방이 일반 사인인 경우 특별한 사정이 없는 한 직권에 대응하여 따라야 할 의무가 없으므로 그에게 어떠한 행위를 하게 하였다면 직권남용권리행사방해죄의 '의무 없는 일을 하게 한 때'에 해당할 수 있다.

④ 공무상비밀누설죄에서 말하는 '비밀'이란 실질적으로 그것을 비밀로서 보호할 가치가 있다고 인정할 수 있는 것이어야 한다.

해설> ① × 아래 판례 참조 ★★★ 중요판례

판례

〈대판 99도2240 판결〉

원심이 유지한 제1심판결은, 수사업무에 종사하는 피고인들이 판시 일시, 장소에서 공소외인 등 18명의 도박범행사실을 적발하고 그들의 인적사항을 확인하였음에도 이를 상사인 파출소장에게 즉시 보고하여 그 도금(賭金) 등을 압수하고 공소외인 등을 도박죄로 형사입건하는 등 범죄수사에 필요한 조치를 다하지 아니하고 공소외인 등으로부터 이를 묵인하여 달라는 부탁을 받고 그 도박사실을 발견하지 못한 것처럼 판시 근무일지를 허위로 작성하고 소속 파출소장에게 이를 허위로 보고한 것은 판시 허위공문서작성 및 동행사죄와는 별도의 직무유기죄가 성립한다고 보아 이를 판시 허위공문서작성 및 동행사죄와 실체적 경합범의 관계에 있는 것으로 처리하였다.

그러나 공무원이 어떠한 위법사실을 발견하고도 직무상 의무에 따른 적절한 조치를 취하지 아니하고 위법사실을 적극적으로 은폐할 목적으로 허위공문서를 작성, 행사한 경우에는 직무위배의 위법상태는 허위공문서작성 당시부터 그 속에 포함되는 것으로 작위범인 허위공문서작성, 동행사죄만이 성립하고 부작위범인 직무유기죄는 따로 성립하지 아니한다 할 것인바(대법원 1993.12.24. 선고 92도3334 판결 참조), 원심이 유죄로 인정한 판시 허위공문서작성, 동행사죄의 범죄사실에 의하더라도, 피고인들은 판시 일시장소에서 적발한 공소외인 등의 도박범행을 은폐하는데 행사할 목적으로 공문서인 판시 근무일지를 허위로 작성, 행사하였다는 것이므로 수사업무에 종사하는 피고인들의 직무위배의 위법상태는 그 근무일지를 허위로 작성할 당시부터 그 속에 포함되어 판시 허위공문서작성, 동행사죄만이 성립하고 직무유기죄는 따로 성립하지 아니한다 할 것이다.

② ○ 대판 2019도5186 판결
법령상 근거는 반드시 명문의 규정만을 요구하는 것이 아니라 명문의 규정이 없더라도 법령과 제도를 종합적, 실질적으로 살펴보아 그것이 해당 공무원의 직무권한에 속한다고 해석되고, 이것이 남용된 경우 상대방으로 하여금 사실상 의무 없는 일을 하게 하거나 권리를 방해하기에 충분한 것이라고 인정되는 경우에는 직권남용죄에서 말하는 일반적 직무권한에 포함된다.

③ ○ 대판 2020도18296 판결 ★★★ 중요판례
대통령비서실 소속 비서관들인 피고인 갑과 피고인 을이 4·16세월호참사 특별조사위원회 설립준비 관련 업무를 담당하거나 설립팀장으로 지원근무 중이던 해양수산부 소속 공무원들에게 '세월호 특별조사위 설립준비 추진경위 및 대응방안 문건'을 작성하게 하고, 피고인 갑이 소속 비서관실 행정관 또는 해양수산부 공무원들에게 위 위원회의 동향을 파악하여 보고하도록 지시하였다는 직권남용권리행사방해의 공소사실로 기소된 사안에서, 피고인 갑과 피고인 을이 해당 공무원들에게 문건을 작성하거나 동향을 보고하게 함으로써 직무수행의 원칙과 기준 등을 위반하여 업무를 수행하게 하여 법령상 의무 없는 일을 하게 한 때에 해당한다고 볼 여지가 있는데도, 이와 달리 본 원심판단에 법리오해의 잘못이 있다.

④ ○ 대판 95도780 판결
동 조에서 말하는 비밀이란 실질적으로 그것을 비밀로서 보호할 가치가 있다고 인정할 수 있는 것이어야 할 것이다. 그리고 본죄는 기밀 그 자체를 보호하는 것이 아니라 공무원의 비밀엄수의무의 침해에 의하여 위험하게 되는 이익, 즉 비밀의 누설에 의하여 위협받는 국가의 기능을 보호하기 위한 것이다.

정답 ①

04 공무원의 직무에 관한 죄의 설명 중 가장 적절하지 않은 것은? (다툼이 있는 경우 판례에 의함)

〈22. 경찰공채 2차〉

① 지방자치단체의 장이 미리 승진후보자명부상 후보자들 중에서 승진대상자를 실질적으로 결정한 다음, 그 내용을 인사위원회 간사, 서기 등을 통해 인사위원회 위원들에게 '승진대상자 추천'이라는 명목으로 제시하여 인사위원회로 하여금 자신이 특정한 후보자들을 승진대상자로 의결하도록 유도하는 행위는 직권남용권리행사방해죄의 구성요건인'직권의 남용' 및 '의무 없는 일을 하게 한 경우'로 볼 수 있다.

② 공무원이 직무상 알게 된 비밀을 그 직무와의 관련성 혹은 필요성에 기하여 해당 직무의 집행과 관련 있는 다른 공무원에게 직무집행의 일환으로 전달한 경우, 국가기능에 위험이 발생하리라고 볼 만한 특별한 사정이 인정되지 않는 한, 그 행위는 비밀의 누설에 해당하지 아니한다.

③ 직무집행의 의사로 자신의 직무를 수행한 경우에는 그 직무집행의 내용이 위법한 것으로 평가된다는 점만으로 직무유기죄의 성립을 인정할 것은 아니고, 공무원이 태만·분망 또는 착각 등으로 인하여 직무를 성실히 수행하지 아니한 경우나 형식적으로 또는 소홀히 직무를 수행한 탓으로 적절한 직무수행에 이르지 못한 것에 불과한 경우에도 직무유기죄는 성립하지 아니한다.

④ 경찰관들이 현행범으로 체포한 도박혐의자들에게 현행범인체포서 대신에 임의동행동의서를 작성하게 하고, 그나마 제대로 조사도 하지 않은 채 석방하였으며, 압수한 일부 도박자금에 관하여 압수조서 및 목록도 작성하지 않은 채 반환하고, 일부 도박혐의자의 명의도용 사실과 도박 관련 범죄로 수회 처벌받은 전력을 확인하고서도 아무런 추가조사도 없이 석방한 경우, 그 경찰관들에게는 직무유기죄가 성립한다.

해설> ① × 대판 2019도17879 판결 ★★★ 중요판례

지방자치단체의 장이 승진후보자명부 방식에 의한 5급 공무원 승진임용 절차에서 인사위원회의 사전심의·의결 결과를 참고하여 승진후보자명부상 후보자들에 대하여 승진임용 여부를 심사하고서 최종적으로 승진대상자를 결정하는 것이 아니라, <u>미리 승진후보자명부상 후보자들 중에서 승진대상자를 실질적으로 결정한 다음 그 내용을 인사위원회 간사, 서기 등을 통해 인사위원회 위원들에게 '승진대상자 추천'이라는 명목으로 제시하여 인사위원회로 하여금 자신이 특정한 후보자들을 승진대상자로 의결하도록 유도하는 행위는 인사위원회 사전심의 제도의 취지에 부합하지 않다는 점에서 바람직하지 않다고 볼 수 있지만, 그것만으로는 직권남용권리행사방해죄의 구성요건인 '직권의 남용' 및 '의무 없는 일을 하게 한 경우'로 볼 수 없다.</u>

② ○ 대판 2021도11924 판결
'누설'이란 비밀을 아직 모르는 다른 사람에게 임의로 알려주는 행위를 의미한다. 한편 공무상비밀누설죄는 공무상 비밀 그 자체를 보호하는 것이 아니라 공무원의 비밀엄수의무의 침해에 의하여 위험하게 되는 이익, 즉 비밀누설에 의하여 위협받는 국가의 기능을 보호하기 위한 것이다. 따라서 공무원이 직무상 알게 된 비밀을 그 직무와의 관련성 혹은 필요성에 기하여 해당 직무의 집행과 관련 있는 다른 공무원에게 직무집행의 일환으로 전달한 경우에는, 관련 각 공무원의 지위 및 관계, 직무집행의 목적과 경위, 비밀의 내용과 전달 경위 등 여러 사정에 비추어 비밀을 전달받은 공무원이 이를 그 직무집행과 무관하게 제3자에게 누설할 것으로 예상되는 등 국가기능에 위험이 발생하리라고 볼 만한 특별한 사정이 인정되지 않는 한, 위와 같은 행위가 비밀의 누설에 해당한다고 볼 수 없다.

③ ○ 대판 2013도229 판결 ★★
직무집행의 의사로 자신의 직무를 수행한 경우에는 직무집행의 내용이 위법한 것으로 평가된다는 점만으로 직무유기죄의 성립을 인정할 것은 아니고, 공무원이 태만·분망 또는 착각 등으로 인하여 직무를 성실히 수행하지 아니한 경우나 형식적으로 또는 소홀히 직무를 수행한 탓으로 적절한 직무수행에 이르지 못한 것에 불과한 경우에도 직무유기죄는 성립하지 아니한다.

④ ○ 대판 2008도11226 판결 ★★★ 중요판례
피고인들을 비롯한 경찰관들이 현행범으로 체포한 도박혐의자 17명에 대해 현행범인체포서 대신에 임의동행동의서를 작성하게 하고, 그나마 제대로 조사도 하지 않은 채 석방하였으며, 현행범인 석방사실을 검사에게 보고도 하지 않았고, 석방일시·사유를 기재한 서면을 작성하여 기록에 편철하지도 않았으며, 압수한 일부 도박자금에 관하여 압수조서 및 목록도 작성하지 않은 채 검사의 지휘도 받지 않고 반환하였고, 일부 도박혐의자의 명의도용 사실과 도박 관련 범죄로 수회 처벌받은 전력을 확인하고서도 아무런 추가조사 없이 석방한 사안에서, 이는 단순히 업무를 소홀히 수행한 것이 아니라 정당한 사유 없이 의도적으로 수사업무를 방임 내지 포기한 것이라고 봄이 상당하다는 이유로, 피고인들에 대하여 직무유기죄의 성립을 부정한 원심판단에 법리오해 또는 사실오인의 잘못이 있다.

정답 ①

05 직권남용권리행사방해죄에 관한 설명으로 가장 적절하지 않은 것은? (다툼이 있는 경우 판례에 의함)

〈24. 경찰승진〉

① 직권남용권리행사방해죄에서 말하는 '권리'는 공법상의 권리인지 사법상의 권리인지를 묻지 않는다.

② 공무원이 자신의 직무권한에 속하는 사항에 관하여 실무 담당자로 하여금 그 직무집행을 보조하는 사실행위를 하도록 하더라도 이는 공무원 자신의 직무집행으로 귀결될 뿐이므로 원칙적으로 직권남용죄에서 말하는 '의무 없는 일을 하게 한 때'에 해당한다고 할 수 없다.

③ 직권남용권리행사방해죄는 추상적 위험범으로 공무원이 직권을 남용하는 행위를 하면 곧바로 성립하고, 직권을 남용하여 현실적으로 다른 사람이 법령상 의무 없는 일을 하게 하였거나 다른 사람의 구체적인 권리행사를 방해하는 결과가 발생하여야 하는 것은 아니다.

④ 직권남용권리행사방해죄에서 공무원이 직무와는 상관없이 단순히 개인적인 친분에 근거하여 문화예술 활동에 대한 지원을 권유하거나 협조를 의뢰한 것에 불과한 경우에는 직권남용에 해당하지 않는다.

해설 ① ○ 2021도11012 판결 ★★★ 중요판례
직권남용죄에서 권리행사를 방해한다 함은 법령상 행사할 수 있는 권리의 정당한 행사를 방해하는 것을 말하므로, 이에 해당하려면 구체화된 권리의 현실적인 행사가 방해된 경우라야 하고(대법원 2006.2.9. 선고 2003도4599 판결 등 참조), 여기서 말하는 '권리'는 법률에 명기된 권리에 한하지 않고 법령상 보호되어야 할 이익이면 족한 것으로서, 공법상의 권리인지 사법상의 권리인지를 묻지 않는다(대법원 2010.1.28. 선고 2008도7312 판결 등 참조).

② ○ 대판 2021도2030 판결
공무원이 자신의 직무권한에 속하는 사항에 관하여 실무담당자로 하여금 그 직무집행을 보조하는 사실행위를 하도록 하더라도 이는 공무원 자신의 직무집행으로 귀결될 뿐이므로 원칙적으로 의무 없는 일을 하게 한 때에 해당한다고 할 수 없다.

③ × 대판 2020도15105 판결
직권남용권리행사방해죄는 단순히 공무원이 직권을 남용하는 행위를 하였다는 것만으로 곧바로 성립하는 것이 아니라, 직권을 남용하여 현실적으로 다른 사람으로 하여금 법령상 의무 없는 일을 하게 하였거나 다른 사람의 구체적인 권리행사를 방해하는 결과가 발생하여야 하고, 그 결과의 발생은 직권남용 행위로 인한 것이어야 한다.

④ ○ 대판 2008도6950 판결
여기에서 '직권남용'이란 공무원이 그 일반적 직무권한에 속하는 사항에 관하여 직권의 행사에 가탁하여 실질적, 구체적으로 위법·부당한 행위를 하는 경우를 의미하고, 공무원이 직무와는 상관없이 단순히 개인적인 친분에 근거하여 문화예술 활동에 대한 지원을 권유하거나 협조를 의뢰한 것에 불과한 경우까지 직권남용에 해당한다고 할 수는 없다.

정답 ③

06 **공무원의 직무에 관한 죄에 대한 설명 중 가장 적절하지 않은 것은? (다툼이 있는 경우 판례에 의함)** 〈23. 경찰승진〉

① 교육기관의 장이 징계의결을 집행하지 못할 법률상·사실상 장애가 없는데도 징계의결서를 통보받은 날로부터 법정 시한이 지나도록 집행을 유보하는 것이 직무에 관한 의식적인 방임이나 포기에 해당한다고 볼 수 있는 경우 직무유기죄가 성립하지 않는다.

② 직권남용권리행사방해죄는 직권을 남용하여 현실적으로 다른 사람이 법령상 의무 없는 일을 하게 하였거나 다른 사람의 구체적인 권리행사를 방해하는 결과가 발생하여야 하고, 그 결과의 발생은 직권남용 행위로 인한 것이어야 한다.

③ 경찰관이 파출소로 연행되어 온 불법체류자의 신병을 출입국 관리사무소에 인계하지 않고 훈방하면서 이들의 인적사항 조차 기재해 두지 않은 경우 직무유기죄가 성립한다.

④ 검찰의 고위 간부가 특정 사건에 대한 수사가 진행 중인 상태에서 해당 사안에 관한 수사책임자의 잠정적인 판단과 같은 수사팀의 내부 상황을 확인한 뒤 그 내용을 수사 대상자 측에 전달한 경우 공무상비밀누설죄가 성립한다.

해설> ① × 대판 2013도229 판결

교육기관·교육행정기관·지방자치단체 또는 교육연구기관의 장이 징계의결을 집행하지 못할 법률상·사실상의 장애가 없는데도 징계의결서를 통보받은 날로부터 법정 시한이 지나도록 집행을 유보하는 모든 경우에 직무유기죄가 성립하는 것은 아니고, 그러한 유보가 직무에 관한 의식적인 방임이나 포기에 해당한다고 볼 수 있는 경우에 한하여 직무유기죄가 성립한다고 보아야 한다.

② ○ 대판 2020도15105 판결 ★★★ 중요판례

직권남용권리행사방해죄는 단순히 공무원이 직권을 남용하는 행위를 하였다는 것만으로 곧바로 성립하는 것이 아니라, 직권을 남용하여 현실적으로 다른 사람으로 하여금 법령상 의무 없는 일을 하게 하였거나 다른 사람의 구체적인 권리행사를 방해하는 결과가 발생하여야 하고, 그 결과의 발생은 직권남용 행위로 인한 것이어야 한다.

③ ○ 대판 2005도4202 판결 ★★★ 중요판례

수원중부경찰서 (이름 생략)파출소 부소장으로 근무하던 위 피고인이 112 순찰을 하고 있던 공소외 1 경장과 공소외 2 순경에게 "지동시장 내 동북호프에 불법체류자가 있으니 출동하라"는 무전지령을 하여 동인들로 하여금 그곳에 있던 불법체류자들인 공소외 3 등 5명을 (이름 생략)파출소로 연행해 오도록 한 다음, 위 공소외 3 등이 불법체류자임을 알면서도 이들의 신병을 출입국관리사무소에 인계하지 않고 본서인 수원중부경찰서 외사계에조차도 보고하지 않았을 뿐만 아니라(달리 자진신고 하도록 유도한 것도 아니다), 더 나아가 근무일지에 단지 '지동 복개천 꼬치구이집 밀항한 여자 2명과 남자 2명이 있다는 신고 접한 후, 손님 3명, 여자 2명을 조사한 바 꼬치구이 종업원으로 혐의점 없어 귀가시킴'이라고 허위의 사실을 기재하고, 이들이 불법체류자라는 사실은 기재하지도 않은 채 자신이 혼자 소내 근무 중임을 이용하여 이들을 훈방하였으며, 훈방을 함에 있어서도 통상의 절차와 달리 이들의 인적사항조차 기재해 두지 아니한 행위는 직무유기죄에 해당한다고 판단한 것은 정당하다.

④ ○ 대판 2004도5561 판결 ★★
검찰의 고위 간부가 특정 사건에 대한 수사가 계속 진행 중인 상태에서 해당 사안에 관한 수사책임자의 잠정적인 판단 등 수사팀의 내부 상황을 확인한 뒤 그 내용을 수사 대상자 측에 전달한 행위가 형법 제127조에 정한 공무상 비밀누설에 해당한다.

정답 ①

07 다음 중 직무유기죄에 관한 설명으로 가장 옳지 않은 것은? (다툼이 있는 경우 판례에 의함) 〈22. 해경[수사]〉

① 하나의 행위가 부작위범인 직무유기죄와 작위범인 허위공문서작성 행사죄의 구성요건을 동시에 충족하는 경우, 공소제기권자가 작위범인 허위공문서작성·행사죄로 공소를 제기하지 아니하고 부작위범인 직무유기죄로만 공소를 제기할 수는 없다.

② 직무유기죄는 작위의무를 수행하지 아니함으로써 구성요건에 해당하는 사실이 있었고 그 후에도 계속하여 그 작위의무를 수행하지 아니하는 위법한 부작위상태가 계속되는 한 가벌적 위법상태는 계속 존재하고 있다고 할 것이므로, 즉시범이라 할 수 없다.

③ 지방자치단체장이 전국공무원노동조합이 주도한 파업에 참가한 소속 공무원들에 대하여 관할 인사위원회에 징계의결요구를 하지 아니하고 가담 정도의 경중을 가려 자체인 사위 징계의결요구를 하거나 훈계처분을 하도록 지시한 행위는 직무유기죄를 구성하지 않는다.

④ 경찰서 방범과장 甲이 부하직원 乙로부터 「게임산업진흥에 관한 법률」 위반 혐의로 오락실을 단속하여 증거물로 오락기의 변조 기판을 압수하여 사무실에 보관 중임을 보고 받아 알고 있었음에도, 증거를 인멸할 의도로 乙에게 압수한 변조 기판을 돌려주라고 지시하여 이 오락실 업주에게 이를 돌려준 경우, 甲에게 증거인멸죄만 성립하고 직무유기죄는 따로 성립하지 아니한다.

해설 ① × 대판 2005도4202 판결
하나의 행위가 부작위범인 직무유기죄와 작위범인 허위공문서작성·행사죄의 구성요건을 동시에 충족하는 경우, 공소제기권자는 재량에 의하여 작위범인 허위공문서작성·행사죄로 공소를 제기하지 않고 부작위범인 직무유기죄로만 공소를 제기할 수 있다.

② ○ 대판 97도675 판결
직무유기죄는 그 직무를 수행하여야 하는 작위의무의 존재와 그에 대한 위반을 전제로 하고 있는바, 그 작위의무를 수행하지 아니함으로써 구성요건에 해당하는 사실이 있었고 그 후에도 계속하여 그 작위의무를 수행하지 아니하는 위법한 부작위상태가 계속되는 한 가벌적 위법상태는 계속 존재하고 있다고 할 것이며, 형법 제122조 후단은 이를 전체적으로 보아 1죄로 처벌하는 취지로 해석되므로 이를 즉시범이라고 할 수 없다.

> **제122조(직무유기)**
> 공무원이 정당한 이유없이 그 직무수행을 거부하거나 그 직무를 유기한 때에는 1년 이하의 징역이나 금고 또는 3년 이하의 자격정지에 처한다.

③ ○ 대판 2006도1390 판결
④ ○ 대판 2005도3909 전원합의체 판결

정답 ①

08 직권남용죄에 관한 다음 설명 중 가장 옳지 않은 것은? (다툼이 있는 경우 판례에 의함)

〈22. 법원 9급〉

① 형법 제123조 직권남용죄의 미수범은 처벌하지 아니한다.

② 공무원의 직권남용행위가 있었다 할지라도 현실적으로 권리행사의 방해라는 결과가 발생하지 아니하였다면 직권남용죄가 성립하지 않는다.

③ 직권남용죄는 공무원이 그 일반적 직무권한에 속하는 사항에 관하여 직권의 행사에 가탁하여 실질적, 구체적으로 위법·부당한 행위를 한 경우에 성립하고, 그 일반적 직무권한은 반드시 법률상의 강제력을 수반하는 것임을 요하지 않는다.

④ 공무원이 자신의 직무권한에 속하는 사항에 관하여 실무 담당자로 하여금 그 직무집행을 보조하는 사실행위를 하도록 한 경우 그 직무집행이 위법한 것이라면, 특별한 사정이 없는 이상 의무 없는 일을 하게 한 때에 해당한다.

해설 > ① ○, ② ○

제123조(직권남용) 공무원이 직권을 남용하여 사람으로 하여금 의무없는 일을 하게 하거나 사람의 권리행사를 방해한 때에는 5년 이하의 징역, 10년 이하의 자격정지 또는 1천만 원 이하의 벌금에 처한다.

③ ○ 대판 2002도6251 판결

직권남용죄는 공무원이 그 일반적 직무권한에 속하는 사항에 관하여 직권의 행사에 가탁하여 실질적, 구체적으로 위법·부당한 행위를 한 경우에 성립하고, 그 일반적 직무권한은 반드시 법률상의 강제력을 수반하는 것임을 요하지 아니하며, 그것이 남용될 경우 직권행사의 상대방으로 하여금 법률상 의무 없는 일을 하게 하거나 정당한 권리행사를 방해하기에 충분한 것이면 된다.

④ × 대판 2019도11698 판결 ★★ 중요판례

판례

법무부 검찰국장 피고인이, 검찰국이 마련한 인사안 결정과 관련한 업무권한을 남용하여 인사담당 검사 甲으로 하여금 2015년 하반기 검사인사에서 부치지청에 근무하고 있던 경력검사 乙을 다른 부치지청으로 다시 전보시키는 내용의 인사안을 작성하게 함으로써 의무 없는 일을 하게 하였다고 하여 직권남용권리행사방해로 기소된 사안...검사에 대한 전보인사는 검찰청법 등 관련 법령에 근거한 것으로서, 전보인사는 인사권자의 권한에 속하고, 인사권자는 법령의 제한을 벗어나지 않는 한 여러 사정을 참작하여 전보인사의 내용을 결정할 필요가 있고 이를 결정함에 있어 상당한 재량을 가지며, 인사권자의 지시 또는 위임에 따라 검사인사에 관한 직무집행을 보조 내지 보좌하는 실무 담당자도 그 범위에서 일정한 권한과 역할이 부여되어 재량을 가진다고 볼 수 있다. 위 인사안 작성 당시 경력검사 부치지청 배치제도가 인사기준 내지 고려사항의 하나로 유지되고 있었더라도, 이는 부치지청에서 근무한 경력검사를 차기 전보인사에서 배려한다는 내용에 불과하며, 관련 법령이나 검찰인사위원회의 심의·의결사항 등을 전제로 한 여러 인사기준 또는 다양한 고려사항들 중 하나로서, 검사인사담당 검사가 검사의 전보인사안을 작성할 때 지켜야 할 일의적·절대적 기준이라고 볼 수 없고, 다른 인사기준 내지 다양한 고려사항들보다 일방적으로 우위에 있는 것으로 볼 만한 근거도 찾기 어려운 점 등의 사정을 종합하면, 피고인이 甲으로 하여금 위 인사안을 작성하게 한 것을 두고 피고인의 직무집행을 보조하는 甲으로 하여금 그가 지켜야 할 직무집행의 기준과 절차를 위반하여 법령상 의무 없는 일을 하게 한 때에 해당한다고 보기 어렵다는 이유로, 이와 달리 보아 피고인에게 유죄를 인정한 원심의 판단에 직권남용권리행사방해죄에 관한 법리를 오해한 잘못이 있다고 한 사례.

정답 ④

09 다음 설명 중 가장 옳지 않은 것은? (다툼이 있는 경우 판례에 의함) 〈23. 법원9급〉

① 공무원이 직무와 관련하여 뇌물수수를 약속하고 퇴직 후 이를 수수하는 경우에는, 뇌물약속과 뇌물수수가 시간적으로 근접하여 연속되어 있다고 하더라도, 뇌물약속죄 및 사후수뢰죄가 성립할 수 있음은 별론으로 하고, 뇌물수수죄는 성립하지 않는다.

② 제3자뇌물수수죄는 공무원 또는 중재인이 직무에 관하여 부정한 청탁을 받고 제3자에게 뇌물을 공여하게 하는 행위를 구성요건으로 하고 있고, 그중 부정한 청탁은 명시적인 의사표시뿐만 아니라 묵시적인 의사표시로도 가능하며 청탁의 대상인 직무행위의 내용도 구체적일 필요가 없다.

③ 형법 제129조 제1항 뇌물수수죄는 공무원이 직무에 관하여 뇌물을 수수한 때에 적용되는 것으로서, 공무원이 직접 뇌물을 받지 아니하고 증뢰자로 하여금 다른 사람에게 뇌물을 공여하도록 한 경우라도 다른 사람이 공무원의 사자 또는 대리인으로서 뇌물을 받은 경우 등과 같이 사회통념상 다른 사람이 뇌물을 받은 것을 공무원이 직접 받은 것과 같이 평가할 수 있는 관계가 있는 경우에는 형법 제129조 제1항 뇌물수수죄가 성립한다.

④ 제3자뇌물수수죄에서 제3자란 행위자와 공범관계에 있지 않은 사람을 말한다. 그러므로 공무원 또는 중재인이 부정한 청탁을 받고 제3자에게 뇌물을 제공하게 하고 제3자가 그러한 공무원 또는 중재인의 범죄행위를 알면서 방조한 경우, 별도의 처벌규정이 없는 이상 제3자에게 제3자뇌물수수방조죄는 성립할 수 없다.

해설 > ① ○ 대판 2007도5190 판결 ★★★
공무원이 직무와 관련하여 뇌물수수를 약속하고 퇴직 후 이를 수수하는 경우, 뇌물약속죄 및 사후수뢰죄가 성립할 뿐 뇌물수수죄는 성립하지 않는다.
② ○ 대판 2018도2738 전원합의체 판결 ★★
부정한 청탁은 명시적인 의사표시가 없더라도 청탁의 대상이 되는 직무집행의 내용과 제3자에게 제공되는 금품이 직무집행에 대한 대가라는 점에 대하여 당사자 사이에 공통의 인식이나 양해가 있는 경우에는 묵시적 의사표시로 가능하다...제3자뇌물수수죄에서 직무와 관련된 뇌물에 해당하는지 또는 부정한 청탁이 있었는지를 판단할 때에는 직무와 청탁의 내용, 공무원과 이익 제공자의 관계, 이익의 다과, 수수 경위와 시기 등의 여러 사정과 아울러 직무집행의 공정, 이에 대한 사회의 신뢰와 직무수행의 불가매수성이라고 하는 뇌물죄의 보호법익에 비추어 이익의 수수로 말미암아 사회 일반으로부터 직무집행의 공정성을 의심받게 되는지 등이 기준이 된다.

③ ○ 대판 2003도8077 판결 ★★★ 중요판례
공무원이 직접 뇌물을 받지 아니하고 증뢰자로 하여금 다른 사람에게 뇌물을 공여하도록 한 경우, 그 다른 사람이 공무원의 사자 또는 대리인으로서 뇌물을 받은 경우나 그 밖에 예컨대, 평소 공무원이 그 다른 사람의 생활비 등을 부담하고 있었다거나 혹은 그 다른 사람에 대하여 채무를 부담하고 있었다는 등의 사정이 있어서 그 다른 사람이 뇌물을 받음으로써 공무원은 그만큼 지출을 면하게 되는 경우 등 사회통념상 그 다른 사람이 뇌물을 받은 것을 공무원이 직접 받은 것과 같이 평가할 수 있는 관계가 있는 경우에는 형법 제130조의 제3자 뇌물제공죄가 아니라, 형법 제129조 제1항의 뇌물수수죄가 성립한다.
④ × 대판 2016도19659 판결 ★★ 중요판례
제3자뇌물수수죄에서 제3자란 행위자와 공동정범 이외의 사람을 말하고, 교사자나 방조자도 포함될 수 있다. 그러므로 공무원 또는 중재인이 부정한 청탁을 받고 제3자에게 뇌물을 제공하게 하고 제3자가 그러한 공무원 또는 중재인의 범죄행위를 알면서 방조한 경우에는 그에 대한 별도의 처벌규정이 없더라도 방조범에 관한 형법총칙의 규정이 적용되어 제3자뇌물수수방조죄가 인정될 수 있다.

정답 ④

10 뇌물의 죄에 대한 설명으로 옳지 않은 것은? (다툼이 있는 경우 판례에 의함)

〈22. 9급공채〉

① 공무원이 뇌물로 투기적 사업에 참여할 기회를 제공받은 경우, 뇌물수수죄의 기수 시기는 투기적 사업에 참여하는 행위가 종료된 때로 보아야 하며, 그 행위가 종료된 후 경제사정의 변동 등으로 인하여 당초의 예상과는 달리 그 사업 참여로 인하여 아무런 이득을 얻지 못한 경우라도 뇌물수수죄의 성립에는 영향이 없다.

② 뇌물죄에서 말하는 '직무'라 함은 공무원이 법령상 관장하는 직무 그 자체뿐만 아니라 그 직무와 밀접한 관계가 있는 행위를 말하고, 관례상이나 사실상 소관하는 행위 및 결정자를 보좌하거나 영향을 줄 수 있는 행위는 포함하지 않는다.

③ 법령에 기한 임명권자에 의하여 임용되어 공무에 종사하여 온 사람이 나중에 그가 임용결격자이었음이 밝혀져 당초의 임용행위가 무효라고 하더라도, 그가 임용행위라는 외관을 갖추어 실제로 공무를 수행한 이상, 그가 그 직무에 관하여 뇌물을 수수한 때에는 수뢰죄로 처벌할 수 있다.

④ 뇌물공여죄가 성립하기 위하여는 뇌물을 공여하는 행위와 상대방 측에서 금전적으로 가치가 있는 그 물품 등을 받아들이는 행위가 필요할 뿐 반드시 상대방 측에서 뇌물수수죄가 성립하여야 함을 뜻하는 것은 아니다.

해설 > ① ○ 대판 2000도2251 판결

공무원이 뇌물로 투기적 사업에 참여할 기회를 제공받은 경우, 뇌물수수죄의 기수 시기는 투기적 사업에 참여하는 행위가 종료된 때로 보아야 하며, 그 행위가 종료된 후 경제사정의 변동 등으로 인하여 당초의 예상과는 달리 그 사업 참여로 인한 아무런 이득을 얻지 못한 경우라도 뇌물수수죄의 성립에는 아무런 영향이 없다.

② × 대판 98도3584 판결

뇌물죄에 있어서의 직무라 함은 공무원이 법령상 관장하는 직무 그 자체뿐만 아니라 그 직무와 밀접한 관계가 있는 행위 또는 관례상이나 사실상 소관하는 직무행위 및 결정권자를 보좌하거나 영향을 줄 수 있는 직무행위도 포함된다.

③ ○ 대판 2013도11357 판결

④ ○ 대판 2005도4737 판결

뇌물공여죄가 성립하기 위하여는 뇌물을 공여하는 행위와 상대방측에서 금전적으로 가치가 있는 그 물품 등을 받아들이는 행위가 필요할 뿐 반드시 상대방측에서 뇌물수수죄가 성립하여야 함을 뜻하는 것은 아니다.

제133조(뇌물공여 등)

① 제129조부터 제132조까지에 기재한 뇌물을 약속, 공여 또는 공여의 의사를 표시한 자는 5년 이하의 징역 또는 2천만원 이하의 벌금에 처한다.

② 제1항의 행위에 제공할 목적으로 제3자에게 금품을 교부한 자 또는 그 사정을 알면서 금품을 교부받은 제3자도 제1항의 형에 처한다.

정답 ②

11 뇌물죄에 대한 설명으로 가장 적절하지 않은 것은? (다툼이 있는 경우 판례에 의함)

〈22. 경찰승진〉

① 공무원과 공동정범 관계에 있는 비공무원이 뇌물을 받은 경우, 비공무원은 제3자 뇌물수수죄에서 말하는 제3자가 될 수 없다.

② 공무원들이 공모하여 특별사업비를 횡령하고 이를 공범자끼리 수수한 행위가 공동정범들 사이의 범행에 의하여 취득한 돈을 내부적으로 분배한 것에 지나지 않는다면 별도로 그 돈의 수수 행위에 관하여 뇌물죄가 성립하는 것은 아니다.

③ 공무원 甲이 A에게 2,000만 원을 뇌물로 요구하였으나 A가 이를 즉각 거부한 경우에는 요구한 금품이 특정되었으므로, 甲으로부터 2,000만 원을 몰수하여야 한다.

④ 공무원이 뇌물을 수수함에 있어 공여자를 기망한 경우에도 뇌물수수죄 및 뇌물공여죄의 성립에는 영향이 없다.

해설 > ① ○ 대판 2018도2738 전원합의체 판결
공무원이 아닌 사람(이하 '비공무원'이라 한다)이 공무원과 공동가공의 의사와 이를 기초로 한 기능적 행위지배를 통하여 공무원의 직무에 관하여 뇌물을 수수하는 범죄를 실행하였다면 공무원이 직접 뇌물을 받은 것과 동일하게 평가할 수 있으므로 공무원과 비공무원에게 형법 제129조 제1항에서 정한 뇌물수수죄의 공동정범이 성립한다. ⇒ 형법 제33조 반드시 기억

제33조(공범과 신분) 신분이 있어야 성립되는 범죄에 신분 없는 사람이 가담한 경우에는 그 신분 없는 사람에게도 제30조부터 제32조까지의 규정을 적용한다. 다만, 신분 때문에 형의 경중이 달라지는 경우에 신분이 없는 사람은 무거운 형으로 벌하지 아니한다.

② ○ 대판 2019도11766 판결
국정원장들은 특별사업비 집행 과정에서 직접 사용처, 지급시기와 지급할 금액을 확정함으로써 지출원인행위를 수행할 뿐만 아니라 특별사업비를 실제로 지출하도록 함으로써 자금지출행위에도 관여하는 등 회계관계업무에 해당하는 지출원인행위와 자금지출행위를 실질적으로 처리하였다. 따라서 국정원장들은 업무의 실질에 있어 회계관계직원 등의 책임에 관한 법률 제2조 제1호 (카)목에서 정한 '그 밖에 국가의 회계사무를 처리하는 사람'에 해당하여 회계관계직원에 해당한다고 보아야 한다...횡령 범행으로 취득한 돈을 공범자끼리 수수한 행위가 공동정범들 사이의 범행에 의하여 취득한 돈을 공모에 따라 내부적으로 분배한 것에 지나지 않는다면 별도로 그 돈의 수수행위에 관하여 뇌물죄가 성립하는 것은 아니다. 그와 같이 수수한 돈의 성격을 뇌물로 볼 것인지 횡령금의 분배로 볼 것인지 여부는 돈을 공여하고 수수한 당사자들의 의사, 수수된 돈의 액수, 횡령 범행과 수수행위의 시간적 간격, 수수한 돈이 횡령한 그 돈인지 여부, 수수한 장소와 방법 등을 종합적으로 고려하여 객관적으로 평가하여 판단하여야 한다.
③ × 대판 2015도12838 판결
피고인이 2014.6.23. 공소외 1에게 요구한 500만 원과 2014.2.8. 공소외 2에게 요구한 2,300만 원이 모두 뇌물요구죄에 있어서의 뇌물에 해당한다고 인정한 것이 정당하다고 보아 이를 그대로 유지하였다. 관련 법리와 원심 및 제1심이 적법하게 채택한 증거들에 비추어 살펴보면, 원심의 위와 같은 조치는 정당하고 거기에 상고이유 주장과 같이 논리와 경험의 법칙을 위반하여 자유심증주의의 한계를 벗어나 사실을 잘못 인정하거나, 뇌물요구죄의 법리를 오해하는 등의 잘못이 없다.
형법 제134조는 뇌물에 공할 금품을 필요적으로 몰수하고 이를 몰수하기 불가능한 때에는 그 가액을 추징하도록 규정하고 있는바, 몰수는 특정된 물건에 대한 것이고 추징은 본래 몰수할 수 있었음을 전제로 하는 것임에 비추어 뇌물에 공할 금품이 특정되지 않았던 것은 몰수할 수 없고 그 가액을 추징할 수도 없다(대법원 1996.5.8. 선고 96도221 판결 참조).
④ ○ 대판 2015도12838 판결
뇌물을 수수함에 있어서 공여자를 기망한 점이 있다 하여도 뇌물수수죄, 뇌물공여죄의 성립에는 영향이 없고(대법원 1985.2.8. 선고 84도2625 판결 참조), 이 경우 뇌물을 수수한 공무원에 대하여는 한 개의 행위가 뇌물죄와 사기죄의 각 구성요건에 해당하므로 형법 제40조에 의하여 상상적 경합으로 처단하여야 할 것이다(대판 77도1069판결).

정답 ③

12 수뢰죄에 대한 설명으로 옳지 않은 것은? (다툼이 있는 경우 판례에 의함)

〈22. 7급공채〉

① 공무원이 직무와 관련하여 뇌물수수를 약속하고 퇴직 후 이를 수수한 경우, 뇌물약속과 뇌물수수가 시간상으로 근접하여 연속되어 있다고 하더라도 뇌물수수죄는 성립하지 않는다.

② 공무원이 비공무원과 모의하여 그 직무와 관련하여 금품이나 이익을 수수함으로써 그 전부에 관하여 뇌물수수죄의 공동정범이 성립하였다면 뇌물의 성질상 비공무원이 사용하거나 소비할 것이라고 하더라도 이러한 사정은 뇌물수수죄가 성립하는 데 영향이 없다.

③ 뇌물공여자가 오로지 공무원을 함정에 빠뜨릴 의사로 직무와 관련되었다는 형식을 빌려 그 공무원에게 금품을 공여하였다면 공무원이 그 금품을 직무와 관련하여 수수한다는 의사를 가지고 받았더라도 뇌물수수죄가 성립하지 않는다.

④ 뇌물수수자가 법률상 소유권 취득의 요건을 갖추지 않았더라도 뇌물로 제공된 물건에 대한 점유를 취득하고 뇌물공여자 또는 법률상 소유자로부터 반환을 요구받지 않는 관계에 이른 경우에는 그 물건에 대한 실질적인 사용·처분권한을 갖게 되어 그 물건 자체를 뇌물로 받은 것으로 보아야 한다.

해설 ① ○ 대판 2007도5190 판결
공무원이 직무와 관련하여 뇌물수수를 약속하고 퇴직 후 이를 수수하는 경우, 뇌물약속죄 및 사후수뢰죄가 성립할 뿐 뇌물수수죄는 성립하지 않는다고 한 사례.
② ○ 아래 판례 참조 ★★★ 중요판례

판례

〈대판 2018도2738 전원합의체 판결〉

신분관계가 없는 사람이 신분관계로 인하여 성립될 범죄에 가공한 경우에는 신분관계가 있는 사람과 공범이 성립한다(형법 제33조 본문 참조). 이 경우 신분관계가 없는 사람에게 공동가공의 의사와 이에 기초한 기능적 행위지배를 통한 범죄의 실행이라는 주관적·객관적 요건이 충족되면 공동정범으로 처벌한다. 공동가공의 의사는 공동의 의사로 특정한 범죄행위를 하기 위하여 일체가 되어 서로 다른 사람의 행위를 이용하여 자기의 의사를 실행에 옮기는 것을 내용으로 한다. 따라서 공무원이 아닌 사람(이하 '비공무원'이라 한다)이 공무원과 공동가공의 의사와 이를 기초로 한 기능적 행위지배를 통하여 공무원의 직무에 관하여 뇌물을 수수하는 범죄를 실행하였다면 공무원이 직접 뇌물을 받은 것과 동일하게 평가할 수 있으므로 공무원과 비공무원에게 형법 제129조 제1항에서 정한 뇌물수수죄의 공동정범이 성립한다.

③ × 대판 2007도10804 판결
뇌물공여죄와 뇌물수수죄는 필요적 공범관계에 있다고 할 것이나, 필요적 공범이라는 것은 법률상 범죄의 실행이 다수인의 협력을 필요로 하는 것을 가리키는 것으로서 이러한 범죄의 성립에는 행위의 공동을 필요로 하는 것에 불과하고 반드시 협력자 전부가 책임이 있음을 필요로 하는 것은 아니므로, 오로지 공무원을 함정에 빠뜨릴 의사로 직무와 관련되었다는 형식을 빌려 그 공무원에게 금품을 공여한 경우에도 공무원이 그 금품을 직무와 관련하여 수수한다는 의사를 가지고 받아들이면 뇌물수수죄가 성립한다.
④ ○ 대판 2018도2738 전원합의체 판결
뇌물수수자가 뇌물공여자에 대한 내부관계에서 물건에 대한 실질적인 사용·처분권한을 취득하였으나 뇌물수수 사실을 은닉하거나 뇌물공여자가 계속 그 물건에 대한 비용 등을 부담하기 위하여 소유권 이전의 형식적 요건을 유보하는 경우에는 뇌물수수자와 뇌물공여자 사이에서는 소유권을 이전받은 경우와 다르지 않으므로 그 물건을 뇌물로 수수하고 공여하였다고 보아야 한다. 뇌물수수자가 교부받은 물건을 뇌물공여자에게 반환할 것이 아니므로 뇌물수수자에게 영득의 의사도 인정되고, 뇌물공여자가 교부한 물건을 뇌물수수자로부터 반환받을 것이 아니므로 뇌물공여자에게 고의도 인정된다.

정답 ③

13 뇌물죄에 대한 설명으로 가장 적절하지 않은 것은? (다툼이 있는 경우 판례에 의함)

〈22. 경찰간후〉

① 뇌물을 요구하여 증뢰자가 제공하는 뇌물을 영득의 의사로 수령하였으나 그 액수가 예상한 것보다 너무 많은 액수여서 후에 예상을 초과한 액수를 반환하였다면 반환한 부분에 대해서는 뇌물죄가 성립하지 않는다.

② 뇌물죄에서 뇌물의 내용인 이익이라 함은 금전, 물품 기타의 재산적 이익뿐만 아니라 사람의 수요·욕망을 충족시키기에 족한 일체의 유형·무형의 이익을 포함하며 성적 욕구의 충족도 포함될 수 있다.

③ 타인을 기망하여 뇌물을 수수한 경우, 뇌물을 수수한 공무원에 대하여는 뇌물죄와 사기죄의 상상적 경합범이 성립한다.

④ 뇌물죄에서 말하는 '직무'에는 과거에 담당하였거나 장래에 담당할 직무 외에 사무분장에 따라 현실적으로 담당하지 않는 직무라도 법령상 일반적인 직무권한에 속하는 직무 등 공무원이 그 직위에 따라 공무로 담당할 일체의 직무를 포함한다.

해설> ① × 대판 2006도9182 판결
먼저 뇌물을 요구하여 증뢰자가 제공하는 돈을 받았다면 피고인에게는 받은 돈 전부에 대한 영득의 의사가 인정된다고 하지 않을 수 없고, 이처럼 영득의 의사로 뇌물을 수령한 이상 그 액수가 피고인이 예상한 것보다 너무 많은 액수여서 후에 이를 반환하였다고 하더라도 뇌물죄의 성립에는 영향이 없다.
② ○ 대판 2013도13937 판결

③ ○ 대판 2015도12838 판결
뇌물을 수수할 때 공여자를 기망한 경우, 뇌물수수죄, 뇌물공여죄가 성립하는지 여부(적극) 및 이때 뇌물을 수수한 공무원의 죄책(=뇌물죄와 사기죄의 상상적 경합범)
④ ○ 대판 2003도1060 판결

정답 ①

14 공무원의 직무에 관한 죄에 대한 설명으로 가장 적절하지 않은 것은? (다툼이 있는 경우 판례에 의함) 〈21. 경찰공채 2차〉

① (구)해양수산부 해운정책과 소속 공무원이 해운회사의 대표이사에게 중국의 선박운항 허가 담당부서가 관장하는 중국 국적선사의 선박에 대한 운항허가를 받을 수 있도록 노력해 달라는 부탁을 받고 돈을 받은 경우에는 직무관련성이 없어 뇌물수수죄가 성립하지 아니한다.

② 국회의원이 대한치과의사협회로부터 요청받은 자료를 제공하고 그 대가로서 후원금 명목으로 금원 1,000만 원을 교부받은 경우에는 직무관련성이 있어 뇌물수수죄가 성립한다.

③ 공무원이 어촌계장에게 선물을 받을 명단을 보내 자신의 이름으로 새우젓을 택배로 발송하게 하고, 그 대금을 지급하지 않는 방법으로 직무에 관하여 뇌물을 받은 경우에는 공여자와 수뢰자 사이에 직접 금품이 수수되지 않았더라도 뇌물공여죄 및 뇌물수수죄가 성립한다.

④ 공무원이 직무의 대상이 되는 사람으로부터 사교적 의례의 형식을 빌어 금품을 주고 받은 것이 개인적인 친분관계가 있어서 교분상의 필요에 의한 것이라고 명백하게 인정할 수 있는 경우라도 직무관련성이 있어 뇌물공여죄 및 뇌물수수죄가 성립한다.

해설> ① ○ 대판 2009도2453 판결
② ○ 대판 2008도8852 판결
③ ○ 대판 2017도12389 판결
④ × 대판 2017도19499 판결
공무원이 그 직무의 대상이 되는 사람으로부터 금품 기타 이익을 받은 때에는 그것이 그 사람이 종전에 공무원으로부터 접대 또는 수수한 것을 갚는 것으로서 사회상규에 비추어 볼 때 의례상 대가에 불과한 것이라고 여겨지거나, 개인적인 친분관계가 있어서 교분상 필요에 의한 것이라고 명백하게 인정할 수 있는 경우 등 특별한 사정이 없는 한 직무와 관련성이 있다고 볼 수 있다.

정답 ④

15 뇌물죄에 대한 설명으로 가장 적절하지 않은 것은? (다툼이 있는 경우 판례에 의함)

〈21. 경찰공채 1차〉

① 뇌물죄에서 말하는 '직무'에는 결정권자를 보좌하거나 영향을 줄 수 있는 직무행위 뿐만 아니라, 관례상이나 사실상 소관하는 직무행위도 포함된다.

② 알선뇌물요구죄가 성립하기 위하여는 알선행위가 장래의 것이라도 무방하므로 뇌물을 요구할 당시 반드시 상대방에게 알선에 의하여 해결을 도모해야 할 현안이 존재하여야 할 필요는 없다.

③ 공무원이 장래에 담당할 직무에 대한 대가로 이익을 수수한 경우에도 뇌물수수죄가 성립할 수 있지만, 이익을 수수할 당시 장래에 담당할 직무에 속하는 사항이 그 수수한 이익과 관련된 것임을 확인할 수 없을 정도로 막연하고 추상적이거나, 장차 그 수수한 이익과 관련지을 만한 직무권한을 행사할지 자체도 알 수 없다면, 그 이익이 장래에 담당할 직무에 관하여 수수되었다고는 단정하기 어렵다.

④ 공무원이 직무와 관련하여 뇌물수수를 약속하고 퇴직 후 이를 수수하였다면, 뇌물약속과 뇌물수수 사이의 시간적 근접 여부를 불문하고 뇌물수수죄가 성립한다.

해설 ① ○ 대판 2010도17797 판결
② ○ 대판 2017도12346 판결
③ ○ 대판 2017도12346 판결
④ × 대판 2007도5190 판결
뇌물수수죄는 공무원 또는 중재인이 그 직무에 관하여 뇌물을 수수한 때에 성립하는 것이어서 그 주체는 현재 공무원 또는 중재인의 직에 있는 자에 한정되므로, 공무원이 직무와 관련하여 뇌물수수를 약속하고 퇴직 후 이를 수수하는 경우에는, 뇌물약속과 뇌물수수가 시간적으로 근접하여 연속되어 있다고 하더라도, 뇌물약속죄 및 사후수뢰죄가 성립할 수 있음은 별론으로 하고, 뇌물수수죄는 성립하지 않는다.

정답 ④

16 뇌물죄에 관한 다음 설명 중 가장 옳지 않은 것은? (다툼이 있는 경우 판례에 의함)

〈22. 법원9급〉

① 뇌물죄에서 뇌물의 내용인 이익이라 함은 금전, 물품 기타의 재산적 이익뿐만 아니라 사람의 수요 욕망을 충족시키기에 족한 일체의 유형, 무형의 이익을 포함한다고 해석되고, 투기적 사업에 참여할 기회를 얻는 것도 이에 해당한다.

② 공무원이 뇌물로 투기적 사업에 참여할 기회를 제공받은 경우, 뇌물수수죄는 공무원이 투기적 사업에 참여하면 기수가 되고, 해당 사업 참여행위가 종료되었는지 여부는 범죄성립과는 관련이 없다.

③ 단일하고도 계속된 범의 아래 일정 기간 반복하여 일련의 뇌물수수 행위와 부정한 행위가 행하여졌고 그 뇌물수수 행위와 부정한 행위 사이에 인과관계가 인정되며 피해법익도 동일하다면, 수뢰후부정처사죄의 포괄일죄가 성립한다.

④ 임용결격자라는 사실이 사후적으로 밝혀져 임용행위가 무효로 된 경우라 하더라도, 그가 임용행위라는 외관을 갖추어 실제로 공무를 수행한 이상 이러한 사람은 형법 제129조에서 규정한 공무원으로 봄이 타당하고, 그가 그 직무에 관하여 뇌물을 수수한 때에는 수뢰죄로 처벌할 수 있다.

해설> ① ○ 대판 2000도2251 판결

뇌물죄에서 뇌물의 내용인 이익이라 함은 금전, 물품 기타의 재산적 이익뿐만 아니라 사람의 수요 욕망을 충족시키기에 족한 일체의 유형, 무형의 이익을 포함한다고 해석되고, 투기적 사업에 참여할 기회를 얻는 것도 이에 해당한다.

② × 위와 같은 판례 ★★ 중요판례

공무원이 뇌물로 투기적 사업에 참여할 기회를 제공받은 경우, 뇌물수수죄의 기수 시기는 투기적 사업에 참여하는 행위가 종료된 때로 보아야 하며, 그 행위가 종료된 후 경제사정의 변동 등으로 인하여 당초의 예상과는 달리 그 사업 참여로 인한 아무런 이득을 얻지 못한 경우라도 뇌물수수죄의 성립에는 아무런 영향이 없다.

③ ○ 대판 2020도12103 판결 ★★ 중요판례

단일하고도 계속된 범의 아래 일정 기간 반복하여 일련의 뇌물수수 행위와 부정한 행위가 행하여졌고 뇌물수수 행위와 부정한 행위 사이에 인과관계가 인정되며 피해법익도 동일한 경우, 최후의 부정한 행위 이후에 저질러진 뇌물수수 행위도 최후의 부정한 행위 이전의 뇌물수수 행위 및 부정한 행위와 함께 수뢰후부정처사죄의 포괄일죄로 처벌하여야 하는지 여부(적극)

④ ○ 대판 2013도11357 판결

임명권자에 의하여 임용되어 공무에 종사하여 온 사람이 나중에 그가 임용결격자이었음이 밝혀져 당초의 임용행위가 무효라고 하더라도, 그가 임용행위라는 외관을 갖추어 실제로 공무를 수행한 이상 공무수행의 공정과 그에 대한 사회의 신뢰 및 직무행위의 불가매수성은 여전히 보호되어야 한다. 따라서 이러한 사람은 형법 제129조에서 규정한 공무원으로 봄이 타당하고, 그가 그 직무에 관하여 뇌물을 수수한 때에는 수뢰죄로 처벌할 수 있다.

정답 ②

제2장 공무방해 관련 범죄(공무집행방해 등)

01 공무집행방해죄에 관한 다음 설명 중 가장 옳지 않은 것은? (다툼이 있는 경우 판례에 의함) 〈22. 법원9급〉

① 공무집행방해죄의 고의는 상대방이 직무를 집행하는 공무원이라는 사실 및 이에 대하여 폭행 또는 협박을 한다는 사실을 인식하는 것을 내용으로 하지만, 그 직무집행을 방해할 의사는 필요로 하지 않는다.

② 민사소송을 제기함에 있어 피고의 주소를 허위로 기재하여 법원공무원으로 하여금 변론기일소환장 등을 허위주소로 송달케 하였다는 사실만으로는 바로 위계에 의한 공무집행방해죄가 성립하지 않는다.

③ 범죄행위로 인하여 강제출국당한 전력이 있는 사람이 외국주재 한국영사관에 허위의 호구부 및 외국인등록신청서 등을 제출하여 사증 및 외국인등록증을 발급받았다면 위계에 의한 공무집행방해죄가 성립한다.

④ 甲이 자신을 현행범 체포하려는 경찰관에 대항하여 경찰관을 폭행하였는데, 사후에 甲이 범인으로 인정되지 아니하였다면, 甲은 최소한 공무집행방해죄의 죄책을 지지는 않는다.

해설> ① ○ 대판 94도1949 판결 ★★★ 중요판례

공무집행방해죄에 있어서의 범의는 상대방이 직무를 집행하는 공무원이라는 사실, 그리고 이에 대하여 폭행 또는 협박을 한다는 사실을 인식하는 것을 그 내용으로 하고, 그 인식은 불확정적인 것이라도 소위 미필적 고의가 있다고 보아야 하며, 그 직무집행을 방해할 의사를 필요로 하지 아니하고 이와 같은 범의는 피고인이 이를 자백하고 있지 않고 있는 경우에는 그것을 입증함에 있어서는 사물의 성질상 고의와 상당한 관련성이 있는 간접사실을 증명하는 방법에 의할 수밖에 없는 것이나, 그때에 무엇이 상당한 관련성이 있는 간접사실에 해당할 것인가는 정상적인 경험칙에 바탕을 두고 치밀한 관찰력이나 분석력에 의하여 사실의 연결상태를 합리적으로 판단하는 것 외에 다른 방법은 없다.

② ○ 대판 96도312 판결 ★★

민사소송을 제기함에 있어 피고의 주소를 허위로 기재하여 법원공무원으로 하여금 변론기일소환장 등을 허위주소로 송달케 하였다는 사실만으로는 이로 인하여 법원공무원의 구체적이고 현실적인 어떤 직무집행이 방해되었다고 할 수는 없으므로, 이로써 바로 위계에 의한 공무집행방해죄가 성립한다고 볼 수는 없다.

③ ○ 대판 2010도14696 판결 ★★

불법체류를 이유로 강제출국 당한 중국 동포인 피고인이 중국에서 이름과 생년월일을 변경한 호구부(戶口簿)를 발급받아 중국 주재 대한민국 총영사관에 제출하여 입국사증을 받은 다음, 다시 입국하여 외국인등록증을 발급받고 귀화허가신청서까지 제출한 사안에서, 피고인에게 각 '위계에 의한 공무집행방해죄'를 인정한 원심판단을 수긍한 사례.

④ × 대판 2011도4763 판결 ★★
공무집행방해죄는 공무원의 적법한 공무집행이 전제로 되는데, 추상적인 권한에 속하는 공무원의 어떠한 공무집행이 적법한지 여부는 행위 당시의 구체적 상황에 기하여 객관적 · 합리적으로 판단하여야 하고 사후적으로 순수한 객관적 기준에서 판단할 것은 아니다. 마찬가지로 현행범 체포의 적법성은 체포 당시의 구체적 상황을 기초로 객관적으로 판단하여야 하고, 사후에 범인으로 인정되었는지에 의할 것은 아니다.

정답 ④

02 다음 중 가장 옳지 않은 것은? (다툼이 있는 경우 판례에 의함) 〈22. 해경[경장]〉

① 검사 甲이 참고인조사를 받는 줄 알고 검찰청에 자진출석한 변호사 사무실 사무장을 합리적 근거 없이 긴급체포하려고 하자 그의 변호사 乙이 이를 제지하는 과정에서 甲에게 상해를 가하였다. 이 경우 乙에게 공무집행방해죄는 성립하지 않는다.

② 피고인이 노조원들과 함께 경찰관인 피해자들이 파업투쟁 중인 공장에 진입할 경우에 대비하여 그들의 부재중에 미리 윤활유나 철판조각을 바닥에 뿌려놓은 것에 불과하고, 위 피해자들이 이에 미끄러져 넘어지거나 철판조각에 찔려 다쳤다는 것에 지나지 않는다면 폭행에 해당하는 것으로 볼 수 없다.

③ 위계에 의한 공무집행방해죄에서의 공무원의 직무집행이란 법령의 위임에 따른 공무원의 적법한 직무집행인 이상, 공권력의 행사를 내용으로 하는 권력적 작용뿐만 아니라 사경제 주체로서의 활동을 비롯한 비권력적 작용도 포함된다.

④ 공무집행방해죄에 있어서의 공무집행이라 함은 그 행위가 공무원의 추상적 권한에 속하면 되고 구체적 직무집행에 관한 법률상 요건과 방식을 갖출 필요는 없다.

해설 > ① ○ 대판 2006도148 판결 ★★

판례

〈판례요지〉

[1] 긴급체포는 영장주의원칙에 대한 예외인 만큼 형사소송법 제200조의3 제1항의 요건을 모두 갖춘 경우에 한하여 예외적으로 허용되어야 하고, 요건을 갖추지 못한 긴급체포는 법적 근거에 의하지 아니한 영장 없는 체포로서 위법한 체포에 해당하는 것이고, 여기서 긴급체포의 요건을 갖추었는지 여부는 사후에 밝혀진 사정을 기초로 판단하는 것이 아니라 체포 당시의 상황을 기초로 판단하여야 하고, 이에 관한 검사나 사법경찰관 등 수사주체의 판단에는 상당한 재량의 여지가 있다고 할 것이나, 긴급체포 당시의 상황으로 보아서도 그 요건의 충족 여부에 관한 검사나 사법경찰관의 판단이 경험칙에 비추어 현저히 합리성을 잃은 경우에는 그 체포는 위법한 체포라 할 것이다.

[2] 형법 제136조가 규정하는 공무집행방해죄는 공무원의 직무집행이 적법한 경우에 한하여 성립하고, 여기서 적법한 공무집행은 그 행위가 공무원의 추상적 권한에 속할 뿐 아니라 구체적 직무집행에 관한 법률상 요건과 방식을 갖춘 경우를 가리키므로, 검사나 사법경찰관이 수사기관에 자진출석한 사람을 긴급체포의 요건을 갖추지 못하였음에도 실력으로 체포하려고 하였다면 적법한 공무집행이라고 할 수 없고, 자진출석한 사람이 검사나 사법경찰관에 대하여 이를 거부하는 방법으로써 폭행을 하였다고 하여 공무집행방해죄가 성립하는 것은 아니다.

제200조의3(긴급체포)

① 검사 또는 사법경찰관은 피의자가 사형 · 무기 또는 장기 3년 이상의 징역이나 금고에 해당하는 죄를 범하였다고 의심할 만한 상당한 이유가 있고, 다음 각 호의 어느 하나에 해당하는 사유가 있는 경우에 긴급을 요하여 지방법원판사의 체포영장을 받을 수 없는 때에는 그 사유를 알리고 영장없이 피의자를 체포할 수 있다. 이 경우 긴급을 요한다 함은 피의자를 우연히 발견한 경우등과 같이 체포영장을 받을 시간적 여유가 없는 때를 말한다.

1. 피의자가 증거를 인멸할 염려가 있는 때
2. 피의자가 도망하거나 도망할 우려가 있는 때

② ○ 대판 2010도7412 판결 ★★★ 중요판례

피고인 등이 미리 바닥에 뿌려놓은 윤활유에 미끄러져 넘어지거나 미리 뿌려놓은 철판조각에 찔려 다쳤다는 것에 지나지 아니하는바, 피고인 등이 위 윤활유나 철판조각을 위 각 피해자들의 면전에서 그들의 공무집행을 방해할 의도로 뿌린 것이라는 등의 특별한 사정이 있는 경우는 별론으로 하고, 단순히 위 피해자 등이 위 공장에 진입할 경우에 대비하여 그들의 부재 중에 미리 뿌려 놓은 것에 불과하다면, 이를 가리켜 위 피해자들에 대한 유형력의 행사, 즉 폭행에 해당하는 것으로 볼 수 없다고 할 것이다.

③ ○ 대판 2001도6349 판결 ★★

위계에 의한 공무집행방해죄는 행위목적을 이루기 위하여 상대방에게 오인, 착각, 부지를 일으키게 하여 이를 이용함으로써 법령에 의하여 위임된 공무원의 적법한 직무에 관하여 그릇된 행위나 처분을 하게 하는 경우에 성립하고, 여기에서 공무원의 직무집행이란 법령의 위임에 따른 공무원의 적법한 직무집행인 이상 공권력의 행사를 내용으로 하는 권력적 작용뿐만 아니라 사경제주체로서의 활동을 비롯한 비권력적 작용도 포함되는 것으로 봄이 상당하다.

④ × 대판 2018도2993 판결
공무집행방해죄는 공무원의 적법한 공무집행이 전제로 된다 할 것이고, 그 공무집행이 적법하기 위하여는 그 행위가 당해 공무원의 추상적 직무권한에 속할 뿐 아니라 구체적으로도 그 권한 내에 있어야 하며 또한 직무행위로서의 중요한 방식을 갖추어야 한다. 추상적인 권한에 속하는 공무원의 어떠한 공무집행이 적법한지는 행위 당시의 구체적 상황에 기초를 두고 객관적·합리적으로 판단해야 하고, 사후적으로 순수한 객관적 기준에서 판단할 것은 아니다.

정답 ④

03 공무방해에 관한 죄에 대한 설명으로 가장 적절하지 않은 것은? (다툼이 있는 경우 판례에 의함)

〈22. 경찰승진〉

① 위계공무집행방해죄의 직무집행이란 법령의 위임에 따른 공무원의 권력적 작용을 의미하며, 사경제주체로서의 활동을 비롯한 비권력적 작용은 이에 포함되지 않는다.

② 경찰관 A가 도로를 순찰하던 중 벌금 미납으로 지명수배된 甲과 조우하게 되어 형집행장 발부 사실은 고지하지 않은 채 노역장 유치의 집행을 위하여 甲을 구인하려하자, 甲이 이에 저항하여 A의 가슴을 양손으로 수차례 밀친 경우에는 공무집행 방해죄가 성립하지 않는다.

③ 피의자 등이 적극적으로 허위의 증거를 조작하여 제출하고 그 증거 조작의 결과 수사기관이 그 진위에 관하여 나름대로 충실한 수사를 하더라도 제출된 증거가 허위임을 발견하지 못할 정도에 이르렀다면 위계공무집행방해죄가 성립한다.

④ 위계가 공무원의 구체적인 직무집행을 저지하거나 현실적으로 곤란하게 하는 데까지는 이르지 않은 경우에는 위계공무집행 방해죄로 처벌되지 아니한다.

해설 > ① ×
② ○ 대판 2017도9458 판결
A가 피고인을 구인하는 과정에서 형집행장이 발부되어 있는 사실은 고지하지 않았던 사정에 비추어 A의 위와 같은 직무집행은 적법한 직무집행에 해당한다고 할 수 없다.
③ ○ 대판 2018도18646 판결 ★★★ 중요판례
피의자 등이 수사기관에 대하여 허위사실을 진술하거나 피의사실 인정에 필요한 증거를 감추고 허위의 증거를 제출하였더라도, 수사기관이 충분한 수사를 하지 않은 채 이와 같은 허위의 진술과 증거만으로 증거의 수집·조사를 마쳤다면, 이는 수사기관의 불충분한 수사에 의한 것으로서 피의자 등의 위계에 의하여 수사가 방해되었다고 볼 수 없어 위계에 의한 공무집행방해죄가 성립된다고 할 수 없다. 그러나 피의자 등이 적극적으로 허위의 증거를 조작하여 제출하고 그 증거 조작의 결과 수사기관이 그 진위에 관하여 나름대로 충실한 수사를 하더라도 제출된 증거가 허위임을 발견하지 못할 정도에 이르렀다면, 이는 위계에 의하여 수사기관의 수사행위를 적극적으로 방해한 것으로서 위계공무집행방해죄가 성립된다.

④ ○ 대판 2018도18582 판결,2017도2583 판결
위계에 의한 공무집행방해죄에서 위계란 행위자의 행위목적을 이루기 위하여 상대방에게 오인, 착각, 부지를 일으키게 하여 그 오인, 착각, 부지를 이용하는 것을 말하는 것으로 상대방이 이에 따라 그릇된 행위나 처분을 하여야만 이 죄가 성립하는 것이고, 만약 범죄행위가 구체적인 공무집행을 저지하거나 현실적으로 곤란하게 하는 데까지는 이르지 아니하고 미수에 그친 경우에는 위계에 의한 공무집행방해죄로 처벌할 수 없다. – 피고인이 허위사실이 기재된 귀화허가신청서를 담당공무원에게 제출하여 그에 따라 귀화허가업무를 담당하는 행정청이 그릇된 행위나 처분을 하여야만 위계에 의한 공무집행방해죄가 기수 및 종료에 이른다고 할 것이고, 한편 단지 허위사실이 기재된 귀화허가신청서를 제출하여 접수되게 한 사정만으로는 구체적인 직무집행을 저지하거나 현실적으로 곤란하게 하는 데까지 이르렀다고 단정할 수 없다.

정답 ①

04 공무방해에 관한 죄에 대한 설명으로 옳지 않은 것은? (다툼이 있는 경우 판례에 의함)

〈22. 7급공채〉

① 노조원들이 파업투쟁 중인 공장에 경찰관들이 진입할 것에 대비하여 경찰관들의 부재중에 미리 윤활유나 철판 조각을 바닥에 뿌려 놓은 경우, 그 후 공장에 진입하던 경찰관들이 이로 인해 미끄러져 넘어지거나 철판 조각에 찔려 다쳤다고 하더라도 특수공무집행방해치상죄가 성립하지 않는다.

② 절도범인이 체포를 면탈할 목적으로 경찰관에게 폭행을 가한 때에는 준강도죄와 공무집행방해죄를 구성하고 양 죄는 상상적 경합 관계에 있으나, 강도범인이 체포를 면탈할 목적으로 경찰관에게 폭행을 가한 때에는 강도죄와 공무집행방해죄는 실체적 경합 관계에 있다.

③ 집행관이 법원으로부터 피신청인에 대하여 부작위를 명하는 가처분이 발령되었음을 고시하는 데 그치고 나아가 봉인 또는 물건을 자기의 점유로 옮기는 등의 구체적인 집행행위를 하지 아니한 경우, 단순히 피신청인이 가처분의 부작위명령을 위반하였다는 것만으로는 공무상표시무효죄가 성립하지 않는다.

④ 집행관이 유체동산을 가압류하면서 이를 채무자에게 보관하도록 한 경우, 채무자가 가압류된 유체동산을 제삼자에게 양도하고 그 점유를 이전한 경우라도 채무자와 양수인이 가압류된 유체동산을 원래 있던 장소에 그대로 두었다면 특별한 사정이 없는 한 공무상표시무효죄가 성립하지 않는다.

해설 ① ○ 대판 2010도7412 판결

② ○ 대판 92도917 판결 ★★

(1) 절도범인이 체포를 면탈할 목적으로 경찰관에게 폭행 협박을 가한 때에는 준강도죄와 공무집행방해죄를 구성하고 양죄는 상상적 경합 관계에 있으나,

(2) 강도범인이 체포를 면탈할 목적으로 경찰관에게 폭행을 가한 때에는 강도죄와 공무집행방해죄는 실체적 경합관계에 있고 상상적 경합 관계에 있는 것이 아니다.

③ ○ 대판 2015도20322 판결 ★★★ 중요판례

형법 제140조 제1항의 공무상표시무효죄는 공무원이 그 직무에 관하여 봉인, 동산의 압류, 부동산의 점유 등과 같은 구체적인 강제처분을 실시하였다는 표시를 손상 또는 은닉하거나 기타 방법으로 그 효용을 해함으로써 성립하는 범죄이다. 따라서 집행관이 법원으로부터 피신청인에 대하여 부작위를 명하는 가처분이 발령되었음을 고시하는 데 그치고 나아가 봉인 또는 물건을 자기의 점유로 옮기는 등의 구체적인 집행행위를 하지 아니하였다면, 단순히 피신청인이 가처분의 부작위명령을 위반하였다는 것만으로는 공무상 표시의 효용을 해하는 행위에 해당하지 아니한다(대법원 2010.9.30. 선고 2010도3364 판결 등 참조).

제140조(공무상비밀표시무효)

① 공무원이 그 직무에 관하여 실시한 봉인 또는 압류 기타 강제처분의 표시를 손상 또는 은닉하거나 기타 방법으로 그 효용을 해한 자는 5년 이하의 징역 또는 700만원 이하의 벌금에 처한다.

② 공무원이 그 직무에 관하여 봉함 기타 비밀장치한 문서 또는 도화를 개봉한 자도 제1항의 형과 같다.

④ × 대판 2015도5403 판결

집행관이 유체동산을 가압류하면서 이를 채무자에게 보관하도록 한 경우 그 가압류의 효력은 압류된 물건의 처분행위를 금지하는 효력이 있으므로, 채무자가 가압류된 유체동산을 제3자에게 양도하고 그 점유를 이전한 경우, 이는 가압류집행이 금지하는 처분행위로서, 특별한 사정이 없는 한 가압류표시 자체의 효력을 사실상으로 감쇄 또는 멸각시키는 행위에 해당한다.

정답 ④

05 다음 사례에 대한 설명 중 가장 적절하지 않은 것은? (다툼이 있는 경우 판례에 의함)

〈22. 경찰간후〉

> 사법경찰관 甲은 S자동차 공장 앞에서 이루어진 노조원들의 집회현장에서 B, C등 조합원 6명을 전투경찰대원들을 동원하여 방패로 둘러싸고 30분 내지 40분 동안 이동하지 못하게 하다가 연행하였다. 노조위원장의 요청을 받고 현장에 입회했던 변호사 乙은 이 연행이 위법한 것이라고 지속적으로 이의를 제기하였다. 잠시 후 같은 방법으로 A를 10분 동안 이동하지 못하게 하자 A는 다수의 전투경찰대원들에게 둘러쌓인 채 이의를 제기하였으나 특별한 저항은 하지 않았고, 노조와 사측 또는 노조와 경찰 사이에 급박한 대치상황도 아니었다. 경찰은 사실상 A를 체포하면서도 그 이유를 제대로 고지하지 않다가 변호사 乙의 항의를 받고 나서야 체포의 이유와 변호인선임권 등을 고지하였다. 이에 乙은 甲에게 변호사임을 밝히면서 A를 접견시켜달라고 수차례 요청하였으나 甲은 A에게 접견의사가 있는지 확인도 하지 않은 채 묵살하고 A를 연행하여 승합차에 태웠다. 乙이 A가 탑승한 승합차를 막아서서 계속하여 A와 접견을 요청하자 전투경찰대원들이 乙을 둘러싸고 밀어내면서 몸싸움이 시작되었다. 몸싸움 과정에서 乙이 방패를 잡아당기고 발로 차는 행위로 전투경찰 丙은 전치 4주의 상해를 입었고 2~3분만에 乙을 현행범으로 체포하였다. 당시 甲은 상부로부터 공무집행방해에는 엄정히 대처하라는 지침을 받은 상황이었다.

① 甲이 A를 체포하면서 이유 등을 고지하지 않고 있다가 乙의 항의를 받고서야 비로소 체포이유를 고지한 것은 체포절차를 준수하지 못한 것으로 위법하다.

② 乙이 甲에게 계속하여 접견을 요청한 것은 체포된 A의 변호인이 되려는 자로서 접견교통권을 신체구속제도 본래의 목적을 침해하지 아니하는 범위 내에서 행사한 것이고 그 한계를 일탈하지 아니하였다.

③ 甲이 乙을 현행범으로 체포한 행위는 그 체포 행위로써 乙의 접견교통권을 침해한 것으로 직권남용체포죄와 직권남용권리 행사방해죄에 해당한다.

④ 甲의 행위는 상부의 지시에 따른 것으로 적법행위 기대가능성이 없는 행위이며, 乙의 행위는 甲의 공무집행이 위법하기 때문에 공무집행방해죄는 성립하지 않으나 丙에 대한 상해죄의 죄책을 진다.

해설 ① ○, ② ○

③ ○ 대판 2013도16162 판결

체포 당시 상황을 고려하여 경험칙에 비추어 현저하게 합리성을 잃지 않은 채 판단하면 체포 요건이 충족되지 아니함을 충분히 알 수 있었는데도, 자신의 재량 범위를 벗어난다는 사실을 인식하고 그와 같은 결과를 용인한 채 사람을 체포하여 권리행사를 방해하였다면, 직권남용체포죄와 직권남용권리행사방해죄가 성립

판례

〈대판 2017도12534 판결〉 ★★ 중요판례

형법 제123조의 직권남용권리행사방해죄에서 '직권의 남용'이란 공무원이 일반적 직무권한에 속하는 사항을 불법하게 행사하는 것, 즉 형식적, 외형적으로는 직무집행으로 보이나 그 실질은 정당한 권한 이외의 행위를 하는 경우를 의미하고, 남용에 해당하는가의 판단 기준은 구체적인 공무원의 직무행위가 그 목적, 그것이 행하여진 상황에서 볼 때의 필요성·상당성 여부, 직권행사가 허용되는 법령상의 요건을 충족했는지 등의 제반 요소를 고려하여 결정하여야 한다.

제123조(직권남용)

공무원이 직권을 남용하여 사람으로 하여금 의무없는 일을 하게 하거나 사람의 권리행사를 방해한 때에는 5년 이하의 징역, 10년 이하의 자격정지 또는 1천만원 이하의 벌금에 처한다.

제124조(불법체포, 불법감금)

① 재판, 검찰, 경찰 기타 인신구속에 관한 직무를 행하는 자 또는 이를 보조하는 자가 그 직권을 남용하여 사람을 체포 또는 감금한 때에는 7년 이하의 징역과 10년 이하의 자격정지에 처한다.

② 전항의 미수범은 처벌한다.

④ × 아래 〈판례〉 참조

판례

〈대판 2013도16162 판결〉 – ○○ 자동차 ★★★ 중요판례

[1] 피고인이 피해자를 체포할 당시 따랐다는 상부의 지침은 공무집행방해에 대하여 엄정히 대처하라는 원칙을 확인한 데 불과하다고 보이고, 피고인이 현장 지휘관으로서 그 책임 아래 피해자를 현행범인으로 체포하였다는 이유로 적법행위에 대한 기대가능성이 없었다는 피고인의 주장을 배척하였다.

[2] 현행범인 체포의 요건을 갖추었는지에 관한 검사나 사법경찰관 등의 판단에는 상당한 재량의 여지가 있으나, 체포 당시 상황으로 보아도 요건 충족 여부에 관한 검사나 사법경찰관 등의 판단이 경험칙에 비추어 현저히 합리성을 잃은 경우 그 체포는 위법하다. 그리고 범죄의 고의는 확정적 고의뿐만 아니라 결과 발생에 대한 인식이 있고 이를 용인하는 의사인 이른바 미필적 고의도 포함하므로, 피고인이 인신구속에 관한 직무를 집행하는 사법경찰관으로서 체포 당시 상황을 고려하여 경험칙에 비추어 현저하게 합리성을 잃지 않은 채 판단하면 체포 요건이 충족되지 아니함을 충분히 알 수 있었는데도, 자신의 재량 범위를 벗어난다는 사실을 인식하고 그와 같은 결과를 용인한 채 사람을 체포하여 권리행사를 방해하였다면, 직권남용체포죄와 직권남용권리행사방해죄가 성립한다.

판례

〈대판 2013도2168 판결〉

공무집행방해죄는 공무원의 직무집행이 적법한 경우에 한하여 성립하고, 여기서 적법한 공무집행은 그 행위가 공무원의 추상적 권한에 속할 뿐 아니라 구체적 직무집행에 관한 법률상 요건과 방식을 갖춘 경우를 가리킨다. 경찰관이 현행범인 체포의 요건을 갖추지 못하였는데도 실력으로 현행범인을 체포하였다면 적법한 공무집행이라고 볼 수 없다.

정답 ④

06 공무집행방해에 관한 죄에 대한 설명으로 가장 적절하지 않은 것은? (다툼이 있는 경우 판례에 의함) 〈21. 경찰공채 2차〉

① 甲은 평소 집에서 심한 고성과 욕설 등으로 이웃 주민들로부터 수회에 걸쳐 112신고가 있어 왔던 사람으로, 한밤중에 甲의 집이 소란스러워 잠을 이룰 수 없다는 112신고를 받고 출동한 경찰관들이 인터폰으로 문을 열어달라고 하였으나 욕설을 하며 소란행위를 계속하였다. 이에 경찰관들이 甲을 만나기 위해 일시적으로 전기차단기를 내리자 식칼을 들고 나와 욕설을 하며 경찰관들을 향해 찌를 듯이 협박하였더라도 경찰관들의 단전조치를 적법한 공무집행으로 볼 수 없어 甲에게는 특수공무집행방해죄가 성립하지 아니한다.

② 국립대학교의 전임교원 공채심사위원인 학과장 甲이 지원자 A의 부탁을 받고 이미 논문접수가 마감된 학회지에 A의 논문이 게재되도록 돕고, 그 후 연구실적심사의 기준을 강화하자고 제안한 경우에는 설사 甲의 행위가 결과적으로는 A에게 유리한 결과가 되었다 하더라도 위계공무집행방해죄가 성립하지 아니한다.

③ 음주운전 신고를 받고 출동한 경찰관 A는 만취한 상태로 시동이 걸린 차량 운전석에 앉아있는 甲을 발견하고 음주측정을 위해 하차를 요구하였고, 甲이 차량을 운전하지 않았다고 다투자 지구대로 가서 차량 블랙박스를 확인하자고 하였다. 이에 甲이 명시적인 거부 의사표시 없이 도주하자, A가 甲을 10m 정도 추격하여 앞을 막고 제지하는 과정에서 甲이 A를 폭행하였다면 공무집행방해죄가 성립한다.

④ 甲이 허위의 매매계약서 및 영수증을 소명자료로 첨부하여 가처분 신청을 하여 법원으로부터 유체동산에 대한 가처분결정을 받은 경우에는 甲의 행위만으로 법원의 구체적이고 현실적인 어떤 직무집행이 방해되었다고 볼 수 없으므로 위계공무집행방해죄가 성립하지 아니한다.

해설 > ① × 대판 2016도19417 판결

경찰관직무집행법 제6조에 따른 경찰관의 제지 조치가 적법한 직무집행으로 평가되기 위해서는, 형사처벌의 대상이 되는 행위가 눈앞에서 막 이루어지려고 하는 것이 객관적으로 인정될 수 있는 상황이고, 그 행위를 당장 제지하지 않으면 곧 인명·신체에 위해를 미치거나 재산에 중대한 손해를 끼칠 우려가 있는 상황이어서, 직접 제지하는 방법 외에는 위와 같은 결과를 막을 수 없는 절박한 사태이어야 한다. 다만 경찰관의 제지 조치가 적법한지는 제지 조치 당시의 구체적 상황을 기초로 판단하여야 하고 사후적으로 순수한 객관적 기준에서 판단할 것은 아니다. 경찰관들의 단전조치는 적법하므로 특수공무집행방해죄가 성립한다.

제144조(특수공무방해)

① 단체 또는 다중의 위력을 보이거나 위험한 물건을 휴대하여 제136조, 제138조와 제140조 내지 전조의 죄를 범한 때에는 각조에 정한 형의 2분의 1까지 가중한다.

② 제1항의 죄를 범하여 공무원을 상해에 이르게 한 때에는 3년 이상의 유기징역에 처한다. 사망에 이르게 한 때에는 무기 또는 5년 이상의 징역에 처한다.

② ○ 대판 2007도1554 판결

국립대학교의 전임교원 공채심사위원인 학과장 甲이 지원자 乙의 부탁을 받고 이미 논문접수가 마감된 학회지에 乙의 논문이 게재되도록 돕고, 그 후 연구실적심사의 기준을 강화하자고 제안한 것은 해당 학과의 전임교원 임용 목적에 부합하는 것으로서 공정한 경우에 해당하므로 형법 제137조에서 말하는 '위계'에 해당하지 않는다.

③ ○ 대판 2020도7193 판결

④ ○ 대판 2011도17125 판결

법원은 당사자의 허위 주장 및 증거 제출에도 불구하고 진실을 밝혀야 하는 것이 그 직무이므로, 가처분 신청 시 당사자가 허위의 주장을 하거나 허위의 증거를 제출하였다 하더라도 그것만으로 법원의 구체적이고 현실적인 어떤 직무집행이 방해되었다고 볼 수 없으므로 이로써 바로 위계에 의한 공무집행방해죄가 성립한다고 볼 수 없다.

정답 ①

07 **위계에 의한 공무집행방해죄에 대한 설명이다. 아래 설명 중 옳지 않은 것은 모두 몇 개인가? (다툼이 있는 경우 판례에 의함)** 〈22. 경찰간후〉

가. 민사소송을 제기하면서 피고의 주소를 허위로 기재하여 법원공무원으로 하여금 변론기일소환장 등을 허위주소로 송달케 한 행위는 법원공무원의 구체적이고 현실적인 직무의 집행을 방해한 것으로 평가할 수 있으므로 위계에 의한 공무 집행방해죄가 성립한다.

나. 화물자동차 운송주선사업자인 피고인이 관할 행정청에 주기적으로 허가기준에 관한 사항을 신고하는 과정에서 허위 서류를 제출하는 부정한 방법으로 허가를 받은 경우 위계에 의한 공무집행방해죄가 성립하지 않는다.

다. 등기신청은 단순한 '신고'가 아니라 그 신청에 따른 등기관의 심사 및 처분을 예정하고 있는 것이므로, 등기신청인이 제출한 허위의 소명자료 등에 대하여 등기관이 나름대로 충분히 심사를 하였음에도 이를 발견하지 못하여 그 등기가 마쳐지게 되었다면 위계에 의한 공무집행방해죄가 성립할 수 있다.

라. 허위의 매매계약서 및 영수증을 소명자료로 첨부하여 가처분 신청을 하여 법원으로부터 유체동산에 대한 가처분결정을 받은 행위는 위계에 의한 공무집행방해죄에 해당한다.

마. 위계에 의한 공무집행방해죄에서 공무원의 직무집행이란 법령의 위임에 따른 공무원의 적법한 직무집행 중 공권력의 행사를 내용으로 하는 권력적 작용을 의미하고 사경제주체로서의 활동을 비롯한 비권력적 작용은 포함되지 않는다.

① 1개　　② 2개　　③ 3개　　④ 4개

해설 가. × 대판 96도312 판결 ★★

민사소송을 제기함에 있어 피고의 주소를 허위로 기재하여 법원공무원으로 하여금 변론기일소환장 등을 허위주소로 송달케 하였다는 사실만으로는 이로 인하여 법원공무원의 구체적이고 현실적인 어떤 직무집행이 방해되었다고 할 수는 없으므로, 이로써 바로 위계에 의한 공무집행방해죄가 성립한다고 볼 수는 없다.

나. ○ 대판 2010도7034 판결 ★★

화물자동차 운송주선사업자인 피고인이 관할 행정청에 주기적으로 허가기준에 관한 사항을 신고하는 과정에서 가장납입에 의하여 발급받은 허위의 예금잔액증명서를 제출하는 부정한 방법으로 허가를 받고 사업을 경영하였다고 하며 구 화물자동차 운수사업법(2008.3.21. 법률 제8979호로 전부 개정되기 전의 것, 이하 '구법'이라 한다) 위반으로 기소된 사안에서, 피고인은 이미 허가를 받은 기존의 운송주선사업에 관하여 관련 법규에 따라 주기적 신고를 한 것이지 새로이 사업의 허가를 신청한 것이 아니어서 구법 제48조 제2호의 처벌대상이 될 수 없다는 이유로, 피고인에게 무죄를 인정한 원심판단을 수긍한 사례.

다. ○ 대판 2015도17297 판결 ★★

등기신청은 단순한 '신고'가 아니라 신청에 따른 등기관의 심사 및 처분을 예정하고 있으므로, 등기신청인이 제출한 허위의 소명자료 등에 대하여 등기관이 나름대로 충분히 심사를 하였음에도 이를 발견하지 못하여 등기가 마쳐지게 되었다면 위계에 의한 공무집행방해죄가 성립할 수 있다. 등기관이 등기신청에 대하여 부동산등기법상 등기신청에 필요한 서면이 제출되었는지 및 제출된 서면이 형식적으로 진정한 것인지를 심사할 권한은 갖고 있으나 등기신청이 실체법상의 권리관계와 일치하는지를 심사할 실질적인 심사권한은 없다고 하여 달리 보아야 하는 것은 아니다.

라. × 대판 2011도17125 판결 ★★★ 중요판례

허위의 매매계약서 및 영수증을 소명자료로 첨부하여 가처분신청을 하여 법원으로부터 유체동산에 대한 가처분결정을 받은 이 사건에서, 원심은 피고인들의 공소사실 기재와 같은 행위로 인하여 법원의 가처분결정 업무의 적정성이 침해되었다고 볼 여지는 있으나 법원의 구체적이고 현실적인 어떤 직무집행이 방해되었다고 할 수는 없으므로, 피고인들의 기만적인 행위로 인하여 잘못된 가처분결정이 내려졌다는 이유만으로 바로 위계에 의한 공무집행방해죄가 성립하지는 않는다.

민사집행법 제300조(가처분의 목적)

① 다툼의 대상에 관한 가처분은 현상이 바뀌면 당사자가 권리를 실행하지 못하거나 이를 실행하는 것이 매우 곤란할 염려가 있을 경우에 한다.

② 가처분은 다툼이 있는 권리관계에 대하여 임시의 지위를 정하기 위하여도 할 수 있다. 이 경우 가처분은 특히 계속하는 권리관계에 끼칠 현저한 손해를 피하거나 급박한 위험을 막기 위하여, 또는 그 밖의 필요한 이유가 있을 경우에 하여야 한다.

마. × 대판 2001도6349 판결

위계에 의한 공무집행방해죄는 행위목적을 이루기 위하여 상대방에게 오인, 착각, 부지를 일으키게 하여 이를 이용함으로써 법령에 의하여 위임된 공무원의 적법한 직무에 관하여 그릇된 행위나 처분을 하게 하는 경우에 성립하고, 여기에서 공무원의 직무집행이란 법령의 위임에 따른 공무원의 적법한 직무집행인 이상 공권력의 행사를 내용으로 하는 권력적 작용뿐만 아니라 사경제주체로서의 활동을 비롯한 비권력적 작용도 포함되는 것으로 봄이 상당하다.

정답 ③

08 공무방해에 관한 죄에 대한 설명 중 가장 적절하지 않은 것은? (다툼이 있는 경우 판례에 의함) 〈23. 경찰승진〉

① 공무원의 직무집행이 적법한 지 여부는 행위 당시의 구체적인 상황을 토대로 객관적·합리적으로 판단해야 한다.

② 공무원의 직무수행에 대한 비판이나 시정 등을 요구하는 집회·시위 과정에서 상대방에게 고통을 줄 의도로 의사전달 수단으로서 합리적인 범위를 넘어서는 정도의 음향을 이용하였다면 공무집행방해죄의 폭행에 해당할 수 있다.

③ 음주운전을 하다가 교통사고를 야기한 후 그 형사처벌을 면하기 위해 타인의 혈액을 자신의 혈액인 것처럼 교통사고 조사경찰관에게 제출하여 감정하도록 한 경우 위계에 의한 공무집행방해죄가 성립한다.

④ 미결수용자 甲이 변호사 6명을 고용하여 총 51회에 걸쳐 변호인 접견을 가장해 변호사들로 하여금 甲의 개인적 업무와 심부름을 하도록 하고, 소송서류 외의 문서를 수수한 경우 변호인 접견업무 담당 교도관의 직무집행을 대상으로 한 위계에 의한 공무집행방해죄가 성립한다.

해설 ① ○ 대판 2021도13883 판결
② ○ 대판 2007도3584 판결
③ ○ 대판 2003도1609 판결
④ × 대판 2021도244 판결
피고인의 변호인 접견교통권 행사가 그 한계를 일탈한 규율위반행위에 해당하더라도 그 행위가 위계공무집행방해죄의 '위계'에 해당하려면 행위자가 상대방에게 오인, 착각, 부지를 일으키게 하여 그 오인, 착각, 부지를 이용함으로써 상대방이 이에 따라 그릇된 행위나 처분을 하여야만 한다. 만약 그러한 행위가 구체적인 직무집행을 저지하거나 현실적으로 곤란하게 하는 데까지는 이르지 않은 경우에는 위계에 의한 공무집행방해죄로 처벌할 수 없다. 또한 미결수용자의 변호인이 구체적으로 어떠한 변호 활동을 하는지, 실제 변호를 할 의사가 있는지 여부, 변호인이 접견에서 미결수용자와 어떤 '내용'의 서류를 주고받는지, 미결수용자가 변호인과 접견에서 어떤 대화를 나누는지는 교도관의 감시, 단속의 대상이 아니다.

정답 ④

09 공무방해의 죄에 관한 설명 중 가장 적절하지 않은 것은? (다툼이 있는 경우 판례에 의함)

〈23. 경찰공채 1차〉

① 「형법」 제136조에서 정한 공무집행방해죄는 직무를 집행하는 공무원에 대하여 폭행 또는 협박한 경우에 성립하는 범죄로서, 구체적으로 직무집행의 방해라는 결과가 발생할 것을 요하지는 않는다.

② 공용서류등무효죄의 '공무소에서 사용하는 서류 기타 전자기록'에는 공문서로서의 효력이 생기기 이전의 서류, 정식의 접수 및 결재 절차를 거치지 않은 문서, 결재 상신 과정에서 반려된 문서도 포함된다.

③ 타인의 소변을 마치 자신의 소변인 것처럼 수사기관에 건네주어 필로폰 음성반응이 나오게 한 경우, 수사기관의 착오를 이용하여 적극적으로 피의사실에 관한 증거를 조작한 것이므로 위계에 의한 공무집행방해죄를 구성한다.

④ 공무상표시무효죄는 공무원이 그 직무에 관하여 실시한 봉인 또는 압류 기타 강제처분의 표시를 적극적으로 손상·은닉하거나 기타 방법으로 그 효용을 해하는 것을 요건으로 하므로, 부작위에 의한 방법으로는 공무상표시무효죄를 범할 수 없다.

해설 ① ○ 대판 2017도21537 판결

② ○ 대판 2015도19296 판결 ★★

형법 제141조 제1항은 공무소에서 사용하는 서류 기타 물건 또는 전자기록 등 특수매체기록을 손상 또는 은닉하거나 기타 방법으로 그 효용을 해한 자를 처벌하도록 규정하고 있다. '공무소에서 사용하는 서류 기타 전자기록'에는 공문서로서의 효력이 생기기 이전의 서류라거나, 정식의 접수 및 결재 절차를 거치지 않은 문서, 결재 상신 과정에서 반려된 문서 등을 포함하는 것으로, 미완성의 문서라고 하더라도 본죄의 성립에는 영향이 없다.

제141조(공용서류등의 무효, 공용물의 파괴) ① 공무소에서 사용하는 서류 기타 물건 또는 전자기록등 특수매체기록을 손상 또는 은닉하거나 기타 방법으로 그 효용을 해한 자는 7년 이하의 징역 또는 1천만원 이하의 벌금에 처한다. [개정 1995.12.29] ② 공무소에서 사용하는 건조물, 선박, 기차 또는 항공기를 파괴한 자는 1년 이상 10년 이하의 징역에 처한다.

③ ○ 대판 2007도6101 판결

④ × 대판 2005도3034 판결 ★★

형법이 금지하고 있는 법익침해의 결과발생을 방지할 법적인 작위의무를 지고 있는 자가 그 의무를 이행함으로써 결과발생을 쉽게 방지할 수 있었음에도 불구하고 그 결과의 발생을 용인하고 이를 방관한 채 그 의무를 이행하지 아니한 경우에, 그 부작위가 작위에 의한 법익침해와 동등한 형법적 가치가 있는 것이어서 그 범죄의 실행행위로 평가될 만한 것이라면, 작위에 의한 실행행위와 동일하게 부작위범으로 처벌할 수 있고, 여기서 작위의무는 성문법과 불문법, 공법과 사법을 불문하고 법령, 법률행위, 선행행위로 인한 경우는 물론, 기타 신의성실의 원칙이나 사회상규 혹은 조리상 작위의무가 기대되는 경우에도 인정된다.

정답 ④

10 **공무방해에 관한 죄에 대한 다음 설명 중 옳고 그름의 표시 (○, ×)가 모두 바르게 된 것은? (다툼이 있는 경우 판례에 의함)** 〈22. 경찰공채 2차〉

> ㉠ 「형법」 제136조에서 정한 공무집행방해죄는 직무를 집행하는 공무원에 대하여 폭행 또는 협박한 경우에 성립하는 범죄로서 여기서의 폭행은 사람에 대한 유형력의 행사로 족하고 반드시 그 신체에 대한 것임을 요하지 아니하며, 또한 추상적 위험범으로서 구체적으로 직무집행의 방해라는 결과발생을 요하지도 아니한다.
> ㉡ 甲이 노조원들과 함께 경찰관 P 등이 파업투쟁 중인 공장에 진입할 경우에 대비하여 미리 윤활유나 철판조각을 바닥에 뿌려 놓았고, P 등이 이에 미끄러져 넘어지거나 철판조각에 찔려 다친 경우, 설령 甲 등이 그 윤활유나 철판조각을 P 등의 면전에서 그들의 공무 집행을 방해할 의도로 뿌린 것이 아니라 하더라도 甲의 행위는 특수공무집행방해치상죄에 해당한다.
> ㉢ 야간 당직 근무 중인 청원경찰이 불법주차 단속요구에 응하여 현장을 확인만 하고 주간 근무자에게 전달하여 단속하겠다고 했다는 이유로 민원인이 청원경찰을 폭행한 경우, 야간 당직 근무자는 불법주차 단속권한이 없기 때문에 민원인의 행위는 공무집행방해죄에 해당하지 않는다.
> ㉣ 집회를 주최하거나 참가하는 것이 형사처벌의 대상이 되는 위법한 집회·시위가 장차 특정지역에서 개최될 것이 예상 되자, 경찰관 P가 이와 시간적·장소적으로 근접하지 않은 다른 지역에서 그 집회·시위에 참가하기 위하여 출발 또는 이동하는 행위를 제지한 경우, 이는 공무집행방해죄의 보호 대상이 되는 공무원의 적법한 직무집행에 해당하지 않는다.

① ㉠ (○) ㉡ (○) ㉢ (×) ㉣ (○)　② ㉠ (○) ㉡ (×) ㉢ (×) ㉣ (○)
③ ㉠ (×) ㉡ (○) ㉢ (○) ㉣ (○)　④ ㉠ (○) ㉡ (×) ㉢ (○) ㉣ (×)

해설 > ㉠ ○ 대판 2017도21537 판결
㉡ × 대판 2010도7412 판결
㉢ × 대판 2008도9919 판결 ★★
야간 당직 근무 중인 청원경찰이 불법주차 단속요구에 응하여 현장을 확인만 하고 주간 근무자에게 전달하여 단속하겠다고 했다는 이유로 민원인이 청원경찰을 폭행한 사안에서, 야간 당직 근무자는 불법주차 단속권한은 없지만 민원 접수를 받아 다음날 관련 부서에 전달하여 처리하고 있으므로 불법주차 단속업무는 야간 당직 근무자들의 민원업무이자 경비업무로서 공무집행방해죄의 '직무집행'에 해당하여 공무집행방해죄가 성립한다.
㉣ ○ 대판 2007도9794 판결

정답 ②

제3장 위증 · 증거인멸 · 무고

01 위증과 증거인멸에 대한 설명이다. 아래 설명 중 옳은 것은 모두 몇 개인가? (다툼이 있는 경우 판례에 의함) 〈22. 경찰간후〉

가. 피고인이 자기의 형사사건에 관하여 허위의 진술을 하는 행위는 위증죄의 처벌대상이 되지 않으나, 자기의 형사사건에 관하여 타인을 교사하여 위증죄를 범하게 하는 경우에는 교사범의 죄책을 부담한다.
나. 피고인 자신이 직접 형사처분이나 징계처분을 받게 될 것을 두려워한 나머지 자기의 이익을 위하여 그 증거가 될 자료를 인멸한 경우, 그 행위가 동시에 다른 공범자의 형사사건이나 징계사건에 관한 증거를 인멸한 결과가 된다면 증거인멸죄의 죄책을 부담한다.
다. 위증죄는 선서한 증인이 고의로 자신의 기억에 반하는 증언을 함으로써 성립하고, 그 진술이 당해 사건의 요증사항인 여부 및 재판의 결과에 영향을 미친 여부는 위증죄의 성립에 아무관계가 없다.
라. 피고인 자신이 자기의 이익을 위하여 제3자와 공동하여 증거가 될 자료를 은닉한 경우 증거은닉죄에 해당하지 않는다.
마. 하나의 사건에 관하여 한 번 선서한 증인이 같은 기일에 여러 가지 사실에 관하여 기억에 반하는 허위의 진술을 한 경우 이는 각 진술마다 수 개의 위증죄를 구성한다.

① 2개　② 3개　③ 4개　④ 5개

해설> **가.** ○ 대판 2003도5114 판결
나. × 대판 2011도5329 판결
<u>증거인멸죄는 타인의 형사사건 또는 징계사건에 관한 증거를 인멸하는 경우에 성립하는 것</u>으로서, <u>피고인 자신이 직접 형사처분이나 징계처분을 받게 될 것을 두려워한 나머지 자기의 이익을 위하여 그 증거가 될 자료를 인멸하였다면, 그 행위가 동시에 다른 공범자의 형사사건이나 징계사건에 관한 증거를 인멸한 결과가 된다고 하더라도 이를 증거인멸죄로 다스릴 수 없다</u>(대법원 95.9.29 선고, 94도2608판결 등). 한편 증거인멸죄에 있어서 타인의 형사사건 또는 징계사건이란 인멸행위 시에 아직 수사 또는 징계절차가 개시되기 전이라도 장차 형사 또는 징계사건이 될 수 있는 것까지를 포함한다.
다. ○ 대판 89도1212 판결

라. ○ 대판 2015도1000 판결

증거은닉죄는 타인의 형사사건이나 징계사건에 관한 증거를 은닉할 때 성립하고, 범인 자신이 한 증거은닉 행위는 형사소송에 있어서 피고인의 방어권을 인정하는 취지와 상충하여 처벌의 대상이 되지 아니하므로 범인이 증거은닉을 위하여 타인에게 도움을 요청하는 행위 역시 원칙적으로 처벌되지 아니한다. 따라서 피고인 자신이 직접 형사처분을 받게 될 것을 두려워한 나머지 자기의 이익을 위하여 그 증거가 될 자료를 은닉하였다면 증거은닉죄에 해당하지 않고, 제3자와 공동하여 그러한 행위를 하였다고 하더라도 마찬가지이다.

마. × 대판 97도3340 판결

하나의 사건에 관하여 한 번 선서한 증인이 같은 기일에 여러 가지 사실에 관하여 기억에 반하는 허위의 진술을 한 경우 이는 하나의 범죄의사에 의하여 계속하여 허위의 진술을 한 것으로서 포괄하여 1개의 위증죄를 구성하는 것이고 각 진술마다 수 개의 위증죄를 구성하는 것이 아니다.

정답 ②

02 증거위조죄에 대한 설명으로 옳지 않은 것은? (다툼이 있는 경우 판례에 의함)

〈22. 7급공채〉

① 증거위조죄의 '증거'에는 범죄 또는 징계 사유의 성립 여부에 관한 것뿐만 아니라 형 또는 징계의 경중과 관계있는 정상을 인정하는 데 도움이 될 자료까지도 포함된다.

② 증거위조죄의 '위조'란 새로운 증거의 창조를 의미하는 것이므로 존재하지 아니한 증거를 이전부터 존재하고 있는 것처럼 작출하는 행위도 증거위조에 해당하며, 증거가 문서의 형식을 갖는 경우 증거위조죄에서의 증거에 해당하는지가 그 작성권한의 유무나 내용의 진실성에 좌우되는 것은 아니다.

③ 사실의 증명을 위해 작성된 문서가 그 사실에 관한 내용이나 작성명의 등에 아무런 허위가 없다면 증거위조에 해당하지 않지만, 이 문서가 형사사건 또는 징계사건에서 허위의 주장에 관한 증거로 제출되어 그 주장을 뒷받침하게 되었다면 증거위조에 해당한다.

④ 참고인이 타인의 형사사건에서 직접 진술 또는 증언하는 것을 대신하거나 그 진술 등에 앞서서 허위의 사실확인서나 진술서를 작성하여 수사기관에 제출하더라도 증거위조죄가 성립하지 않는다.

해설 > ① ○ 대판 2020도2642 판결

증거위조죄에서 말하는 '증거'란 타인의 형사사건 또는 징계사건에 관하여 수사기관이나 법원 또는 징계기관이 국가의 형벌권 또는 징계권의 유무를 확인하는 데 관계있다고 인정되는 일체의 자료를 뜻한다. 따라서 범죄 또는 징계사유의 성립 여부에 관한 것뿐만 아니라 형 또는 징계의 경중에 관계있는 정상을 인정하는 데 도움이 될 자료까지도 본조가 규정한 증거에 포함된다.

② ○ 대판 2002도3600 판결

증거위조죄에서 '증거'라 함은 타인의 형사사건 또는 징계사건에 관하여 수사기관이나 법원 또는 징계기관이 국가의 형벌권 또는 징계권의 유무를 확인하는 데 관계있다고 인정되는 일체의 자료를 의미하고, 타인에게 유리한 것이건 불리한 것이건 가리지 아니하며 또 증거가치의 유무 및 정도를 불문하는 것이고, 여기서의 '위조'란 문서에 관한 죄에 있어서의 위조 개념과는 달리 새로운 증거의 창조를 의미하는 것이므로 존재하지 아니한 증거를 이전부터 존재하고 있는 것처럼 작출하는 행위도 증거위조에 해당하며, 증거가 문서의 형식을 갖는 경우 증거위조죄에 있어서의 증거에 해당하는지 여부가 그 작성권한의 유무나 내용의 진실성에 좌우되는 것은 아니다.

③ × 대판 2020도2642 판결 ★★★ 중요판례

사실의 증명을 위해 작성된 문서가 그 사실에 관한 내용이나 작성명의 등에 아무런 허위가 없다면 '증거위조'에 해당한다고 볼 수 없다. 설령 사실증명에 관한 문서가 형사사건 또는 징계사건에서 허위의 주장에 관한 증거로 제출되어 그 주장을 뒷받침하게 되더라도 마찬가지이다.

④ ○ 대판 2015도9010 판결 ★★★ 중요판례

참고인이 타인의 형사사건 등에서 직접 진술 또는 증언하는 것을 대신하거나 그 진술 등에 앞서서 허위의 사실확인서나 진술서를 작성하여 수사기관 등에 제출하거나 또는 제3자에게 교부하여 제3자가 이를 제출한 것은 존재하지 않는 문서를 이전부터 존재하고 있는 것처럼 작출하는 등의 방법으로 새로운 증거를 창조한 것이 아닐뿐더러, 참고인이 수사기관에서 허위의 진술을 하는 것과 차이가 없으므로, 증거위조죄를 구성하지 않는다.

정답 ③

03 증거위조죄에 관한 다음 설명 중 가장 옳지 않은 것은? (다툼이 있는 경우 판례에 의함)

〈23. 법원9급〉

① 사실의 증명을 위해 작성된 문서가 그 사실에 관한 내용이나 작성명의 등에 아무런 허위가 없다고 하더라도 사실증명에 관한 문서가 형사사건 또는 징계사건에서 허위의 주장에 관한 증거로 제출되어 그 주장을 뒷받침하게 된 경우라면 형법 제155조 제1항의 증거위조죄가 성립한다.

② 형법 제155조 제1항의 증거위조죄에서 말하는 '증거'란 타인의 형사사건 또는 징계사건에 관하여 수사기관이나 법원 또는 징계기관이 국가의 형벌권 또는 징계권의 유무를 확인하는 데 관계있다고 인정되는 일체의 자료를 뜻한다. 따라서 범죄 또는 징계사유의 성립 여부에 관한 것뿐만 아니라 형 또는 징계의 경중에 관계있는 정상을 인정하는 데 도움이 될 자료까지도 본조가 규정한 증거에 포함된다.

③ 형법 제155조 제1항은 타인의 형사사건 또는 징계사건에 관한 증거를 인멸, 은닉, 위조 또는 변조하거나 위조 또는 변조한 증거를 사용한 자를 처벌하고 있고, 여기서의 '위조'란 문서에 관한 죄의 위조 개념과는 달리 새로운 증거의 창조를 의미한다.

④ 형법 제155조 제1항에서 타인의 형사사건에 관한 증거를 위조한다 함은 증거 자체를 위조함을 말하는 것이고, 참고인이 수사기관에서 허위의 진술을 하는 것은 이에 포함되지 아니한다.

해설 > ① ×, ② ○, ③ ○ 대판 2020도2642 판결 ★★★ 중요판례

판례

형법 제155조 제1항의 증거위조죄에서 말하는 '증거'란 타인의 형사사건 또는 징계사건에 관하여 수사기관이나 법원 또는 징계기관이 국가의 형벌권 또는 징계권의 유무를 확인하는 데 관계있다고 인정되는 일체의 자료를 뜻한다. 따라서 범죄 또는 징계사유의 성립 여부에 관한 것뿐만 아니라 형 또는 징계의 경중에 관계있는 정상을 인정하는 데 도움이 될 자료까지도 본조가 규정한 증거에 포함된다.

형법 제155조 제1항은 타인의 형사사건 또는 징계사건에 관한 증거를 인멸, 은닉, 위조 또는 변조하거나 위조 또는 변조한 증거를 사용한 자를 처벌하고 있고, 여기서의 '위조'란 문서에 관한 죄의 위조 개념과는 달리 새로운 증거의 창조를 의미한다. 그러나 사실의 증명을 위해 작성된 문서가 그 사실에 관한 내용이나 작성명의 등에 아무런 허위가 없다면 '증거위조'에 해당한다고 볼 수 없다. 설령 사실증명에 관한 문서가 형사사건 또는 징계사건에서 허위의 주장에 관한 증거로 제출되어 그 주장을 뒷받침하게 되더라도 마찬가지이다.

④ ○ 대판 94도3412 판결

형법 제155조 제1항에서 타인의 형사사건에 관한 증거를 위조한다 함은 증거 자체를 위조함을 말하는 것이고, 참고인이 수사기관에서 허위의 진술을 하는 것은 이에 포함되지 아니한다.

정답 ①

04 **무고죄에 관한 설명으로 옳지 않은 것을 모두 고른 것은? (다툼이 있는 경우 판례에 의함)** 〈22. 경찰공채 1차〉

㉠ 자기 자신을 무고하기로 제3자와 공모하고 이에 따라 무고 행위에 가담한 경우 무고죄의 공동정범으로 처벌할 수 없다.
㉡ 신고사실의 일부에 허위의 사실이 포함되어 있다고 하더라도 그 허위부분이 범죄의 성부에 영향을 미치는 중요한 부분이 아니고 단지 신고한 사실을 과장한 것에 불과한 경우에는 무고죄에 해당하지 아니하지만, 그 일부 허위인 사실이 국가의 심판작용을 그르치거나 부당하게 처벌을 받지 아니할 개인의 법적 안정성을 침해할 우려가 있을 정도로 고소사실 전체의 성질을 변경시키는 때에는 무고죄가 성립될 수 있다.
㉢ 신고자가 진실이라고 확신하고 신고하였을 때에는 무고죄가 성립하지 않는다고 할 것이고, '진실이라고 확신한다' 함에는 신고자가 알고 있는 객관적 사실관계에 의하여 신고사실이 허위라거나 허위일 가능성이 있다는 인식을 하면서도 이를 무시한 채 무조건 자신의 주장이 옳다고 생각하는 경우까지 포함되는 것은 아니다.
㉣ 무고죄에 있어서의 신고는 자발적인 것이어야 하고 수사기관 등의 추문에 대하여 허위의 진술을 하는 것은 무고죄를 구성하지 않는 것이므로, 당초 고소장에 기재하지 않은 사실을 수사기관에서 고소보충조서를 받을 때 자진하여 진술하였다 하더라도 이 진술 부분까지 신고한 것으로 볼 수는 없다.
㉤ 타인에게 형사처분을 받게 할 목적으로 '허위의 사실'을 신고한 행위가 무고죄를 구성하기 위해서는 신고된 사실 자체가 형사처분의 대상이 될 수 있어야 하므로, 허위로 신고한 사실이 신고 당시에는 형사처분의 대상이 될 수 있었으나 이후 그러한 사실이 형사처분의 대상이 되지 않는 것으로 대법원 판례가 변경된 경우 무고죄는 성립하지 않는다.

① ㉠㉡　② ㉡㉢　③ ㉢㉣　④ ㉣㉤

해설 > ㉠ ○ 대판 2013도12592 판결 ★★

무고죄는 타인으로 하여금 형사처분 또는 징계처분을 받게 할 목적으로 허위의 사실을 신고하는 것을 구성요건으로 하는 범죄이다. 자기 자신으로 하여금 형사처분 또는 징계처분을 받게 할 목적으로 허위의 사실을 신고하는 행위, 즉 자기 자신을 무고하는 행위는 무고죄의 구성요건에 해당하지 않아 무고죄가 성립하지 않는다. 따라서 자기 자신을 무고하기로 제3자와 공모하고 이에 따라 무고행위에 가담하였더라도 이는 자기 자신에게는 무고죄의 구성요건에 해당하지 않아 범죄가 성립할 수 없는 행위를 실현하고자 한 것에 지나지 않아 무고죄의 공동정범으로 처벌할 수 없다.

㉡ ○ 대판 2008도8573 판결

㉢ ○ 대판 2000도1908 판결

㉣ × 대판 2013도4429 판결 ★★

무고죄에 있어서의 신고는 자발적인 것이어야 하고 수사기관 등의 추문(推問), 즉 수사기관 등이 추궁하여 캐어묻거나 진술을 이끌어내는 과정에서 허위의 진술을 하는 것은 무고죄를 구성하지 않는 것이지만, 당초 고소장에 기재하지 않은 사실을 수사기관에서 고소보충조서를 받을 때 자진하여 진술하였다면 이 진술 부분까지 신고한 것으로 보아야 할 것이다(대판 95도2652 등). 그리고 참고인의 진술이 수사기관 등의 추문에 의한 것인지 여부는 수사가 개시된 경위, 수사기관의 질문 및 그에 대한 답변의 형식과 내용, 수사의 혐의사실과 참고인의 진술의 관련성 등을 종합하여 판단하여야 한다(대판 2005도3203 등).

㉤ × 대판 2015도15398 판결

타인에게 형사처분을 받게 할 목적으로 '허위의 사실'을 신고한 행위가 무고죄를 구성하기 위해서는 신고된 사실 자체가 형사처분의 대상이 될 수 있어야 하므로, 가령 허위의 사실을 신고하였더라도 신고 당시 그 사실 자체가 형사범죄를 구성하지 않으면 무고죄는 성립하지 않는다. 그러나 허위로 신고한 사실이 무고행위 당시 형사처분의 대상이 될 수 있었던 경우에는 국가의 형사사법권의 적정한 행사를 그르치게 할 위험과 부당하게 처벌받지 않을 개인의 법적 안정성이 침해될 위험이 이미 발생하였으므로 무고죄는 기수에 이르고, 이후 그러한 사실이 형사범죄가 되지 않는 것으로 판례가 변경되었더라도 특별한 사정이 없는 한 이미 성립한 무고죄에는 영향을 미치지 않는다.

정답 ④

PLUS 주요 참고문제

다음 설명 중 가장 옳지 않은 것은? (다툼이 있는 경우 판례에 의함)

〈23. 법원9급〉

① 허위로 신고한 사실이 무고행위 당시 형사처분의 대상이 될 수 있었던 경우에는 국가의 형사사법권의 적정한 행사를 그르치게 할 위험과 부당하게 처벌받지 않을 개인의 법적 안정성이 침해될 위험이 이미 발생하였으므로 무고죄는 기수에 이르고, 이후 그러한 사실이 형사범죄가 되지 않는 것으로 판례가 변경되었더라도 특별한 사정이 없는 한 이미 성립한 무고죄에는 영향을 미치지 않는다.

② 자기 자신을 무고하기로 제3자와 공모하고 이에 따라 무고행위에 가담한 경우 이는 무고죄의 공동정범으로 처벌할 수 있다.

③ 무고죄에서 형사처분을 받게 할 목적은 허위신고를 하면서 다른 사람이 그로 인하여 형사처분을 받게 될 것이라는 인식이 있으면 충분하고 그 결과의 발생을 희망할 필요까지는 없으므로, 신고자가 허위 내용임을 알면서도 신고한 이상 그 목적이 필요한 조사를 해 달라는 데에 있다는 등의 이유로 무고의 범의가 없다고 할 수 없다.

④ 무고죄에 있어서 허위사실의 신고라 함은 신고사실이 객관적 사실에 반한다는 것을 확정적이거나 미필적으로 인식하고 신고하는 것을 말하는 것이므로 객관적 사실과 일치하지 않는 것이라도 신고자가 진실이라고 확신하고 신고하였을 때에는 무고죄가 성립하지 않는다고 할 것이나, 여기에서 진실이라고 확신한다 함은 신고자가 알고 있는 객관적인 사실관계에 의하더라도 신고사실이 허위라거나 또는 허위일 가능성이 있다는 인식을 하지 못하는 경우를 말하는 것이지, 신고자가 알고 있는 객관적 사실관계에 의하여 신고사실이 허위라거나 허위일 가능성이 있다는 인식을 하면서도 이를 무시한 채 무조건 자신의 주장이 옳다고 생각하는 경우까지 포함되는 것은 아니다.

해설 > ① ○ 대판 2015도15398 판결
② × 대판 2013도12592 판결
③ ○ 대판 2022도3413 판결 ★★★ 중요판례
무고죄는 타인으로 하여금 형사처분이나 징계처분을 받게 할 목적으로 신고한 사실이 객관적 진실에 반하는 허위사실인 경우에 성립한다. 무고죄의 범의는 반드시 확정적 고의일 필요가 없고 미필적 고의로도 충분하므로, 신고자가 허위라고 확신한 사실을 신고한 경우뿐만 아니라 진실하다는 확신 없는 사실을 신고하는 경우에도 그 범의를 인정할 수 있다. 또한 무고죄에서 형사처분을 받게 할 목적은 허위신고를 하면서 다른 사람이 그로 인하여 형사처분을 받게 될 것이라는 인식이 있으면 충분하고 그 결과의 발생을 희망할 필요까지는 없으므로, 신고자가 허위 내용임을 알면서도 신고한 이상 그 목적이 필요한 조사를 해 달라는 데에 있다는 등의 이유로 무고의 범의가 없다고 할 수 없다(대법원 1995.12.12. 선고 94도3271 판결 등 참조).
④ ○ 대판 2000도1908 판결 ★★
무고죄에 있어서 허위사실의 신고라 함은 신고사실이 객관적 사실에 반한다는 것을 확정적이거나 미필적으로 인식하고 신고하는 것을 말하는 것이므로 객관적 사실과 일치하지 않는 것이라도 신고자가 진실이라고 확신하고 신고하였을 때에는 무고죄가 성립하지 않는다고 할 것이나, 여기에서 진실이라고 확신한다 함은 신고자가 알고 있는 객관적인 사실관계에 의하더라도 신고사실이 허위라거나 또는 허위일 가능성이 있다는 인식을 하지 못하는 경우를 말하는 것이지, 신고자가 알고 있는 객관적 사실관계에 의하여 신고사실이 허위라거나 허위일 가능성이 있다는 인식을 하면서도 이를 무시한 채 무조건 자신의 주장이 옳다고 생각하는 경우까지 포함되는 것은 아니다.

정답 ②

05 **무고죄에 관한 다음 설명 중 가장 옳지 않은 것은? (다툼이 있는 경우 판례에 의함)**

〈22. 법원9급〉

① 무고죄는 국가의 형사사법권 또는 징계권의 적정한 행사를 주된 보호법익으로 하는 것이지 개인의 부당하게 처벌 또는 징계받지 아니할 이익을 보호하는 죄는 아니므로, 설사 무고에 있어서 피무고자의 승낙이 있었다고 하더라도 무고죄의 성립에는 영향을 미치지 못한다 할 것이다.

② 고소인이 차용금을 갚지 않는 차용인을 사기죄로 고소함에 있어서, 피고소인이 차용금의 용도를 속이는 바람에 대여하였다고 주장하는 경우, 실제용도에 관하여 고소인이 허위로 신고를 할 경우에는 그것만으로도 무고죄에 있어서의 허위의 사실을 신고한 경우에 해당한다.

③ 무고죄에서 신고한 사실이 객관적 사실에 반하는 허위사실이라는 요건은 적극적인 증명이 있어야 하며, 신고사실의 진실성을 인정할 수 없다는 소극적 증명만으로 곧 그 신고사실이 객관적 진실에 반하는 허위사실이라고 단정하여 무고죄의 성립을 인정할 수는 없다.

④ 무고죄에 있어서 형사처분 또는 징계처분을 받게 할 목적은 허위신고를 함에 있어서 다른 사람이 그로 인하여 형사 또는 징계처분을 받게 될 것이라는 인식이 있으면 족한 것이고 그 결과발생을 희망하는 것까지를 요하는 것은 아니므로, 고소인이 고소장을 수사기관에 제출한 이상 그러한 인식은 있었다고 보아야 한다.

해설 〉 ① × 대판 2005도2712 판결

무고죄는

1) 국가의 형사사법권 또는 징계권의 적정한 행사를 주된 보호법익으로 하고
2) 개인의 부당하게 처벌 또는 징계받지 아니할 이익을 부수적으로 보호하는 죄이므로, 설사 무고에 있어서 피무고자의 승낙이 있었다고 하더라도 무고죄의 성립에는 영향을 미치지 못한다 할 것이고, 무고죄에 있어서 형사처분 또는 징계처분을 받게 할 목적은 허위신고를 함에 있어서 다른 사람이 그로 인하여 형사 또는 징계처분을 받게 될 것이라는 인식이 있으면 족한 것이고 그 결과발생을 희망하는 것까지를 요하는 것은 아니므로, 고소인이 고소장을 수사기관에 제출한 이상 그러한 인식은 있었다고 보아야 한다.

② ○ 대판 2004도2212 판결
고소인이 차용금을 갚지 않는 차용인을 사기죄로 고소함에 있어서, 피고소인이 차용금의 용도를 사실대로 이야기하였더라면 금원을 대여하지 않았을 것인데 차용금의 용도를 속이는 바람에 대여하였다고 주장하는 사안이라면 그 차용금의 실제용도는 사기죄의 성부에 영향을 미치는 것으로서 고소사실의 중요한 부분이 되고 따라서 그 실제용도에 관하여 고소인이 허위로 신고를 할 경우에는 그것만으로도 무고죄에 있어서의 허위의 사실을 신고한 경우에 해당한다 할 것이나, 단순히 차용인이 변제의사와 능력의 유무에 관하여 기망하였다는 내용으로 고소한 경우에는 차용금의 용도와 무관하게 다른 자료만으로도 충분히 차용인의 변제의사나 능력의 유무에 관한 기망사실을 인정할 수 있는 경우도 있을 것이므로 그 차용금의 실제 용도에 관하여 사실과 달리 신고하였다 하더라도 그것만으로는 범죄사실의 성부에 영향을 줄 정도의 중요한 부분을 허위로 신고하였다고 할 수 없는 것이고, 이와 같은 법리는 고소인이 차용사기로 고소함에 있어서 묵비하거나 사실과 달리 신고한 차용금의 실제 용도가 도박자금이었다고 하더라도 달리 볼 것은 아니다.

③ ○ 대판 2018도2614 판결
무고죄는 타인으로 하여금 형사처분이나 징계처분을 받게 할 목적으로 신고한 사실이 객관적인 진실에 반하는 허위사실인 경우에 성립하는 범죄이므로, 신고한 사실이 객관적 진실에 반하는 허위사실이라는 요건은 적극적 증명이 있어야 하고, 신고사실의 진실성을 인정할 수 없다는 소극적 증명만으로 곧 그 신고사실이 객관적 진실에 반하는 허위의 사실이라 단정하여 무고죄의 성립을 인정할 수는 없다.

④ ○ 대판 2005도2712 판결
피무고자의 승낙을 받아 허위사실을 기재한 고소장을 제출하였다면 피무고자에 대한 형사처분이라는 결과발생을 의욕한 것은 아니라 하더라도 적어도 그러한 결과발생에 대한 미필적인 인식은 있었던 것으로 보아야 한다고 한 사례.

정답 ①

06 무고죄에 대한 설명 중 가장 적절하지 않은 것은? (다툼이 있는 경우 판례에 의함)

〈23. 경찰승진〉

① 스스로 본인을 무고하는 자기 무고행위는 무고죄의 구성요건에 해당하지 않는다.

② 무고죄에 있어서 허위사실 적시의 정도는 수사관서 또는 감독 관서에 대하여 수사권 또는 징계권의 발동을 촉구하는 정도로는 충분하지 않고, 범죄구성요건 사실이나 징계요건 사실을 구체적으로 명시하여야 한다.

③ 甲이 허위내용의 고소장을 경찰관에게 제출하여 허위사실의 신고가 수사기관에 도달하였다면, 그 후에 해당 고소장을 되돌려 받았다 하더라도 무고죄 성립에 영향을 미치지 못한다.

④ 외관상 타인 명의의 고소장을 대리하여 작성하고 제출하는 형식으로 고소가 이루어진 경우, 그 명의자는 고소 의사 없이 이름만 빌려준 것에 불과하고 명의자를 대리한 자가 실제 고소의 의사를 가지고 고소행위를 주도한 경우라면 그 명의자를 대리한 자를 신고자로 보아 무고죄의 주체로 인정하여야 한다.

해설 ① ○ 대판 2013도12592 판결
자기 자신으로 하여금 형사처분 또는 징계처분을 받게 할 목적으로 허위의 사실을 신고하는 행위, 즉 자기 자신을 무고하는 행위는 무고죄의 구성요건에 해당하지 않아 무고죄가 성립하지 않는다.
② × 대판 2012도4531 판결
무고죄에서의 허위사실 적시의 정도는 수사관서 또는 감독관서에 대하여 수사권 또는 징계권의 발동을 촉구하는 정도의 것이면 충분하고 반드시 범죄구성요건 사실이나 징계요건 사실을 구체적으로 명시하여야 하는 것은 아니다.
③ ○ 대판 84도2215 판결
피고인이 최초에 작성한 허위내용의 고소장을 경찰관에게 제출하였을 때 이미 허위사실의 신고가 수사기관에 도달되어 무고죄의 기수에 이른 것이라 할 것이므로 그 후에 그 고소장을 되돌려 받았다 하더라도 이는 무고죄의 성립에 아무런 영향이 없다.
④ ○ 대판 2006도6017 판결

정답 ②

07 **위증과 무고의 죄에 관한 설명으로 가장 적절하지 않은 것은? (다툼이 있는 경우 판례에 의함)** 〈23. 경찰간후〉

① 무고죄의 범의는 반드시 확정적 고의일 필요가 없고 미필적 고의로도 충분하다. 이에 신고자가 허위라고 확신한 사실을 신고한 경우와 달리 진실하다는 확신 없는 사실을 신고한 경우에는 무고죄의 범의를 인정할 수 없다.

② 모해위증죄에 있어서 '모해할 목적'은 허위의 진술을 함으로써 피고인에게 불리하게 될 것이라는 인식이 있으면 충분하고, 그 결과의 발생까지 희망할 필요는 없다.

③ 증인신문절차에서 법률에 규정된 증인 보호를 위한 규정이 지켜진 것으로 인정되지 않은 경우라도, 당해 사건에서 증인 보호에 사실상 장애가 초래되었다고 볼 수 없는 경우에까지 예외없이 위증죄의 성립이 부정되는 것은 아니다.

④ 성폭행 등의 피해를 입었다는 신고사실에 관하여 불기소처분 내지 무죄판결이 내려졌다고 하여, 그 자체를 무고를 하였다는 적극적인 근거로 삼아 신고내용을 허위라고 단정하여서는 아니 된다.

해설> ① × 대판 96도324 판결

무고죄에 있어서 범의는 반드시 확정적 고의임을 요하지 아니하고 미필적 고의로서도 족하다 할 것이므로 무고죄는 신고자가 진실하다는 확신 없는 사실을 신고함으로써 성립하고 그 신고사실이 허위라는 것을 확신함을 필요로 하지 않는 것인바(당원 1988.2.9. 선고 87도2366 판결, 1991.12.13. 선고 91도2127 판결 등 참조), 원심이 확정하고 있는 바와 같이 피해자 김복만이 이 사건 건물의 신축을 전후하여 피해자 문점옥의 집에 세들어 살고 있었던 사실이 인정된다면, 위 김복만이 위 문점옥의 집에 거주한 사실이 없다면서 위 김복만 및 문점옥을 위증 및 위증교사로 고소한 피고인에게는 적어도 미필적 고의가 있었다고 봄이 옳다고 할 것이다.

② ○ 대판 2006도3575 판결 ★★

형법 제152조 제2항의 모해위증죄에 있어서 '모해할 목적'이란 피고인 · 피의자 또는 징계혐의자를 불리하게 할 목적을 말하고, 허위진술의 대상이 되는 사실에는 공소 범죄사실을 직접, 간접적으로 뒷받침하는 사실은 물론 이와 밀접한 관련이 있는 것으로서 만일 그것이 사실로 받아들여진다면 피고인이 불리한 상황에 처하게 되는 사실도 포함된다. 그리고 이러한 모해의 목적은 허위의 진술을 함으로써 피고인에게 불리하게 될 것이라는 인식이 있으면 충분하고 그 결과의 발생까지 희망할 필요는 없다.

③ ○ 대판 2008도942 전원합의체 판결 ★★★ 중요판례
형사소송법에 규정된 증인신문절차의 내용, 증언거부권의 취지 등을 종합적으로 살펴보면, 증인신문절차에서 법률에 규정된 증인 보호를 위한 규정이 지켜진 것으로 인정되지 않은 경우에는 증인이 허위의 진술을 하였다고 하더라도 위증죄의 구성요건인 "법률에 의하여 선서한 증인"에 해당하지 아니한다고 보아 이를 위증죄로 처벌할 수 없는 것이 원칙이다. 다만, 법률에 규정된 증인 보호절차라 하더라도 개별 보호절차 규정들의 내용과 취지가 같지 아니하고, 당해 신문 과정에서 지키지 못한 절차 규정과 그 경위 및 위반의 정도 등 제반 사정이 개별 사건마다 각기 상이하므로, 이러한 사정을 전체적·종합적으로 고려하여 볼 때, 당해 사건에서 증인 보호에 사실상 장애가 초래되었다고 볼 수 없는 경우에까지 예외 없이 위증죄의 성립을 부정할 것은 아니라고 할 것이다.
④ ○ 대판 2018도2614 판결 ★★★ 중요판례
따라서 성폭행 등의 피해를 입었다는 신고사실에 관하여 불기소처분 내지 무죄판결이 내려졌다고 하여, 그 자체를 무고를 하였다는 적극적인 근거로 삼아 신고내용을 허위라고 단정하여서는 아니 됨은 물론, 개별적, 구체적인 사건에서 피해자임을 주장하는 자가 처하였던 특별한 사정을 충분히 고려하지 아니한 채 진정한 피해자라면 마땅히 이렇게 하였을 것이라는 기준을 내세워 성폭행 등의 피해를 입었다는 점 및 신고에 이르게 된 경위 등에 관한 변소를 쉽게 배척하여서는 아니 된다.

정답 ①

08 다음 설명 중 옳고 그름의 표시(○, ×)가 바르게 된 것은? (다툼이 있는 경우 판례에 의함)

〈23. 경찰공채 1차〉

> ㉠ 범죄 또는 징계사유의 성립 여부에 관한 것뿐만 아니라 형 또는 징계의 경중에 영향을 미치는 정상을 인정하는 데 도움이 될 자료까지도 증거위조죄에서 규정한 '증거'에 포함된다.
> ㉡ 자신이 직접 형사처분을 받게 될 것을 두려워한 나머지 자기의 이익을 위하여 그 증거가 될 자료를 은닉하였다면 증거은닉죄에 해당하지 않고, 제3자와 공동하여 그러한 행위를 하였더라도 마찬가지이다.
> ㉢ 모해위증죄에 있어서 甲이 A를 모해할 목적으로 그러한 목적이 없는 乙에게 위증을 교사한 경우, 공범종속성에 관한 일반규정인 「형법」 제31조 제1항이 공범과 신분에 관한 「형법」 제33조 단서에 우선하여 적용되므로 신분이 있는 甲이 신분이 없는 乙보다 무겁게 처벌된다.
> ㉣ 甲이 자기 자신을 무고하기로 乙과 공모하고 공동의 의사에 따라 乙과 함께 자신을 무고한 경우, 甲과 乙은 무고죄의 공동정범으로서의 죄책을 진다.

① ㉠ (○) ㉡ (○) ㉢ (○) ㉣ (×)

② ㉠ (○) ㉡ (○) ㉢ (×) ㉣ (×)

③ ㉠ (×) ㉡ (○) ㉢ (○) ㉣ (○)

④ ㉠ (×) ㉡ (×) ㉢ (○) ㉣ (○)

해설> ㉠ ○ 대판 2020도2642 판결
㉡ ○ 대판 2011도5329 판결
㉢ × 대판 93도1002 판결
형법 제33조 단서가 형법 제31조 제1항에 우선하여 적용됨으로써 신분이 있는 교사범이 신분이 없는 정범보다 중하게 처벌된다.
㉣ × 대판 2013도12592 판결
자기 자신에게는 무고죄의 구성요건에 해당하지 않아 범죄가 성립할 수 없는 행위를 실현하고자 한 것에 지나지 않아 무고죄의 공동정범으로 처벌할 수 없다.

정답 ②

제4장 도주와 범인은닉 관련 죄

01 도주와 범인은닉에 대한 설명으로 가장 적절하지 않은 것은? (다툼이 있는 경우 판례에 의함) 〈22. 경찰간후〉

① 乙이 수사기관 및 법원에 출석하여 丙 등의 사기 범행을 자신이 저질렀다는 취지로 허위자백하였는데, 그 후 乙의 사기 피고 사건 변호인으로 선임된 甲이 乙의 결의를 강화하여 진범 丙 등을 은폐하는 허위자백을 유지하게 한 경우, 甲에 대하여 범인도피방조죄가 성립한다.

② 참고인이 실제의 범인이 누군지도 정확하게 모르는 상태에서 수사기관에서 실제의 범인이 아닌 어떤 사람을 범인이 아닐지도 모른다고 생각하면서도 그를 범인이라고 지목하는 허위의 진술을 한 경우 범인도피죄가 성립된다.

③ 범인 스스로 도피하는 행위는 처벌되지 아니하는 것이므로 범인이 도피를 위하여 타인에게 도움을 요청하는 행위 역시 도피행위의 범주에 속하는 한 처벌되지 않으나, 범인이 타인으로 하여금 허위의 자백을 하게 하는 등으로 범인도피죄를 범하게 하는 경우와 같이 방어권의 남용으로 볼 수 있을 때에는 범인도피교사죄에 해당할 수 있다.

④ 「형법」 제151조 제1항의 '죄를 범한 자'는 범죄의 혐의를 받아 수사대상이 되어 있는 자를 포함하고, 벌금 이상의 형에 해당하는 죄를 범한 자라는 것을 인식하면서도 도피하게 한 경우에는 아직 수사대상이 되어 있지 않았다고 하더라도 범인도피죄가 성립한다.

해설 ① ○ 대판 2012도6027 판결 ★★★ 〈판례원본이라 ① 지문의 갑, 을이 다름〉
甲이 수사기관 및 법원에 출석하여 乙 등의 사기 범행을 자신이 저질렀다는 취지로 허위자백하였는데, 그 후 甲의 사기 피고사건 변호인으로 선임된 피고인이 甲과 공모하여 진범 乙 등을 은폐하는 허위자백을 유지하게 함으로써 범인을 도피하게 하였다는 내용으로 기소된 사안에서, 피고인이 변호인으로서 단순히 甲의 이익을 위한 적절한 변론과 그에 필요한 활동을 하는 데 그치지 아니하고, 甲과 乙 사이에 부정한 거래가 진행 중이며 甲 피고사건의 수임과 변론이 거래의 향배와 불가결한 관련이 있을 것임을 분명히 인식하고도 乙에게서 甲 피고사건을 수임하고, 그들의 합의가 성사되도록 도왔으며, 스스로 합의금의 일부를 예치하는 방안까지 용인하고 합의서를 작성하는 등으로 甲과 乙의 거래관계에 깊숙이 관여한 행위를 정당한 변론권의 범위 내에 속한다고 평가할 수 없고, 나아가 변호인의 비밀유지의무는 변호인이 업무상 알게 된 비밀을 다른 곳에 누설하지 않을 소극적 의무를 말하는 것일 뿐 진범을 은폐하는 허위자백을 적극적으로 유지하게 한 행위가 변호인의 비밀유지의무에 의하여 정당화될 수 없다고 하면서, 한편으로 피고인의 행위는 정범인 甲에게 결의를 강화하게 한 방조행위로 평가될 수 있다는 이유로 범인도피방조죄를 인정한 원심판단을 정당하다.

② × 대판 97도1596 판결
참고인의 허위 진술에 의하여 범인으로 지목된 사람이 구속기소됨으로써 실제의 범인이 용이하게 도피하는 결과를 초래한다고 하더라도 그것만으로는 그 참고인에게 적극적으로 실제의 범인을 도피시켜 국가의 형사사법의 작용을 곤란하게 할 의사가 있었다고 볼 수 없어 그 참고인을 범인도피죄로 처벌할 수는 없다.
③ ○ 대판 2013도12079 판결
범인 스스로 도피하는 행위는 처벌되지 아니하므로, 범인이 도피를 위하여 타인에게 도움을 요청하는 행위 역시 도피행위의 범주에 속하는 한 처벌되지 아니하며, 범인의 요청에 응하여 범인을 도운 타인의 행위가 범인도피죄에 해당한다고 하더라도 마찬가지이다. 다만 범인이 타인으로 하여금 허위의 자백을 하게 하는 등으로 범인도피죄를 범하게 하는 경우와 같이 그것이 방어권의 남용으로 볼 수 있을 때에는 범인도피교사죄에 해당할 수 있다. 이 경우 방어권의 남용이라고 볼 수 있는지 여부는, 범인을 도피하게 하는 것이라고 지목된 행위의 태양과 내용, 범인과 행위자의 관계, 행위 당시의 구체적인 상황, 형사사법의 작용에 영향을 미칠 수 있는 위험성의 정도 등을 종합하여 판단하여야 한다.
④ ○ 대판 2003도4533 판결

제151조(범인은닉과 친족간의 특례)
① 벌금 이상의 형에 해당하는 죄를 범한 자를 은닉 또는 도피하게 한 자는 3년 이하의 징역 또는 500만원 이하의 벌금에 처한다.
② 친족 또는 동거의 가족이 본인을 위하여 전항의 죄를 범한 때에는 처벌하지 아니한다.

정답 ②

02 국가의 기능에 대한 죄에 관한 설명으로 가장 적절하지 않은 것은? (다툼이 있는 경우 판례에 의함) 〈22. 경찰공채 1차〉

① 범인도피죄는 타인을 도피하게 하는 경우에 성립할 수 있고 여기에서 타인에는 공범도 포함되므로, 공범 중 1인이 그 범행에 관한 수사절차에서 참고인 또는 피의자로 조사받으면서 자기의 범행을 구성하는 사실관계에 관하여 허위로 진술하고 허위 자료를 제출하는 행위가 다른 공범을 도피하게 하는 결과가 되는 경우 범인도피죄가 성립할 수 있다.

② 피의자 등이 적극적으로 허위의 증거를 조작하여 제출하고 그 증거 조작의 결과 수사기관이 그 진위에 관하여 나름대로 충실한 수사를 하더라도 제출된 증거가 허위임을 발견하지 못할 정도에 이르렀다면, 이는 위계에 의하여 수사기관의 수사행위를 적극적으로 방해한 것으로서 위계공무집행방해죄가 성립된다.

③ 사실의 증명을 위해 작성된 문서가 그 사실에 관한 내용이나 작성명의 등에 아무런 허위가 없다면 증거위조죄에서의 '증거 위조'에 해당한다고 볼 수 없는 것이고, 설령 사실증명에 관한 문서가 형사사건 또는 징계사건에서 허위의 주장에 관한 증거로 제출되어 그 주장을 뒷받침하게 되더라도 마찬가지이다.

④ 경찰공무원이 지명수배 중인 범인을 발견하고도 직무상 의무에 따른 적절한 조치를 취하지 아니하고 오히려 범인을 도피하게 하는 행위를 한 경우, 범인도피죄만이 성립하고 직무유기죄는 따로 성립하지 아니한다.

해설〉 ① × 대판 2015도20396 판결

범인도피죄는 타인을 도피하게 하는 경우에 성립할 수 있는데, 여기에서 타인에는 공범도 포함되나 범인 스스로 도피하는 행위는 처벌되지 않는다. 또한 공범 중 1인이 그 범행에 관한 수사절차에서 참고인 또는 피의자로 조사받으면서 자기의 범행을 구성하는 사실관계에 관하여 허위로 진술하고 허위 자료를 제출하는 것은 자신의 범행에 대한 방어권행사의 범위를 벗어난 것으로 볼 수 없다. 이러한 행위가 다른 공범을 도피하게 하는 결과가 된다고 하더라도 범인도피죄로 처벌할 수 없다. 이때 공범이 이러한 행위를 교사하였더라도 범죄가 될 수 없는 행위를 교사한 것에 불과하여 범인도피교사죄가 성립하지 않는다.

② ○ 아래 판례 참조 ★★★ 중요판례

판례

〈대판 2003도1609 판결〉

[1] 피의자나 참고인이 피의자의 무고함을 입증하는 등의 목적으로 수사기관에 대하여 허위사실을 진술하거나 허위의 증거를 제출하였다 하더라도, 수사기관이 충분한 수사를 하지 아니한 채 이와 같은 허위의 진술과 증거만으로 잘못된 결론을 내렸다면, 이는 수사기관의 불충분한 수사에 의한 것으로서 피의자 등의 위계에 의하여 수사가 방해되었다고 볼 수 없어 위계에 의한 공무집행방해죄가 성립된다고 할 수 없을 것이나,

[2] 피의자나 참고인이 피의자의 무고함을 입증하는 등의 목적으로 적극적으로 허위의 증거를 조작하여 제출하였고 그 증거 조작의 결과 수사기관이 그 진위에 관하여 나름대로 충실한 수사를 하더라도 제출된 증거가 허위임을 발견하지 못하여 잘못된 결론을 내리게 될 정도에 이르렀다면, 이는 위계에 의하여 수사기관의 수사행위를 적극적으로 방해한 것으로서 위계에 의한 공무집행방해죄가 성립된다.

③ ○ 대판 2020도2642 판결

④ ○ 대판 2015도1456 판결

경찰공무원이 지명수배 중인 범인을 발견하고도 직무상 의무에 따른 적절한 조치를 취하지 아니하고 오히려 범인을 도피하게 하는 행위를 하였다면, 그 직무위배의 위법상태는 범인도피행위 속에 포함되어 있다고 보아야 할 것이므로, 이와 같은 경우에는 작위범인 범인도피죄만이 성립하고 부작위범인 직무유기죄는 따로 성립하지 아니한다.

정답 ①

03 다음의 설명 중 가장 적절하지 않은 것은? (다툼이 있는 경우 판례에 의함)

〈22. 경찰승진〉

① 甲이 무면허 운전으로 교통사고를 내자 자신의 아들 乙을 경찰서에 대신 출석시켜 피의자로 조사받도록 한 경우, 乙을 범인도피죄로 처벌할 수는 없고 甲의 행위 역시 범인도피교사죄에 해당하지 않는다.

② 乙과 공동정범 관계에 있는 甲이 수사절차에서 조사받으면서 자기의 범행을 구성하는 사실관계에 관하여 허위로 진술하고 허위 자료를 제출한 경우, 그것이 乙을 도피하게 하는 결과가 되더라도 甲을 범인도피죄로 처벌할 수 없고 乙이 그러한 행위를 교사하였더라도 범인도피교사죄가 성립하지 않는다.

③ 증인이 증언거부권을 고지받지 못함으로 인하여 그 증언거부권을 행사하는 데 사실상 장애가 초래되었다고 볼 수 있는 경우에는 위증죄의 성립이 부정된다.

④ 무고죄에 있어서 '형사처분 또는 징계처분을 받게 할 목적'은 허위신고를 함에 있어서 다른 사람이 그로 인하여 형사 또는 징계처분을 받게 될 것이라는 인식이 있으면 족하고 그 결과 발생을 희망하는 것을 요하는 것은 아니다.

해설 ① × 대판 2005도3707 판결
범인이 자신을 위하여 타인으로 하여금 허위의 자백을 하게 하여 범인도피죄를 범하게 하는 행위는 방어권의 남용으로 범인도피교사죄에 해당하는바(대법원 2000.3.24. 선고 2000도20 판결 참조), 이 경우 그 타인이 형법 제151조 제2항에 의하여 처벌을 받지 아니하는 친족, 호주 또는 동거 가족에 해당한다 하여 달리 볼 것은 아니라 할 것이다.
② ○ 대판 2015도20396 판결
③ ○ 대판 2013도3284 판결
④ ○ 대판 2005도2712 판결

정답 ①

MEMO

이준영 저자

약력

동국대학교 법학 박사

경찰 총경 퇴직

경찰간부후보생 졸업

김용채 감수

약력

한양대학교 행정학 박사

대불대학교 경찰행정대학장

한양대학교 공공행정대학원 교수

치안감 퇴직

경찰간부후보생 졸업

이준영
형법각론
핵심 기출문제집

초판 인쇄 | 2024. 4. 1. **초판 발행** | 2024. 4. 5. **편저** | 이준영

발행인 | 박 용 **발행처** | (주)박문각출판 **등록** | 2015년 4월 29일 제2015-000104호

주소 | 06654 서울시 서초구 효령로 283 서경 B/D 4층 **팩스** | (02)584-2927

전화 | 교재 문의 (02)6466-7202

저자와의 협의하에 인지생략

정가 21,000원

ISBN 979-11-6987-912-5